利津文史研究丛书

利津历史人物

政协利津县委员会 编

中国文史出版社

图书在版编目（ＣＩＰ）数据

利津历史人物／政协利津县委员会编 . -- 北京：
中国文史出版社，2023.12
　　ISBN 978-7-5205-4523-5

　　Ⅰ.①利… Ⅱ.①政… Ⅲ.①历史人物－生平事迹－
利津县 Ⅳ. ① K820.852.4

　　中国国家版本馆 CIP 数据核字 (2023) 第 232826 号

利津历史人物

责任编辑：梁　洁
装帧设计：郑州飞燕文化传播有限公司

出版发行：中国文史出版社
社　　址：北京市海淀区西八里庄路 69 号　邮编：100142
电　　话：010-81136606　81136602　81136603（发行部）
传　　真：010-81136677　81136655
印　　装：郑州新海岸电脑彩色制印有限公司
经　　销：全国新华书店
开　　本：787mm×1092mm　1/16
印　　张：26
字　　数：300 千字
版　　次：2024 年 4 月北京第 1 版
印　　次：2024 年 4 月第 1 次印刷
定　　价：98.00 元

《利津文史研究丛书》编纂委员会

序

利津历史悠久、钟灵毓秀、人文荟萃、文化灿烂。

三千多年前的商周时期，利津就有人类活动。商时利津域地属薄姑国，周时属齐国千乘地，汉代属千乘郡漯沃县、蓼城县地，隋代建永利镇，属蒲台县。唐宋属渤海县永利镇。金代明昌三年十二月（1193年1月）升镇为县，因邑有东津码头，故称为"利津"，其后区划时有更替，"利津"之名始终未变。

利津因盐而起，因河海而兴。春秋时期，利津沿海盐业十分发达，出现了历史上著名的"渠展之盐"，《管子·地数》有："夫楚有汝汉之金，齐有渠展之盐"，明清时期，盐业发展达到顶峰，境内永阜盐场位居山东八大盐场之首，畅销全国，扬州古城东门，因其临近大运河，往来利津的盐船就在此处卸货，渡口被称为"利津渡"，城门被称为"利津门"，利津盐业影响由此可见一斑。自公元11年，黄河首次从利津入海，河行千乘（利津古地名）达800余年，公元893年黄河改道北流，大清河接替黄河在利津入海。清咸丰五年河决铜瓦厢，黄河改道东北穿运河，夺大清河道再次由利津入渤海。利津以"一县之壤纳千里之洪波"，黄河从此与利津结下不解之缘。利津凭借"内控黄河，外锁海运要津"，逐渐形成水陆码头和商贸重镇。千百年来，盐文化、黄河文化、移民文化、拓荒文化在这方热土碰撞、交融，共同联结成源远流长、底蕴深厚、影响深远的利津文化。

一方水土养育一方人，一方风情孕育一方文化。在这种文化氛围的滋养下，利津人文鼎盛、科甲连绵，自元代以来，先后涌现41个进士、96个举人、387个贡士，进士举人数量在鲁北地区位列前茅。其中不乏宿儒学者、名宦政要，诸如明代清官魏纶、清代金石学家李佐贤、诗词大家张铨、文韬武略的赵长龄、著名谏官王会英、一代廉吏岳镇南等。民间亦是人才济济，从艺坛名伶、丹青名家，再到悬壶济世的名医大家，如清代著名儒医綦丰、评书艺人尚五等。他们或为官一任造福一方、或著书立说名重一时，以卓著功绩和高尚德行为乡梓增色、令后世景仰，他们敢为天下先的精神，激励着一代又一代利津儿女用热血和智慧续写历史传奇和时代篇章。晚清民国时期，面对帝国主义压迫，特别是日本的铁蹄蹂躏，利津人民奋起反抗，始终战斗在革命的最前沿。从红枪会领袖王荀、西北军名将石敬亭、再到革命志士李竹如，他们或揭竿而起、或弃笔从戎，舍生忘死、英勇奋斗，用青春、热血和生命谱写了一曲又一曲气壮山河的英雄赞歌！1944年8月18日，利津成为山东全境解放第一县，这座千年古邑又增添了一抹浓墨重彩的红色印记。

厚重的历史文化底蕴，催生出灿烂的地域文明之花。利津水煎包、虎斗牛、金钱灯等非物质文化遗产影响深远，具有独特的文化魅力和文化内涵，是利津弥足珍贵的文化精品；历代文人雅士创作的诗词歌赋，留存了大量关于利津人文、风景、民俗等方面的文化印记，见证着利津历史文化和文明发展的清晰脉络；淳朴厚重的民风民俗、多姿多彩的风情风韵，其中包涵诸多乡土文化元素，亦是利津人守望故乡、依恋故土的情结所系。一个地域的历史文化沉淀的是这方水土人民的智慧结晶和文明果实，人们在了解利津、亲近利津的时候，这些宝贵的文化符号就是握在手上的一把把闪光的钥匙。

习近平总书记在文化传承发展座谈会上强调，"中国文化源远流长，中华文明博大精深。只有全面深入了解中华文明的历史，才能更有效地推动中华优秀传统文化创造性转化、创新性发展，更有力地推进中国特色社会主义文化建设，建设中华民族现代文明。"树高叶茂，联于根系。正是源远流长、底蕴深厚的历史如有源之水孕育了独特的利津文化、催生了发展的内生动能，才有了如今经济强、百姓富、生态美的现代化新利津，并在延伸新链条、布局新赛道、发展新质生产力的征途上一路高歌。不鉴古难以察今，今之不察何以明后？知所从来，方明所往，只有全面深入了解利津历史文化全貌，才能更有效地推动优秀传统文化创造性转化、创新性发展，不断强固利津人民披荆斩棘、意气风发迈向未来的精神支撑。由于我县自建国后没有对全县历史文化进行系统挖掘整理，一些重大事件、重要人物、历史名胜资料残缺不全，利津县志等文献史料记载粗略或鲜有记载，部分利津历史研究专业人员年事已高，留存手稿的整理、相关史料的系统性研究已迫在眉睫。

　　为赓续文化基因，厚植文化自信，2022年12月，利津县政协向县委提交了《关于开展利津历史文化挖掘整理的请示》，计划以历史名人文化、铁门关文化、河海文化、凤凰城文化、"古八景"文化、红色文化等6个方面为重点，对利津建县以来的历史文化进行全面挖掘、整理，形成全面、准确、权威的利津县历史文化资料。该项工作得到了县委、县政府的重视和支持，2023年，由县政协牵头，有关部门配合，以县政协文史专员为骨干力量，组建利津县历史文化研究工作专班，按照全面整理、突出重点的原则，对利津建县以来的历史文化进行挖掘、整理。在大家的辛勤努力下，目前已经形成了一批高质量的研究成果，特别是关于酆云鹤和黄河三角洲古河流研究，填补了国内相关领域研究空白。

　　经过历时一年多的精心筹备，《利津文史研究丛书》之《利津历史人物》即将出版发行，该书以利津历史为主线，收录自元朝至今的利津仁人志士共152人，其中既有叱咤风云、纵横捭阖的"名门望族"，又有义薄云天、敏毅笃行的"东津群英"，更有探幽发微、奖掖后学的"义勇乡贤"，透过历史向人们传递出种种精神力量。该书逻辑分明，脉络清晰，收录人物数量繁多，类型丰富，可谓是利津历史人物的"百科全书"，亦是传承利津文化、弘扬利津精神、增强文化自信的重要载体。

　　习近平总书记指出："历史是一面镜子，它照亮现实，也照亮未来""历史总是要前进的，历史从不等待一切犹豫者、观望者、懈怠者、软弱者。只有与历史同步伐、与时代共命运的人，才能赢得光明的未来。"值此全县上下加快建设高水平现代化强县的新征程上，《利津文史研究丛书》的出版对于进一步弘扬优秀传统文化、激发人民爱国爱乡情怀、提高利津文化软实力具有重要意义，也希冀更多人投入到利津历史文化研究之中，共同推动利津文化繁荣发展，让更多人了解利津文化、关注利津发展、支持利津事业。

　　是为序。

利津县政协主席　王乃全

2024年3月

编辑说明

BIAN JI SHUO MING

本部《利津历史人物》编纂，力争全面反映利津县历史悠久、人文荟萃、贤良辈出的盛况。为编好本部书，特制定如下原则并遵循：

一、收录范围与标准

（1）古代贤良名家。

（2）中共地方党组织创始人及在历次革命战争和反侵略战争中涌现出的著名将士、战斗英雄、烈士。

（3）社会公认的名师、名医、各类能工巧匠。

（4）有广泛影响的文化学者和文艺工作者。

（5）有较大影响的爱国侨胞。

（6）各类道德模范以及在平凡岗位上创造不平凡业绩的典型人物以及其他人物。

二、编纂要求

遵循以下原则和撰写要求：

（1）"生不立传"原则。

（2）以本籍人物为主原则。所谓本籍人物，是指籍属本地，但长期定居外地，做出世人瞩目的历史功业，特别是那些在全国乃至世界享有盛誉的时代人物；非本地出生，但长期定居本地并有重要业绩者均可列入立传范围。

（3）为普通人立传原则。对于那些在社会历史进程中做出显著成绩的人，不论是官是民，不分职位高低，都应为其立传。

（4）运用春秋笔法，坚持实事求是态度。以历史唯物主义的观点去认识与鉴别，充分考虑立传人物所处的社会背景和条件，记述中切实做到不夸大，不缩小，不苛求，不拔高。决不因个人思想或感情用事而影响对人物的记述和评价。

三、篇目分类

本书收录自利津建县以来各类英才，包含宦迹、乡贤、儒林、才艺、义行（忠烈）、孝友等各类人物。

篇目设置以历史朝代分类编纂，分为元代、明代、清代、民国和现代。

利津虽然自金明昌三年（1193）建县，但自明朝才开始编修县志，第一部是明隆庆六年（1572），知县贾光大纂修，未刻；第二部是明万历二十八年（1600），知县冯执中纂修，刻本。惜此两部志书未能存世。现存最早的一部县志是康熙十二年（1673）编修的《利津县新志》，知县韩文焜纂修。本志记述人物皆自元代始，"职官志"中，县尹、尉、主簿、典史共8人，其中县尹高谦亨有籍贯、任职时间等基本资料，其他只列名字，后缀至正间任，其他信息皆无；"辟举志"中，"辟荐"元代载3人；"宦迹志"，元代载1人，至元间知县高谦亨。文曰："高谦亨，字益之，直隶深州人，由省举，至元间任县尹。守法奉公，门无私谒，三年政成俗变。以文庙未建，无以妥先师神灵起瞻仰，庀工鼎建肖像崇祀。选民间俊秀充弟子员，讲学业，考行艺，利津学校之兴，实自高公始。见祀名宦祠。"；"人物志"中，只有"贞洁"中列元代1人；"杂志"中，仅在"塚墓"中列元代王升、杨鉴、冯伯宽3人墓记。

因此，金朝时期，没有人物资料存世；元代仅记载1人。明朝以后则资料较为丰富，然旧志记载人物过于简练，生卒、籍贯等基本信息不全。编者又从县内名门望族家乘中进行挖掘补充，资料始得充实，人物得以丰满。而人们耳熟能详的利津著名人物如清道光"四大贤良"等，由于研究者多，资料完备，记载较详。

人物记载，本着有之则长，无之则短的原则，决不能牵强附会。因之，本书人物有的记载详尽，有的只记梗概。这既是遗憾，也为后继研究者提供深入挖掘的空间。

四、人物排列顺序

（1）朝代；

（2）姓氏笔画。

（3）人物关系。本书内同家族人物众多，为增强人物的关联性，部分人物排列顺序进行了调整。

目录

现 代 **207**

元 朝

YUAN CHAO

王升

王升，生卒年月和生平事迹均不详。活动于元代，利津城西王官庄村（今北宋镇前王村）人。王升在利津民间流传着许多传说。据《利津县志》记载：王升由令史授集贤直学士、亚中大夫、轻车都尉，后追封琅琊郡侯，寻加中大夫，河南、江西行中书省参知政事护军等职。

前王村离利津老城10公里，为一古村，人称"王古庄"。到了元代，因村里有位在朝为官的"王大官人"王升，遂改为"王官庄"。这个村100多户人家，全为王姓，世传与潍坊、临沂琅琊王姓同宗。

王升官至轻车都尉、行中书省参知政事护军，从三品。元朝立国后，实行行省制度。在中书省设左丞相、右丞相，其下设左右丞，参知政事，作为宰相的副手参议政事，合称"宰执"。全国地方设立十个左右的行中书省，职官设置同中央，以总揽地方庶政。王升博学多才，英明果敢，为官清正，深得朝廷信任和黎民爱戴。后因为平乱有功，封为琅琊郡公。他过世后，皇上钦赐石羊、石马、石猪、石牛、石翁仲（石人）及大宗随葬品，灵柩运回故里利津王官庄安葬。

王升墓位于前王村西南。原墓园面积306平方米，墓南约5米处有龙头碑一座，碑首刻有"圣旨"字样，碑身刻有王升生平碑文。碑南8米处有4个石武士挺立，左右各二。石人以南约8米处有石卧羊4只，左右各二。石羊以南约8米处有蹲虎4只，左右各二。石虎以南原是利津通往蒲台的官道，道旁刻一石碑，碑上刻有"文官下轿、武官下马"8个大字。元朝皇帝将墓地周围40亩耕地封给王氏家族看护墓园，轮流耕种，免征税赋。当地王氏每年3次召集族人祭祖以示怀念。

王升墓前原本是一条官道，文官武将经常来往其间，因落轿下马甚是不便，有人便将"文官下轿、武官下马"的石碑偷偷掩埋，后又被王氏族人复立。后代官府只好又重修一条官道，绕开了王升墓。王升墓后来演变成王氏祖茔，一直保护完好。1947年，黄河泛滥，石料被运往黄河修筑大堤，墓上石刻雕塑等均被破坏。1955年，五庄凌汛决口，洪水将残存的文物淤埋，后又被挖掘出土。1956年，此墓被定为省级重点文物保护单位。1979年，文物保护部门对古墓进行复查和清理，建立标志，实施保护。

明 朝

MING CHAO

王廷辅

王廷辅，生卒年月不详，利津县仁义乡（今利津县城西南一带）人，活动于明景泰年间。王廷辅生性豪爽，乐善好施，时人都以义士相称。他自幼就知道勤俭持家，加之天资聪慧，又肯吃苦耐劳，中年时家业已非常殷实。但他不吝钱财，更以扶贫济困、致力公益为荣。乡邻之中凡有困难的，他无不竭力接济，故而仁义之名遍传方圆百里，妇孺皆知。

有一年，利津遭遇大旱，继而又雨涝成灾，农田荒芜，颗粒无收，百姓衣食无着，四处逃荒。朝廷从外地调粮赈济，却又迟迟未到。为了尽快安抚灾民，山东巡抚亲自致信王廷辅，希望他能联络当地富绅一同捐资助赈，稳定一方。王廷辅积极响应，带头疏财捐物，并打开自家粮仓，捐献谷米五百石，在朝廷救济到来之前，使灾民聚集的地方没有因饥饿而发生混乱，给朝廷赈灾提供了时机。到外地逃荒的人闻讯也纷纷回乡，没有因为灾年而让利津百姓遭受颠沛流离之苦。赈灾事后，山东巡抚授锦袍冠带，以嘉奖他的善行义举。

田 祯

田 祯，生卒年月不详，字世隆，利津望营乡（今利津县城西北一带）人，活动于明弘治年间。田祯自幼聪慧过人，且有勇有谋，敢于仗义执言。考中举人后被任命为陕西邠州府的学正，负责管理官学中的行政和教育事务。后调至庆阳府升任教授职务。

正德元年（1506），田祯参与编撰《实录》一书，完成后被朝廷选派江西省主管丁卯年的乡试。因干事出色，升任国子监助教学官，后又升为右长史一职。他严格按照朝廷礼节办事，清廉无私，刚正不阿。其间，正赶上该属地的郡王逝去，因为郡王妃没有亲生儿子，郡王也没有指定继承人，其他庶出的儿子纷纷争夺王位。郡王的府僚接受了贿赂，犹豫不决，拒不出面调解。田祯到任后，立刻召集王室商议，并慷慨陈词说："子孙承继爵位，原本是有严格制度的，岂能允许强争强夺，此事若是出了差错，岂不是影响到法度纲常。"大家听后相对注视，感到十分惊讶和惭愧，当即按照田祯的意见上报朝廷，从而使该郡的王位继承问题得以顺利解决。后来，田祯的儿子田玉于正德十五年（1520）考中进士，田祯上书恳请致仕（退职）归乡，朝廷批准后授四品服色。明世宗登基，又进阶授正二品。其子田玉亦廉能有为，颇有政声，任浙江某县令时治绩显著，乡民寻美石为其立去思碑。田玉的上司潘公提笔写道："官已离任，民尚怀之，足征爱字之政浃洽人心。"

冯执中

冯执中，生卒年月不详，字允甫，广东东安籍恩平县人。明万历二十六年（1598）科考中举，任利津县令。

冯执中初来利津，正遇到灾荒严重，先是大旱，后又大涝，民众饥荒不断。当他在利津务本乡（今垦利区董集乡）调查灾情时，所见情景让他十分震惊，他在诗中写道：

马首遍行务本乡，萧萧四野尽荒凉。
草根取作充肠物，木叶翻为适口粮。
百姓堪怜遭苦海，一官何敢望甘棠。
但期缓尔逃移计，寒谷回春仗彼苍。

面对大饥荒中的灾民，当务之急就是救济、安抚。冯执中把自己的俸禄全部捐出来，采购粮食，亲自主持募捐，发放钱粮，设立粥棚，让灾民度过春荒。接着，他又拿出自己的积蓄，资助灾民生产自救。在他的带动下，乡绅大户们纷纷出钱出力救济灾民，让一方百姓得以顺利地度过灾荒之年。

利津向学之风甚浓，县学里有好多品学兼优的年轻读书人，他们都具有赴考应试的才学，但好多人因为家里贫困，又遇到连年的灾荒，无力支撑学业，只得辍学回家种田。冯执中上任后，大力倡导教育，鼓励致学。根据当地实情，他拿出自己的俸银，购买了30亩良田作为学田，收的租金作为学宫（文庙，亦指学校）费用。学子们没有了后顾之忧，都专心致志地发奋学习。从此，利津学风大振，逐渐成为教化之地、文化之乡。

纪　绣

纪　绣（1485—1550），字思綑，利津城西街村人。明嘉靖五年（1526）进士，先后任礼部主事、刑部员外郎、广东司郎中、陕西凤翔府知府、陕西按察司副使、贵州按察司副使等。

纪绣素以天性明敏、立志高洁而称誉乡里。他读书深入扎实，务得圣贤要点；为文从不人云亦云，不蹈袭，时以理学归之。他的孝名远播，母亲有病，他亲验药方，陪侍喂药不离左右。他每晚焚香祷告，愿以身代母疾，也许是真情感动上苍，母亲的病竟然好了起来。

纪绣为官勇于任事敢说敢为，遇到别有用心者诬陷有功之臣时，人们大都害怕诬陷者的权势怕报复不敢进言，唯有纪绣力陈其冤，主持正义，其刚直不阿的品格获得了人们的广泛赞许。后来他奉命进京对一些案件进行审理，为了查明真相，他内查外调，反复推理，以致废寝忘食。凡是证据不足者均予以释放，一千余人得到平反昭雪。他的才干得到了朝廷嘉许，特提拔为凤翔府知府，在任期间更加清正廉洁，体察民情，所辖府县弊除化行，府治大振。后来，获升陕西兵备副使，其间他想方设法保障边防部队的后勤供应，从此边防所需不再匮乏。同时还捕获了贼兵中一名叫孔哥儿的奸细以及他的两名同伙，一并送京师问罪。他每到一处便很快改变了局面，为官清正且政绩卓著，朝廷赐白金用以奖励。纪绣在任刑部员外郎时朝廷就下诏书对他进行褒奖："朕惟刑部主司寇之任，民命攸系，故置属详于诸曹，必得其人，庶可称焉。尔刑部河南清吏司署员外郎主事纪绣，东藩才俊，甲第名流，筮仕春曹，勤劳允懋，顷者摺居今职，廉能之誉益彰，最绩屡书，官评攸重，朕甚嘉之……"

纪绣奉调任贵州按察司副使时，在整饬兵备、征伐叛乱的苗匪时，正值暑热天气，不幸在渡盘江时中瘴气身亡。纪绣墓在利津城西南三里许（原机械厂），现有碑额一方，存于利津县博物馆。

纪 穆

纪 穆（1520—1592），字宗敬，纪绣次子，利津城西街村人。活动于明嘉靖至万历年间，贡生。

曾任河南济源县主簿，升上林苑典簿，迁山西按察司知事转直隶（河北）新城县县丞，后升陕西镇番卫经历。因患疾病回到家乡，前后更数任并多美政。有一位叫史奇的太学生曾经这样称赞他："化行玉川，治体和平，行山同翠，济水同清。淑人君子，色丽神莹。"这一评价，受到人们的公认。

纪 瑨

纪 瑨（1621—1691），字晋玉，号洁奄，利津城西街村人。活动于明天启至清康熙年间。

他天资聪颖，风流倜傥，弱冠就补弟子员。每次考试都是优等。但经历坎坷，潦倒失意，又因患眼疾失去了科考的机会，只是按照朝例捐得贡生功名。自此后，居家以积德读书、严教子弟为己任。他说，我不能入仕为国效力，也要教育子弟发奋读书。因此他的三个孩子之健、之从、之复皆科考入试屡振家声。纪瑨为人慷慨好义，举止行动有君子之风，言谈识见超出寻常。乡里街坊有纠纷疑难，常常靠他出面调解，地方上有兴利革弊推行新政时也经常听取他的建议。时任利津县知事李应甲拜访他并提及学宫（文庙）倾圯时，他立即带头捐款倡修。李应甲书写并制作"当代人龙"匾进行褒扬。朝廷在册封他为文林郎时赞道："善积于身，祥开于后。教子著义方之训；传家裕堂搆之遗。"

康熙甲辰年间（1664）利津大旱，他免除租粮八百余担用来赈济受灾群众；壬子年间捐资办学，创立义塾，为贫穷孩子上学提供了场所。对他这一义举，史载曰："诸生供给一无所吝。"他的事迹被写入《利津县志·光绪卷·义行列传》。

李 益

　　李　益，生卒年月不详，字守谦，利津县城东街村人，其祖上李彦实曾任元朝审理官，李益官至山西布政使，故世称"李布政家"。

　　李益，明洪武四年（1371）以"人才"被荐。明朝之初，人才奇缺，朝廷征召天下贤才充任各级文职官员，最初只能靠荐举以应急需。因此重荐举，专以荐举取士。荐举分为八个科目，有聪明、正直、孝悌、力田、儒士、孝廉、秀才、人才等，"人才"即其中一项。洪武年间荐举与科举"两途并用"，许多人并非举人、进士出身，而以"荐举"入仕，李益就是其一。

　　李益被荐入京后，很快就成为正六品户部主事。明代的户部是管理国家财政与经济的最高机构，明太祖朱元璋告诫李益：户部掌管户口、土田之事，凡仓廪、府库、计划、出纳都要如实记录，任务重大，能担此重任的人才至关重要。经过考察，你李益是合适的人选。希望你"夙夜惟寅"，恪尽职守。在当时来说，这也是个"肥差"，但李益就任后清约自持，奉公守法，当官好几年，竟然连一件替换的衣服都没有。有一年，明太祖朱元璋寿辰，要求百官都要穿着官服进宫朝贺。李益身上的官服已穿了多年，破旧不堪，也没有新官服可换。只好借了一套武职穿的千户服进宫参拜。明朝的官服样式是根据职位定做的，文官、武官要求十分严格，颜色、用料、图案都不相同。身穿千户服的李益，很快被发现并遭明太祖诘问，李益没有办法，只好如实相告。明太祖不信，派人前去调查，结果发现他家清贫如洗，家里连个盛米的罐子都没有，仅有的几升俸米装在破皂靴里。明太祖知道实情后，感叹良久，特地恩赐锦衣一件，以表彰他的清廉。此事广为流传，"锦衣廉吏"的美称由此而来。

　　后来李益到江西饶州府（今鄱阳湖以东的上饶、鹰潭、景德镇三地）任通判，不久升任饶州知府。在任18年，他体察民情，关心百姓，做了许多好事，深受百姓爱戴。在朝廷任命李益为山西左参议的时候，饶州百姓推举乡绅到南京陛见皇帝，把他挽留下来。居留两年，饶州人还是不忍与他分别，给他立祠绘像以作纪念。李益赴山西上任后，曾督办过北京宣武门及城墙修葺工程，不久升任山西右布政使。李益天性至诚，不事雕琢，他的生平及政绩在《大明一统志》与《为政要典》上都有记载，并名列本县乡贤之首。

李 聪

李 聪，生卒年月不详，字存智，李益之子，利津县城东街村人。明永乐十五年（1417）乡试中举，出任直隶大名府训导。大名府位于河北省东南部，属历史名城。明建文三年（1401）的一场大洪水淹没了这座城市，结束了大名府长达千余年的雄壮历史。从此民生凋敝，文教不兴，多年来没有科举及第之人。李聪通晓经学，品行端正，教人有方，成为当地读书人的楷模。他任职后大力革除陋习，严格月课季考，很快就改变了局面。在三年一度的乡试中，大名府终于有人榜上题名，这是一件破天荒的事情。当时朝廷有规定，成绩卓著的训导可以直接荐举为监察御史。恰巧此时一位同僚任职九年期满，李聪就把自己的这份功劳让给同僚，让他得以荐举。过了不长时间，大名府又有人中举，李聪因之而被提拔为山西汾西县教谕。到任之后，他整顿当地学规废弛现状，订立了严格的科目与条例，并极为用心地奖掖人才，使当地士风大振。可惜天不假年，他在汾西县任上刚满两年就抱憾离世了。

李聪注重品行，不逐名利，勤于助人，疏于理家，居官20年囊空如洗。明成化十年（1474），朝廷又以其子李芳官名显赫而敕封李聪为监察御史，尽管这是他去世以后得到的荣誉，但也是对其生前做官为人的褒奖。

李应宗

李应宗，生卒年月不详，字绍之，李聪的第三个儿子，利津县城东街村人。明天顺三年（1459）中举，成化初年（1465）任山西平定州训导，继任河南南阳府教授。

明代对儒学教师的选用比较严格，要求各地必须选择有才德有学问并通晓时务的儒士担任。李应宗学行甚笃，诲人不倦，很快受到当地士子的普遍尊重，并以师从于他为荣。河南解元李鸾出自他门下，曾写诗赞扬自己的老师："孝友宅心，诗书为业。太和之气，中秋之月。"河南的官员也都认为他是一位不可多得的人才，按察司以精通五经之学的名义将其上报朝廷，李应宗由此而声名远扬。弘治初年（1488），他被举荐为河南纂修总裁，不久南阳郡三城王朱芝埠又请他到王府主讲"五经宾会"。"五经宾会"是藩王仿效朝廷"经筵"而设置的王室教育方式，主要内容是探究经书中的微言大义和"以古证今"。

李应宗学识渊博，每次临讲言简意赅，条理清晰，备受朱芝埠称赞，朱芝埠是朱元璋的曾孙，他博览群书，工于绘画，对李应宗非常赏识，到了任期届满时还不忍与他分别，并作赠行诗以抒情谊，其中有"方资进讲六经学，遽尔还登千里途"之句。

后来李应宗转任河东运司学教授，他一如既往，勤恳课徒授业，不久逝于任上。而他的去世也颇具传奇，清康熙《利津县新志》载："……夜起呼童秉烛，索衣冠，端坐而逝。"是为善终。

李 芳

李 芳，生卒年月不详，字德馨，李聪第四子，利津县城东街村人。明天顺六年（1462）中举，成化二年（1466）进士，先后任都察院广西道监察御史、江西按察司副使、江西按察使。明代宦官擅权乱政最烈，成化年间更是登峰造极。宪宗皇帝朱见深宠信太监汪直，使其掌管西厂，监督军务，提督京营，并掌握官吏任免。汪直专横跋扈、气焰嚣张，屡兴大狱陷害忠良。兵部尚书项忠不堪忍受，与九卿联名弹劾。汪直恨之入骨，唆使心腹诬奏项忠，项忠因此遭锦衣卫审判。朝中大臣被汪直的淫威所震恐，竟无人为项忠辩白。在这种严峻情势下，李芳挺身而出，毅然上疏宪宗皇帝，对汪直之流的不实之词一一抗辩，无所畏惧地为项忠洗刷罪名，使之得以保全，最终官复原职。

成化十年（1474），朝廷下诏对他彰表和勉励，称朝廷设监察御史，是为了整治风纪，倡举宪纲，激浊扬清，以辅弼君王对国家的治理。因此，需要有品行端正、敢于直言的人才能够胜任。李芳出身于贤良方正，任这个职务已有多年，且取得很大成绩，特敕令表彰，希望李芳益正乃心，益洁乃行，不徇私枉法，不屈服于权势，不要辜负朝廷的期望。

李芳奉命巡历山西时，正是历史上有名的"成化大旱"之年，晋境赤地千里，米麦不收。李芳据实奏报灾情，主张减免赋税，并广设粥厂赈济灾民，使濒临死亡的万余饥民存活下来。李芳曾任畿内八府巡按，所到之处执法奉公，声名清正。在江西按察使任上，他大张旗鼓地剔弊除奸，凡利国利民之事无不奋力而为。

李芳居官数十年，一直囊橐萧然，从未购置产业。辞官归里后，他谢绝人事往来，盖了两间草房，把族中数十名弟侄召集起来，与他们一起烧火做饭，一起读书习文，常年乐此不疲。这些弟侄们在他的熏陶下，深切体会到"布衣暖，菜根香，读书滋味长"的意蕴，注重修德养性，致力读书上进，大都有所成就。

李 琰

李 琰，生卒年月不详，字伯良，利津人，活动于明嘉靖年间。张奎是李琰交往多年的朋友，家庭贫乏，他时常接济。后来张奎贫病交加死去，连入殓下葬的钱也没有，李琰就出钱为其营葬。有一名姓冯的，山西绛县人，任利国盐场大使，解任后抱病回籍，经利津城，恰遇淫雨连绵，连容身的地方也没有，竟死在县城大街上。李琰闻之非常怜悯，就出钱制作苇棚，以庇护冯大使的遗体，并协助将其安葬。

明嘉靖丙申年，利津知县举行乡饮大典，邀请李琰参加，他固辞不赴，知县亲自来请，他也不去。他认为："我只是做了自己应该做的事情，没有可夸耀的。我务农、经商守法纳税，不愿巴结官府，也不愿出席那些繁文缛节的活动，唯一的心愿就是在浓浓的树荫下，面对滔滔不息的大清河，自娱自乐，安度余年。尊贤敬老、善行义举是我们民族的传统，我做得还很不够，而赴乡饮大典只会遭人嫉妒和指责。"人们都说李琰见识深远。

李中兴

李中兴，生卒年月不详，号冯南，明朝时期利津人。崇祯年间先后任陕西西安府同知、韩城县知县、河南道监察御史等职。他天性孝友，对双亲的奉养竭心尽力。父母相继去世以后，家中剩下的遗产他都任凭兄弟们选取受用，自己则只留其中部分薄田、薄产。有位父辈的亲戚敬佩他的德行，拿出百金家产周济于他，虽然当时的李中兴家道贫苦，但他深知无功不受禄这一古训，委婉拒绝了那位亲戚的馈赠。后来，他的日子渐渐丰裕，就赎回在利津城里东街的一处有七间草房的祖宅，并进行扩建修缮，供家人居住。有一年，家里积攒的五十多两银子被窃，就给官府报了案。后来查知乃是附近一个穷人所为，李中兴悯其家贫，没有追究，但官府还是将此人缉拿。他得知后就到衙门求情，将他保了出来。这人羞愧难当，但银两已经花光，无力退还，就准备卖老婆、孩子。李中兴听到后立即出面进行阻止，使他的家庭得以保全。

杨 昭

杨　昭，生卒年月不详，利津县人。明宣德年间，杨昭科考入仕。刚开始是做苑马寺的主管，专门为皇家饲养马匹。官虽小，但杨昭觉得一个人不管做什么，都要认认真真地把事情做好。所以，他平时用心观察，了解牲畜的习性和牧养方法，并虚心向有经验的人请教。短短的时间里，他就因为业绩出色，被提升为北京地区的太仆，负责管理当地官府的畜牧业。

杨昭做官20多年，始终保持着朴实、节俭的好习惯。身上穿的衣服除了一件官服外，再也没有别的衣服了，简直到了家徒四壁的境况。

有一次，一位朋友来家里看望他。他请朋友坐到一把非常破旧的椅子上，自己却站在一边。他的朋友对他说："你怎么不找个座位坐下，陪我一起说说话呢？"杨昭笑笑，不说话。他的朋友看了一下四周，才发现，他家只有一把椅子，很是惊讶，就对杨昭说："我只知道你为官清廉，却万万没有想到你贫穷到了这个地步啊！"杨昭笑着说："您还是不了解我啊！我做人，从来没有多余的东西啊！"朝廷敕令赞他道："发身胄监，折任斯职，扬历年久，勤慎有为……"后人赞他为"清白之吏"。

贾光大

贾光大，生卒年月不详，字实甫，别号煦谷，河南杞县人。明嘉靖三十四年（1555）举人，由贡生考取进士。隆庆五年（1571）夏任利津知县。他为官清廉，体察民情，不阻于势；实施限田、均田、垦田制，德泽于津民，为世人所敬慕。

贾光大上任后，"心恻民瘼，洞察利弊"，深入村庄田间，做了大量调查研究，心中产生了"均田定赋"这一想法。他知道官田与民田赋税不一是民怨的症结所在，而要解开这个死结，必须从清丈田亩做起，施行均田平赋政策。因为明代土地有"官田""民田"之分，所交赋税差别极大。民田每亩以五升起征，官田一般每亩征粮七斗，征收办法极不合理，致使田赋陷入混乱。豪强富户为逃避征收，采取许多卑劣手段，隐瞒土地，逃避赋税，致使民怨沸腾。于是，他"询之士夫，访之父老，议之僚佐，筹度便宜"，这一系列工作完成后，昭示百姓，颁布具体的"均田定赋"方案。

在土地丈量中，没有组织大规模的人力、物力，而是"省篁（纤）绳，革夫役"，严格按照规定的"尺步之制，丈量之规"先让有田人自己丈量自己的土地，填写亩数及四至，由地邻证明后交给里长查验，经过广泛认可后登记造册，呈交县衙以备参考。同时严格强调杜绝欺骗隐藏田亩，对于自首坦白的予以宽大，要求具体承办人员谨慎清查，认真覆勘。清丈田亩事项纷繁复杂，四乡田亩自行丈量之后，贾光大亲自下乡勘验。每到一处，首先访问父老，查询有无作弊现象，然后核查簿册数字与实际田亩是否相符。一旦发现问题，当即进行处理。他曾作《均田至官灶城有感》一诗留传至今，诗中写道："乍经茅屋人民少，惯见沙洲狐兔游"，一路行来，看到利津大地破败荒凉的景象，更加坚定了他"均田平赋"的决心。

贾光大将全县田地依土质、地势不同划分为三等，不同等级核定不同数量的税粮。即使这样，他还是担心税多地少、民众难负，于是又将一部分田亩的税粮降为最低。

均田结束后，不少乡民将自己田地刻于诸石，树之通衢以记之，这是百姓祖祖辈辈赖以生存的根基啊，何不珍之。滨州人王学书在《利津县均田记》中叹道："王政以养民为先，而养民莫大于地利。自井田废于秦不均之，叹至今嗷嗷，古人有志于限田均田者，不阻于势则堕于利，不辞乎劳，则避乎怨，竟不果行，信乎均田为至难也。贾公成功则易易焉，盖本之以忠爱廉静之德，而济之以公明刚果之才，是以津地悉均，而泽及万世矣。"历朝历代，均田平赋被视为最难，贾光大铁腕施政，化繁为简，惠政于民，利津乡民感激不尽，有民谣传之："我有荒芜，侯其开之；我有灾害，侯其除之；我有生养，侯其遂之。于维我侯，万世仰之……"

贾光大被时人誉为"海内循良之最"，与他知人善任，协谋赞襄，成立了一个团结协作的团队是分不开的。他们各司其职，分劳率先，使均田平赋得以圆满。其中庐陵人朱俊甫、晋州人谷济物、汝阳人商君霁皆明达吏事，小心廉谨，殚精竭虑完成各自的任务。

贾光大施政津地，百年弊一旦剔，阡陌陇墅分限一新；崇节俭，裁冗费，课士徒，均徭役，佐海运，宰津邑美政多多。在县治西关，百姓为其建造了生祠以表纪念。生祠为屋三楹，筑台高阔，可绕墙垣，并安排了驻守生祠的人员。

顾四明

顾四明，生卒年月不详，字孝泉，明代仁义乡（今利津城西南店子一带）人。明万历二十三年（1595）己未科第三甲230名进士。顾四明自幼至孝好学，虽家境贫寒，经常断炊，但他生性豁达，承欢自乐。每日苦读诗书，手不离卷，终功成名就。初任直隶清苑县知县，后任江西吉安府知府。

顾四明在清苑县任知县时，爱民如子，兴利除弊，重视教育，发动乡士民众办学堂，救助穷人子弟上学。清苑县多有权贵，朝中有重臣，但他从不曲意迎合。

对豪强劣绅中有欺民者敢于查处。因清苑地处要冲，迎来送往繁多，他生性不喜应付，遂请求改任教职。曾任直隶松江府教授、应天府教授、国子监博士、户部员外郎主事等职。

顾四明在任苏州、松江两府监总主事时，发现这里存着40多万两白银未上解，这些白银，过去大多被中饱私囊。顾四明清点后，悉数归公。他重教兴学，倡导集资办学。在主持地方科考时，从严把关，从不屈于权贵，每到一地，其名声清正，受民尊重。任吉安知府，他体察民情，赎救穷人。对三年一度的会考，他亲自把关，公平竞考，从未出现过差错。任教授之职，他认真选育学子，教授他们学识之道，受其识拔者多人成仕，尊他为恩师。朝廷在给他的敕令中赞道"……操履公方，风规沉远，始以大科之隽，绾绶花封，继由文学之英，横经槐市；爰甄人望，俾列地官，而尔白意勤公，焦神营职，督运无处膏之润；箦储颂饮水之清。穴窟尽空，京坻立效。居然异品，展也深心……"顾四明为官之清廉，连朝廷都感到震惊。有一年，适遇三年一度的官员考绩，他以"清廉第一"被公举，理应超擢，请奏朝廷重用，但他因身体有病而去职回乡。

顾四明称病归隐家乡后杜门谢客，不与权贵交往。出行或步行或骑驴，从不乘轿，平常穿戴土布凡衣，外人就不知道这曾是做过知府的朝中四品大员。但他一旦知道利津县里有涉及民众的大事，即出面与当地官员交涉，直至办好。顾四明的名声久扬不衰，朝廷欲升他为河南提学副使，但他已去世。

韩士名

韩士名，利津望营乡（今利津县城西北一带）人，活动于明景泰年间。因在修茸县城城墙时独家出资承修北城墙而名扬四方。

金明昌三年（1192）永利镇升利津县时，其县治尚在河东岸永利镇。清代名士张铨有"古城七里镇河东"诗句，便指此事。后因黄河淤垫，河底抬高，永利镇濒遭河患而日渐颓废。与之相对地处高埠的西岸东津却人口稠密，店铺林立，一天天繁华起来。元至元三十一年（1294），也就是利津建县100年时，直隶（河北）深州人高谦亨任利津县令，于东津建文庙以兴学，选民间俊秀充弟子员，讲学业，考行艺，自此学校大兴。因西岸东津地势高耸，是个规避水患的好去处，洪济寺、文庙建起后，衙署及其他治所也随之迁于东津，但尚无城垣。

"邑虽小必有城池以固围也"，历任利津县令恐怕都有这种想法，但这又不是一句话的事。直到明景泰年间（1450—1457），修筑城池才付诸实施。这期间有两任知县，分别是南河人回义，江都人蔡顽。初修城池工程浩繁，虽是土城，但为根基，因此投资巨大。历史上举凡大工程资金来源多为朝廷拨款、民间募捐等，利津初修城池亦不例外。当时四面城墙有三面为官修，聚全县之人力、物力修之；而北城墙则由望营乡富户韩士名独自承担，《利津县志·康熙新志》中载："景泰间，县修筑城池，阖县修城三面，而士名独修城北一面，时人称为义士。"虽只此一句，可见当时利津望营乡之富庶，韩士名之大义，其义举载入史册而流芳千古。

魏 纶

魏　纶，生卒年月不详，字理之，利津人。主要活动于明正德至嘉靖年间。自幼聪颖异于常人，年少时即中丁卯科（明正德二年，1507）乡试，明正德六年（1511）参加礼部考选落第。

明正德年间，朝廷昏聩、宦官专权，一时民乱纷起。以刘六、刘七为首的农民起义军由河北省起事，蔓延至山东各地。因落第而执教于塾馆的魏纶目睹百姓在战乱中所遭受的苦难，他借鉴历史上治国安邦的良策，结合本朝时局现状，经过反复探讨，梳理出了《治乱安国疏议十则》，上呈朝廷，得到了朝廷的重视。

明正德十一年（1516）典试湖南，擢升南京刑部主事。上任不久，即遇上了一起非常棘手的案子。这年的初冬，皇帝南行狩猎，宠臣江彬随行。江彬狡黠强狠，因善于骑射，受到正德皇帝的宠爱，时任官都指挥佥事，统领四镇军队，经常陪皇帝围猎，自由出入豹房，权倾朝野。进谏的朝臣大多受到江彬的迫害。

江彬贪财作恶成性，到南京后图谋私利，不择手段地罗织罪名，制造事端，假传圣旨，恶意中伤贵阳经历。南京刑部官员没有人不知道其中的内幕，但因畏惧其权势不敢直言。魏绤觉得自己责无旁贷，冒着身家性命的危险挺身而出，秉笔直言。他详细列举了江彬的罪行并上疏朝廷。正德皇帝阅后，发现魏绤陈言事理俱在，且有关社稷安危，这才没有轻信江彬的谗言。当时，人们都为魏绤捏了一把冷汗，感叹地说：“与江彬进行抗争而没有得祸的只有魏绤，这真是上天在帮助先生。”

江彬的阴谋没有得逞，怀恨在心。他暗中勾结江洋大盗，决心置魏绤于死地。这时，魏绤已经深深地感到，不徇私情，不谄媚上司，而秉公执法是何等困难的事情。他在《冬郊游望》一诗中发出了如此感慨：“我辈江北人，来作江南客。春秋湿气苦蒸郁，足踏冰霜又凄恻。且沽醇醪浇诗肠，江风山月闲徜徉。”

魏绤感到只凭自己的一腔热忱，在南京是不能再待下去了，为了长远之计，他辞去了抚军的挽留，调任贵州司事。上任后，适逢广东镇守中官牛荣勾结番商以进贡的名义，装载价值五六十万两白银的货物顺江北上，事情被人告发。牛荣托人说情，贿赂求免，魏绤严格执法，没收其全部赃物抵罪。牛荣及其同党怎肯善罢甘休，便趁魏绤乘船北上伺机报复。魏绤早有察觉，趁牛荣一伙不防备，化装逃离险境。

魏绤两次执法，都险些丧命，在精神上受到了严重打击。他更加憎恶社会现实中的腐败风气，心情抑郁，积久成疾。他在《腊月十日得家书》一诗中这样写道：“边城小恙滞居诸，短影隆寒度岁余；十二时尝亲药裹，五千里偶得家书；青阳季子知从学，白发慈亲切依闾；金紫争如团聚乐，莱衣更好钓鲈鱼。”诗的意思是说，我在边城得了病，天天吃药，思乡之情日深。得到家书，就像是在梦影里看到孩子们去上学，白发年迈的母亲倚在门口盼儿子归来一样。当官哪比得上一家团聚好，该解甲归田去孝敬慈亲了。魏绤见处境艰难，又疾病缠身，于是告病回乡暂居。

魏绤病愈后，被起用为南膳部郎。半年后，升任山西布政参议。魏绤到任时，巡抚刘大谟也刚刚到职。刘大谟看到这里的三司飞扬跋扈，民愤极大，就责成魏绤连牍弹劾了三司官。因为这件事，巡抚刘大谟和魏绤一起被罢官回原籍待命。对于这次遭贬，魏绤并没有感到突然，似乎是预料之中的事。他早已做好解甲归田的准备。他在诗中写道：“浮生难过利名关，仕途山程到处艰。收拾图书东海去，扁舟垂钓水云间。"

山西任上的经历对魏纶触动很大，本来他已有挂靴之意。后来，朝中一些正直的大臣纷纷向皇帝上书，经过朝议，巡抚刘大谟、布政参议魏纶实为秉公执法，正义之举，并非公泄私愤，一律甄别复职，魏纶调任陕西副使。明武宗正德七年（1512），陕西出现了百年不遇的大旱，河湖干涸，路陈黄沙，庄稼十不余一，百姓焦渴难耐。魏纶看到这种情况，心急如焚，一面上书朝廷赈灾，一面召令民工加紧修筑水利设施，取水抗旱。他还拿出了库存的钱粮救济灾民，并大大降低了当年的税负，提高了民众抗旱的积极性。不到一个月的时间，便新挖引水渠近万米，搬运土石两千多方，终于把河里的水源源不断引入了田间，保住了一定的收成，稳定了民心。在最困难的时候，魏纶还曾率领自己的部下到关帝庙祈祷求雨。也许是老天为他的诚心所动，过了一个时辰，天上真的阴云密布，普降甘霖，大大缓解了旱情。

此外，魏纶还十分重视教育，兴建学校，对于读书的学子给予经济上的照顾，使他们能够安心读书，读书风气日浓，民众皆粗通诗书。他还理断诉讼，纠正了许多冤案，被民众誉为"魏青天"。由于他惠政于民的显著业绩，陕西人特意在韩范祠为魏纶立碑称颂。

朝廷考核时，见魏纶政绩斐然，又很快调他为浙江镇守。浙江沿江岛屿众多，盗匪迭起，百姓深受其害。多股盗匪占据着江口的小岛，凭险据守，与官军对抗，他们人数多的数千人，少的几十人。这些盗寇遥相呼应，相互之间遇事一哄而上，气焰十分嚣张。他们常常从江中或山上呼啸而下抢掠杀戮，无恶不作，百姓无不切齿痛恨。前几任官吏曾多次进剿，但因盗匪眼线、耳目众多，加之布置失当，往往无功而返。时间一长，众盗气焰日盛，光天化日之下也敢窜入府县抢劫。一到夜晚，家家户户早早关门闭户，唯恐躲避不及。魏纶到任后，经过深入调查，发现盗匪虽然气焰一时嚣张，但其供应却依赖内地。另外，官军平日疏于训练，战斗力不强，也是对匪盗进剿不力的原因。根据这些情况，魏纶采取了许多切实可行的措施。在策略上，他针对匪盗的特点，制定了"困盗斩羽，除奸断粮"的措施，对小股盗匪采取招安进剿相结合的方法。不到半年时间，就将小股的盗匪剪除。与此同时，他训练了一批机警的兵士扮作商人、小贩分散到沿江各地进行明察暗访，将盗匪安置的眼线和通风报信的奸民——抓捕。一律不准将粮食、火药、油料、食盐等出江。这样，盗匪失去了情报来源和物资供应，开始变得坐卧不安。

魏纶通过察访，发现沦为江盗的大多是贫苦的农民、矿工，只有极少数的才是真正的盗寇。根据这种情况，魏纶采取攻心策略，决心对这些江盗进行招安。他写了檄文陈述了利害关系，派人到江盗的营地招首领问话。魏纶对江盗的首领说："你们屡次违抗朝廷，这是不赦之罪。现在给你们改过自新的机会，可以回到大营把老弱病残送回家中，把精壮精锐送到官府来赎罪。"属下的官员怕江盗的首领一去不复还，纷纷劝魏纶不要放虎归山，但魏纶没有听从。过了不多久，那个首领果然带了两千人来归顺。魏纶命令江盗在教场外安下营寨。手下的官员都觉得这样做不妥当。魏纶说："咱们以诚心待他们，他们怎么会有反复呢？"这样，终于将山寇江盗全部招抚。之后，魏纶对海关江防进行了集中整治，疏通了商运，使浙江沿海重新出现了千帆竞渡、商贾云集的繁荣局面。

魏纶早就看透了明王朝的腐败，也厌倦了官场的明争暗斗，正官运通达、仕途得意之时，毅然辞官回到了家乡。

魏纶不仅是利津明代职位较高的官员，其文章特别是诗歌，在鲁北也很有声望。《武定诗钞》《武定诗续钞》都有选载。魏纶一生作诗千余首，题材广泛，涉及社会的各个方面，真实而客观地记录了魏纶的生活经历，反映了在封建社会制度下，一个文人由科举做官到解甲归田的生活轨迹。魏纶的诗有较强的人民性和很高的艺术性。李佐贤在《武定诗续钞》中评论其诗："独开畦町，不袭窠臼，清刚直上，肖其为人。"魏纶中了举，做了官，也始终没有忘记人民百姓的疾苦。他在南京任刑部主事时，江南暴雨成灾，百姓生活十分困难，魏纶寄予无限同情。《积雨》《积雨农夫叹》两首诗描述了农家"灶底蛙生贫妇怨，禾颠螯长老农愁""哪得斗升供破釜，涕泗淋浪面如土"的严重灾情，揭露了官府不顾百姓死活，"旦暮催科吏打门，锁项鞭肌势如虎"的残暴统治。

嘉靖八年（1529），利津大清河以东出现大灾。百姓以树皮、草根充饥，瘟疫流行，饿殍遍地，妻离子散，魏纶见此情景心情十分沉重。他用乐府诗体，以与灾民农妇对话的形式，深刻揭露了封建统治者实施"仁政""博爱"的虚伪本质。他希望百姓有一天能过上"普天之下田均吏治和气流，五风十雨民无忧"的理想社会生活。但是，拯救百姓的使者在哪里？诗人终于在迷惘和失望中发出了"仰面呼天天不应，阊阖云深谁是主"的呼吁。魏纶一直对家乡怀有很深的感情。无论平时，还是在仕途上不顺意时，他常常以诗来抒发乡土亲情，从而解脱愁苦，安慰自己。"返照驱牛去，闲云共鸟还""鹤老调雏鷇，牛闲唤犊还"，这是魏纶在行旅中的两句诗。当他看到夕阳落霞，炊烟袅袅，牛羊回圈，鸟雀归巢的时候，感到家乡是诗人感情的寄托，是游子人生的归宿。魏纶退居之后，依然非常关心家乡的农耕、水利事业。他在《水利呈某长官》一诗中，深刻阐述了"纵观济水涯，谓可开稻田"的理论。这不仅是一首美丽的诗篇，更为可贵的是在400多年前，诗人对农业耕作改良的设想和创见。诗人希望这一倡议能早一天成为现实。他苦心恳请企盼水利长官对人民百姓实施博爱，以"寸心筹万顷，一念泽千年"的精神造福后人的情状跃然纸上。

魏纶有一子魏阙，字子瞻，生卒年月不详，永和乡（今县城东北境）人。由贡生任永平府通判，后调任延安府。因得罪上司改充四川重庆府教授，直到退职还乡。魏阙性情刚直如其父，虽家贫如洗，但他甘于淡泊，从不仰求于人。历官俱有惠政，延安府曾立去思碑以纪念他的德政。回乡后常布衣步行，从不结交官府，与乡人杂处无纤毫骄态。享年83岁。

魏彦昭

魏彦昭，生卒年月不详，河北保定容城人。初为监察御史，明正德二年（1507）夏，获贬谪左迁利津任县丞。时明王朝奸臣当政，朝廷昏庸，苛政横行，尤其京畿百姓被强迫代官养马，马户不堪忍受，揭竿而起，劫富济贫，驰马鸣剑，被官府称为"响马盗"。刘六、刘七兄弟顺势崛起，"倏忽来去，势如风雨"，声势浩大，成为明王朝的大敌。正德二年，刘七起义军起京畿、走山东、掠河南、扫湖广，纵横千里，攻破城池数以百计，利津县附近城邑也遭到劫掠。

魏彦昭分析当时形势，认为利津必被侵犯，不能幸免。以利津卑浅城池万难抵御，当务之急是坚固城池，守城御敌，决不可掉以轻心。于是动员全县力量对城墙增高加厚，护城河浚深加宽。同时组织兵民配备兵器日夜防守。但有些人对魏彦昭所为不理解，在一旁讥笑说，刘贼所向披靡，所过无坚城，利津小邑卑城，岂能抵挡乎？有些人甚至暗留后路，随时准备逃窜。魏彦昭听到这些闲言碎语并不为怪，仍然一如既往，愈发加强巡查监督，毫不松懈，常常是通宵达旦，夜不成寐。

转眼到了冬天。忽一日，河对岸来了一千多流贼，直逼利津县城。但流贼却找不到船只，不能渡河。人们认为有大清河阻隔，仍不以为然。魏彦昭却十分担忧，他召集大家分析道："如果大风一起，河水结冰，对岸贼兵势必渡河，而从西边而来的贼兵，正日夜向这里奔袭，假如两股贼合兵一处，则我城危矣。"几天后，气温骤降，河面结成坚冰，流贼遂渡河逼城。西来之敌果至，亦安营扎寨于城西北郊。

大敌当前，魏彦昭指挥若定，之前使出的几招起了作用。一是调集城内豪俊，全民皆兵分段把守；二是迅速派出使者到府县请求增援；三是将县城外民众粮食收储在城内，避免敌军抢掠；四是排兵布阵，了然于心。刘七军依仗人多势众，多以虚声恐吓陷城。魏彦昭精选轻骑数十，每日在城下往来疾驶，疑惑敌军。安排甫毕，魏彦昭将队伍分为数队，自晨至晚，频繁出击攻敌。敌军屡屡攻城不下，无计可施，加之武定府援军赶到，内外受敌，遂仓惶收兵遁去。城池民众生命财产得以保全，利津城"屹然为渤海之一全城者"。

第二年春，魏彦昭奉调鱼台。利津人纷纷言道：利津人民没有受到流贼的祸害，财物得以保全，利津城屹然巍立，成为渤海唯一没被攻破的城池，这全是魏公所赐也。魏公在，我们应当祝以报之，今公去矣，我们也要记录下他的事迹，以志不朽，岁月可鉴。后魏彦昭入祀贤祠，立去思碑。

清 朝

QING CHAO

于获祥

于获祥，生卒年月不详，字麟书，利津县人。他性情豪迈，侠肝义胆，为人极有仁义心肠。乡邻之中凡穷苦人家遇有难以度日的情形，他都尽力给予救济和资助。于获祥看到自己的几个兄弟生活拮据，就主动把自己的财产分给他们。他的姑表兄弟成家后极其穷困，没有固定收入，甚至连基本的土地、房屋也没有，他同样把自己的财产分出一份赠送给他。像于获祥这样厚泽亲友，又不计报酬的，在当时来说算得上是非常了不起了。

于获祥的儿子于雯锦，例贡生员，同样是一位侠义心肠、见义勇为的人。他曾经接受一个乞丐的乞求，收养了乞丐的女儿，并认作自己的义女，给予她良好的教育和抚养，等她长大成人，为其置办了丰厚的嫁妆陪嫁。后来，这位义女不幸守寡，于雯锦又将她接回家中，照常生活在一起，与自己的亲生儿女毫无两样。

王时抡

王时抡，生卒年月不详，字际斯，利津县陈庄镇庄科村人。清乾隆年间太学生，为人豪爽洒脱，十分注重义气。乾隆初年，利津附近的沾化县富国镇聚集起一伙靠武装贩夺私盐的盗匪，伺机掠夺利津县永阜盐场的盐坨，一时人心惶惶，想不出好的办法来铲除匪患，保护盐场。有人提出派人到这伙匪徒的营地去游说，晓之以理，言明利害。县令亦有这个打算，可眼前并无合适的人选可派。王时抡闻听自告奋勇，慷慨承担重任。

一天夜晚，王时抡趁着月色，独自一人骑着一头青牛前往贼营。见到匪首，对其据理陈词，详说利害，指出："私夺官盐罪大至极，官府不会坐视。你的行为不但害公，更是害民。由于你们骚扰，盐场停工，数千人失去生计，盐商船户，也都痛心疾首。盐务为一方富民物产，本是当地众多民众衣食之源，倘使盐务混乱，后患无穷，尔等都是家乡子民，岂能眼看无数乡民毁家破业吗？"这些盗匪大都是本地人，深知王时抡所言非虚，又被他的超人胆识所慑服，不久即悄悄散去。

乾隆丁未年冬，有钦使来利津查办盐务，王时抡以利津一带产盐量减少，无力完成所纳税银，请求调拨天津盐予以接济，所列条陈数百言，句句切中要害，字字抓住关键，此举深得盐民灶户信任和拥戴。王时抡义举多多，他曾经独自出资修建庄科龙王庙，积极倡议修葺学宫（文庙）、蛼蛎嘴萧圣祠，这些事迹，都有碑记载之而流传。另据《王氏家谱》记载，王时抡父亲去世后，留下巨额债务，他一人承担，"不诿诸兄，一身肩之"。王时抡逝后，乡人以"敏毅"赞之。

王会英

王会英（1829—1907），字薇卿，号愚村，利津县台子庄人。父朝栋，候选孔府赍奏厅，英年早逝。王会英幼年喜读书，有"过目不忘"之才。12岁丧父，与母亲相依为命，自此后神情凝重，异于常人。青年时受教于名师任魁扬，熟读诸子百家，博学多才，名闻乡里。同治十二年（1873）中举，翌年中进士，朝考留庶常馆为庶吉士。光绪三年（1877）授翰林院检讨，充国史馆协修、纂修。所任官职有都察院给事中、巡城御史、云南道监察御史、甘肃平庆泾固化盐法兵备道道员等。王会英刚直不阿，素有"骨鲠之臣"的美誉。

《利津县志·民国卷·文征续编》收有王会英奏折两篇，分别对山东两任巡抚福润、李秉衡进行了弹劾。洋洋数千言慷慨激愤，言辞凿凿，为民请命，不惧强权的一代谏官形象跃然纸上。

光绪初年（1875），随着黄河两岸堤防的形成，黄河自利津入海已成定局。让地于水，宽河行洪；安置灾民，就近迁移。这在当时黄河水患猖獗的情况下，成为当局迫不得已的御洪之计。

至光绪十八年（1892）初，利津县下迁受灾村庄41个，立新村56个。王会英在弹劾福润奏折中称，粗成村落的灾民喘息未定，又遭遇十月初五日的风潮，猝不及防，村舍为墟，淹死1000多人……奏折中强调，在实施移民中，地方官吏巧立名目，鱼肉百姓，大灾发生后，更是草菅人命，坐视不救。山东巡抚福润袒护僚属，掩盖罪责，入奏朝廷竟说"沿海风潮淹毙六七名口"。王会英在弹劾奏折中还揭露，原利津县知县钱鎊，纵容汛官王国柱，"将临海逼近素无业主被潮之地安插灾民，而以离海稍远素有业主淤出可耕之田大半夺为己有"。继任知县吴兆镕变本加厉，在隆冬严寒之际，"纵役逼迫""鞭笞交加"，将其余灾民"尽驱入海，挽车牵牛，怨声载道……"

王会英在奏折中说："臣并非不知福润身任疆圻，事繁责重，境内所辖耳目或有难周，然此等民命所关，至为重大，而犹漫不察觉，罔闻之形同耳聋眼聩，其何以率司道监守令乎？而且使州县竞相效尤，漠视民瘼，作何究竟？伏愿暂停赏格，确切查核，勿使此辈幸邀宽典，治以殃民之罪，且令蠹臣奸吏稍之惩儆，庶吏治有起色矣。"作为朝廷谏官，王会英为民请命，铁骨铮铮，可叹可赞；所举福润下属贪腐枉法却未见下文。钱鎊擢升历城县，福润调往安徽。但在清朝末年的救灾与治河中，都会出现大量的渎职与侵贪现象，而且贪风愈演愈烈，积重难返，由此酿成许多事端、灾难连续不断。王会英弹劾山东巡抚李秉衡，亦是因黄河水患而起。

光绪二十一年（1895）六月十二日，黄河在左岸利津县境内吕家洼漫溢决口。这次决口，将位于铁门关一带的100多副盐池冲毁，盐商、灶户赖以生存的盐业遭到毁灭性打击。

吕家洼决口后，山东巡抚李秉衡于七月二十七日奏请："吕家洼地势本低，距海不远，大小村庄只十二处，再下六里即无大堤，七八里以外即海滩。无人烟之处，应否堵合？抑留为入海尾闾，俟覆勘奏明办理。"

九月十三日，李秉衡将察勘后的吕家洼决口形势及想法详细上奏光绪帝，言道："自（咸丰五年，1855）黄河由利津铁门关入海以来，河身逐渐淤高，光绪十五年（1889）黄水漫溢，由韩家垣向东冲出河身。前任巡抚张曜奏请筑堤束水，于是全河改道，由此（指毛丝坨流路）入海，数年以来海潮顶托，逐渐淤高，以致尾闾不畅。"接着，李秉衡又把七月上报的情况做了进一步说明："本年六月，吕家洼漫口大溜旁夺。水由正北丰国镇迤下各盐滩引潮官沟入海。该处大小村庄只十二处，再下系盐滩，彼时一片汪洋，未能探测。应否堵合，抑或留为入海尾闾……"这里是说，当时汪洋一片，无法确定是堵，还是留为入海通道，待确切勘察后再定。九月十三日的奏章中还说："原吕家洼地形卑下，势难勉强堵合。

惟该处为永阜场产盐之地，滩池一百六十余副，不堵则无从保护……维水势就下，其性则然。吕家洼地本极低，已成入海形势，若复勉强堵合，无论工程艰巨，深恐帑项虚糜，即令克竟厥功，而黄河数千里来源奔腾下注，韩家垣既经淤塞，水无去路，必于地上各州县旁决为灾。"在这里，李秉衡强调水唯下流，水性使然，且不说工程艰巨，纵然堵复，怕是白白的扔了银子，黄河洪水再重走已经淤塞的老河道就会无路可走，势必造成上游州县决溢，那就损失大了。李秉衡还进一步说明了吕家洼不宜堵复的另一理由："查该处口门以下村落无多，其地斥卤不生五谷，以上则人烟稠密，居民鳞次栉比，语云，两害相形，则取其轻。使但顾一隅而不计全局，非臣之愚所敢出也。""两害相形，则取其轻"，这是整个奏章的核心。

在朝廷眼里，李秉衡是位能臣。素有"北直廉吏第一"的美称。1894年中日甲午战争爆发，朝廷把时在安徽巡抚任上的李秉衡擢升山东巡抚，可以说是临危受命，是来山东"救火"的。可这位朝廷眼中的"能臣"却在兵力部署、作战配合上一而再、再而三地失误，致使威海失陷，导致北洋水师覆灭，一度为世人所诟病。吕家洼决口时，李秉衡已是"降二级留任又降二级留任"的"以观后效，戴罪效力"的山东巡抚了。

吕家洼口门不予堵复的批示传出，引起了盐商、灶户的极度不满。其间，吕家洼口门以下庄科村为保土地，提出情愿出民夫500名，不用公费而自行筑堤。这一请求未被批准，组织起来的民工被官府殴打驱散。转眼到了冬天，受灾灶户怕失去口门堵复时机，又赴省请愿，递交公禀，求堵决口。但李秉衡仍执前说，强调自此入海为天然形势，利重害轻，令丁达意传谕利津遵办。

无奈之下，盐商、灶户们想起了在京为官的老乡王会英。春节过后，即光绪二十二年（1896）二月初，灶户们公推代表进京，请都察院利津籍谏官王会英向朝廷上奏实情。

身为谏官的王会英听了灾民代表所述情况，又认真查阅了当时的"邸钞"（情报手抄本），得知李秉衡确实无意堵复吕家洼溃口。兵来将挡，水来土掩，黄河决口焉有不堵之理，何况事关家乡父老之事。于是奋笔疾书，于二月十二日写出了弹劾山东巡抚李秉衡的奏折。

在弹劾奏折中，王会英结合灾民代表所反映的情况，对照李秉衡奏折，逐一进行了驳斥。他先是对这场河患做了如下描述："……河决西岸吕家洼，地方汪洋浩瀚无津涯，田庐坟墓尽皆淹没，甚有挟棺而走，骸骨无存者。民不得已，尽搬向河堤搭盖席棚，饥不得食，寒不得衣，数十万生嗷嗷哺。加以风寒水冷，号哭之声闻数十里，愁苦万状惨不忍言。"又道："李秉衡视民之利害如秦人视越人之肥瘠，漠然不加喜戚于心"，其属下李希杰、丁达意在大灾期间"演看戏剧，以为笑乐，并不抢险，听其泛滥"，为迎合上司，他们"首倡不堵之说"。王会英在奏折中揭露："旧有由盐务抽厘税银万余金，存永阜场衙署，原以备修筑河堤之费，众人请于盐大使唐宝珍拨款筑堤，保守庄村兼护盐滩，乃唐宝珍不惟不允，并将万余金尽入私囊，据为己有。"此为贪腐之案，却未见下文。

针对李秉衡"此处名吕家洼，本为泽国，不妨留作出海之路"的说法，王会英批驳道：吕家洼只是个地名，名虽叫"洼"但并非潴水之区。过去这里本是膏腴之田，且村庄连绵，人烟稠密，并不是荒凉旷野。如果以地名作推论依据的话，那么县名叫"海丰"的就是海吗？县名叫"商河"的就是河吗？王会英的家台子庄就在吕家洼西南十几里处，他当然熟悉这一带情况。

对于李秉衡奏折中"流不通畅，尚须挑挖，始可入海"的说法，王会英指出：说现在的河道不通畅，须经挑挖河道才能成为入海的通路。现在的决口之处宽仅一里多却不去堵复，而要去挑挖百余里长的河道，不知哪个来得容易？况且原有的河道早已改从韩家垣入海了，其流路并非不畅通，又何苦在这决口之处再留一条出海之路呢？

王会英在奏折中还详陈了吕家洼决口堵与不堵的利害，分析了洪水对永阜盐场的影响，并提醒朝廷：桃花汛将至，若不对决口加以修理，一旦河水再次决堤，或会逼近畿辅。事情果然被王会英奏章所言中，当年七月利津赵家菜园再次决口，水由东北土塘顺流而下，与吕家洼漫水汇合向北流去，洪水汹涌直奔徒骇河，大有入直隶境直逼京畿之势。朝廷见此甚为恐慌，这才严旨谕命李秉衡就王会英弹劾之事据实复奏。

吕家洼决口后，前有李秉衡查勘详情奏报，后有谏官王会英弹劾，那么朝廷是啥态度呢？查光绪二十二年二月《光绪朝实录》卷三八五所载，针对李秉衡、王会英所奏吕家洼溃口之事，光绪帝有以下批示："谕，前据李秉衡奏，山东利津吕家洼黄河决口势难堵合，旋奏称韩家垣海口已经塞，只有就吕家洼另筹疏泄之法。兹据给事中王会英奏称，吕家洼决口宽仅里余，与其挑挖百余里不可知之河，何如堵筑里余之决口。且韩家垣入海流非不畅，未坏盐滩尚可修复……"在这里，光绪帝对李秉衡、王会英各自的说法整合了一下，不置可否。但下面的话却是句句在理，眼光深远："修筑黄河，固宜顺水之性；民生昏垫，岂可坐视不拯。吕家洼决口究竟能否堵合，李秉衡务当通筹全局平心酌度，不可自信太深，回护前说。尤不可因人言指摘悻悻负气。有则改之，无则加勉……原折著钞给阅看。将此谕令知之。"这话是说给李秉衡听的，既要顺其水性，又要体恤百姓。做事不可过于自信，更不能负气行事。

在朝廷敦促，民怨相逼下，李秉衡于光绪二十二年（1897）十一月初，亲临吕家洼筹措堵口事宜。十二月，吕家洼堵口工程竣工。在这场官心与民意的博弈中，李秉衡着眼于规避黄河水害这一大局，想方设法为黄河入海寻找出路，也算是有胆有识；王会英不畏强权、勇于发声，为民请命的胆识和担当也值得后人讴歌，弹劾"李二铜锤"传为佳话，也在情理之中。光绪二十五年（1899），王会英调离京城，擢升甘肃平庆泾固化盐法兵备道，在任期间政声颇佳。一年后告老还乡，78岁卒。

王岱岩

王岱岩，生卒年月不详，利津县人。附贡生。他四岁时就没了母亲，平时凡听到同龄人中有呼叫母亲的就忍不住流泪，因此，对待继母和庶母格外孝顺，家中无论任何事情总是按照继母和庶母的心意去做，从未违反。他的父亲得了重病，足有二十多年行动不便，他亲自为父亲按摩治疗，服侍左右，一刻也不敢离开，生怕父亲有什么闪失。如果父亲赶车出门，他一定步行在后面跟随保护，生怕会出意外。等到他父亲去世，王岱岩非常悲痛，丧葬事宜完全按照礼数来做。到后来，他的庶母及同族之间分家，他就选择最贫瘠的田地留给自己耕种，把肥沃的田地让给家人。

　　王岱岩的日子富裕了以后，依然尽全力给同族的亲人们提供帮助。当他得知自己同父异母的妹妹家境贫寒时，就割让自己的一部分田地和房产赠给她一家作为经营之资。王岱岩遵循"孝友居家，忠厚处事"的家训持家，大家都说他可以同东汉的孝友楷模薛包相齐名。

尹　道

　　尹　道，生卒年月不详，字本中，利津县仁义乡（今利津县城西南一带）人。他为人忠厚朴实，非常孝顺。尹道三岁的时候，父亲就去世了。年幼的尹道和母亲一起生活得十分艰辛。尹道的母亲坚强乐观，并且十分注重对尹道的教导。母子俩相依为命、互相照顾，虽艰难困苦却也十分温馨。由于受母亲的教育和影响，尹道从小就非常懂事。七岁的时候，为了减轻母亲的负担，尹道主动承担起做饭、劈柴、洒扫等家务劳动，并且去给别人家放羊、干杂活，靠辛勤的劳动，挣取微薄的酬金，用来补贴家用。

　　尹道十分孝敬母亲，每天早晚，都向母亲请安问候。他把母亲的生活起居，照顾得无微不至。后来，母亲年纪大了，患了重病，长期卧床不起。尹道就日夜守候在母亲榻前，端茶喂饭，尽心服侍。为母亲所煎的汤药，他一定事先自己尝过以后，才小心地伺候母亲服用。日子久了，尹道也累得形容枯槁，消瘦得不像样子。街坊邻居们见了，很心疼他。可是他说："母亲给了我生命，并且含辛茹苦地养育我长大，我为母亲做什么，都是应该的！"

刘学渤

　　刘学渤，生卒年月不详，字百川，利津城里人，活动于乾隆年间。自幼博学多才，每试多为冠军。其文章经常刊印行世，试卷也有两次被推荐传诵。他深知要想学到更多的知识，必须有名师指导，所以他经常拜访有名望的大师，虚心求教。

　　某年，乾隆东巡将赴山东的消息传开，刘学渤知晓后不无感慨地说："过去有个叫张齐贤的人，以平民的身份上奏十策，受到宋太祖的赏识，这次我将献书给乾隆帝。"于是刘学渤星夜赶到德州，将自己所作《帝王遗范》二卷献于乾隆。从此世人都知道刘学渤既有宏大志向，又敢作敢为。人们评价他为"皆行人不敢行者"。

乾隆九年（1744），刘学渤遴选岁贡，在北京翰林院会试中夺冠，为候选训导，朝廷敕赠文林郎。从此后，刘学渤的人品、文名更加远播四方，鲁北一带学子仰其博学，纷纷拜在他的名下，进而脱颖而出者尤多。

刘学渤一直没任实职，但他经世致用，勇于担当。每逢家乡有大的事情发生，或者发生水、旱、蝗等大灾，都是他奋勇当先，亲自到省府衙门反映灾情，请示抚军详查灾情，减免赋税。像这样的大事，都是其他人所不敢做的。

刘学渤学富五车，除晚年著有文章诗集及游齐鲁纪略外，其名篇《大清河赋》《北海赋》《登城赋》等诗赋至今为世人传诵。在武定府修府志时，他积极参与并担纲《利邑志续编》的编著。

刘学渤有子佩珂，字玉菴，雍正己卯举人，在四川蓬溪县做过一年的知县，剔蠹除恶，劝学兴教，受到当地人的称颂。

刘 润

刘　润，生卒年月不详，利津县人，活动于清代初期。他从小就没了父亲，母子二人相依为命。虽然生活清贫，但刘润对母亲却非常孝顺，衣食住行各个方面，全都围绕母亲的意愿尽力服侍，不管春夏秋冬哪个季节，他都想尽办法去购买与季节相应时的食品让母亲食用。生活中，如果稍有差错，就会感到没有尽到孝心，常常因此而流泪难过。每逢陪母亲赴亲友筵席，只要母亲没有吃过的菜，他就绝对不会去吃这个菜，他说："我的母亲还没有动筷呢！"他的母亲去世后，每当饮食用餐的时候，他必定先要敬奉过父母画像以后才自己食用，就如同生前一样。

许起昆

许起昆，生卒年月不详，安徽歙县人。雍正九年（1731），由优贡生试用利津知县。到任时，恰逢利津大涝，水患成灾，导致民田被淹，颗粒无收。许起昆及时请求朝廷调集物资，并争取赈灾粮谷数千石。但由于灾情严重，灾民众多，仅靠朝廷赈济是不够的。他带头募集捐款银一千多两，并倡议全县士绅大户捐钱献物，帮助灾民渡过难关。百姓们在大灾之年得以温饱，没有不称赞他的德行的，赞道："课士如严师，爱民如慈母。"离任一年后，他又被正式任命为利津县令。这年又是水灾、潮灾、蝗灾交加，许起昆赈灾、捐助一如从前，从未有过稍许懈怠，因为过度劳累，卒于任上。利津士民无不扼腕痛惜，县城内一片悲哭声。在利津百姓自发为许起昆举办的隆重葬礼上，邑绅刘学渤一副挽联代表了全县民众的心声："泽润东津今世循良第一，惠流渤海古来遗爱无双。"他的前任许士贞，亦为良吏，劝农课士，省刑薄敛，以身化民，邑人将两位知利津县令称为"前后二许"。

任 安

任 安，生卒年月不详，利津县人。是一个名闻乡里的大孝子。在他很小的时候，就失去了亲生母亲，但是他对继母非常孝顺。每次吃饭的时候，如果继母不吃，他自己就决不动筷子。成年以后，任安辛勤劳动，挣下了不少的家业。同父异母的妹妹结婚以后，家境非常贫困，他就为妹妹购置田产，帮助她持家创业。后来妹妹不幸去世了，他就将妹妹的子女接到自己家里抚养，对待他们就像自己的孩子一样，一直到他们结婚出嫁，立业成家。

他的继母生病，多年行动不便，他请医问药，精心服侍。为了给继母治病，他几乎花光了家里的所有积蓄。他对家人说："哪怕是到大街上乞讨，也要好好地赡养母亲啊！"后来，任安患了重病，在生命垂危的时候，他把子女叫到身边，嘱咐他们一定要好好地孝顺他们的祖母。任安去世后，他的继母悲痛欲绝，乡邻们也纷纷落泪。任安衷心孝母的事迹也被人们传为佳话。

纪之健

纪之健（1644—1714），字秉干，又字野亭，纪瑎长子，利津城西街村人。康熙二十一年（1682）进士。康熙三十五年（1696）任南阳德化县令，政声昭著，其政绩在《南阳治略·德化去思碑》中均有详细记载。《德化县志》中对纪之健做如下描述："居官谨慎，以爱民为行，尤好奖士，勤课试，考评深细，经指授为文者，咸有法度可观。治狱，亦有能声。以治行，擢河南道御史。"文简意深，一位爱民、勤政、重视教育、治理有方的能吏跃然纸上。

《纪氏家乘》中记载，圣上在畅春苑召见他，见之貌神气英俊，闻其声语音洪亮，心中大喜，特授予都察院掌广东道监察御史。任职期间，不畏强权，不虐贫寡；身居言职（言官，负责监察国家官员，包括纪检和监察的职责），不徇私情，两袖清风，名震谏坛。移忠作孝，朝野惊叹。纪之健著有《漫草诗集》行世，但已失存。康熙二十九年（1690），纪之健在南阳县知县任上，曾将当地名胜"拱辰台"改建为文昌阁。在南阳，纪之健还留有五律《谒诸葛草庐》二首：

其一

何处求遗迹，闲闲十亩中。

草深孤卧绿，花落鸟啼红。

山绕零无尽，江流恨不穷。

悬知汉日月，终古揭蚕丛。

其二

龙卧非藏用，梁吟岂负才。

未参贤圣意，空使俗愚猜。

业自昭云汉，庐犹结草莱。

俨然崇俎豆，吊古奠椒杯。

任河南南联德化县令政绩卓著，升河南道御史。告终养归后去世，入利津文庙乡贤祠供后人祭祀。

纪之健子纪梦祥（1668—1719），字幼占，候选州同，以侍御游宦京都十余年，后来回乡代父亲侍奉祖母，从无过失，克尽孝道。对于来访的官员，非公事不予接待。人们称赞他有澹台子风范。澹台子是春秋时鲁国人，孔子七十二贤之一，"非公事不进县衙"，即其事迹典故。对于街坊乡亲，则平易近人，毫无贵气，有谦谦君子之风度，受到人们的钦佩和尊敬。其事迹记入《利津县志》"孝友列传"篇。

纪之从

纪之从（1652—1729），字巽甫，号忍堂。主要活动于康熙年间（1662—1722）。他为人浑厚精明，孝友廉贞，笃信非善不交，非义不取。康熙癸酉科乡试经元（即乡试中第二至第五名），时年42岁；康熙乙未年（1715）65岁时考中进士，候选知县。参加殿试后念母年高，即告假归乡，不肯在京等待任职。他说：读书一生，官不做可矣，进士不可不考。又说：兄长之健在京都为官，弟之复在浙江仁和县为官，我在家乡侍奉母亲，不也很好吗？纪之从"为养亲而不仕"，而终身学而不辍，花甲之年"犹上公车，始捷南宫"，开利津有清以来未有之风尚，被人们称为笃行君子。

他的行为也深深地影响了他的子侄后辈。

纪之复

纪之复（1661—1725），字修甫，康熙年间人，利津城西街村人。由贡生任博兴教谕，教书育人，十分敬业，他的学生入仕者很多，两

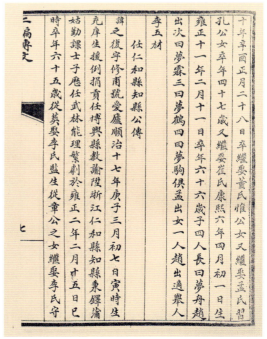

利城西街《纪氏家乘》所载纪之复传略

榜进士栾瑜就出自他的门下。后升任浙江仁和县知县。初上任时对一些不良风气和陋规进行了革除，同时倡导捐修学校，聘请教师并亲自授课讲学。

纪之复之子纪梦传（1690—1741），字筑岩。活动于康熙至乾隆年间。曾考授县丞。少年时生母病故，倍受失亲之痛。他从小刻苦学习，17岁时即考中秀才。随父亲赴浙江仁和县时，与继母及其他姨娘相处融洽，极尽孝道。每逢家乡有公办之事或兴修工程时，他都积极响应并慷慨解囊。

纪 熄

纪　熄（1680—1762），字淑子，利津城西街村人。六支系十二世。活动于康熙至乾隆年间。捐贡生，后为候选主簿，乡饮介宾。乡饮介宾是一种古老的尊贤敬老习俗。明清时成为一种制度。每年由各州、县遴选年高望重有德行的士绅，一人为大宾、次为介宾、又次为众宾。然后将选好的大宾、介宾、众宾的详细情况上报督抚衙门。同时举行盛大酒宴，大宾、介宾、众宾各居其位，地方官员等饮酒致礼，以示弘扬其德行。纪熄乐善好施，经常捐款资助对家乡有益的大工程，如宣圣庙、文昌阁、关帝庙、城隍庙、洪济寺、普济寺与义学，都是他倡导建设的，不但个人捐款数目巨大，而且独自投资修建通济桥，还为客死他乡无处葬埋的人购地置公墓。时任总督王士俊对他的善行大为感动，特送"诚心慕善"匾悬于其大门之上。

纪熄之子纪文圻（1718—1776），字甸庵，贡生，活动于清康熙至乾隆年间。勇于为义，督修学宫、文昌阁、关帝、城隍、三皇等庙以及义冢等，在组织捐修经费中或独捐或共捐都是慷慨大方毫无吝色。他的事迹，被载入碑记和《利津县志·光绪卷·义行列传》第二。

纪 渤

纪　渤（1769—1856），字观涛，六支系十五世。恩贡生，利津城西街村人。乾隆三十四年（1769）生，咸丰六年（1856）卒，历经乾隆、嘉庆、道光三朝。曾任馆城县教谕。颇有文才，为人急公好义，乐善至公。利津县文庙进行修缮时，他与街坊赵志敏（晚清四大乡贤赵长龄之父）一起倡导捐款捐物，同时邀请懂工程、德高望重的赵长清、李浊等人一起筹划施工。在文昌阁、奎壁楼、城隍庙、通济桥、杨惠桥及护城石坝等工程中积极组织施工多年，为地方建设作出了贡献。为了表彰他的义举，利津县知事孙慧惇特赠他"磊落光明"匾额。大司农（户部长官）孙瑞珍为其题写"黉宫永赖"，意为县学文庙的修葺，全仰仗您了。纪渤七世同堂，朝廷恩赐"七叶衍祥"匾额，其事迹列县志义行列传。

纪伸甲

纪伸甲（约1869—1927），字腾三，号乙梯，利津城西街村人。他"幼聪颖，喜读书，自经史而外，旁及汉宋诸儒训诂义理，六代三唐词赋之学，靡勤加搜讨，卓然有成"。

17岁时，纪伸甲被武定府知府李希龄收入门下，参加郡试五场，场场冠军，补博士弟子员。18岁那年，知府张鼎甫到利津体察民情，对纪伸甲的文采大为赞赏，从此他便名噪一时。19岁时因成绩优等而取得廪生资格，秋季乡试通过了县、府、院等四次堂试。光绪十五年（1889），纪伸甲考取岁贡，第二年由吏部铨授教谕之职。这一时期，他潜心于哲理的研究，几乎到痴迷程度，进入幽深精奥的境界。

《利津县续志·民国卷》所载纪伸甲事迹

他曾对人说："士不服膺前贤，而沾沾于富贵利禄，耻也。"从此，他便将前贤"淡泊名利"的教诲铭记在心，淡出科名，专于讲学授徒。当时鲁北冀南一带，都知道他的名字，一些有志于求学的青少年纷纷前来拜在他的门下。

他虽然家境清贫如洗，却能以读书明道为乐，对世态人情豁然待之，对事物的分析能切中要害，评量人物以客观事实为依据。朋友和街坊邻里有疑难纠纷之事，大多找他从中斡旋调解，常常几句话就可解决问题。纪伸甲特别热心于公益事业，对黄河河务之事竭尽全力去做，赢得地方官员和当地百姓的信赖。光绪二十三年（1897），黄河在西韩庄决口，他上书陈述有关堵口的事宜，得到山东巡抚李秉衡的嘉赏并采纳了他的意见。西韩庄口门堵合之后，朝廷因他对堵口之事所作的贡献，奖给他五品职衔并赏戴蓝翎。从此以后，凡是遇上水、旱、拯、济之类的大事，大家都推举他作为代表参与或主持其事，他的良好口碑传遍了四乡闾里。

李 植

李　植，生卒年月不详，字燕翼，号铉笃，利津县城东街村人。李益的八世孙。明天启四年（1624）中举，崇祯七年（1634）甲戌科会试第15名。先后任河北博野知县、陕西韩城知县、山西道监察御史、河南巡按御史等职。

李植步入仕途的前十年，是明末最为动乱的时期。当时外有强敌，内有祸乱，天灾流行，民不聊生。李植以拯救民生为己任，博野任上，他修城铸炮，严密防守，保障了一方平安，得到藩、臬两台交章举荐。四年后，李植到陕西韩城任职。韩城古称"龙门"，素有"解状盛区""士风醇茂"之誉，是史学家司马迁的故乡。李植喜欢韩城人文萃聚的环境，经常召集文人名士吟诗作赋，并编撰了《龙门社稿》一书行世。同时奉旨加固城墙，易土为砖，修筑芝川镇，保障一方平安。其间，陕西遭受严重旱灾，导致大饥荒。李植带头捐献俸银，募款赈济灾民。他还采取送耕牛、发种子等办法招抚流民回乡，闻风归乡者近两千家。随后李植多方勘察，发现韩城西北角有山泉涌出，于是他决定疏通水利，抗御连年旱荒。在他的组织下，开凿248道水渠，灌溉田地390多顷。他因地制

"渊源儒宗" 匾。清康熙十六年（1677），利津知县李应甲为利津城东街"李布政家"题匾。匾上款"赐进士第文林郎知利津事潮阳李应甲为"，接下款"原任沂州府日照县。儒学司训李'磻'"（磻字缺失，《利津县志·乾隆卷》载，李磻为日照县儒学司训，李从章之子，李植之孙。）

宜，在那些没有泉水可通的地方，组织人力凿井500多眼。这些行之有效的措施，使辖内耕地大都得到浇灌，在大旱之年取得好收成。韩城百姓对他感恩戴德，为他树碑颂德。陕西总督和巡抚先后七次向朝廷推荐他，后来李植被授予山西道监察御史。就职以后，他弹劾内阁首辅周延儒蒙蔽推诿、督抚范志完贪懦怯战，此举震动朝野。他还据理力争，疏请朝廷蠲免山西两年钱粮，让全省百姓免受赋税之苦。

1644年，明、清易代，清顺治元年（1644），清廷授李植为河南道监察御史，李植以母老多病为由辞官回乡。时过八年后，在山东巡抚夏玉一再举荐下，朝廷下特旨命李植巡按河南并兼理屯政。李植到任后，秉持民本意旨，致力屯田垦荒，不到半年，发动民众垦荒1860余顷。其间，河南朱源口河决，堵复用柳料竟亏空60余万。李植亲临现场察看，严令主管河道的官员，禁止向百姓滥派柳料。同时下令在河岸广种柳树，用时就地取材，不再摊派。这一举措彻底解决了困扰百姓多年问题。河南任上，李植在垦荒治河、澄清吏治、严饬军纪以及奖掖孝节、赈济孤贫等方面政绩优异，受到当地父老的称颂。都察院对其考核为称职，留用第一，这在当时是很少见的。其后，李植因母丧回家守制，从此悠游林泉，教子课孙，不再与官宦交往。

李植享寿71岁。邑人公推乡贤时，全省658名，后因太滥进行裁减，择其一生中有利于社稷民生者，最后只存20名，李植名列其中。

李 昺

　　李　昺，生卒年月不详，字明远，利津县城东街村人。系"李布政家"十三世。19岁成秀才，屡次参加乡试未能中举，后来就把主要精力放在对后代人的教育上。李昺设家塾、请名师，给子侄提供了良好的读书条件，并时时督促检查，从不懈怠。他主持家政，夙兴夜寐，数十年如一日。在为人处世上，他也是子侄的楷模。他对两位长兄毕恭毕敬，闲暇时就与兄嫂欢聚一堂。他与人交往不设城府，并且有求必应，还能做到皆如其意，不留遗憾。乡人或有争讼，只要他出面调停，无不迎刃而解。

　　《李氏族谱·懿行列表》对李昺的评价是"温温穆穆，情文周至，遇事侃然，勇于为义"。

　　据《滨州杜氏家族故事》（侯玉杰、杜同柱编著，山东友谊出版社出版）载，利津李家与滨州杜家素有秦晋之好，李昺是清道光时内阁学士兼礼部侍郎杜堮的岳父，清咸丰帝太傅杜受田的外祖父。李昺的重孙李星纬，也是19岁入庠的少年才俊，他和杜受田的女儿是同龄表兄妹，常年师从杜堮（他的老姑父）在北京学习。后来星纬与表妹喜结连理，成为杜家的乘龙快婿。李星纬被选为贡生后，有人劝其进入仕途，李星纬不应，回归故乡。另外，李星纬三叔李涑的女儿嫁给了杜堮的二哥之子杜受

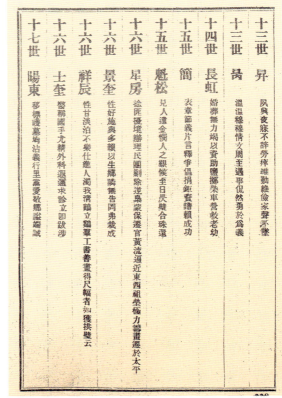

利城东街李氏家族庄科支系家谱懿行列表（局部）

庆，有子杜翾，字桐巢，光绪十八年（1892）进士。李涑的儿子李祥辰又娶了杜家的女儿。利城东街李氏与滨州杜家的关系大致如此。但李家人从不以攀龙附凤为耀，在他们的家乘传记中只字未提及与滨州杜家的特殊关系，从中也看出东街李氏平实本分的优良家风。

利津李布政世家诗书传家，数代为宦，有很高的社会地位。其家族中凡为官吏者，不管职位高低，成就大小，都首先注重修德养性，然后再致力读书上进，靠个人德才取得功名，绝无苟且钻营之辈，这种良好家风相传十几世。

李登仙

李登仙（1590—1672），字见田，仁义乡一图（今利津县城西南一带）人，明末鸿胪寺序班。自幼即好谈玄讲易，究心康节（邵雍，北宋理学家，谥号康节。《说易全书》作者）、数术诸书。及年长经常着袍服出进于王侯公卿之门，神机妙算，每无遗策，遂共号为神仙。

《利津县志·康熙卷》曾这样记述了一则李登仙的逸事，说李登仙旅居京都时，有一官宦病重想吃鲜桔，时南北方尚未统一，何来鲜桔？李登仙说不难。他独处静室，让众人关闭门窗等待。第二天早晨，李登仙即捧鲜桔出来，"色味如初"。又说李登仙晚年随口吟出的诗文，如随风珠玉，言言奇中。甲午秋试期间，李登仙在主考朱大人府中做客，当时离考期还远，李登仙口占一绝，其中有"半亩方塘堪种玉，一匹老马壮犹龙"之句。当时所有的客人并没理解这句诗的意思。后来榜发，"田领解额，马亦魁选，名姓俱相符合"，这恐怕是关于李登仙之所以称之为神仙的最早记述。

后来的志书沿袭了康熙十二年（1673）的说法："李登仙……幼好谈元讲易，通康节数学诸书，长游四方，逢异人秘授真法……登仙意落落不修威仪，时而美袍服，时而敝衣冠，时而冬葛夏裘，露顶跣足……"据李登仙的后裔所言，其四始祖擅百戏（魔术、杂技类）、通音律，而且不修边幅、为人豪爽，这又陡增了几分"仙"气与侠义。

与李登仙同时代的广饶人氏，万历庚戌进士，陕西副使、左参政李中行著有

《李神仙传》，700余字。这是当今所见资料中记载李神仙事迹最多的一篇。李中行在《李神仙传》中这样形容李登仙："李神仙，利津人也，少即喜读皇极经世书。一日，忽自语曰：读书取科第耳，非我所志，我志在太上也。"那意思是说人生须达到最高、最上的境界，遨游太空，俯视众生，行如神仙一般。并以东汉术士左元放、唐代方士桑道茂为人生目标。

《李神仙传》一文中列举了两件李登仙逸事。明末李自成起义军横扫河、陕，直逼京师，明朝都督田宏遇派数拨人马探听义军行踪，李神仙道，何劳恁多人马，容我算来。便把李自成攻某城夺某地及明军胜负一一道来。都督不以为然。待探马来报所探情况，竟与李神仙所言丝毫不差。他的机变与运筹以及对军事形势的把握与分析，犹如神人一般，让他们打了不少胜仗，躲过了几次灾难。一时声名鹊起，人无贵贱都呼李登仙为神仙。田都督巴不得这样一位奇才，欲上报朝廷授之于官职，李神仙阻止说，左元放、桑道茂也曾经以大臣奏荐，他们都没有接受。我也是这样，因人受禄非我所愿也。于是，豪门公卿慕其神算，纷纷迎请并授之财物，而"神仙拥资入邑中散给穷黎"。《李氏家承》中也有"生平救济多人，不可称数"的记载。

另一件逸事发生在康熙初年，李中行住在侍郎周栎园（即周亮工，明末清初著名收藏家、文学家、诗人）府中，一天，孙文定公（即孙嘉淦，清初名臣，历经康、雍、乾三朝，以敢言直谏而出名）相约登仙来访，同在真意亭叙话。说话间登仙忽然立起，几步来到周侍郎近前说："赶快换上白衣白帽，准备纸钱和祭奠用品，到城外设案祭迎。"周侍郎大笑："先生误会了吧？我官至于此，即使有祭奠之事，也得三日之后，怎么还有到城外祭奠之事啊！"一会儿，有手下人来报，说登州司理彭公棺椁已到城外。彭公舜龄，顺治年间进士，官至山东登州府，为周侍郎同年好友，因卒于任上，这是举棺回老家归德路过。周侍郎穿上素服正欲出城，李登仙急忙拦住他说："先别急着走，彭公子已到辕门外，已哭哑了嗓子，求门人通报呢。"果然，守门人和彭公子已来到近前，彭公子声哑说不出话来。李神仙接着又说："有法庆寺大和尚带着祭奠物品来到了。"大家一看，一老僧立在台阶下。周侍郎过后和人们说，实际情况与李登仙事先和我说的竟没有丝毫差错。这件事所涉人物史上确有其人，都是真实姓名，又是《李神仙传》

作者亲身经历过的，是信耶还是不信？

至清初，李登仙名气愈显。洒落不羁，无所顾忌。或锦袍绣裳，着以破帽；或美冠履服，敝垢衣；或冬日葛，或夏日裘，露顶跣足。就是圣上举办招待臣子的宴会，他也坦然自如无拘无束。因此"人无贵贱咸呼曰李神仙"。

李神仙活了82岁，临终前一天，家人询问"术数"之理，李神仙笑而答曰："忠厚传家，方为久远；黄白丹砂，皆不可取。这是我一辈子才悟出的大道理啊！"《康熙新志》中原文是："殁之日，子振声、和声等或以数术问，但告以忠厚传家，黄白丹砂无取也。"

李登仙一句话为子孙后代确立了繁衍兴盛的根基。就他这一支系，自康熙至光绪末年，可谓科甲蝉联，簪缨不绝。十一世李佐贤、十二世李贻良，一门父子双进士，不负"文苑世家""进士门第"之赞誉。

我们通过这些历史记忆碎片，或许可以勾勒出这样一位"神仙"：他是清代金石学家李佐贤的四世祖，曾在明崇祯年间任过鸿胪寺序班这样一个九品小官。他从小喜欢读一些道家《易经》之类的书籍，对天象数学、周易五行学说有深入研究，特别是对北宋哲学家邵雍撰写的《皇极经世》爱不释手，对运用易理探讨社会历史变迁非常痴迷。他生逢乱世，不图仕进，不治家产，寄情山水遨游四方。他自比汉唐神仙左元放、桑道茂，而后人也把他比作诙谐滑稽、风流倜傥的西汉人东方曼倩。从而得知，此人性洒脱，善机变，通《易经》，精《算学》，且喜游历，结交甚广。常往来于仕宦之家，或谈元讲易，或占卦卜算，料事如神。

李登仙任鸿胪寺序班时，掌管朝廷会议、宴席的安排及传赞诸项事宜。官职虽小，但属皇帝近侍，大小官员喜欢与他结交。明末两位著名书法家，礼部尚书董其昌、大学士王铎，对他也"倒屣以迎"。意思是听说他到来，急忙前去迎接，连鞋子都穿倒了……王铎还有《赠李真仙诗》传世：

吾爱李见田，其人非碌碌。
内观无一心，飘然游云蹦。
握元数可拸，人间皆藏谷。
长笑震旦中，太极敦屯复。

愿此携瓢笠，与君枕霞宿。

眉垂过胸膈，海天色色绿。

　　在清代著名小说家蒲松龄的《聊斋志异》中，收录有关于利津李神仙的传说，篇名《戏术》。蒲老先生惜字如金，用200余字把李见田的诙谐、机变、本领或者说神通，刻画得入木三分、惟妙惟肖。

　　《戏术》分为两部分，一为"桶戏"，一为"瓮戏"。"桶戏"没有交代人物姓名，开门见山，直接进入情节。说"有桶戏者，桶可容升，无底中空"，接着又道："戏人以二席置街上，持一升入桶中，旋出，即有白米满升倾注席上，又取又倾，顷刻两席皆满……"这真是神了，眨眼间从一只无底桶中变出两席白米。接下来的"瓮戏"更神，李登仙到淄博颜镇的一处制陶场里闲逛，想买一个大瓮。他嫌要价高，与窑主讨价还价一番，结果买卖没成。到了夜晚，窑筒子里还没出窑的六十多个陶瓮竟不翼而飞。窑主大惊，马上意识到这是得罪了利津李登仙。窑主上门求见，苦苦哀求了好久，李登仙说："我替你出了窑，一个瓮也没损坏。不是都放在魁星楼下了吗？"场主急忙赶去魁星楼察看，果然陶瓮都在。魁星楼在颜镇的南山，离窑场足有三里多路。窑主雇人足足用了三天的时间才将陶瓮搬运回窑场。

　　比李登仙小50岁的蒲松龄记下了李神仙的趣闻逸事并收入《聊斋志异》。后来有人考证，蒲老先生知道李登仙其人其事后，曾赴利津一带寻觅仙踪，以期有更大的写作素材，这也可能是后人附会，但有一点可以证明，当时李登仙已是"仙"名远播了。

李 愉

　　李　愉（1686—1763），字庭怡，号又和，李登仙之七世孙，李佐贤之高祖，增贡，《利津县志》乾隆卷、光绪卷均载有其事迹。

　　李愉为人醇厚谨慎，遵循礼法而不失分寸，且处事有担当。遇事不管难易大小，从不改其缜密雅度；处理事务，措置井然有序从容不迫。人们往往注重他的德行而忽视了他的才华，从而也体现了他不恃才自傲的品行。他事亲至孝名闻间里，学习刻苦而且一生笃行力学。

康熙五十年（1711），李愉任昌邑县教谕，一上任就捐俸创修学宫、学署及崇圣祠，以办学育人为己任，广集生徒，以"修于己"去影响教育他人。他勤于考课，一时人文蔚起，科名称盛，许多学子在乡试中脱颖而出。他的德行事迹载《昌邑县志》。

雍正元年（1723），朝廷下诏对由教职且有过捐资义行进行改调，并令他们赴京引见。廷试时，李愉因奏对应答详明而受到朝廷好感，升为四川江油县知县。与李愉同时应召的有16人，惟李愉一人蒙受特恩。之后又署茂州知州、直隶州知州及松潘同知。

李愉莅政力改陋俗，杜绝请托苞苴（馈赠礼物），劝令偏远地域少数民族办学读书；于律法宽严兼施，善待囚犯，重修江油监狱，改善犯人待遇；江油地近金川，土著人群混杂，尤难控御。李愉来到后，力除夙弊，听决精明，受到人们的拥戴。时龙安府属白马路，吐蕃头目宝旦与陕西人产生矛盾相斗致死，陕西人逃亡。番民讼之上宪，务求为其主复仇，不然将挑起事端。李愉奉命速查，昼夜不停地来到事件发生地，番人奔走相告说："李公来，吾冤可白矣。"李愉安抚有方，当地人顺从服气，俯首收敛。

西川地广人稀，税亩积久未清。光绪元年（1875），勒令全省另行丈量。李愉亲自下乡来到田间查勘，严防扰民。同时对民众晓以奉公大义，依法如实完税。当地民众对李愉感激不尽，有的主动交出田亩，杜绝了隐匿田亩现象。

署松潘同知时，奉委监修城池，协同管理民事。松潘与金川相近，汉藏民族杂居，时有民族矛盾发生。李愉勤理讼事，从无积压案件，判案不臆断、不偏袒，颇受少数民族爱戴。李愉在松潘染疾，非一时可愈，获准回籍疗养。离任时路资不足，恰逢成都有前来经商的同乡，借银数百两。出境时绅民携榼（酒器）提壶在路上设宴，相送数十里，共立"去思碑"以表纪念。

李愉归里后，足不出户庭，居家从无疾步高声。崇尚节俭，量入为出。如有盈余，即接济有困难的族人。他教育子弟先注重德行的修养，再去做学问。子弟辈中如有言行轻浮，不淳朴、不敦厚的，他必正色危言，使他们感到惭愧且醒悟。

他从不轻言别人的过失，从而增加了人们对他的敬畏。知县刘文确莅利津十年，颇有政声，因丁忧而去职。李愉感其德行，为其撰写了《刘邑侯去思碑记》。李愉面容清瘦，弱不胜衣；神情淡然而语气温和。观其仪容，恳切，真挚。人们说起李公，无不心服首肯。

《利津县志·乾隆卷·事类志·记闻》中有一则记述了李愉临终时的一段异事，说李愉临终前一日，晨起时忽见屋内一金人，与李愉坐则与坐，卧则与卧，历时甚久。这时其子嘉猷、嘉言自外而来，李愉恍惚若有所失，问他们二人："你们进来时看见过什么吗？"儿子说："没有。"李愉说："刚才有一金人在我身旁，坐卧相随，你们进来就不见了，不知何故？"儿子说："父亲莫不是在做梦吧？"李愉道："这个事就是真的，不是梦。"一家人十分惊异。次日凌晨，李愉让孩子取来官服，一一穿戴齐整，端坐而逝。其间有一王姓仆人，家是昌邑县，因事请假回老家，李愉逝世这天正好启程回利津。他说早上刚出门，路上忽然遇到早已去世的一位仆人马龙骑一匹黑马飞奔而来，大声对他说："你来晚了，主人已赴苏州城隍上任去了。"说完绝尘而去。王姓仆人心中大惊，几乎坠马。及至到了李愉家，果然主人李愉已在昨天去世了。听完王姓仆人的话，一家人才明白所见金人乃是李愉化身。人们说，李愉自幼至老居家，历官正直无私，成神亦是正理，并非怪事。这事说异也不异，所以记入正史。

《利津县志·乾隆卷》中对李愉评价道："服官清慎勤敏，案无停牍，邑无冤民。归时士庶攀辕载道，为其立去思碑。"进士李承芳（海阳县人）为其作《江油县知县李君传》。

李嘉猷

李嘉猷（1719—1791），李佐贤之曾祖，字允升，号东府，优附贡。李嘉猷孝友诚笃，为父母守孝三年，从不露笑容。他看似弱不胜衣，但学习十分用功，后进入太学学习。曾任广西按察司经历，历署全州州同、柳州通判。当时桂林积弊成患，不法商人垄断市场，哄抬物价，欺行霸市，商民诉讼连年不断，以往屡治成效不大。李嘉猷刚刚到职，上宪命他立即查办积案。其间，李嘉猷力拒奸商谗言利诱，不畏黑恶势力的恐吓干扰，下狠手严厉打击，缉拿首恶，公开审判，严惩不贷。经过一番整治，市场很快得以正常运行。

任全州州同（知州的佐官）时，这里是汉、瑶、苗多民族居住地区，过去设置六道关隘，以资防御。各隘口有隘丁和隘地。天长日久，隘兵中虚额增多，隘地也有盗卖现象。嘉猷请求恢复旧制，严查陋习，有丁无地者追地还之；有地无丁者进行调整。制定教程，对隘丁进行训练，以备边患。同时清理积案，平反冤狱。苗民中发生一件因土地引发的积案，历三年而不决。李嘉猷来到后，意欲霸占土地的一方想以重利收买嘉猷，嘉猷严厉斥之，同时亲莅现场，以地契文书为据，实地勘察，将强占的土地归还于边民，颁发执照永远为业。边民感激不尽，为之立"长生禄位"。李嘉猷调离时，长幼携浆捧肴，匍匐道旁，迤逦百里直至省城。

李嘉猷任柳州通判的第二年卒于任上，因清廉而乐善好施，身无积蓄，无力返乡。同事们醵（凑）金助之，才得以柩归故里。李嘉猷有一女，嫁与滨州杜圻（杜塄弟，杜受田叔父，嘉庆年间贡生，曾任云南临安府经历）。

李 崟

李 崟（1747—1818），李佐贤之祖父，字莲峰，又字西山，号对泉，廪贡。李崟的父亲李嘉猷八娶，原配生下李崟五年后去世，自此李崟先后与七位继母相处，虽脾性处事宽严不一，但他都能得到继母的欢心。因此自幼就以孝名闻于乡里。

乾隆五十年（1785）考取誊录，由国史馆议叙选授湖北布政使司经历，因政绩而擢升湖北京山知县，历署武昌、汉阳两府同知。

任湖北布政使司经历时，楚北不法教徒横行40多个州县，军书堆积如山。上峰设局（专门的机构人员管理军费开支）管理，数目大且毫无章法。李崟上书陈明利弊："饷银存库不必移局，利所在，多经一手多滋一弊。局离库甚近，饷银至局凭军事文书存纳于库；用时凭文再到军库领。事既省，弊亦除矣。"上司听从了他的建议，五六年时间节费至20余万两。

湖北京山自古多讼事，官司不断，有"难邑"之称，上官于是任李峚为京山县令。李峚到任后，讼牒日简。他下大力气整治人们反映问题多的事，对于好的方面则坚持下来。尤为重视文教，拜访、尊重礼学之士，兴塾学，修书院，除弊兴利，把培养人才作为当务之急。县境内那些恶棍坏人，他全力铲除，决不宽纵。对于各类案件的审判定罪，严格按照律法，力求合情合理，轻重得当。

京山一带颇多水患，李峚因势利导，疏浚河流，加固堤防，用河工抢险之法治理水患。己巳年间大水，上下州县灾情严重，独京山一带没有出现灾情。上级听说后，将他的治水经验、方式方法下达于其他州县，让他们仿效学习。

时李峚年已66岁，力请还乡。京山人念李峚功德，耆绅百姓联奏挽留，上官亦难违民意，遂命他回京山复任一年。当地百姓联语称颂："百姓望君如望岁，大儒忧道不忧贫。"

李峚一生爱好诗书、金石，收藏有汉代铜鼓（得于湖北京山县），今存山东博物馆。作诗数百首，部分选入《武定诗续钞》，他的《渠展怀古》诗，至今常被人吟诵。著文载《垣室遗文》，山东图书馆有存。年老辞官，殁后谥"端恪"（端正恭谨）。著有《十砚斋诗钞》《墨宝》等。李峚去世后，子文桂请右兵部尚书，莱阳初彭龄为其作《京山县知县李君传》。

李文桂

李文桂（1767—1835），李佐贤之父，字镜秋，号鲁村、坦翁，殁（死亡）后谥"清毅"，廪贡，擅长词章之学。李文桂年少时英气勃勃，异于常人，因十分孝顺而名播乡里。读书刻苦用功，喜昌黎（韩愈）文章。嘉庆十三年（1808）挑选誊录，选授云南路南知州，调任思茅厅同知、普洱府知府、广东德庆知州。

李文桂所任南知州，土瘠民贫，民众多粗衣蔬食。旧有弃棺暴尸郊野的陋俗，因之瘟疫连年流行，死人很多，加之巫师谣言惑众，百姓迷惑不解，惶恐不安。李文桂实地勘察，据理辟邪说。他焚牒告于上苍："天道福善祸淫，若尽人当诛，是司牧之咎也，宜加余身，勿及百姓。"同时实施捐义田、置棺木、筑义冢等政策，改革陋俗，遏制了瘟疫的流行。调离时绅耆百姓联句送行："灾瘟不染庶民稠。"

李文桂任思茅厅同知时，该地产茶，与普洱同名。这里百姓多以种茶为生。旧规茶山授土官管理，茶农租山种茶。而奸商却买通土官包山，凡山内之茶不由自卖。承包茶山的商人贱买贵卖，垄断市场，茶农受双重盘剥，（一年）种茶的收入甚至不够一年的山租。茶农连年上诉，讼纸历年山积。李文桂忧心忡忡，想方设法改变这一现状。他不顾少数土官反对，决然改革旧制，重立新规。禁止奸商包山榨取茶农，并立文刻石为志。人们感念李文桂敢想敢为造福一方的勇气，为他建生祠以表纪念。

思茅外壤与缅甸犬牙相错，当地部落头目有世仇，时借兵外境相斗，边陲很不安宁。车里与獉黑两个部落有世仇，甚至有杀人献首级请赏的事情发生。李文桂下令说，獉黑也是人，不能乱杀无辜；獉黑不得寻仇，过去恩怨从此勾销。李文桂重整防务，规劝部落头领，晓之以理，动之以情，安内攘外，平息了十数起屡禁不止的边境骚乱。

在他任职云南思茅厅同知期间，正值车里宣慰司使刀绳武避祸潜居内地。车里宣慰司是清朝在云南西双版纳地区设立的傣族土司机构，一直由思茅厅管理。宣慰使刀绳武生性懦弱，本族中有一名叫召鸾（同拿）的人图谋不轨，千方百计想夺取他的位置。刀绳武被迫流亡内地之后，召鸾招降纳叛扩充武装力量，对当地各族百姓进行强征暴敛，随意杀害不服从统治的各族百姓。随着势力的膨胀，召鸾对土地、权力欲望加大，为了加速夺取宣慰使这一职务，他贿赂缅甸借兵入境，六版纳一度沦为缅人之手。后来召鸾派人潜入内地，欺骗刀绳武，说缅甸国愿意和刀绳武签订友好条约，约定刀绳武回九龙江外歃血结盟。其目的是将其劫持杀害，召鸾取而代之，然后将九龙江外六版纳割入缅甸，自己做缅甸国的儿皇帝。

刀绳武明知歃血结盟是一个骗局，自己已处于危险境地，只有依靠朝廷命官，才能摆脱险境。于是，刀绳武面见李文桂据实相告："刀氏世守此土十七世矣，今式微（衰落），返将为虏，不返愈示弱，此土莫保，恐不能为天朝臣矣。"李文桂安抚了宣慰使刀绳武之后，进行实地查访并运筹解决的途径和方法。

此时，有一刀绳武的族人为召鸾的卜翁，原为宣慰使的世臣，探听到缅甸兵已经准备开进九龙江外六版纳的情报，披星戴月潜入内地报知刀绳武，刀绳武速将其人带入思茅厅面见李文桂。当了解到缅甸兵尚未渡江，李文桂当机立断说："机不可失也，倘彼渡，此患成矣。"即谕宣慰使刀绳武速命所属土练，先夺舟断渡，而后议回境之事。

李文桂对宣慰使刀绳武分析了九龙江外六版纳的形势："我朝圣圣相承，得仁厚泽洽于民心。缅甸与召矞勾结，妄图将六版纳割入缅人，部众却久不附缅甸。江外六版纳虽为缅甸人所迫胁，可是百姓屡屡来归天朝，不愿沦为贼之顺民。盖经夷帮征敛之苦，愈知天朝覆载之恩。叛贼召矞只能辖其地，不能服其心。此次大军出动，申明纪律，严戒杀掠。如能以王土王民为念，则江外六版纳易复，可守。"当时宣慰使刀绳武有土练（地方部队）仅三百人，李文桂檄调官兵数百人，合起来不足千人，还是以寡打众。又赶紧派人捐廉募勇，总共结集千余人。敌军三千余人，大兵压境，仍寡不敌众。

宣慰使刀绳武惴惴惧战，对战胜敌军信心不足。李文桂安抚曰："勿畏也，兵不在众，先声夺人，可不战而胜耳！"他向刀绳武授以机宜，使他认识到九龙江外六版纳之收复，战略战法上必须掌握"一节通，百节通"的用兵之术。

李文桂说，不要看缅甸兵表面上人多势众，十分凶悍，但他远离故土，实际上是无源之水，无本之木，是很虚弱的。再说我们各族民众普遍不满他们的高压统治，人心早离。我们在收复失地之中，必须严格做到兵不扰民，剿抚结合，就可争取到民众鼎力支持。这"头节打通"，就是头脑里要坚持抚民爱民，争取民众，分化瓦解敌人这一指导思想。还要看到，九龙江外十三大部落各土司也不是与召矞同心同德，他们也不一定非死心塌地做召矞的走狗不可。所以，官兵中对李文桂一再强调的抚民政策算是领会深刻了。

李文桂指挥官兵和土练浩浩荡荡布于江面，各地捐廉募勇的民团经月余训练都办了起来，一支召之能来的乡勇形成了第二军团。一座水上千里长城在九龙江沿岸形成。仗怎么打，李文桂已运筹帷幄。李文桂的过人之处表现在充分掌握着当今朝廷的真实思想，一方面做出中国不容侵犯的姿态，另一方面又防止真正诉诸武力。所以，从表面上看，中国军队开进了九龙江外六版纳，防守着九龙江一线，实际上都不存心真打。万一缅甸军队硬碰硬地胆敢打起来，就把家门关起来进行"自卫"。

李文桂指挥官兵及各民团土练，占领渡口和要塞，严控船只；调兵遣将，演练阵法，望之纪律俨然，威风凛凛。如果缅甸兵胆敢进犯，就利用渡口和要塞将其拦腰折断，夺舟断渡，进行分割围剿。同时扬言："江上天兵送宣慰使归境，今至矣！"召銮派人侦察后大失所望，缅甸军队也认为天兵数千，送宣慰使回境。况且远距离作战，畏惧被歼，遂慌逃遁。召銮一场黄粱梦化为泡影，赶紧躲藏了起来。刀绳武胜利回归宣慰司。事变虽费尽周折，但总算顺利平息。

中缅边境稳定后，李文桂禀告云贵总督伯麟，总督喜曰："吾封疆十三载，南陲事方觉。"封疆大吏任上十三载，竟不知丢失的国土近十年。吩咐李文桂据实通详，将据详叙功。李文桂深知官场水深，自己捍卫、收复西双版纳的举措，原任、同僚对此已势同水火，如顺水推舟，自己将成为众矢之的，卷进政治旋涡，李文桂向总督禀告："吾尽吾职，讵邀功者，且吾以此邀功，前数任必以此受过，损人利己吾弗也。"感人肺腑的表白，表现了李文桂刚直不阿的气节。

李文桂对平息骚乱，收复失地始终不将详情告知。总督心怀叵测，如将此事上报朝廷，事关自己前程，不仅自己引起朝廷追究责任，甚至被贬谪。而且数任官员遭受连累，受到追究。对此心照不宣，顺水推舟，仅将李文桂威武捍卫、收复西双版纳的壮举做记录了结此事。

宣慰使刀绳武自然感激不尽，给李文桂送去了珍珠、犀牛角以表心意，文桂坚辞不受。刀绳武便在九龙江为李文桂立了生祠。从此边陲稳定，再无人生出事端。

李文桂任广东德庆知州时，该地积压案件很多，李文桂一一理清，公正判决无一偏徇。有一乡绅为答谢文桂，特送钱物以表谢意，李文桂说，我本来是根据法律法规公正了断，如果最后收了你的礼，是公亦私也。

李文桂莅政尤以兴学劝士为先，任路南知州时，重修了明伦堂，于思茅厅同知任上捐俸创建书院，延师授读，选取学优者入署，亲为讲授。其后科举入仕者屡见不鲜。

晚年知广东德庆州时，因一件窃案而被挂议，又因母亲去世哀恸过度不能自持，以误职而被参劾，谪戍新疆迪化，委派他管理军粮。至于为何被参，从道光七年（1827）修书《寄别黄书舫书》中可见端倪："君为窃案而来，予亦因窃案而至。使当日委曲迁就，善事长官，何至陷之井而更挤之石，乃书气之迂……"文桂在迪化戍所协理台务，亲立章法，实地操持，任劳任怨，日暮不遑，很快改变了混乱局面。文书传递通达，粮储丰盈，运转通畅有序。道光八年（1828）课绩入奏，叙功赐归。返回故里后，在他少年读书的地方，另行建一书馆，教子弟读书。8年后殁。其间完成注《易》八卷，名曰《塞易》。又著有《乡礼正误》《论语笔记》等。他说过："既为读书人，就以希圣、希贤为任，自暴自弃皆无志之甚者也。"这句话成为李氏一族的家教箴言。

右礼部侍郎赠大学士滨州杜堮（清代名宦杜受田之父）为其作《镜秋李群家传》说，我与文桂家相距60里，有世交。李文桂尚未入仕时，曾经说过："士苟摄寸柄，要当济于世。"看看他后来的居官经历，可谓不愧其言也。

李文绥

李文绥，字若甫，李佐贤之叔父，嘉庆己卯副贡，生年不详。充教习，以知县改教授阳谷县教谕。有"实心训迪，士皆宗仰"之美誉。

咸丰甲寅（1854）二月，太平军攻陷金乡（今属山东济宁），阳谷县危在旦夕，民众恐慌。有人建议李文绥赶紧出去躲避，李文绥断然拒绝。几天后，一万多太平军进攻阳谷城，势如潮涌。县令守东门，李文绥守北门。李文绥对县令说："我们食朝廷俸禄，当以死报之。让三百没有经过训练的兵勇去抵挡一万多贼兵，犹如羊入虎口，不如以死守之。"然县令仍带兵士迎敌皆阵亡。东门告破，太平军如潮水般涌入城来，喊杀声震天。李文绥闻之大惊，知城门已不可守，毅然道："我司铎（掌管文教）履职的岗位是学宫文庙，那才是我以死尽忠的地方。"于是奔赴文庙大成殿前，坐等贼至。须臾太平军蜂拥而至，李文绥骂贼不止，死于乱矛之下。遇害时两眼环睁面如生时。后朝廷给予抚恤并封赠国子监助教（教官）。

李佐贤

李佐贤（1807—1876），字仲敏，号竹朋，世居今利津县盐窝镇左家庄。古钱币学家、金石学家、收藏家、鉴赏家、诗人，为山东百位文化名人之一。他一生博学多才，著述甚丰，在古钱币、金石书画和诗文方面都有著述存世，特别是《古泉汇》一书，体大精严，为我国研究"泉学"之翘楚。

他7岁始启蒙于父亲李文桂，14岁后就学家塾和滨州书院，师从济北名儒范苏山。这一时期，他刻苦学习西汉和唐宋八大家的著作，打下了深厚的文学功底。他的"制艺"文章，在学坛名噪一时，应试科举的人求索不绝。

道光八年（1828），21岁的李佐贤乡试夺魁，道光十五年（1835）参加会试中进士，选为庶吉士，就学庶常馆。庶吉士是个介于官与非官之间的学衔，没有俸禄，等于候补翰林官。在庶常馆三年才得到殿试。李佐贤虽然出身仕宦之家，但家境并不富裕，所以常常请假出京谋事，以补充学习的费用。在这段时间，他先后任过德州书院讲习和滕县彭明府课读。他学习十分刻苦，在京都庶常馆认真听取侍读、侍讲授课。在外谋事的时候，就自习帖诗、律赋、小楷等应试科目。道光十八年（1838）参加殿试成绩优异，被授予翰林院编修。

史馆九载志古泉

李佐贤居国史馆九年多，阅读抄录了大量的经典古籍。其间，举凡经史、《六书》《说文》以及诗词歌赋、金石录、古钱学，还有琴棋书画、印学之类的书无所不读。对于那些珍贵的古籍善本书，他不惜精力借读抄录，为后来研究金石书画积累了大量资料。

公事之余，李佐贤频繁出入古董商肆，结交藏家，购买古籍文物。在访求收藏的同时，他还专心研究金石书画，致力考据鉴赏，逐渐增长了辨识真伪的能力，"凡金石书画砚石印章，皆能剖析微茫，别其真赝"。北京琉璃厂（亦称海王村）是他经常出入的地方，琉璃厂是中国古玩业的发源地，乾隆年间修《四库全书》带动了这一古玩街市的兴旺。从此，上至公卿下至士子，无不以琉璃厂为雅游之地，很多老店都是争着把自家收藏的名家书画悬挂在窗前，成为琉璃厂的一道风景，人们即使不买，也愿意来此感受文化的滋养。许多出土的文物和败落的藏书家、金石书画家散出的东西，多在这里出售。李佐贤在这里遇到珍品时，每每不惜重金购买，即使为此节衣缩食也在所不惜。

有一次，他听朋友说起街上有一种珍稀的"蒲坂币"，便千方百计淘到并得意地在信中告诉友人刘燕庭说："最近几个月京师古玩市场很少看到古钱，前几日听人介绍'蒲坂币'，购回一看确是不可多得的精品。"

自王莽新朝推行"六泉十布"的货币制度以来，人们喜欢称古钱币为"古泉"，称古钱币收藏者为"泉友"。李佐贤很快成为京都著名"泉友"，他将自己的书斋称作"石泉书屋"。他在《古泉汇》自序中言道："每当窗明几净，展转摩挲，觉古色古香流溢几砚间，引人入胜。"

在京日久，收藏增加，见闻愈广，李佐贤对古钱收藏与研究的认识日益显著。他认为，古泉中包含的历史文化价值是其他文物所不可替代的，如先秦钱币，古文奇字居多，《六书》《说文》未备；而秦汉以来的钱币，则篆、隶、真、行各代书法俱在，胜于碑刻、刊版，是文字变革的见证；钱币的铸造方法和流通情况，更是研究历代经济制度变革及其社会文化发展的重要依据。从这个意义上讲，古泉所关史实甚至超过鼎彝类的大器物。

供职国史馆九载，李佐贤熟读典籍，饱览书画，浏览文物，由此打下了金石研究的坚实基础；出入于金石店馆、古泉市场，结识了众多泉友藏家，精心研味琢磨古泉学问，终使他走上了"尤以古泉为专好"的古钱币研究之路。

全无媚骨不宜官

道光二十四年（1844），经朝廷考试选拔，任李佐贤为江西乡试副主考官（正主考官叶覲义）。这是他居京近十载，第一次外出任要职。江西系彭蠡匡庐、钟毓灵秀之地，自唐宋以来名儒辈出。针对择辨国家栋梁之材的科考大事，清廷历来非常重视江西的乡试。李佐贤对此任尤为谨慎。他偕同叶覲义，悉心校阅考卷，尽力甄拔人才，此任始终，无一纰漏，得到了朝廷赏识。他在《闱中选中卷》一诗中写道：

> 几度披沙类拣金，低回掩卷自沉吟。
>
> 漫收贾客怀间璞，细听中郎爨下琴。
>
> 千佛传经推数定，十年伏案忆功深。
>
> 文章他日期华国，谁识抡才一片心。

　　李佐贤以亲身经历诠释了十年寒窗、科举仕途的艰辛，道出了在考院沙里淘金般地批阅考卷的复杂心情。

　　道光二十六年（1846），李佐贤出任汀州知府。他豪情满怀，立志做一番事业。但他上任后目睹汀州现状，却非所想，十分茫然。他在致函杜受田、何绍基信中说，汀州地方贫瘠，吏治很坏，官吏恶于百姓，贪污受贿成风，洋盗巨案时有发生，民心浮动，刀案难理，求一廉洁不苟之州颇难。李佐贤已深深感到治理汀州的艰难，精神上压力很大，后悔来这里做官。

　　然而，一州之长，乃朝廷命官，于国于民关系重大，没有退缩的余地。只有对所当之事，矢勤矢慎，同百姓一心相见，建功立业，才不辜负朝廷的恩德和百姓的期望。他横下心来，面对汀州现状，着重做了百姓最关心的五件大事：以农为本，治山治水；严禁鸦片走私，白银外流；发展乡村塾学；勤理诉讼；减轻赋税。经过几年的艰难治理，汀州年谷顺成，世安民乐。绅民感激不尽，送匾牌联语称颂：

> 仰北海清风，片心似水；
>
> 沛南汀化雨，众口成碑。

　　对这时的升平景象，李佐贤在《过山村即目二首》中，作了赏心的描述：

> 两两三三自结群，田家儿女布衣裙。
>
> 双旌到处欢迎迁，笑指肩舆看使君。
>
> 水复山重路几程，秋光烂漫雨新晴。
>
> 梯田高下黄云满，喜听村村获稻声。

这一时期，李佐贤对自己的境况比较满意，常常在公事之余，探幽访古。他登临了鼓山，探访了苍玉洞、玉华洞。在鼓山摩拓了汉宋石刻。在玉华洞即兴赋诗：

> 丰岁同民乐，时和政亦闲。
> 偶从金沙郡，来看玉华山。
> 岩壑疑飞动，烟霞任其远。
> 摩崖录古字，几处剔苔斑。

正当李佐贤踌躇满志，再建新的业绩的时候，辖邑却发生了一桩非常棘手的命案。县令一审呈报为乱伦奸毒命案，李佐贤据原告呈词弹劾。六日后，县令纵贿当事者，又呈报为无毒命案。长官于此贿和乱伦命案不愿深究，失察委员舞弊，顺水推舟。此案错综复杂，便以李佐贤仅据原告呈词揭参为由，撤职听候处理。

李佐贤对此裁决极为不满，遂上书刑部议决。这一遭遇逐渐使李佐贤对昏暗腐败的官场有了更清醒的认识：如此重大命案，官府竟敢包庇放纵行凶者，天理良心难容，哪里还有真理可言？之后，他在《辞官后戏作》中如此写道：

> 七年支郡问心难，傀儡登场一例看。
> 剩有余肠谁识我，全无媚骨不宜官。
> 悔亲案牍抛书卷，便挂簪缨理钓竿。
> 免得衙斋听早鼓，从今高卧学袁安。

诗中宣泄了对腐败官场的愤愤不平，透露出仕途的艰难。

咸丰二年（1852）夏，刑部批复案结。至秋，奉饬回任，李佐贤得以甄别平反，官复原职，并拟调省。此时，东南义军突起，民心吏治辄动，又念及父子宦途遭际不幸，今后吉凶难卜，对宦途已完全丧失了信心，他委婉谢绝了上司的一再挽留，以祖茔被水、长兄去世、家事无人照顾为由，呈文引退。仲冬始得卸篆交接（交代印信），腊月初，李佐贤偕夫人张畹芳，告别了莅政七载的汀州，由江西迂道浙江北上。这时，太平军正沿长江而下，当李佐贤于咸丰三年（1853）三月到达金陵江口时，太平军占领了南京，他只得回棹金华暂避。

经过数月车船颠簸，李佐贤终于在这年初冬回到了家中，目睹乡里故宅，风物兴衰，追慕那已过的人情时序，古道淳风，心情十分沉重。过后不久，他拿出仅有的积蓄，得亲友相助，在城南买了一处小小的庄园，有茅屋十余间，花果树木百余株，作为憩息之地。他在致表兄杜继园（杜翰，字继园，杜受田之子，进士出身，官至工部左侍郎、军机大臣）的信中，袒露了当时的心情："廿余年名利场，回首如梦，今则黄粱饭熟矣。但愿消闲无事，优游余年，此外尚无何奢望耶。"

李佐贤于咸丰二年（1852）辞官归里，再未复出。他在给友人的信中这样说："弟历碌簿书，毫无佳况。秋间因公严明省，拟调首郡。自顾悚惶，不宜繁剧……弟于名场素无热念，自出守以来，目击宦场情形，弥觉淡而无味。惟金石书画之好，则仍然不能割舍。"

回到利津老家后，为生活所迫，李佐贤应聘到济南书院讲学。这个差事虽然薪俸不高，但生活比较安逸。这时，他对自己的旧作进行了整理，并常与何绍基、郑小山等名士聚首，赋诗作画，览胜寻幽。

泉汇画影铸辉煌

在利津期间和到北京定居后，他将自己过去的旧作和平日所写的诗作积累成书。1858年辑录完成了《石泉书屋制艺》，1867年编选了《武定诗续钞》，1871年编辑完成《石泉书屋类稿》等书。"敝衣淡食心自娱，海王村里觅古籍。"从此专注于古钱币方面的研究和对书画作品的鉴赏。

博采众长，不囿己见。李佐贤研究金石书画，喜欢与人交流。入仕后结识了许多潜心实学的同道好友。陈介祺、杜受田、吕尧仙、叶东卿、何绍基、刘燕庭、吴式芬、鲍康、许印林、李季云、六舟和尚、铭东屏等，他们在政坛、艺文领域都是风云一时卓有成就的人物，与他们或相邀长谈，或书札往来，取他人之长，补己之短。遇有争议问题，他注意尊重别人的不同意见；如有著述，则互相题跋，由此结成了学术气氛浓厚的金石之盟。

乾隆名臣刘墉之后刘喜海（字燕庭），是当时著名金石学家。刘喜海得泉四千六百余，积四十年之功力集成《古泉苑》一百卷。李佐贤与他交往颇深，书信往来不断。他们互相投赠古泉，交换意见，扩展了视野，提高了鉴审功力。李佐贤与金石家

《古泉汇》

陈介祺更是交往密切，常相聚谈。陈介祺回潍县故里，依然关注李佐贤的古泉研究。为帮助李佐贤编著《古泉汇》，他将自己珍藏的稀见泉范拓本相赠，李佐贤十分感动，致书感谢："承惠范拓六十四种，不啻百朋之锡，感铭奚似，各种奇品皆前人著录所未见闻者，真可谓集泉范之大观。"后来，李佐贤的长孙女嫁给了陈介祺的长孙陈阜，两家成为世交至戚。

清咸丰六年（1856），李佐贤之子李贻良考中进士。第二年冬天，他同夫人重入京都，租赁了一间小屋，安下身来全身心致力于古泉的收藏和鉴赏。往日同好故交或已去世，或各奔东西，李佐贤感慨万端，不禁黯然神伤。恰在此时，他遇到了鲍康。鲍康是安徽歙县人，道光举人，官至夔州知府。他与李佐贤一样酷嗜古泉，鉴别精到而考订精确，被古泉收藏者奉为导师。李佐贤此时遇到鲍康这样的同好，相交成为知己，其欣喜可想而知。两人尽出所藏，相互研讨，考疑征信。他们见面就谈论古钱币，其乐融融。鲍康将李佐贤收藏的大量古币珍品与诸藏家比较，认为不仅在数量上有一定优势，而且在质量上也精于诸家。鲍康的一些真知灼见，使李佐贤耳目一新，受益匪浅。

金石之盟，情如金石。他们把所得金石、书画及古币，以实物或拓片相投赠，彼此毫不吝啬。李佐贤在晚年回忆与同道好友的交往时，经常感叹不已。由此也可看出，清代金石之学在历史上成就显赫，除特定的历史条件外，还与学者严谨执着的治学精神、坦诚交往的道德风气有密切关系。

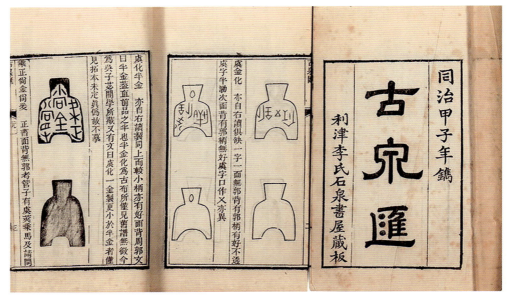

《古泉汇》内页

随着古泉藏品日益丰富，李佐贤将其辑录成册的想法越来越强烈。他多方搜集泉范拓本，细致整理多年收藏，集中精力研究。从咸丰九年（1859）开始，他蛰伏陋室，摭拾资料，整理拓片，注释文字，全力投入《古泉汇》的编著中。

在编著《古泉汇》的过程中，李佐贤始终坚守三项准则：一是专收亲眼所见的古币，仅见于拓本的一概不收，以免误收伪品；二是对当代藏泉家的珍奇之品，逐一钩摹填楮，以达到汇集历代诸家泉谱精华的目的；三是对于诸家泉谱旧的释文细加辨析，尽力做到既荟萃众家精华，又不苟且求同。在辑录方式上他重点坚持两条：其一是对所收古泉逐种加以考释，在每个或每种钱的图样下面都有释文考证；其二是围绕钱币的形态、大小、轻重、质料、文字、标记、制作年代、通行地区、真伪等多个方面，详细记述钱币的铸造方法、文字的变化和流通手段。

同治三年（1864），凝聚着李佐贤毕生心血的《古泉汇》编辑成书。全书64卷，分元、亨、利、贞4集。元集为古布，亨集为古刀，利集为圜钱正品，贞集为异泉杂品。《古泉汇》辑录了春秋战国时期流通的布币、刀币、蚁鼻钱以及秦至明朝历代所流通的各种钱币，总计有5003枚。其中不少奇钱异币，在历代史籍中都没有记载。如该书对春秋战国时繁多的刀、布首次加以考校分类，著录了农民军及地方割据势力的钱币，同时收入了受中国钱法影响的日本、朝鲜、越南历朝钱币，将钱范及钱母列入钱谱中。同治十二年（1873），李佐贤与鲍康编辑了《续泉汇》16卷，增补古泉984品。随之又辑成了《观古阁续泉说》30多篇，记述了钱币的收藏研究情况。

《古泉汇》是中国钱币学史上的一部学术巨著。此前的钱谱专著，或失之简略，或冗杂繁芜，而李佐贤能集众之大成而补旧之不足，实为不易。著名学者王献唐说过："利津李竹朋佐贤，以治泉币知名。《古泉汇》一书，为历代泉书之冠。刘氏《古泉苑》、翁氏《泉货汇考》，余皆见之，尚不如其精博也。"《古钱大辞典》例言中说："刀币文字系属大篆，颇难辨认，而当时又无史志，无可依据，考古之士，各凭所见，自为臆度。故凡刀布之释文，用以通检，附于各图者，姑以《古泉汇》为准则。"鲍康在《观古阁丛稿》中写道："竹朋对所载古泉，慎之又慎，仅见拓本，未经审定原泉者不载。"

抗日战争期间，一种出自上海的《泉币》杂志发表了四首关于《古泉汇》的题诗，在那战火纷飞的年代，读来令人慨叹不已。

前二首署名陈郁，题为"题靖恂先生重装《古泉汇》"：

> 可惜丛残拨烬余，未随烈焰剩完书。
> 盈虚子母兴亡鉴，重检芸笺戒蠹鱼。

> 交子开先济有无，风行今昔势悬殊。
> 若参九府论圜法，一炬曾遗迹未迁。

后二首署名梁津，和前题即用陈君原韵：

> 《泉汇》五千五百余，四千年后一全书。
> 只今鲍李精灵在，留为吾人辨鲁鱼。

百劫虫沙万迹无，吾泉犹见事偏殊。

参稽更有劫余谱，劫后摩挲莫笑迂。

　　《泉币》是1940年由钱币学界知名人士发起，本着"原以我等身居非地，骨鲠在喉，聊事雕虫，借消积磊"为宗旨，在"孤岛"上海创办的双月刊。陈郁、梁津的诗作于1942年。诗人有感劫后烬余，《古泉汇》得以幸存，是一大幸事，表述了对《古泉汇》的珍爱，对日寇侵略罪行的愤懑；进而阐明了货币关系国家兴亡、百姓生活的重要作用，高度评价了《古泉汇》的价值。两人诗作珠联璧合，称誉《古泉汇》博大精深，是研究钱币学的重要典籍。

　　李佐贤的书画鉴赏亦颇负盛名。他的《书画鉴影》奠定了他在书画收藏鉴赏方面的卓越成就。

　　宦游京都，简放外任，讲学塾馆，不论走到哪里，他都着意丹青。不仅仅是欣赏，遇名家名作他还不吝收藏。当时京城的博古斋是一家经营名人字画的名店，店主祝晋藩是有名的书画鉴赏家。有一天，李佐贤正在博古斋与祝晋藩聊天。一个徒弟拿来了一幅破烂不堪的山水画。这幅画下段折损剥落，模糊残缺，下面的落款和印章是王石谷。经过仔细甄别，李佐贤说："这是当代画圣王石谷

李佐贤《书画鉴影》手稿

的佳作。不过，这幅画是王石谷仿作江参的东西。"李佐贤又道："这江参字贯道，江南衢县人，是南宋时代的画家。江参最大的嗜好是饮茶，善画山水。他最善于用水墨写江山平远、湖天清旷之景。"李佐贤又进一步阐释道："王石谷虽说是仿画，但从笔力看神完气足，笔势苍劲，与原作相比丝毫也不差。只可惜，画的下部已经残破，虽出自名家之手，也无法珍惜收藏了。"祝晋藩听完，微微笑道："竹朋先生不必忧虑，古玩界有一句行话，叫作'三分画，七分裱'，愚兄可以化腐朽为神奇。"一个月后，李佐贤看到裱好、修复好的王石谷仿江参山水画不禁惊叹叫绝，说这可真是妙手回春。后来李佐贤收藏了这幅画并在跋中详述了这件事，为后人留下了一段佳话。

在他自藏画作中，巨然（五代宋初画家，江宁人）所作的《万壑松风图》轴（现藏上海博物馆），倪瓒（元代画家，无锡人）作《小山竹松图》轴等，都是传世之宝。李佐贤对收藏的传世精品爱不释手。他在赋诗《题宋僧巨然万壑松风图》中写道："崇岗峻岭郁千盘，图画休将图画看。仿佛仙霞山下路，碧云深护万松寒"。当时的人称赞他说："李竹朋凡金石书画，砚石印章，皆能剖析微茫，别其真赝；书宗柳颜，能萃金石之美，画得董思白意。"李佐贤对画理画史也有自己独到的见解，写下了不少有学术价值的题跋。如《跋赵千里汉高祖入关图》《跋吴仲圭墨竹卷》《跋刘松年山庄消夏卷》等，都收录于《石泉书屋类稿》之中。

同治十年（1871），他将自己多年来在书画鉴赏方面的所得编辑成《书画鉴影》一书。全书共24卷，分卷、轴、册三部分。编目自东晋到清代乾隆时期，历史跨度1000多年。李佐贤用了14年的功夫，详细笔录了每幅画的作者、内容、尺寸、笔墨画意、款识、印记、题跋等。《书画鉴影》以特有的形式，反映了清代在书画方面研究的成果。它对于书画的鉴别以及书画史论的研究都有很大的参考作用，一直受到书画研究者的推崇。

制艺化作感世诗

"四壁琴书，百年簪绂"之家的环境熏陶，对李佐贤后来的求学、做官、治学产生了很深的影响。入仕及醉心于金石、钱币之学后，诗作反而少了，多

李佐贤楹联书法

是朋友之间的唱和，湖光山色的描摹和宦游生涯的感受。再是钱币学的研究、金石学的考证方面的显赫成就，而掩饰了他诗歌创作的光华。但他晚年归乡后的诗作如《黄流决》《坍地粮》《海商舶》却以他人所不能及的笔触描绘了社会现实，史诗般地再现了当时底层人民的生存状况，字里行间满含着忧国忧民悲悯之情。

李佐贤15岁时诗文已经崭露头角。一次，李佐贤的父亲宴请名儒赋诗作画。酒至酣处，父亲命他即席题诗，他欣然挥笔，一气呵成了"老屋傍疏林，悠然尘外境。古径少人踪，岚浮空翠影"的诗句，四座无不叫绝。中年为官后，时与何绍基、祁隽藻、郑小山等诗文名家唱和。祁隽藻累官礼部尚书，是清末倡导宋诗的先驱；何绍基是宋派诗人的代表，在诗的创作理论上亦有独到的见解。何绍基与李佐贤既是同僚又是金石翰墨之交。他十分赞赏李佐贤的诗作，曾说："吾友两人（李佐贤、郑小山）焉，皆有诗人之性情，而皆不为诗，何也？"又说："海棠无香，鲥鱼多刺，李竹朋不为诗岂非人间怪事！"此后，李佐贤遂有感世之作。

李佐贤早年乡试夺魁，会试进士，春风得意，时常写些忠君报恩的诗来表达自己的情怀；中年后，官场失意，辞官后在思想观念和艺术创作风格上都发生了很大的变化，完全脱离了为封建统治者歌功颂德、粉饰太平的馆阁体诗的桎梏，写的多是一些回归自然、揭示社会现实的诗。"更向樵渔寻伴侣，何须衣马羡轻肥。扫除尘榻容高卧，梦里由他蝴蝶飞。"即这一时期的代表作。

李佐贤退官后的第三年，黄河夺大清河自利津入海，无休无止的河患给利津这方土地带来了数不尽的灾难。他义无反顾地投入了协助地方官抗御洪水保护田园的行列，目睹黄河水患、官府腐败给人民造成的灾难苦痛，对百姓寄予更深切的同情，他的诗也更趋向于社会现实和理性化。

咸丰五年（1855）旧历六月下旬的一天，他冒着滂沱大雨登上利津东城门楼，观看大清河涨水。这也许是他第一次看到黄河入清时那无可阻挡的气势，似乎并未意识到灾难已经降临。他以豪放不羁的笔法，描述了黄河夺大清河河道入海的景况：

> 银潢倒泻九天上，水深门处屋如舫。
> 沄河顿作钱塘潮，奇观斗觉心怀放。
> 涛头遥望奔一线，迅驰风霆疾掣电。
> 人立苍茫银海眩，力撼城郭摇石堰。
> 奋威鼓怒似项王，喑噁叱咤来酣战。
> 盘涡湍急万马旋，浪花喷涌飞弩箭。
> ……
>
> ——《雨后观河涨歌》

自那天起，清悠舒缓的大清河就变成"盘涡湍急万马旋，浪花喷涌飞弩箭"的黄河了。年复一年，黄患日甚。辞官归里的李佐贤眼看先茔被水不得安宁，百姓流离失所叫苦连天，原寄希望于朝廷或将铜瓦厢口门堵复，东省可得安宁，可盼来的却是"筑埝自卫"。于是打消了"消闲无事，优游余年"的念头，时常协助地方官员修筑堤防，堵复口门，举办团练防捻军侵扰等，一连数年，"颇形劳瘁"。而此时的利津，"以一县之壤地纳千里之洪波"，已是"近滩之处淤垫日高，状如仰釜，最称险要……""十升之水，沙居其六"的黄河终将水行地中的大清河变成了人们头顶上的"悬河"。李佐贤的《黄流决》，真实地再现了河患下的情景：

> 黄流决，黄流决，建瓴之势直倾泻。
>
> 往岁江南今山左，江南修防帑金多，山左无工呼奈何？
>
> ……
>
> 百千万亿河库储，虚靡岁费泥沙如。
>
> 锦车宝马驰通衢，罗绮纹绣飘轻裾。
>
> 酒淮肉陵充庖厨，梨园曲部女乐俱。
>
> 清歌妙舞红氍毹，宴罢夜永添红烛。
>
> 千金一掷狂呼卢，昔何乐，今何苦！
>
> 帑藏告罄难携取，黄流东下谁能杜？
>
> 田庐城郭感沧桑，哀鸿遍野鱼生釜。
>
> 河入济，济入海，汤汤汩汩十余载。
>
> 昏垫不异洪荒时，离居荡析何所之！

　　一直协理利津河务的李佐贤越来越清楚地看到了黄河带来的不仅仅是灾患，还有官府的腐败与奢靡。面对"建瓴之势"野马般的黄河和清廷无力修工治黄的局面，发出了无奈、忧愤、悲怆的呐喊："河入济，济入海，汤汤汩汩十余载。昏垫不异洪荒时，离居荡析何所之！"……那莽莽如洪荒之时的洪水啊，可把这方人害苦了。

　　可黄河水害之苦，远不如苛捐杂税之苦。黄河初入大清河时，两岸无堤防，河道狭窄，每逢汛期，临河两岸粮田大量坍塌，但官府田租照收不误，百姓谓之"坍地粮"：地没了，官租照收。李佐贤在他的《坍地粮》一诗中写道：

> 坍地粮，遍四乡，黄流过处水汤汤。
>
> 两岸崩坏如颓墙，须臾千丈万丈长。
>
> 绣陌绮阡化泽国，空粮仍纳困输将。
>
> 民贫财尽诉官长，官言田赋例有常。
>
> 粮名豁除谈何易，申文须待咨部堂。

咨部堂，无时日，岁岁征输竭民力。

大户称贷犹有所，茅屋虽破牵萝补。

小户追呼何太苦，卖儿鬻女偿官府。

……

李佐贤挥动史笔，愤懑而又无奈地描述着黄河的肆虐，官府的冷漠。"千丈万丈长"的良田塌入河中，富饶肥沃的良田变成一片汪洋，没有收成却仍要纳粮。更严重的是，河道加宽了，河底抬高了，在此后的岁月里，势如悬釜的黄河东决西溃、恣意妄为，填海造陆的速度比800多年前那次更为迅猛、强烈……"黄河决溢，内河泛滥，洪水横流，庐舍为墟，舟行陆地，人畜漂流……"

李佐贤的诗，真实地表达了他对社会、人生的爱憎、希望和追求。

《武定诗续钞》是李佐贤一生中为文为诗的一大重要成果。同治六年（1867）刊行，八册，二十四卷，选诗自明至清代，以清诗为主，共两千零六十首。遍及武定府邑惠民、商河、青城、乐陵、阳信、海丰（今无棣县）、滨州、蒲台、沾化、利津各县。乾隆末年，惠民李衍孙编选了《国朝武定诗钞》。此后七十余年无人继续。他说："倘再听其散佚，恐不免与风烟俱化"，李佐贤认识到集地方诗籍的重要性，自拾其任，于同治四年（1865）开始了《武定诗续钞》的编选。他四处奔走，求助同好。同邑张铨、赵余田，海丰（今无棣县）吴重熹等极力协助搜罗诗稿，经过两年的努力，编辑成书。《武定诗续钞》改变了编辑之旧例，选诗不唯权贵名流，不拒布衣寒士，以佳作取胜，以诗存人；诗体不拘一格，古体诗、近体诗兼收并取；不鄙薄女子，唯才是举。"《关雎》《卷耳》，多作于妇人女子之手，历代诗人多闺秀，吾郡闺媛未必无诗人也。"

《武定诗续钞》咏怀地方名胜古迹，褒扬先贤品行业绩，记叙风土人情，感叹时事忧患，抒发闺阁幽情，颂赞山川河流……从内容到形式，都洋溢着强烈的地方特色和浓郁的时代气息，具有重要的史料、艺术价值。

画坛伉俪情似海

李佐贤20岁成婚，夫人张畹芳长他两岁。张畹芳无棣人，出身书香门第，官宦之家。她的祖父张映斗，是清乾隆丁酉科（1777）举人，做过福建省泉州府马巷通判，封荣禄大夫，刑部右侍郎。她的父亲张询，道光壬午科（1822）进士，做过庶吉士和浙江省玉环厅同知。张畹芳自幼接受了严格的家塾教育，诗词、书画都有很扎实的功底。

李佐贤夫妇志同道合，感情甚笃，常同窗切磋书画技艺，赋词唱和。常为名家所称颂，被誉为画坛伉俪。李佐贤在《丙子张畹芳生日》一诗中写道：

> 筵开设帨庆团圞，廿载琴瑟随遇安。
> 学画商量争试墨，看花笑语共凭栏。

诗如画，情似海，一幅妇唱夫随琴瑟和谐的画图展现在人们面前。

张畹芳是位非常贤惠的内助，婚初操持家务，侍奉公婆，恪尽妇职。当时家景中落，凡针纫之事多半亲自动手，公婆的衣服只有她制的才感到适体。虽然家训严肃，婚后未受到公婆呵责。青年时期她鼓励李佐贤勤奋攻读，李佐贤为官后，照料起居关怀备至，并不时地劝导其不为名利萦绕，谕以宦途无常，吉凶难卜，渔蓑田园是为常乐。

李佐贤卸职后潜心著述，张畹芳为他誉录了大量的文稿。李佐贤曾赋诗曰：

> 梁鸿案许齐眉举，雏凤声添绕膝欢。
> 他日归来应践约，烟波同把钓鱼竿。

张畹芳自幼习字学咏，勤奋好学，喜欢欧柳书，尤爱兰花，出笔清拔，积学功深，技法娴熟，立意不俗。婚后相夫教子，侍奉公婆，操持家务，因此略耽翰墨。李佐贤入国史馆总纂时随往京都，后又随李佐贤出守福建汀州，除陪伴官场应酬外，渐有余暇，临书画兰，造诣渐深。

咸丰七年（1857）冬，李佐贤与夫人张畹芳到京城定居，李佐贤开始埋头着手编纂《古泉汇》《书画鉴影》等著作。张畹芳则在居室旁置一书案，就案染毫，习作兰花。初学无师，暇余夫妇商榷。因张畹芳自幼对书画有嗜痂之癖，久之随意点染墨气之浅深，笔法之顿岩，动合古人。李佐贤同好或在京官员见后倍加赞赏。经众多书画家的建议，选择比较满意的汇为一册，很多书画名流为其题咏。何绍基在京拜访李佐贤时，曾为张畹芳的竹题诗曰：

> 娟叶展余回翠袖，瘦花开处侧瑶簪。
> 闭门笑听高轩过，画妙书奇相瑟琴。

李佐贤赋诗《畹芳画兰予为补写竹石并题》曰：

> 香痕写入墨痕深，谁把幽盟石畔寻？
> 幸得此君堪作伴，虚心好与结同心。

其婆姑、李源嫡孙女李兰芳赋诗《题竹朋侄妇畹芳画兰册》曰：

> 湘管双枝墨一池，花花叶叶写离奇。
> 贮香阁邃红尘远，一曲清琴月上时。

张畹芳对古画名迹鉴赏也有自己的真知灼见。夫妇二人常利用家中收藏古人名迹的有利条件，共同商榷交流。由于连年操劳，中年之后，张畹芳身体多病，咸丰十年（1860）卒于京都寓所，终年56岁。李佐贤悲痛欲绝，直到晚年仍不能忘怀。他在《家乘》中为张畹芳写了情意深切的悼文和眷恋难舍的诗篇。《诰封恭人先室张恭人行略》表达了他的悲伤之情。张畹芳去世后，李佐贤痛定思痛，写了《伤怀》诗九首以示悼念。其中《题畹芳画兰遗墨》写道：

> 深闺扶病写芳兰，遗墨零星不忍看。
> 美煞幽香空谷里，两丛相傍永团圆。
> 画稿翻从败麓寻，一花一叶抵兼金。
> 早知遗墨流传少，悔不当时爱护深。

光绪二年（1876）丙子闰五月二十四日，一代金石大家李佐贤与世长辞。寿70岁，葬于利津城西南纪家庙庄北凤凰嘴。

李贻良

李贻良（1831—1879），佐贤长子，字继朋，号枚卿，咸丰五年（1855）乙卯科举人，咸丰六年（1856）丙辰科进士，任内阁中书改官刑部四川司员外郎，江西司郎中，历充奉天、江西司主稿总办，律例馆提调奏带，钦加四品衔职，截取记名以繁缺知府用。光绪九年（1883）《利津县志》载："其莅刑曹几二十年，鞫囚常反复，开谕剖决无遁情，以是重于上台，甚被信，委监督太庙工程事，罔不稽核，在官有清操，严杜苞苴，年未艾遂卒。"子泽涵，字鉴如，著有《竹朋行述》《枚卿行述》各一卷。长女适潍县陈介祺长孙陈阜。

李贻隽

李贻隽，佐贤次子，字肖朋，号伟卿，又号味琴，生于道光二十四年（1844）二月，卒年不详。优廪生。纯正厚道，温文尔雅，长于古文诗赋，编辑有《齐燕联唱》。继承父业，爱好古币收藏。同治九年（1870）后，常与潍县陈介祺长辈来往，光绪八年（1882）欲再续"泉汇"未果。光绪制科举孝廉方正，辛巳（1881）朝考入选，署德州学政，不久辞官归居，读书讲学，尤喜公益。光绪八年（1882），游星使（皇帝使者）特举，中丞委任，协理黄河事宜。

李启贤

李启贤，字汲滋，李佐贤兄，生年不详，道光元年（1821）由增生举孝廉方正。道光五年（1825），启贤父文桂知德庆州，因受牵连谪戍西陲。启贤只身往随，备历艰辛至迪化（今乌鲁木齐）。道光八年（1828）秋，其父被赦回归故里，启贤主持家务遵循古礼奉亲守孝，佐贤时任汀州知府，多次想接父亲、启贤去汀州，启贤没有答应，让其弟安心在外居官，不要挂念家里。启贤乐于助人，乡亲有贷必应。满洲人普恒先后两次任利津县令，为官清廉颇有政声。道光十四年（1834）因罢官穷困潦倒滞于省城，无力还乡，利津邑绅凑钱予以资助，启贤自始至终组织这件事。他还参与了由邑绅组织，对守节孝亲事迹突出的300多人进行了旌表。咸丰三年（1853），李启贤选任曹县训导，未到任而卒。

李崇照

李崇照（1787—1831），李佐贤之族兄，字宗山，号晓轮，嘉庆十八年（1813）癸酉拔贡，道光二年（1822）壬午顺天举人，道光九年（1829）己丑进士，直隶即用知县。然而未等录用，就已去世。他才优学邃，名播山左。学复精勤，为文伸纸立就。弱冠即有文名。崇照幼年失去母亲，后父亲亡故，但他对继母很好，孝闻闾里。对继母生的小弟丰照，出外教学他也带在身边，后来丰照考上贡生，全赖兄长施教。

有孙成冈者为其作《李大令宗山传》（收入《利津县志·光绪卷·文征卷三》），传曰："为诗甚多，得唐中盛遗音，吟成往往置之。性磊落，与人无虚恬，以故所至皆结缟纻欢（交情笃深）……"又道："大府委以听断，间岁平反凡十数谳。大府奇其能，欲重任之，使摄剧邑……"想不到的是，因崇照为候补之人，补缺的任命尚未到达，他已故去，年仅45岁。

李崇照著有《史鉴精义》《四书讲义》《崇山文稿》等。书法秀润，诗得唐韵。生平诗文虽多，然不自珍，随作随弃，流传下来的很少。现仅存有《和子痴弟秋篱原韵》一首，诗曰："柴门一径淡夕阳，篱眼疏疏透冷香。豆蔓曲蟠轻点碧，菜花凌乱半筛黄。层霄影落横空雁，老圃寒生彻夜螿。莫道秋芳尽消歇，扶持晚菊傲严霜。"

张罗英

张罗英（？—1654），字通之，号凤盘，世居今利津县盐窝镇左家庄。凤盘自幼聪慧过人，15岁应童子试，其诗文在同辈中独树一帜而取得廪生资格，享受廪膳补贴。25岁时以四十四名举崇祯庚午孝廉，成为举人，候选知县。但他在考题中有一句话引起了主考官的不满，后经一位姓贺的考官一再解释辩白，才没有取消举人资格。但此后经历了5次应试都以落榜告终，从此绝了入仕为官的念头，再也无意功名。

张凤盘居家侍奉父母，操持家务，以孝名闻闾里。他能言善辩，是非分明，经常为乡里乡亲排难解纷而名动乡里，值得称道的是为人缓急、解人之难而从不索取。

沾化人张宏弼与凤盘相识于京城，是因一件事而知道凤盘之为人的。崇祯甲午年，张宏弼赴礼部会试，一江南考生因无盘缠不能归乡，这时有一人倾其所有并连同马匹一同借与这位江南学子，助其归乡。张宏弼对这位仗义之人好生奇怪，问当时在京的同年李植〔利津城东街人，崇祯七年（1634）甲戌科会试第十五名〕，才知是利津人张凤盘。张宏弼慕凤盘人品，经李植介绍遂成好友。张凤盘去世后，张宏弼写了《张凤盘孝廉传》并收入《张氏族谱》。

有一年，利津遭遇大饥荒，一位沾化籍的读书人经过利津北乡，他曾是凤盘的学生，听说先生一家生活十分困难，甚至连早饭也吃不上。就找到凤盘家，拿出20两银子让凤盘购粮以度饥荒。凤盘说："这个钱我不能收，不是我的，我取之，岂不与偷盗一样吗？我不受你的馈赠，仍然能做你的老师。"这位沾化的学生理解了老师。还有一位凤盘的学生，将银钱放在一只木盒里，差仆人送至凤盘家里，并未说里边有钱，凤盘坚辞不受。仆人往返数次也没送下，只得倦卧于柳荫下歇息，一会儿竟睡了过去。那只木盒置于道旁，被路过的人顺手攫了去。此事一时传为美谈。

张宏弼在《张凤盘孝廉传》里言道，凤盘善谈，开口头头是道，淋漓动人。经常邀友人到家做客，谈古论今，直至尽兴。有一次我去他家，举网大清河滨，捕来几条一尺多长的红尾鲤鱼，拿出家藏好酒款待与我。然后备两头毛驴，带一童仆，过铁门关临牡蛎口以观海潮。这天天气奇冷，雪花如掌，朔风如刀，冰结陲陜如珠玉一般。凤盘毫不在意这突来的恶劣天气，依然谈笑风生，自道人生如这滚滚海浪，起伏不平。说到得意处拊掌大笑，肌肤冻裂全然不顾。

张凤盘晚年丧子，长子元侃于明崇祯十五年（1642）去世，12年后，张凤盘卒。张宏弼在接到李植的书信后，慨然道："生平良友于斯尽矣……秋声四起，落叶满阶，顾盼庭柯，生意已尽，树犹如此，人何以堪……"可见，张凤盘在友人的心中，是何等的重要。

张罗杰

张罗杰（？—1677），字渐盘，凤盘之四弟，少年时补弟子员食饩。有《渐盘张君家传》载左家庄《利津张氏族谱》。

张罗杰倜傥好义，常济人缓急却毫无吝色，更无炫德之意，就像是在做一件极其平常的事。亲友中有求必应，借钱借物从不计较有无归还能力与否，不立字据不限期，乡里称其为长者之风。弟兄中他最小，对待诸兄长如父亲一般，家中的事无论大小繁简，都是请示好了再去做，从未独断。他的三哥张罗士无端受到拘押，邑令索要赎金，否则不予放人。罗杰手头正紧，只好将妻子的三百缗（一千文钱）私房钱用来贿赂。妻子刘氏说，我长年有病，不定啥时候就要离开人世，这是我纺线织布帮人做针线攒下来的一点钱，留做料理身后事。罗杰说，我不能因你留作后用而不顾兄弟之情，哥哥有难，就是破家荡产也在所不惜。于是不顾妻子的反对，径直取出去救兄长。

顺治年间，几位兄长相继去世，他一边操持家务一边抚养子侄，待侄辈如亲生。康熙十六年（1677），渐盘与世长辞。

张毓淳

张毓淳（？—1726），字伊先，雍正甲辰（1724）岁贡生，候选训导。左家庄张氏第十三世。毓淳自幼聪慧过人，性温厚有礼且洁修自好。每日侍奉祖父、父亲，从不敢远游。他辅导诸弟读书，与弟弟们共枕寝，常和弟弟们说，我辈读书不必为功名所累，但能粗解义理，不自外名教就可以了。每当雨晦风潇之时，他就引灯诵读苏诗"误喜对床寻旧约，不知漂泊在彭城"句或发出"夜雨何时听萧瑟"的感慨。他说，过去那些贤者所感到厌烦的就是内眷不合事繁心累，在外迎来送往疲于应酬，我也是这样，不愿结交那些权贵而增加些烦恼。晚年的张毓淳在左家庄置下田庄居住，同时也以孝友而名重乡里，成为一方邑宰所尊重的人。县令折节下士，而毓淳从未备礼前去见邑宰。说，我们这个家族百年来从不涉足官衙公署，我不能改变这个规矩以损祖德。

利城东街李布政使家族后裔李五材（李植从孙，十一世）是张毓淳的亲家，毓淳之长子张策是他的女婿。张毓淳卒后，李五材为其撰《张伊先明经传》以志纪念。李五材与张毓淳相交甚厚，他在《张伊先明经传》中写道，毓淳晚年与我交往密切，闲暇时骑一快驴带一老仆，凌晨入城携手出东门看东津晓渡；有时也折柬邀我去他家，于是我就驾一小舟扬帆而下，问渔庄蟹舍，观两岸风光。停桡上岸，就有人从深林中疾出迎揖，正是伊先也。李五材还在《张伊先明经传》中描述了张毓淳所经营的左家庄庄园："榆柳桑柘交荫数千株，蔬圃花坞生香不断。有小池菡萏，荇藻鱼鸟亲人悠然……"

张　策

张　策（？—1778），字政府，乾隆辛未恩贡生，利津县盐窝镇左家庄人。曾任乐安县教谕，敕授修职郎。

乾隆四十三年（1778）张策去世后不久，其子颖异拜谒即将离任的知县程士范，恳求其为父写一篇传记以志纪念。程士范自乾隆二十四年（1759）任利津县令已近二十载，自然对张策一家十分了解，叹道，一乡之善士，不能不重视。要想教化民众，德行高尚的人家起着导向的作用，他们的表率是法律条令所不能及的。贤者薰德善良，不肖之人也会检束自己，惭愧退藏；一方有善士，足可以帮助当地官员落实法律条文，安定一方。就像利津张策家族，他们良好的家风让我倍感欣慰。程士范说，我是陕西人，初来此地时，曾遍访各地长老，询察德高望重至纯至孝之人，以树地方表率。与张策的交往，让我看到了一位继承弘扬良好家风，以善行感化乡人贤者。张策的祖父宽矩喜好饮酒，又会酿酒，几十亩地打下的粮食除留足食用外，其余全部用来做酒。每饮时必招平素经常在一起的好友同饮。这时，张策就准备好祖父平素喜欢吃的菜肴、饭食，并亲自品尝是否合乎老人的口味。乡里人们说，这一家出来的子弟不羡人间富贵，以务农、读书为本，是一方之楷模，因此这一带乡风良好。

张策一家兄弟之间相互帮扶，宗族之间以和相处，朋友之间诚信相待，见人有难出手相助。程士范在《家传》中写道："为人缓急不计有无，规劝人过不疾言遽色，而其乡儇薄狙诈嚣陵之习亦遂不复萌。"这就是表率的作用。张策一家对待亲友、兄弟、亲戚朋友的处事方式、态度，街坊邻里自是"耳之，目之，爱之，重之，则之，效之，畏之，惮之"。程士范还记道，知利津几个月后，不少案件讼事接连不断地呈于案前，但张策所处之乡几乎没有讼事，间或有之，也不过是杖责之过。有一次一个张策家乡的人犯错受到杖责，下堂后哭着说，回去后怎么见张善人啊！

有一年，利津发生大饥荒，偷窃之事不断发生，程士范几乎天天审理这样的案子。后来发现，唯独张策家乡一带夜不闭户，没有发生过盗窃案件。有一次审问一小偷，那小偷说，我是张策大善人家乡的人，为做贼只好迁到别的地方。询问其故，小偷说，做贼这样的不肖之事怎么能让善人知道啊！程士范深感张策之高德，于是请张策来县城做孩子们的老师。有一次，程士范因公事经过张策的家乡左家庄，见有人伐树于道旁。霎时来了许多人，"渔者，樵者，荷锄扶犁者，肩担负贩趁墟贸易者纷纷然相告"，说，与善人住在一起，而将树木砍伐殆尽，实不应该。程士范回到县衙将这件事和张策说了，张策也对乡亲们的做法感慨不已。而程士范也由此深信张策"果为善人"。

张策任乐安县教授几年后病卒，其乡人谥为"孝愨先生"，对张策诚实、厚道、恭谨的一生给予了高度评价。程士范在《张政府先生家传》中最后说，一乡得善士数人而一乡治；一国得善士数十人而一国治；天下得善士数百人而天下治矣！师道立，而善人多，是为政一方的大幸事也。我知利津多年，与宦游多年而没有遇上像张策家族这样的积善人家的官吏比起来，我算是有幸之人。

张　铨

张　铨（1795—1872），字翼南，利津县盐窝镇左家庄人。幼年深受父辈影响，读书非常勤奋。青年时写的诗已脍炙人口，在同年中以"诗才"著称。道光十一年（1831）山东乡试举人，道光十五年（1835）考取进士，由刑部主事荐升员外郎中，在京供职十余载，恪尽职守，勤理诉讼，查获清理许多冤案大案，颇有政声。道光二十七年（1847），外放常州知府。

咸丰六年（1856），张铨因父母丧事，从常州知府任上回家守孝，从此隐居村野，不再出仕。张铨是清代鲁北地区的优秀诗人，晚年张铨突破传统束缚，从民歌中汲取营养，写了大量契合民风而感于忧乐的优秀诗篇。他怀着对家乡的深厚感情，披阅史籍，走访盐民、渔夫，凭吊名胜古迹，整理资料，写下了四十多首表现本邑历史、平民百姓生活、乡贤名儒事迹、地方风情的诗，即后来被称作利津史诗的《永门竹枝词》。竹枝词以描写黄河口风物为主体，记载了家乡的社会变迁与乡情世故，以诗铭史，以诗言志，在浓郁的乡土气息中，通过含蓄隽永诗意语境，让人感受诗人笔下的时代风云沧海桑田。

阴王古国莽榛芜

利津是先秦"渠展之盐"的中心地带。张铨在他的四十多首《永门竹枝词》中，描写永阜大盐场景象与展现盐民生活状况的就有八首之多。

渠展盐池尚有无，
阴王古国莽榛芜。
齐桓一去三千载，
谁向寒潮问霸图。

《利津县志》载："渠展在县北滨海，古置煮盐之所。"公元前685年，管仲相齐，进行了一系列的改革。农工商并举，开发"渠展之盐"，获得了雄厚的财源，为齐国富国强兵，称霸诸侯筑牢了经济基础。

"渠展之盐"在志书中屡有文字记载，利津为东周时期煮盐的主要区域。张铨饱读史书，自然了解利津滨海为"古置煮盐之所"这一史实。他在诗中感叹历史变迁，数千年过去了，"盐池"淤没荒芜，还有谁记得昔日齐桓霸业的辉煌？

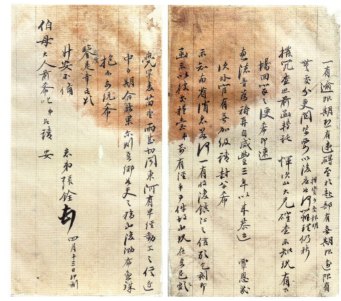

张铨信札

张铨忘不了永阜盐场的辉煌岁月，纵横密布的盐池一望无际，白色的盐山在阳光下闪着耀眼的光芒，他曾描述道：

> 盐滩四百冠山东，
> 棋布星罗广斥中。
> 煮海熬波笑多事，
> 今人真比古人工。

在张铨《永门竹枝词》中，对清代盐法的利弊与变革也有清晰的记载。清代盐法，大都沿袭明代的制度，实行"专商引岸制"，引盐利高，盐商在当时是最富有的人，他们常"报效"朝廷：官府遇有大庆典、大军需时，盐商便要捐输；盐院的开支也由盐商供给。朝廷因此也就允许盐商增加盐价并在引数之外加带无税的盐斤。盐价大幅度上涨，人民负担加重，因而私盐充斥。张铨在他的一首竹枝词里对永阜盐场当时的混乱情状进行了记录：

> 盐砣万点乱山尖，
> 海泛防兵岁岁添。
> 一夜西人席卷去，
> 阳沾滨乐尽私盐。

自丰国、宁海并入永阜场后，盐池遍布大清河的两岸，利津的盐业生产更加兴旺，盐坨"万点"，遍布"山尖"。但是到了道光后期，内忧外患不断，社会生活很不稳定，官场腐败，盐场管理混乱，稽查私盐的海防官兵虽然年年增加，仍遏制不住盐的走私。"一夜西人席卷去"即表述了盐走私的严重情景。

道光十二年（1832），两江总督陶澍就采纳了包世臣、魏源的策略奏请朝廷，实行盐纲改票，实行了票盐法。改行票盐法后，官盐畅销，走私乱象不禁自止，盐场自然有了新景象。

永阜盐场在这一时期进入产销两旺时节，并设有仁、义、礼、智、信五处盐坨。这时大清河槽深六丈，弯道相连，水流清澈平缓，航运便利。河道内接大运河，北达京师，外连诸海，永阜大盐场所产之盐，运达四省六十六州县。

张铨为家乡盐业发展振奋，同时也深刻了解"滩夫"清池引卤的劳累，堆盐提抬的艰辛，他在这个时期写出了高旷清超、天然邃美、令人过目不忘的竹枝词，表现了取消纲盐制改行票盐法后永阜大盐场的繁忙景象，以及"滩夫"在午曦熏蒸中"周而复始无休息"的情形：

> 熬波煮海令全删，
> 赤日滩夫不放闲。
> 今夕方池成雪海，
> 明朝平地起冰山。

张铨热爱家乡，淡泊名利，对盐民、灶户的生活尤为关注。在他的《永门竹枝词》中，写出了灶户家男女间的朴实情感，记录了永阜大盐场兴盛时期的盐民生活和地方风情，为我们留下了一幅鲜活的灶户儿女生活画面：

劝郎莫离灶户家，

长依灶户即生涯。

挑沟得钱侬换袄，

晒盐得钱侬戴花。

诗人以灶户女劝郎的口吻来组织诗句，语言朴实直白，幽默风趣。

盐业的发展，带动了民间的相关产业。遍地的盐坨，为预防风雨侵蚀，需要用苇席遮盖，盐的运销也需要用苇席打包。旧时，盐的产量谓之年额引多少包（每包约320市斤）。而打包，封围盐坨、储运也都离不开绳子。"农家"编席、搓绳所利用的自然资源，如芦苇、白茅（茅子）、马绊子草等，全是靠自己采集的。那满布盐场的揸席，是住在荒村老屋的盐民，为了不断炊烟，维持生活，通宵达旦编织出来的；那一担担的草（麻）绳，是盐民风雪三更妇子守着一盏昏暗的油灯搓制出来的。他们赶早挑到盐船上去，希望能卖个好价钱：

老屋荒村破晓忙，

编来揸席满盐场。

不愁日午炊烟断，

一担能支十日粮。

风雪三更共一灯，

农家妇子快搓绳。

明朝挑向盐船去，

沽酒烹鱼得未曾？

这两首竹枝词，真实地反映了盐民、灶户为了生计，怀着希望在艰苦的条件下辛勤劳作的情景。

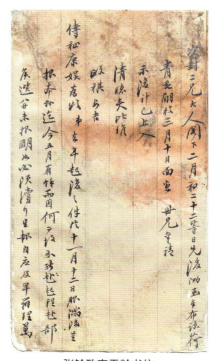

张铨致高贡龄书信

铁马金戈夜有声

　　从金至清咸丰初年，铁门关是鲁北有名的海关、商业码头。这里车船辐辏，商贾云集，并筑城设兵防守。咸丰五年（1855），黄河夺大清河入海后渐废。张铨在1855年后曾策马行走在铁门关前。虽黄河夺大清河河道入海才仅仅数年，这曾称雄渤海、奇伟壮观的海防关隘就已显颓势，原来水深岸阔的大清河入海处，如今却是水浅泥深、舟楫难行了。渔民们脸上充满了惊恐，就连那久经风浪、设备精良的外国商船，也赶快趁大风驶入渤海湾。张铨《永门竹枝词》里的铁门关，真实地再现了当时状况：

> 黄流直下铁门关，
> 水浅泥深解容颜。
> 一夜洋船大欢喜，
> 惊风收入太平湾。

　　几年后，丁忧在家继而辞官的张铨始终放心不下铁门关，他数度造访，几番流连。时过境迁，站在金代所设的铁门关旧址旁，所见所闻，又让他感慨万千：

> 丰国场边问旧营，
> 前朝几度设屯兵。
> 至今明月荒城畔，
> 铁马金戈夜有声。

　　昔日千帆竞发、商贾云集的繁华景象渐行渐远，"熬波煮海""平地起冰山"的盐场日渐凋敝；黄沙、枯树、残月，断垣、颓壁、荒城。唯有夜半涛声中，似乎隐隐传来千军万马的征战之声。黄河一次次将铁门关淹没，已近暮年的诗人痛心黄河的贪婪，却又深感大自然的造化之功：

> 年来海若欲东迁，

东去潮声向日边。

葭浦芦湾三万顷，

果然沧海变桑田。

此时的黄河已在此入海近20年，附近淤出了大片大片的沃野良田。

鼋甲鱼丁收不尽

利津海域为黄河、大清河先后入海处。河海交汇，渔产丰富。农历四月，是
海上捕捞最繁忙的季节。海港搭建了一片片窝棚，人来人往很是热闹。夕阳西下，
渔船满载鱼虾，披着晚霞，唱着动听的渔歌（号子）驶回渔港。张铨竹枝词里的
渔业风情，如画一般展现在人们面前：

海边四月乐婆娑，

一片窝棚照水多。

鼋甲鱼丁收不尽，

斜阳万艇唱渔歌。

务本乡中起棹歌，

抛将耒耜著渔蓑。

怪来午市鱼虾贱，

丝网矶边春雨多。

务本乡为今垦利区董集乡，先后临大清河、黄河，利津县旧地。早先这里的
乡民渔、农兼顾，春夏之交正是出鱼的时候，趁着农活不太忙，驾驶小舟，披着
蓑衣，淋着毛毛的细雨去捕鱼。春雨勤，鱼虾多，难以消市：

青鱼已过鲙鱼来，

小口遥连大口开。

> 最好划船开外去，
> 捞虾种蛤夜深回。

　　海上不断地变换着鱼汛，青鱼过了鲙鱼来了，渔民布下了小口连着大口的网具。最好是趁着深夜鱼虾多的时候巡回捕捞。

　　夕阳照着低矮散乱的渔村，家家门口晒着破旧的渔网。趁着月光去沙河捕捞鱼虾，远处传来渔船号子的声音：

> 矮屋狼陀夕照村，
> 家家破网晒当门。
> 晚来捞月沙河去，
> 水调遥传溷水墩。

　　下面这首竹枝词生动地描绘了渔民海滩捕捞和争买海鲜的情景。元宵时节，还有些寒意。刚退了潮，姑娘们乘着皎洁的月光，在海滩上欢快紧张地垂钓蛏子，天色晚了才回家去。满街灯火，人们在争买海鲜。

> 美人蛏子斗婵娟，
> 盼到元宵月正圆。
> 钓罢沙头归去晚，
> 满街争买看灯鲜。

　　渔民的生活是困苦的。到了中午鱼虾还卖不出去，催税的县吏来往不断；渔夫担着很重的"官虾"，长途跋涉，从毛四坨运往县衙。

> 小海腥风日午多，
> 催租县吏几回过。
> 官虾压担城边去，
> 知是来从毛四坨。

诗人的家枕河而居，"黄河三面围村口""溪水潺潺门前流"，白帆点点，渔歌声声，林木绿盖村野，鸟语花香。如此秀美的鱼米之乡，过客都称赞是小冀州（比喻济南）。

> 直到门前溪水流，
> 吾庐高枕接渔讴。
> 黄河三面围村口，
> 过客争传小冀州。

张铨的《永门竹枝词》以诗存史，举凡风土民情、地方古迹、社会百业、时尚风俗、历史纪变等皆有所展现，生动描绘了这一时期的家乡风貌，为我们留下了宝贵的精神财富，也形象地体现了黄河口地区深厚的历史文化底蕴。

金石家李佐贤与张铨同庄、同窗，同年会试、同榜进士，他对张铨的诗才推崇备至。在张铨诗集《爱山堂诗存》结集付刊时，他欣然赋诗赞曰：

> 凭陵沈宋薄应刘，
> 瑰宝奇珍笔下收。
> 十万珊枝穿网底，
> 三千铁弩射潮头。
> 游踪曾忆江南梓，
> 豪气应高济北楼。
> 当代诗人甘避舍，
> 输君渤海盛名留。

苦为明昌寻旧迹

张铨竹枝词里的利津景致，处处透着诗人的思古之情。利津金明昌三年（1192）置县时，其实县署就在永利镇。永利镇是否就是现在的利津老城呢？

非也。张铨告诉我们，古城的规制是周边七里，在大清河的东岸，与元朝初年在河西高埠处开始新建的七里十八步的利津新城差距不大，可惜现在已经淹没在一片"荒烟蔓草"中了。他的《古城寻幽》，寥寥几句道出了他心中感慨：

> 古城七里镇河东，
> 一片荒烟蔓草中。
> 苦为明昌寻旧迹，
> 观澜镇海想遗风。

去利津城西，古时有一官道，直通蒲台城，出城十公里余，官道旁有一豪华的墓群，为琅琊郡公墓，今称"王升墓"。王升是今利津北宋镇前王村人，元朝时官至令史、集贤直学士，擢升河南江西行中书省参知政事，追封琅琊郡公。朝廷为王升墓封地40亩，由王升后人耕种并看护墓园，此制一直持续到新中国成立前。后来由于黄河决口、战乱，墓园遭劫。现仅存碑帽、石俑、石羊、石马残段，为东营市重点文物保护单位。

张铨对王升有极高的评价，在他的《琅琊墓榻》诗中，用"韩陵山一片石"的典故比喻王升的高洁，建议人们到王升墓去拓取石碑上的碑文来了解王升的生平事迹。

> 隋唐碑版久凋残，
> 论古凭谁问史官。
> 只有韩陵一片石，
> 琅琊墓上榻来看。

萧神庙，在利津北部沿海。关于萧神庙还有一个神奇的传说。清乾隆年间，这里还是一片汪洋大海。一日傍晚，浙江宁波一艘大商船在此遇上暴风。载有二百余人和大量货物的商船似一木片，忽被狂风抛向空中，又被恶浪压入波谷，樯倾楫摧，大难临头。就在这危急关头，人们突然看到不远处升起红灯一盏，光芒四射，满船人惊喜若狂，忙操舵挽篙，奋力挣扎向红灯方向驶去。正行进间，猛然四周风平浪静，红灯顿失。待天微亮，大难不死的人们才发现大船靠在一个由海底贝壳和砂石形成的大砣矶上。船主遂带船工们到砣矶上焚香跪拜，对天祈祷。忽闻云中回音"我乃萧圣老爷陈光磊！"船主铭刻于心，暗誓："再生之恩，当永世不忘！"

翌年，船主率船队满载木材、砂石、砖瓦及能工巧匠跨海而来，在当年有救命之功的砣矶上修起一座宏伟的庙宇，这就是"萧神庙"。青砖围墙，垂珠大门面东而开，门前砌有十八级条石台阶，大门上镌刻"萧神庙"三个鎏金大字，苍遒有力。门框上刻有对联，上联为"朝朝朝朝朝朝朝"，下联是"长长长长长长长"，横批是："海不扬波"。张铨用一首《萧神庙》短句，记下了这个美丽的传说：

> 萧神庙上走群灵，
> 天外孤灯照北溟。
> 鼍作鲸吞风雨夜，
> 迷航遥识定盘星。

官灶城在县城北七十里，也就是现在盐窝镇虎滩一带，与沾化接壤，其城址原属利津，民国初沾利分界时划给沾化。世传该城为秦始皇或五代后汉高祖刘知远筑。据说城中有棘，棘刺皆向上，时人呼为"顺王棘"。土间有铁柜微露，掘之即隐，少顷又现，甚为神奇。据传说是赵匡胤藏宝之地，民间有"铁轨至今尚未开，但等赵家来"歌谣。据考证，所谓铁柜，实际上是煮盐用的镬，即铁锅。官灶城，也称"禁垣"，其实就是国家的大盐场。张铨的《官灶城》，虽仅仅28个字，却让这处古遗址更加扑朔迷离，耐人寻味：

> 官灶城荒锁绿苔，
> 顺王棘刺没蒿莱。
> 行人识得金银气，
> 铁柜如今尚未开。

张铨有《爱山堂诗存》若干卷行于世。同治十一年（1863）十二月病逝，终年77岁。

张铨有子维洛，字仙舟，岁贡生，清同治丙寅举人，性恬淡，好读书，工书法，得汉魏神髓，为名儒何子贞所嘉许。故尺幅寸墨为士林所珍。

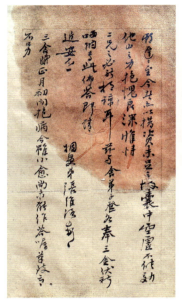
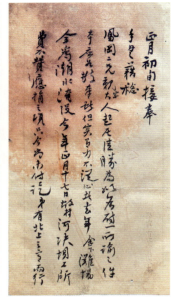

张维洛信札　　　　　张维洛致高凤岗信札

张志奇

张志奇，生卒年月不详，字鸿儒，号雨亭，利津县盐窝镇孟家庄人。雍正八年（1730）庚戌科三甲第99名进士。任直隶内邱县知县、天津府天津知县、赵州高邑县知县、顺天府宝坻县知县，后升为宣化府知府。张志奇原名张士奇，因与朝内一官同名，由雍正帝赐名张志奇。

张志奇在京畿一带任职三十余年，所到之处美绩多多，很受百姓爱戴。任内邱县令时，时值连年雨涝成灾，洪水冲决良田近千亩，没有收成，但官府照收粮税，此事久为民患，张志奇向上申请并得到豁免，百姓无不拍手称快。适值朝廷下了垦荒令，其他的地方以多报田亩增加赋税为功，张志奇却以地无可垦而向上反映、陈述，当面与新上任的上司张鸣钧据理而争，他指出："内邱县人多地少实无荒地可垦。近山一带土地瘠薄，贫苦百姓想开荒种植，费尽气力也开不出一方完整的地块，加上山水冲击，边垦边废。如今若责令缴纳税粮，势必尽行抛弃。这样岂不事与愿违，不是劝垦而是劝之荒也。"一番话说得上司连连称是。

张志奇两任天津商会繁华之地，却仍然清贫如洗，不名一钱。当时海河以东四甲有贫户万余，均以扫卖土盐为业。一盐商想在此开发盐池，垄断私盐，收买搭运，欲网其利。上司下文让志奇与另一名官员查办。盐商知悉后，用千金贿赂志奇。志奇说，我这个人虽说愚钝，也知道不能为了区区千金而遭万人唾骂。遂以五个方面对垄断土盐一事不可行予以回复，了结了此事。乾隆八年（1743），天津一带洪涝为害甚烈，朝廷下文从通州拨米五十万石由天津府天津县分赈各府赈济受洪灾村庄。张志奇一一验收、计算好赈灾粮米，会计悉当，亲赴灾区查勘被淹村庄八十余处，对六千多户受灾群众赈以钱米棉衣，同时对外出逃荒的四千多灾民进行劝说、截留、安抚，让他们回到原籍恢复生产。张志奇因父去世而回乡守孝，期满后仍赴天津任职。当时沿海添设营汛，建造墩台，兼修各宪衙署所属的沿河堤岸，张志奇承办了这些冗杂繁重的工程并一一告竣。由是升涿州，这里是京畿南大门，交通要道。刚一上任就接到办理军需的任务，继而又河决，监办工料堵复口门，张志奇勤敏任事，一切立就。调直隶冀州，接着升宣化府，抵任后值军务繁忙，买马办粮，奔走塞外，还要筹划各县喂养驼马。这些事张志奇办得井井有条，官民称便。

张志奇所到之处，总是严于职守，从不废弛公务。在任上，他除了秉公执法、发展生产外，还十分注意发展教育。在冀州任上时，他看到信都书院年久失修，就拨出了专款进行修缮，还捐出自己的俸禄购置物料。很快，就将信都书院整饬一新。任宣化知府时，张志奇从办学入手，在宣化创立了柳川书院，使众多学子有了读书就学的地方，开了当地重视教育的先河。

迁冀牧，调涿州，擢守宣化，所至差务络绎，兴学利民都能从长远进行规划，以应对复杂多变的事情且能做到不扰民、不推诿。时冀州有一名叫王见成的人被人杀害，其家属便以某某有夙嫌而将其告官。张志奇反复研审后，并没有找出真凭实据而未对某某定罪，同时通过调查另缉真凶。此案未结，张志奇调走，后任竟以某某抵罪。上司当面质问志奇，志奇说："某诚迂愚，然每事必求心之所安，此案未安于心，虽得罪无悔也。"意思是我每办一件事，求的是心安，但这个案子始终未安于心，就是得罪于他人，我也不后悔。张志奇最终还是因此案由宣化知府而降为同知。两年后他的母亲已年逾八十，遂告养以归。

志奇居家品行完美无缺，他的父亲62岁时大病，志奇昼夜叩天祈祷，愿减己寿十年而增其亲。跪祷两月，双膝尽肿。也许心诚感动上苍，竟得延父寿至七十有二。他的一位从兄家贫且无依靠，他为之建了房屋，时常接济，直到去世。有一位街坊见识短浅，张志奇的二弟士英骑着马从这位街坊的面前经过而没有下马，这位街坊便积恨成仇。志奇知道后，领着士英来到大路上，对那位街坊说，我的弟弟得罪先生，今给您赔礼道歉啦，敬请原谅。那位街坊没想到张志奇如此谦恭，流着眼泪说："朝重（士英字）瞧不起我，而您却行此大礼来致歉，我则非人矣。"于是冰释前嫌。还有一件事，有一位姓吕的人借贷数百金，张志奇的三弟为之担保。姓吕的家贫无力偿还，这债务就落到了志奇三弟身上。志奇宽恕了三弟，自己出钱连本带利还了二千余金，这样还不足以抵债，于是又以衣服、器具等实物与之。从此后家道遂替不恤，败落了下来。

张志奇有一子，名政，字若程，初任西城兵马司指挥，升广西藩经历，借补凌云县丞，调思州州同，署平乐府、麦岑太平府、明江同知，历任皆有惠声。后来卒于任上。

张士英

张士英，字得三，又朝重，张志奇之弟。以国学生任直隶清河县丞，廉明有为，施政有方，特别是在河工方面，有能力有办法。常因河工办料乘舟，在一次伏汛中因水大浪急而落水，几乎溺死。他的能力与识见，一般官吏是做不到的。因此擢升永清知县。其间，修葺城垣，建设义仓，添置监房。捐俸立粥厂，救济灾民；赶制棉衣，救济无依无靠者。请示朝廷旌表节烈五人，以扶树伦常。

有一年永定河河决，固安位于下流之冲，张士英奉命办理料物达六十余万件却没有给人民增加负担。永安一带发生水灾，士英实地查勘进行放赈，让灾民获得实惠。有一年奉制军（总督）的命令，赶赴沧州兴济疏浚引河，在工三个多月，忽闻三百里外的永清县境发生蝗灾，急驰归来组织捕杀灭蝗，但已错过最佳时机。此事被人以紧急上奏的形式参奏而落职，理由是灭蝗不力。此事传出，人人都为士英喊冤。所以，当他去职时士民攀辕挽留涕不忍舍。

张士英与兄张志奇做官任职的地方相近，他们的母亲常住他们兄弟家，往来探望经常会面。有一次督修河工，竟风雨联床，一起住在工地达三月之久。还有一事甚奇，兄弟二人曾同堂审讯案犯，这真是一件世人难以遇到的事。张士英著有《永清治略》传于世。

张廷瑞

张廷瑞，生卒年月不详，字次之，利津人，岁贡生。以仁义、孝悌而名扬闾里。他的母亲患了严重的痼疾，卧床不起，但是家里生活贫困，雇不起专门使唤的佣人，没有人照顾母亲，怎么办呢？张廷瑞二话不说，毅然辞掉所有的事务，在家专心照顾病中的老母亲。母亲行动不便，生活起居、衣食住行等全由张廷瑞来照料。张廷瑞尽心尽责，二十多年如一日，没有过丝毫的差池和意外。张廷瑞的伯父和叔叔家人口众多、家庭困难，他想方设法尽自己的力量来帮助他们，直至养老尽孝。

张廷瑞虽然自己生活清苦，但他从不贪恋不义之财。有一次，他在大街上捡到了一个沉重的包裹，打开一看，里面有一些银钱，还有一枚金元宝。他站在原地，等待丢失金子的人回来找。过了很长时间，失主才原路找来。张廷瑞把包裹递给失主，说："您自己查看一下，包裹里的物件有没有少啊？"失主一看，包裹里的东西一件不少，激动地连声道谢，并由衷地夸赞他说："您真是一位义士啊！"张廷瑞摆摆手，默默地离开了。他认为这是很平常的事情，丝毫没有因为做了好事而扬扬自得。

岳吉士

岳吉士，生卒年月不详，字霭如，利津县盐窝镇北岭村人。清乾隆年间进县学为增广生，因子岳镇南官至布政使而被朝廷敕封为光禄大夫。岳家本是抗金名将岳飞的后裔，为岳霆一脉，明末岳霆十八代孙岳东常迁至利津县丰国镇，后来定居在北岭村（今属盐窝镇）。至岳吉士已历六世。岳吉士为人重大节，素不与官宦往来。要是村里有人因贫困卖妻鬻子，岳吉士一律赠钱送粮给予救助。乡亲们对他非常敬重，只要产生是非纠葛，大都请他出面调解。他处事谨慎公允，一句话就能平息争端，让双方免受官司之苦。

乾隆四十七年（1782）秋，海潮漫溢，利津北部庄稼绝收，但地方官吏隐瞒不报，因此赋税并没有减少。村里很多农户举家逃亡，他们在逃亡前把自己的地契抵押给岳家，以期得到一点接济。岳吉士慨然留下地契，尽全力周济乡邻，同时请人将受灾情形书写清楚呈送官府，从而使本地当年的粮税得以蠲免。灾后逃亡的人返回到家里，岳吉士当众将抵押的地契焚毁，把土地无偿地还给了大家。乡里有一户人家因贫困生活不下去，岳吉士听说后，接济粮米，助其度荒，保全了这一户人家。对于岳吉士的善行义举，众乡亲感激不已。自此，岳家更得人敬重。

岳镇东

岳镇东（约1782—1870），字鲁山，号青峰，岳吉士长子。嘉庆二十一年（1816）中举，第二年联捷二甲进士，授翰林院庶吉士，历任广东吴川县、福建长乐县以及奉天广宁县（今辽宁省北镇市）、盖平县（今盖州市）知县，后任青州府教谕，敕授文林郎。岳镇东任广东吴川县令期间，清廉而有惠政，审理案件严明恰当，深受士民拥戴。后因有疾回家调养，康复后到福建长乐县任知县。

长乐县有很多险峻的大山，当地民俗彪悍不惧生死，常有借命案诬告善良的事情发生，使不少受害人倾家荡产。在办案过程中，衙役们往往敷衍主官，致使命案十有八九无法擒到真凶。岳镇东洞察秋毫，到任不久即严厉整饬县衙风气，着力纠正这种"役不为官用"的恶劣风气。凡有借命案诬告善良的诉讼发生，他首先围绕稽查真凶这一主旨，依法严密审理，最终让诬告者受到严厉制裁。由此，长乐县同类案件大幅减少，民风有了明显好转。不久岳镇东改署奉天广宁知县，很快又到附近的盖平县任职，他在这两个县有兴学劝农、优待商贾等造福民众的举措。

岳镇东翰林出身，以七品知县奔波于江南、辽东等地，政绩多且仕途平，但职位始终没有得到提升。他为人不计名利，胸怀豁达而淡定。谢官后悠然安度晚年，得享88岁高龄。

岳镇南

岳镇南（1785—1843），字文峰，利津县盐窝镇北岭村人。清嘉庆十二年（1807）中举，道光二年（1822）中进士，授翰林院编修，后历任都察院监察御史、九江知府、浙江盐运使、甘肃按察使、直隶按察使、云南布政使等职。

任监察御史七年中，岳镇南以作风正派、刚正不阿、办事机敏干练而闻名朝野。清道光九年（1829）充任会试同考官，十一年（1831）任湖南乡试主考官，事后提督湖南学政。他在选拔人才上极为用心，曾自题一联表达对自己的警示和鞭策，其联曰："错看一字丧十目，屈断人才绝子孙。"

道光十三年（1833），岳镇南主持湖南院考期间把曾国藩取为秀才，为23岁的曾国藩平步青云打下了基础。三年任满后，朝廷命岳镇南为钦差抽查两广漕粮，他对贪赃枉法者不私情，尽革其职。

道光十六年（1836），岳镇南出任九江知府。当时九江盗贼蜂起，世风不淳。他先是严明法纪，擒治盗首，教化其党羽，着力为民除害；后又修葺书院，培养人才，教喻民众懂礼仪知廉耻。在他任职的三年中，九江地方吏治清平，百业渐兴。之后他转任江安粮道，又出任浙江盐运使。在

岳镇南手书楹联

这些负责钱粮的重要衙门任职期间，他曾立下规矩：转运粮艘，凡兵弁水手有取民间一苫子者，立治其罪。任直隶按察使时，文安县一名叫王海陇的调奸未成，又涉嫌毒毙一家三命的案件而入狱，此案却又另行立案缉凶。岳镇南经过三天三夜的明察暗访，详查卷宗，终于将这一谜案查清。

道光二十二年（1842），岳镇南调任云南布政使。这年正月皇帝三次召见他，二月又下旨命他随驾拜谒西陵，并安排他许多朝廷事务，直到第二年夏天才到云南赴任。在云南任上，岳镇南清廉为政，秉公执法，体恤民生，兴利除弊，深得民众信赖。若是有人以金钱对他行贿，他总是愤恨地痛斥说："此民膏，余不忍受也！""既严责之，复褫（剥夺）其职"，决不容忍这样的事情发生，大刀阔斧地革除陋规为民兴利，并对行贿者严加惩处。他在云南任上的高风亮节受到抚军的认可，同僚也都称赞他是有古代遗风的正直人。岳镇南为官二十余载，跋涉边陲，积劳成疾，仅58岁就病逝于云南布政使任上。

岳镇南为官清正廉洁，身后无甚遗产，去世后历千山万水归葬利津故里，多亏时任翰林院侍讲的曾国藩竭力相助，才得以实现。岳镇南爱好读书与著述，曾有《制艺诗赋》及骈体文等数百卷流行于世。

岳玉溪

岳玉溪，生卒年月不详，字昆圃，岳镇南长子。以附贡生身份提拔为山西神池县令，上任不久即展现出善于查办悬疑案件的才能，因此被调往以好讼出名的太原府崞县（今原平市）任职。

崞县素有"东山摇钱树，西山聚宝盆，中间米粮川"之称，是个非常富庶的地方。不过，这里的文人偏偏喜欢打官司，有的心怀不端，或专为从中牟利。岳玉溪到任后了解到崞县包揽诉讼的有的是贡士，有的是被斥罢的胥吏，有的是势家宗族子弟。他们以打官司为业，与官衙吏胥内外勾结，恃强凌弱，颠倒是非，以致县内纠纷不息，官司不断。

针对这种情况，岳玉溪首先整肃县衙，严禁吏胥与讼棍交往，如有滋事妄为者即予以严惩。岳玉溪经常召集文人在县城学堂聚会，对其进行礼乐法度、文章礼仪等方面的教化，并结合自己审理冤狱的实践，宣讲《韩非子·用人》中"争讼止，技长立，则强弱不觳力，冰炭不合形，天下莫得相伤，治之至也"的道理。他还让县学中的读书人写文章痛斥争揽诉讼之危害，让人们对争讼斗狠行径普遍感到厌恶，自此颓坏风气大为收敛，正文教、劝农耕蔚然成风。

岳玉溪如此干练，深得上司看重，不久调任山西省永济县县令。永济县在秦、晋、豫三省交界处，地处偏僻，盗匪横行，有王氏夫妇、李四八、张亮娃三股各百余众的盗匪不断劫掠扰民。岳玉溪侦缉了一个月，就抓获贼首并绳之以法。从此盗匪匿迹，四境重获平安。

岳玉溪声名远播，远在山西做官，河北发生大案也请他去审理。滹沱河南岸的晋县有一桩因奸情谋杀本夫和小叔案，案情大致为：一位姓王的两个侄子，大侄媳妇回娘家很长时间没有回来。姓王的先后让大侄、二侄前去看望，竟然都是一去无踪影。姓王的知道两个侄子是被人所害，于是向县衙报案。县衙虽受理但一直没获得线索。过了很长时间，有人在井中发现两具尸体。姓王的认定是自己的两个侄子，重新申诉到巡抚衙门请求复审，并且说此案除永济县令岳玉溪外，没人能够审理清楚。河北巡抚随即商调岳玉溪前来勘察。岳玉溪奉命来到晋县，首先通过验尸和明察暗访搜集到确凿证据，再进行详细审问取得翔实口供，原来王姓大侄媳回娘家后与旧日相好姘居，见到前来寻妻的王姓大侄后，设计假意随其回家，半路将王姓大侄杀害，后来又以同样的手段将王姓二侄杀害。岳玉溪将此案查得一清二楚，一鼓作气将凶手数人一一抓捕，无一漏网。另一案件亦证明岳玉溪断案之缜密、果断。此案发生在荣河县，一老者因其孙赌博，在追打其孙时，不慎倒地而亡。同在一个院里居住的三名铁匠赶紧前来抢救，但为时已晚。孰料老者的孙子却将这三名铁匠告上了官府，反诬说是他们三人将其祖父打死。有两名铁匠死于酷刑，村里人都知实情，纷纷为三名铁匠喊冤。其孙情知理亏，因害怕而自杀。岳玉溪接到复审该案的命令后，很快理清案情，掘开其孙的墓对其尸施以极刑，以儆效尤。

岳玉溪一生审理过许多重大疑案，没有一件出现舛误。他官至直隶知州晋知府衔，和他父亲岳镇南一样，因积劳成疾而英年卒于任上。

岳云溪

岳云溪，生卒年月不详，字雨亭，岳镇南季子。咸丰初年由附贡生选为山西襄陵县（今襄汾县境内）知县。当时北伐太平军刚刚从这里离去，战乱后赋税和徭役加重，民众不堪承受。岳云溪到任后大力革除弊端，严惩包揽诉讼的讼棍。这一系列的举措，减轻了百姓负担，受到民众欢迎。

襄陵地处汾河之滨，农田却是用山泉灌溉，民户经常为争水源互相殴斗。岳云溪为之订立章程，保证了水源的有序利用，从此大家以此为规，避免了过去的乱象。襄陵县在他的治理中由"难"变"简"，与其兄岳玉溪治理的永济县成为山西最好的县，时人称"山西二岳"。岳云溪离任后，襄陵士民为之立碑，以铭记他的功德。

咸丰十一年（1861）八月，数万捻军准备进攻利津县境，岳云溪拿出家资以供军费，募集壮勇万余人，严密防范，避免了境内的战事发生。事后朝廷擢升他为陕西兵备道，负责西安城防以及管理军需。他严格管理部队，对民众秋毫无犯。

同治初年，他又遇到一件大事。当时甘军被捻军击败，溃兵作乱，湘军总兵杨得胜以为他们哗变，率部对其讨伐，把这部分溃兵逼得投靠了捻军，有位参将奉命前往招抚也被拘押。岳云溪单骑入敌营，向溃兵首领陈说利害，全部溃兵接受招抚，这才化险为夷。岳云溪后来奉命负责陕甘粮台、浙江两湖等七省转运事务，他都应付裕如。同治元年（1862），陕西爆发回民起义，太平军陈得才乘机率部攻入汉中，进逼西安，形势非常危急。在此多事之秋，岳云溪被擢升为陕安兵备道，负责城防及军需。他到任后，整饬军纪，对地方秋毫无犯。

同治七年（1868），岳云溪返乡扫墓，正值西路捻军向定州进发，逼近京城，山东巡抚丁宝桢率兵驰援，命岳云溪在后方协助治理河防团练事宜，他备御有方，受到丁宝桢的褒奖。西路捻军兵败后，岳云溪回到家乡，朝廷授以盐运使衔，并赏戴花翎。岳云溪时常过问本地盐务，不断更除弊政，让盐商和灶户的经营困境得以缓解。光绪初年，"丁戊奇荒"蔓延，许多饥民涌进利津北部。岳云溪率先倡议，带领富户捐资设粥棚赈灾。岳云溪64岁病逝于家中。

北岭岳家家风严谨,后人时时牢记先祖遗训:"祖训世守精忠传,家风丕振翰苑声。"岳家还十分注重培养后人,早在岳镇南时就已创立了家族学塾,使后代子孙都能受到良好的传统教育。由于诗书传家,厚德恤民,才使得岳镇南家族历代贤能辈出,名传乡里。

尚树伦

尚树伦,生卒年月不详,字鉴堂,利津二区尚家庄(今属垦利区董集乡)人。活动于清末民初。自幼聪颖好学,入学后经考试取得廪生资格并享受补贴。光绪壬辰(1892)考取岁贡生,试用训导。尚树伦崇义乐施,性情刚毅,有担任大事的能力。当时,利津县南部黄河东岸一带有一片新开垦的田地,因地势较低,每逢大雨,极易积水成涝,加之黄河决口漫溢,时常导致农田淹没,颗粒无收。尚树伦于是前去参见巡抚,阐述修筑横堤(类似于后来的生产堤),同时加固河坝的想法。他的建议得到了巡抚的准许和支持。于是,自麻湾南部的郑觉寺,一直到二十里以外的乔庄北部,在利津、蒲台两县的资助下,由尚树伦负责修建了一道横堤。从此,利津河东二区(今垦利区西南部)水患减少,该地区的水利条件得以改善,利津、蒲台、博兴等县的沿河百姓生活、生产得到保障。

后来利津南岭、北岭、十六户黄河大堤决溢,大片田地被淹,导致众多灾民流离失所。尚树伦上疏堵口修堤条陈,陈述治理方案,句句切中利弊。上面认可了他的建议,同时任命尚树伦担任工程监修,竣工后朝廷加封一级,诰封奉直大夫。

光绪三十三年(1907),根据防洪治河需要,尚树伦主动将珠子滩自家的田地十顷捐助学校,资助家族的启蒙小学。光绪皇帝嘉赏他的善行,御赐"乐善好施"匾额,以示旌表。尚树伦寿83岁。

孟 范

孟 范,生卒年月不详,字锡畴,利津街道北关村人,活动于清中期。孟范是一位慈祥善良的人,非常热衷于公益。同治十一年(1873),黄河洪水直逼利津城东城门，城门外塌陷严重，情况十分危急。孟范联合地方上的绅士綦应鸿、李邦举等共同出资，购来料物，组织人力对出险地点进行抢护，缓解了险情。后来在孟范的倡议下，创设了安澜局。通过安澜局将县城东门外迎水抗溜情况上禀当局，通过抽取布捐这一形式进行集资，在东门西南侧修了三段石堤，从此县城安全有了保障。为了表彰他致力河工的善举，知事杨景文送给他一块"乐善不倦"的匾额。光绪二年（1876）利津遭遇饥荒，孟范拿出自己的粮食赈济灾民，使许多灾民活了下来。光绪八年（1882）六月五日，城东北隅黄河堤决口，他又从他经理的德聚号垫付七千吊钱，买秸秆等料物，率领民众堵塞了决口。

孟范83岁时去世。

季元方

季元方，生卒年月不详，字叔度，利津县盐窝镇人。活动于清乾隆、嘉庆年间。乾隆初年武举出身，先后任陕西秦州营都司、阶州高台营都司、新疆叶尔羌都司。因治军抚民有功，擢守湖北襄阳营，官至从三品游击将军，祖父兄三代都受到封赠。

乾隆十六年（1751），季元方调守新疆叶尔羌（今莎车县一带）。叶尔羌原为西域莎车国，西汉元鼎元年（前116），汉武帝以郑吉为都护，设置西域都护府，莎车国自此隶属大汉王朝。明时的叶尔羌，城内商贾如鲫，货若云屯，人如蜂聚，奇珍异宝列于市肆，牲畜果品不可枚举。川、陕、江、浙一带的商客，不辞险远来这里做生意，许多外国人也纷纷过来开展贸易。

季元方文武全才，久经沙场，长处险地，是战是守都能胜任。他遍阅史籍，对驻地古今之事多有了解。叶尔羌意为广阔土地，公元1206年建蒙古帝国，成吉思汗封次子察合台为察合台汗国领主，拥有从畏兀儿境一直延伸至河中的草原地区。明正德九年（1514），察合台后裔在这里建立叶尔羌汗国，历经六代，十一位汗王主政，到康熙十七年（1678）被准噶尔部所灭。叶尔羌是丝绸路上国内南道的最后一站，又是军事重地，一直由游击衔的武将领兵屯守。季元方上任伊始，就将叶尔羌城修葺一新，使之成为当时南疆最好的城池。季元方在叶尔羌重视传扬汉家礼仪，派兵保护阿勒屯麻扎、阿孜勒清真寺与阿曼尼沙汗陵，同时严禁部下扰民，对违纪者严惩不贷。

叶尔羌有6城15村，3万余户，回民部众10万人。叶尔羌回部是马背民族，逐水草而居，以畜牧为主，狩猎次之。回部牧民不识耕种之法，亦无农具，春耕时纵马牛于田野，往来践踏，将草地践踏成泥，随手撒上种粒，不耕不耘，任其自生自长，粮食收获甚微。

当时叶尔羌驻军5600人，距内地遥远，兵粮最关紧要。季元方审时度势，清楚地意识到，只有大力屯田垦荒，及时提供军需，才能保境安民。他首先以叶城孤悬边疆为由，向伊犁将军府提出为垦田者资助耕牛、种子和免税等条陈。待将军府转奏朝廷得到允准后，季元方立即把部队分作两部分，三分守城，七分耕作。每人授田10亩，给予耕牛、种子，励其耕种。他还定下军规，垦荒军士遇事统一征调，无事则散还各处，管军官员不许擅自调用。此后叶尔羌垦荒面积不断扩大，百姓衣食无忧而军饷益加充裕。

季元方驻守叶尔羌六年，军务之外最注重的是当地农事。他不断到各处巡察，组织回部民众安设村堡，修葺沟渠，引水灌田，并配给牧民各种农器具及口粮、籽种，劝导他们从事耕作。他还在城内设立了铁木作坊，先后制作了大批耧子、犁、耧、耙、锄、镰、锹、镐等农耕用具，在叶尔羌各地推广。内地先进劳动工具的广泛使用，使回部民众告别了原始生产方式，逐渐学会了精耕细作。自此，这里年年作物丰茂，不断获得好收成，以致谷价比内地还要便宜。尤其在他驻守后期，叶尔羌贸易复兴，人口增长，出现一派繁荣景象。

季元方为叶尔羌地区的草原游牧与绿洲农耕相互结合立下了汗马功劳，受到回部民众的普遍爱戴。清乾隆二十二年（1757），在平定准噶尔贵族的叛乱之后，季元方离职转守襄阳。叶尔羌百姓在城内给他建立生祠以作纪念，并悬挂"正直永垂""功垂百代"两块匾额。

林之佳

林之佳，生卒年月不详，利津县人，增广生员，活动于清代初期。他的父亲林彬在蒙阴任职，他在家孝奉母亲，耕种薄田。谁知天有不测风云，他的父亲竟然患病不起，在任内故去。林之佳闻之悲不欲生。为运回父亲的灵柩，他变卖田产，凑足路费，风餐露宿，亲自赶到蒙阴，搬取父亲灵柩，一路哭啼，扶灵归葬，凡是看见的路人也都为之动容流涕。安葬好父亲后，日子更加艰难了，但他对母亲却更加孝顺，在他的精心照料下，其母亲活到90多岁。这期间，不管日子多么艰难，都没有让母亲操过心，没有缺少母亲的吃穿用度。孺慕之情，乡邻之间无不赞叹和颂扬。他在兄长林之干的门下请教学习，兄弟间经常切磋学问，问难质疑，他待兄长就犹如严师一样尊敬。林之佳对父母孝行，对兄长恭敬的孝悌美名传遍全县，人人敬佩。

赵长龄

赵长龄，字怡山，号静庵、松岩，生于嘉庆五年（1800），卒于同治十三年（1874），利津县利津街道姜家庄人。道光五年（1825）应乡试中举，十二年（1832）会试成进士；殿试后被选为庶吉士，留翰林院庶常馆，后步入政界。先后任都察院左副都察史、广东肇庆府太守、四川按察使、陕西巡抚等职。赵长龄由科举步入仕途，因才干而被朝廷赏识。帮办夷务，廉洋剿匪，平息庆泾哗变，力阻捻军北犯等，其胆识称誉朝野。正因为他做官经常处于风口浪尖，所担风险也大，最后虽贬官获咎，但其业绩凿凿，为世人所颂扬。细述赵长龄为官生涯，当数任肇庆知府时最为出彩，特别是带印赴廉洋平息海盗，更展示了他匡正时世，挽救时局的雄才大略，正如《利津县志·光绪卷·宦迹列传》中的评价："伟抱匡时，遇事奋发无所避。"

京畿任职　干才初露

赵长龄自道光十二年（1832）会试成进士后，进散馆授检讨，充国史馆协修。道光十五年（1835），皇帝召见并嘱其"以持躬立品为要"。后保送御史，奉旨记名。道光十七年（1837），补福建道监察御史兼河南道御史。十八年（1838），调署京畿道御史。其间，奉命密查所辖地方积弊，宽严相济，力挽颓风。在缉

拿盗贼、剿除豪强势力时更是秉公执法
不姑息。人们既佩服他的严明，又感恩
于他的慈惠，仅一个多月的时间北京周
边地区盗贼敛迹，百姓得以平安。其间
北京西城讼案积压很多，长龄审结旧案
一百余起，对新案则随到随审随结。地
方士绅评价长龄："翰苑初膺重任，而
能明决，若是济世之才，大概是天意。"
长龄的堂兄子英在一首诗中赞他："人
是玉堂新品第，官承铁面旧家风。"

赵长龄印

护我蒸黎 除弊兴利

　　道光二十一年（1841）十二月，41岁的赵长龄奉旨补广东肇庆知府。下车
伊始，手拟"示谕"（施政纲要）十三条，本着"兴利与除害"这一治理原则，
并在皇庭大法的基础上，针对当地民情风俗、社会秩序情形，具体地制定了治安
刑罚条例，张贴告示，行文各级政府，使之家喻户晓。指出：对其治安刑罚条例，
凡合乎礼仪规范距步方行者，本府敬之惜之；即或以无心之失，偶有犯罪，只要
知过悔改，也以教育规劝为之；倘若无视法律，抗拒国法，尤其结帮独立山头为
匪，抢劫、杀人、放火，破坏社会秩序者，经本府缉拿或被他人指告，立即按法
律从严惩办，断不姑息，务使邪恶绝迹，良民获安。

　　赵长龄在访察中发现，肇庆之所以久治不安，一是巡丁捕役不肯认真巡查，
并豢贼养奸，互相勾结，及至失事主报官，捕役与当事人通风报信，从中牟利，
有案久拖不办，不予惩处，因此作案者日多，旧案日积；二是抢劫之犯多出于大
族强宗，小户单丁敢抢劫中十无一二。据此，赵长龄又制定了惩治细则：案件久
拖不结，乱拿充数、诬陷好人，捕役图私利串通包庇犯罪者，严惩不贷；三是城
乡凡大姓聚居者，令该族公举端方诚实绅耆数人设立禁约，约束族人、子女不许
通匪为匪，若有不遵条规，仍蹈故辙，即传送官，严加追究问责。

　　赵长龄上任不久，多年积弊得以清除，社会秩序得以好转。

社会秩序稳定后，首要办理的是民众所关心的治理水害问题。肇庆地势低洼，修筑的围基堤岸虽为农田村舍的保障，但没有得到妥善的治理，每到雨季经常成灾。赵长龄上任正值雨季，为防潦水复涨受灾，当即指示筑有围基的高要、高明、四会、鹤山等县组织力量防范，长龄带领侍从连日进行实地督察。

道光二十二年（1842）五月初，赵长龄先后赴景福、大湾、高要、思林、香山、金西、金东、白石、泰和、罗秀及高明、秀丽、大沙、白鹤等近二十处围堤进行视察，大多基身坚固，唯三角铁泽子围堤出现决口险情，长龄亲临现场指挥，堵住了决口。接着又转赴鹤山、四会、隆伏、丰乐等十三处围堤逐一勘察，发现高要围基存有隐患，饬令该县组织人员抓紧培厚、培实；对有塌陷残缺之处的围基，立刻严谕各围总（主管围基的部门）组织当地百姓赶紧培筑以期有备无患。长龄查勘抢修各围基，顶酷暑，冒淫雨，乘车船、骑马或步行，十余日不辞辛劳。经抢修加固，整个汛期围基无一受损。

赵长龄体察民情，关心百姓疾苦的高风亮节，备受绅士、百姓敬佩，赵长龄亦为士绅、百姓踊跃参与治理堤围所感动，遂书联语以示鼓励：

作善降祥所宜身体力行延尔茀禄，
有基勿坏尚望加高培厚护我蒸黎。

赵长龄督查各地围基保障安全度过汛期后，又把治理的重点转移到了商埠、口岸的走私、海盗偷渡作乱等方面。同时，赵长龄调查了肇庆的地理形势，民风民情，盗匪活动的特点以及其他方面的安全隐患。

肇庆所辖三州、十县，迤东接近三水，而北逼近粤西，西南濒临大海，山势险峻；余则各邑山多地僻，均难保无奸匪游棍窜入骚扰。多年形成的劣俗，官匪勾结，诉讼不断，良民受其荼害，胥吏从而中饱。针对这一现状，赵长龄从教育入手，同时从严治理。各主要山势口岸设卡，水域河口设木排开合通道，严察车船有无匪徒、私货混入，告诫文武生员、胥吏恪守法规，违者同罪。

赵长龄虚怀若谷，凡于民事不敢稍有疏忽。且处事胆大心细，断案不忘"公则生明"四字。在巡查积案中，赵长龄发现四会县有一名叫严良佐的案件有重大疑问，案情横生枝节曲折复杂，久拖未结。赵长龄仔细阅卷，遂实地调查，提审犯人，酌情审理，终于案情大白。原来，严良佐之母陈氏与其媳林氏不睦，伙同工人陈超林将儿媳勒死，而诬告严良佐之妾龙氏所为。严良佐之妻非死妻妾之争，唯死于婆媳争斗。陈氏供认不讳，破解了冤狱，严惩了陈氏。又连续审结了几起大案与积案。每判决公告张布，颂声遍于城郭村野。

肇庆郡自古赌博成风，屡有整治，但恶习不除。赵长龄与相关府县、地区协同严加清理，赌风日渐收敛。

廉洋荡寇 声名大振

道光二十三年（1843）四月，赵长龄奉两广总督耆英之命，带印前赴廉州查办龙门协副将张斌巡海被劫案。

廉州与越南交界，海域广阔，有很多大小岛屿。自明朝以来，这里盗匪迭起，百姓深受其害。盗匪凭借险要地形占岛为"王"，并备有船只、枪炮，经常出入于廉州、琼州洋面，劫掠过往商船和渔船。清兵巡洋的龙门副将张斌竟被劫去了官印、军饷和关防枪炮器械。

赵长龄五月到达廉州后，查悉贼首九龙发、梁亚乔、谭保、九龙受在狗头山集匪千余人，肆意在海上劫掠。九龙龙门协副将张斌被劫即这伙盗匪所为。

赵长龄即刻与提军、镇军（总兵）谋划进剿盗匪机宜。赵长龄对匪情分析道：官兵每次出海剿匪，敌方都有所防备，又敢伺机与官兵相持，这说明官军中必有奸细。他提议密令钦州、合州两县严密布防，缉拿贼探。不久，果然擒获了九龙发派出的侦探陈淙瑞等二人，从实招供了劫夺张斌官印、枪炮器械的罪恶事实，以及陆上不法商贩为盗匪秘密提供粮米、油盐、火药的线索。敌情掌握后，遂下令各州县，严禁村民、商贾运载粮米、油盐、火药出洋，违者作通匪论罪。同时告知越南东兴等地政府严密切断海匪的生活给养，并发告示，凡九龙发投诚官军一概免罪，赏白银二万两。赵长龄测度，断贼供应后，南无所掠，海匪必然返回竹山，须布军严阵以待。

赵长龄在廉州三个多月，查清张斌案，进剿海匪亦做了严密的部署。道光二十三年七月十七日，赵长龄奉命回省交差待命。途中接奉总督奏文批示，命赵长龄查办前御史稽查银库失察案。当到达德庆时又接到命令，方知制军督抚七月十九日奏请：因廉洋海盗嚣张，南海很不稳定，急需治理，但人员难确。在此非常时期，请破例留赵长龄仍于廉州办贼。

闰七月中旬，赵长龄再抵廉州。不出所料，九龙发一伙果然回窜竹山一带海域。赵长龄会商廉州提军，紧张调集船只。与提军、镇军亲率官兵，分路出洋追剿，很快与贼交火洲墩，击沉贼船三艘，缴获八艘，擒获海盗四十余名，击毙海盗十余名。海盗已无力抵抗，掉转船头逃窜。赵长龄传令官兵乘胜追击至桃山公海，追上了匪首谭保。兵勇开炮断其桅杆，奋勇爬上贼船投掷火罐烧了船楼，大部海匪被烧死，谭保跳海逃走，潘源海驾小船追擒。

海战持续到八月底，大部分海盗被消灭。九月九日，梁亚乔派人前来求降，交出了龙门协关防炮械和官印，并献出了九龙发首级以赎死罪。十六日，梁亚乔带领匪船十艘，党羽二百四十人，插白牙旗前来投降。

赵长龄自四月十二日奉檄赴廉州平盗，十月十二日回省销差，凡七阅月，此间赵长龄为解决官兵经费不足，前后捐款白银六千两。共生获盗贼二百有奇，降匪三百余，击毙者无算，缴贼船三十只，炮一百四十门，鸟枪及其他军械一千五百余件。自此，廉州至琼州、越南广安、东京洋面之海匪一律肃清，廉州市民非常感激，献诗云："仁纲法虽开一面，先声气已夺千军。"又云："欃枪扫除孙卢孽，台阁襄成李郭勋。"这里的"欃枪"，指的是凶星，即彗星，为不吉之星；"孙卢"，"孙"指的是三国时孙权之孙孙皓，"卢"为元大都人卢世荣，二人暴虐无道，大肆搜刮民财，均被诛。

廉洋平贼胜利结束，大宪（对长官总督的敬称）为清剿海匪经费而捐资者，政府决意筹款偿还。赵长龄前后捐资六千两力辞不受，可谓"国而忘家，公而忘我"。十月下旬，赵长龄因卸职候补尚待时日，其父建议其回籍料理家事。自肇庆回省，众绅士呈送行诗四十首，情意笃挚，蔼然真诚；送行者攀辕依辙拥于路旁，不少人热泪盈眶。自早上7点到午后3点才上船解缆，船行至峡口，长龄依依坚辞，人们才散去。当日，廉州父老将赵长龄长生禄位立于西江肇庆段的羚羊峡内，后人赞道，为太守者固不乏人，民岂独厚于赵公？良以德泽之所入人者深，以故留恋低徊不忍分手。形诸歌咏，瓣香供奉，以表达感激之情。

道光二十四年（1844）二月，尚在利津的赵长龄完成了4200余字的《廉洋荡寇记》文稿，详细记述了他历时七个月之久的广东廉州海上剿匪的整个过程。后此文收入《利津县志·民国卷·文征续编四》。

协理洋务　收复舟山

鸦片战争以中国失败而告终。道光二十二年（1842）七月，在英国的强迫下，清政府派出耆英、伊里布为钦差大臣与英国全权代表璞鼎查在南京签订了《中英南京条约》，条约首款就准许英国商人在广州、福州、厦门、宁波、上海进行通商贸易。英国迫不及待，肆意寻找借口要挟清政府加快开通口岸。翌年二月，道光帝再派耆英前往广州与英国代表在虎门签订了《中英虎门条约》。

道光二十四年三月（1844），赵长龄携眷赴京候选道员，行至梅岭，正遇到耆英由两江调任两广总督，兼理五口通商事宜。他正在为选取协助五口通商的干才犯难时，赵长龄前来晋见。耆英熟知赵长龄的才能，非常高兴，他力止赵长龄赴都之行，要他回广州等候奏请留粤协助五口通商事宜。耆英在奏文中写道："正虑夷务乏人襄理，迫行抵南雄适值前任肇庆知府候选主事赵长龄前来谒见。奴才上年在粤差次稔知该员才具出众，缮拟折奏，已属谙悉，虽未经手夷务，而加以阅历必可得力，当向该员商酌能否回粤襄理一切。"不久，圣上准奏："留粤省襄办夷务，复知府原官，以道员留广东，遇缺补用。"七月，赵长龄奉旨返回广州，协助耆英办理五口通商事务，负责一切笔墨案牍、照会、面商等。

中国海禁初开，要求通过口岸进入中国贸易的有50多个国家，他们经常发生利益冲突，也不断对中国政府寻衅滋事。赵长龄不卑不亢，力争主权，与各国使节处理通商事宜。并遵照耆英的意图，以《南京条约》《五口通商章程》为基础，草拟了三十八条细则，或"开导"或驳饬（斥），告诫夷方不得滋事，违反条款。

道光二十五年（1845）九月，赵长龄奉旨拟定诏书，力主"规范"条约的实施。主旨强调了《中英南京条约》的合法性，英方必须归还所占领土舟山。道光皇帝很欣赏赵长龄所拟诏书，赞曰："所拟不卑不亢，立言有体，费尽曲折，而抚夷之把握，尽在是矣。"

但是，英方为在华寻取更多的利益，香港总督、驻华公使德庇时节外生枝，要求以英军进驻广州市内为条件归还舟山。消息传开后，市民群情激愤，时局一时难以控制。耆英不得不派赵长龄去香港与德庇时交涉谈判。赵长龄不失大国风范，强烈要求英方以《中英南京条约》为准则归还舟山，不可节外生枝，引起市民不满，招致事端。经过这次谈判，英方不得不放弃了进驻广州的无理要求。

道光二十六年（1846）三月，耆英与英国代表德庇时在虎门签订了《英军退还舟山条例》；五月二十六日，被英国占领十年的舟山收复。舟山收复后，英国经常违约，派军舰多艘肆意骚扰破坏我沿海炮台，并且把所有军舰的炮位一齐对准广州，气势汹汹。我方提出警告，英方不予理睬，声称要中方大员只身到舰上谈判，如带随员，开枪射击不保证安全。赵长龄奉命只身登上英船，声色俱厉，责以大义，斥责英方负信失义，如若毁约，中方不保其安全，不保条约的实施，英方代表无理回驳，赔礼道歉，撤离了军舰，平息了几乎骤发的事件。两广巡抚入奏称："赵长龄独立奇功，有胆有识，其知者深矣。"同年九月，赵长龄交接回省，朝廷据实以示鼓励，交军机处记名，赏戴花翎，补肇罗道。

岭南数载　政绩卓然

道光二十七年（1847），先后奉旨补授广东督粮道，奉旨补授两广盐运使，又因捐输九龙炮台经费，奉旨着隋带加一级。赵长龄一生廉洁，自担任督粮道、盐运使以来，操守尤严。盐税漕运为国家财政的主要来源，粮食的生产、运输、储存，直接关系到百姓的生产、生活，官兵的粮饷供应，而漕运在南方同样是税收的主要渠道。以往虽有条规，但执行不严，官商勾结，行贿托情延缓缴纳征税或借由免税，给国家税收造成了严重的损失。赵长龄任期整顿纲纪，制定了严格的章程，对遵守法规者加强保护，对抗税、破坏税收、盐粮运储者，酌罪严加处罚；对历来按时完税者嘉奖，使之感到奉公之余兼可肥家润室，何去何从，各有所悟。赵长龄题运署楹柱曰："为政无他，唯在不避怨，不辞劳，正本原而除蠹弊；恤商有道，须舍勿取巧，勿糜费，顾饷课以保身家。"

赵长龄任广东督粮道、两广盐运使期间，刚开始时有的盐商、粮商及个别不法官员用心不良，不怨而诽谤。但久而赢利屡升，转而感激不尽。数月后，库存大为起色，所存之项较前加三倍有余。

道光二十八年（1848），赵长龄奉旨升任广东按察使。按察使的行政机构又称为臬司，臬司实为刑名，主要清理刑狱诉讼及治理地方安全。广东有些地区，抢劫之案较他省尤剧。赵长龄刚到任就要求各属下同心协力，务求有案必破，有犯必擒，保障社会秩序稳定，百姓生活安宁。对于罪大恶极，屡教不改者严惩。赵长龄认为，除暴安良旨在教育民众懂法执法，对犯罪者不教而诛，于法于情不忍。他动员地方绅士族系耆老劝导训诫子弟安守本分，不可胡作非为；对重点犯罪区域严加控制。凡地方赌馆多者盗贼愈多，赌首多与地方兵役结伙开赌馆。有的赌馆设于县衙附近，却不闻不见，不查不缉，任邻境赌匪潜聚境内开赌，甚至有纠集无赖闹事，以至酿成大案。如此祸国殃民，必须严惩不贷，以顺民意。赵长龄严于法治，深得民心，各地遗留之恶习大有改观。

道光二十九年（1849），广东韶关英德县匪徒聚众数千，骚扰沿河一带，成为地方之害。赵长龄会同水路提军毅然前往，带兵剿灭，确保了一方平安。

赵长龄任职岭南数载，劳神劳形，驰驱筹划，呕心沥血，每于办理紧要公事，常竟夜不寐。中堂时有专派夷务，他也是倾力而为，被中堂倚之为左右手。如他劝说两广总督耆英，允许英国商人进广州十三行通商，由此化解了两广危局。

庆泾理乱麻之案　吉州陷"捻逆"之手

赵长龄的匡时干才，往往是在朝廷急用人时才想起他。同治二年（1863）九月，63岁的赵长龄接到山东巡抚阎敬明转来的上谕："骆秉章奏，川省需材孔亟（急迫），请调司道大员来川。若委前任广东按察使赵长龄，着迅速前赴四川交骆秉章差遣委用。钦此。"当月十六日，赵长龄由利津起程，其子嘉勋随侍，赶赴四川就任按察使一职。在不到两年的时间里，他协理督抚骆秉章办理了已革知州陈彦坤欺诈诓骗金银案，已革荫监刘慎翔诈称官职、伪造印文并诓骗银案及两起重大命案。在办理这些曲折的案情中，赵长龄亲自或委任侍从细密调查，屡悉本末，合理合法，一一按条律定案。做到了无冤案积案，士民悦服，朝野有赵长龄"铁案"之称。为自励，赵长龄在四川臬署（按察使署）题楹联曰：

弼教在明刑，饬纪整纲，常恐有惭于职；
安良须除暴，衡情定谳，只求无愧此心。

同治四年（1865），65岁的赵长龄又被朝廷想起，火票（通过兵部送达的紧急命令）传谕："赵长龄补授陕西巡抚……陕西毗邻甘肃省，地方时有'逆回'滋扰，潼关等处'捻匪'突或窜入，尤关紧要。命赵长龄急赴新任，不必来京请训，着骆秉章传知赵长龄将经手未完事件赶紧清理，克日起程，勿迟缓。"陕甘军情紧急，北有"逆回"滋扰，南有"捻匪"窥伺，不必来京，直接赴任……这与21年前着英梅岭力挽长龄帮办夷务如出一辙。

国难思良臣。但还有比这更急迫的。赵长龄奉旨于10月15日抵陕接陕西巡抚任。10天后，又一道兵部火票命刘蓉仍署陕西巡抚，赵长岭即驰山西署理山西巡抚任。11月初交卸陕西巡抚印务后，14日行至华阴县，不料再接兵部火票，上谕："杨能格奏陕西宁陕营参将周显承经雷正绾（宁夏固原营提督）派办营务粮饷，既敢狡诈把持侵蚀帑项，复敢带队勒捐，实属大干法纪……着赵长龄暂缓前赴山西巡抚任，先赴庆泾一带（今甘肃省地）将此案秉公查办，如果讯有端倪，即着据实具奏……"这是让他去处理一件十分棘手，事发甘肃庆泾地区涉及数名边疆军事大员的复杂案件。

利津县博物馆藏赵长龄战袍

赵长龄急忙折回西
安，通报、调集、安排
有关人员听候查办，又
暗中派出多人赴庆泾察
访。顿感此案头绪纷繁，
情节重大不容草率，又
听闻案件主涉人员参将
周显承现拥重兵与固原
营提督雷正绾互争曲直
有鹬蚌相争之势，心下
思忖：办理切莫张皇，

赵长龄战袍细部

避免另生枝节；又恐"回逆"回窜，影响陕甘两省大局。于是刊刻木制关防一颗
以便随时应用。

十二月初二日，赵长龄奉旨带精干办案人员赴庆泾查处杨能格奏参周显承、
雷正绾案。

此案因多系边疆大吏、军事将领，案情重大，曲折复杂，事关全局，圣上特
别重视，屡下谕旨督办。谆嘱赵长龄要实地周密调查，不可罔听一面之词，毋偏
袒一方，妥善秉公对待，尽可摆平，平息事端，万勿激化矛盾。现"捻匪"逼近
宁陕、甘回，试图东进，若处理不当招致动乱。陕甘两省大局措置不易，判案务
使民之心折服方为妥善。

皇上如此信任赵长龄，指令查办军营大案，赵长岭诚惶诚恐，不敢稍有疏忽，
以求不辜负皇帝的希望。他与有关官员密切协调，实地调查，审慎分析案情，及
时上奏，酌情秉公审理，经半载苦心经营，终于案情大白，遵旨结案。

涉案主要当事者为杨能格、周显承和雷正绾。杨能格是参奏者，官甘肃按察
使，分管庆阳（今甘肃省）粮台，负责为雷正绾、周显承等兵营发放粮款。杨能
格有意偏向一方，专顾庆阳兵营，不顾泾州兵营，造成兵营间互相猜疑，发生冲
突；兵士对长官不满，军心浮动，出现了官兵勒捐滋事以至伤害人命。同时杨能
格负责粮台账目不清，谎称准奏造册上报，实发粮款与造册不符。大敌当前，杨

能格截留军需，反诬陷其他将领，性质十分恶劣。赵长龄据实上奏，皇帝下旨：将杨能格削职，交刑部严加审议论处。

周显承，官参将，清兵绿营军之将领，位于副将之下，正三品，统领"一营"之军务，分属总督、巡抚、提督、总兵管理或专守一城，又有为提督、巡抚总理营务者。杨能格所参奏周显承、雷正绾案，所谓营务之过，系不实之词，唯宁州劝捐滋事一案，周显承虽未谋划带队直接参与犯罪，但负有对所属官兵管教不严的责任，周显承原禀雷营之遗变属实，无狡诈把持侵蚀饷项之过。

赵长龄查办宁州劝捐滋事案情时，周显承未袒护所属犯罪官兵，滋事者认罪不讳。赵长龄据实上奏，三月初九日奉旨，将滋事之队长花翎守备王长兴，千总吴洪贵，勇丁王廷玉、高启贵、吴高升、王玉平并裴辅晋（兵营头目）一并正法枭首示众，以安民心。

皇帝念周显承守城泾州有功，被参不实，无直接罪过，有悔过自新立功赎罪之愿，准革职留营以观后效。

雷正绾（固原提督，今甘肃固原县）被参，系该"营"主要将领胡大贵（提督）、总兵雷恒、副将李高启因打了败仗，怕雷正绾上奏杀他们，暗中串通开差（叛离军营），当率部到达泾州（今甘肃地）时，他们要挟雷正绾（该营统帅）参变，在险情一触即发、瞬息万变之际，雷顺水推舟。当官兵回到固原军营时，雷正绾再次受到要挟，他誓死不从，且果断缉拿了雷恒、李高启，上报准奏在营地正法枭首示众，并飞咨陕西巡抚刘蓉，在西安正法了胡大贵。如此平息了边疆军事大员谋乱。

同治五年（1866）五月初，赵长龄始接山西巡抚印，那颗临时刊刻的山西巡抚字样的木制关防也在抵任后即行销毁。

赵长龄屡奉特旨，查办泾宁要案历时半年，诸事秉公，渠魁（首领）胁从，判重判轻，不敢稍有所忽。叹道：费尽委曲，始克告竣，案情紧要，近所罕闻。有一位叫朱仲泉的赠诗曰："飞翰天使抚军至，夙具韬略裕经济。为生用杀杀乃生，直处大事如小事。"又云：自春经夏靖两州，除暴惩奸赞皇猷。

赵长龄接篆山西，兢兢业业唯恐陨越（失职）。办防务布置周密，督率有方，未曾稍存大意以失机宜。他发现，晋地为表里山河，虽属可恃，但筹饷不足，所募水陆各勇不及万人，而南北两镇官兵四面设防，难免零星分布。且自入冬以来河流节节成凌，水师未能得力，陈廉访仅以十二营之陆勇往来堵守，奔驰于两千里之间，地广兵单，真有防不胜防之势。赵长龄曾将"捻、回"上下分窜筹防，河保、乡吉各路冰桥（封河）情形具奏在案，诚恐该逆沿河窥伺觊觎乡吉等处冰桥，随即添派亲兵右营由省驰赴吉州填扎。虽防线长、兵员少，赵长龄尽力做到了未雨绸缪。

同治六年（1867）十一月十七、十八等日，吉州知州余浵迭次禀报，连日北风大作，天气顿寒，州属之龙王辿、小船窝一带，先后凝结冰桥十余里。差探对岸宜州县境均有匪众盘踞焚掠。

二十日辰刻，突有贼匪数千由宜川县之西龙王辿翻山而下猛扑冰桥。官军排列河干，施放枪炮连环轰击，自辰至未该逆更番抢渡，均经击退，伤毙贼匪多名。二十一日午刻，匪众由壶口对岸直趋下游，官军节节移营，夹岸堵御。该处冰桥稍薄，匪未得逞。州属之七郎窝一带凝水二十余里，坚结成桥，匪众忽于二十二日亥子之间蜂拥河岸，枪炮如雨，官兵隔岸对击，相持两时之久，毙匪甚多，官兵亦有伤亡。彼此鏖战之际，逆众愈聚愈厚，忽分数股，乘黑于上下游四路纷扑，强行过河，兵勇民团众寡不敌，致彼乘隙闯越沿河，官军无险可扼，赶紧折回守城。

各路探报纷至，赵长龄接阅心胆俱裂。一面据实驰陈，请旨交部严加议处，从重治罪，一面飞饬臬司亲带各营赶由隰州一带迎头进剿以遏制捻匪窜踪，并饬调赴河保之陈膺福迅速带福字营，由平阳星夜折回与利贞两营会合堵御，所有东面之岳阳、东坞岭等处险要分调泽州、潞安官兵严密驻扎隘口以防东窜，并抽调各路兵勇齐集省垣以重根本。

入冬以后，赵长龄迭次咨会陕甘总督酌派劲旅过河协助以固晋疆。而秦军于西、南、北三面兜剿，以致捻逆大股东窜。陈廉防接济未及失此天险，这真是筹划在人，成败由天。

赵长龄审时度势，镇定从容，妥为筹谋，以期速于恢复，不敢稍涉疏忽。是时据陈廉访探知贼匪已被刘松山、郭宝昌两军击败东窜奔走绛州，深恐由太平、襄陵一路乘隙北窜，赵长龄当即分拨队伍督饬孝义等县厚集民团严扼要口，并将山路设法控断以固西北门户。随督带亲兵在右营翻越山岭，走近道至灵石县韩侯岭，派兵择要筑垒，亲督兵勇进驻赵城以备迎头截击。

赵长龄将省城防守事宜督同司道妥协布置，连日抽调各营赶于十二月初五日驰抵徐沟。此时素以"秦晋通衢，古不被兵"之称的吉州（今吉县）已被"捻逆"张宗愚攻陷。赵长龄即刻飞咨（迅速通知）刘松山、郭宝昌会合各军趁其未定进取吉州。旋据探报，刘松山督兵自左路而入，郭宝昌自右路而入，贼骑往来悉被斩擒，直抵吉州城西。此时有四五千人蜂拥出城抗拒。刘松山令陶定升、黄万友等两路进攻，自率亲兵直进中路；郭宝昌令宋朝如等各带所部与贼相持，并派副将郭运昌带领兵勇由南山绕出贼之左右一鼓而进，该逆前后受敌，力不能支，夺路向东逃窜，刀矛旗帜抛弃满地，两军乘胜攻剿，城内余贼夺门纷窜，穷追二十余里，天黑始行收队，立将吉州城克复。是日歼毙悍贼一千余名，生擒二百余名，夺获骡马六百余匹、军械四千余种。刘松山与郭宝昌统带全军分路前进奋力追杀复有斩擒，赵长龄督率兵勇赶赴韩侯岭，严密扼堵，相机夹攻以遏窜踪。

吉州收复后，赵长龄于22日行抵潞安察看所属边防，分拨兵勇择要严防，以期上下兼顾，不致临时张皇。

同治七年（1868）二月十一日，赵长龄在营次（军队驻扎地）接上谕："山西巡抚郑敦谨署理，赵长龄开缺等因。钦此。"他是被左都御使郑敦谨以"防剿不力"参劾撤职的。赵长龄于二月十四日启程带印回省交卸。二月下旬驰赴张家口当差，协同都统文公办理防堵事宜。其子嘉勋跟随服侍。

对于这段史实，后人有所评价：朝廷征剿捻军，仓皇失措，颠倒错乱，不察详情，不辨贤愚。权臣、派系之间相互倾轧，各持己见，庇护党羽，争功诿过。捻军攻入吉州，却将赵长龄革职充军，成了代清廷受过的替罪羊。这是赵长龄最最伤心之处。

一年后，朝廷下旨意欲将赵长龄召回，大意是文公等大臣联名保奏，圣上也眷念有功勋的大臣，特召你回京云云。赵长龄以年高力衰再三辞谢。

仁人惠普　德被梓里

自道光三十年（1850）至同治元年（1862），12年间赵长龄大多活动在家乡利津。先是丁父忧居家守孝，其间续修《赵氏族谱》，经一年修订告成。同时与利津知县倪梦麟一起，也是为完成父亲之遗愿，邀请士绅再筹资金修葺学宫（文庙）。此前，赵长龄之父赵志敏因学宫（文庙）几近倾圮已首捐京蚨一千五百缗，并向全县劝捐得六千余缗，继前共得京蚨一万七千余缗，并购得料物备用。赵长龄获悉工料尚在，于是全力以赴开始了对文庙的修缮施工，至咸丰元年（1851）利津文庙整修一新。

咸丰三年（1853）三月，因"粤匪"北窜，赵长龄奉旨回籍会同地方长官办理武定府团练及捐输事宜。赵长龄简装轻骑，遍历武定一州九县，与各属县令、绅者悉心计议，制定章程规则和捐输奖励政策，建立了联防组织和联防公约，修补了城垣，打造了武器，专请行伍人士对民兵指导操练。赵长龄办理武定府州县团练事宜，在其《行述》中记载甚详。

利津城北十四户、双井三境一带共计二十八村，村民八千余人，村民多种洼地为生，常有水患为灾。过去这里有一条通入大海的河，名叫陡河，能起到排涝的作用。但自嘉庆八年（1803）、二十四年（1819），黄河入侵大清河道，河水泛滥，河身淤塞，连年出现涝灾，人民衣食不保，流离失所。咸丰四年（1854）秋，赵长龄协同知县姜赓元，邀集三境内士绅耆老，商议疏浚陡河事宜，令按户派夫，于九月初四开工。张窝等村富户较多，出夫备资较顺，而双井境各村贫苦异常，食不果腹，力不从心。赵长龄加大对这些贫困村的捐资力度，召集各村首事（村长）切实准备好粮米，确保按时开工。

咸丰五年（1855）二月十二日，长约三十里的陡河工程竣工。陡河所经地段，各村均开小渠汇入陡河，如遇淤塞，所处村庄随时挑浚，分工维护，如有侵占河道损毁堤岸者一律报官严惩。此举免除了数十村的水患。

对赵长龄数年来勤劳竭力为家乡安宁所付出的事迹，四乡绅民公送"仁人惠普"匾嘉赞，又送"德被梓里"匾，叙云："登玉府而披绣衣京畿昭美，握铜符而荣犀带岭表蜚声。"

赵长龄不论为官一方，还是退居乡里，对文教事业十分关心。道光二十年（1840），即丁父忧守孝第三年，赵长龄受聘济南泺源书院讲习。山东巡抚素仰赵长龄品学兼优，为官豁达秉正，对其生活起居非常照顾。赵长龄情殷教育，认真培养学生，他教授制艺课程，每就课题做示范文章，详阅学生作文，面批指导。学生进步很快，乡试中举者多为赵长龄弟子。

赵长龄非常重视对子女的教育，次子嘉勋在通州任职，他去信说：当差要时时振刷精神，勿始勤终怠贻误时机。嘱咐道：问案需设身处地，细心调查，合理决断，总求问心无愧。

道光二十六年（1846），赵长龄任肇庆知府时，见端溪书院年久失修，堂庑斋舍多数倾塌。前任官员和地方士绅多次谋划修葺，都因为经费困难没有办成。赵长龄见此情景，自己带头捐五百金，肇罗两属一齐响应，共捐资三千五百金。经过十个月的紧张施工，端溪书院修葺一新。

端州高要县出产的端砚，为四大名砚之一。赵长龄到任后，闻听有人图谋私开砚坑，为保护这一不能再生的资源，赵长龄令知州颁布了封禁告示，阐明了保护砚坑的意义，规定了奖惩制度，并派专人负责监护。

同治十一年（1872），知县魏丙（陕西蒲城人）到任后，以培养士风为急务，积极建修书院，为生童建求学之地。早在嘉庆年间，当时知县赵超曾置买有建书院的旧宅，但因年久倾圮严重，不能启用。魏丙查有官荒地亩数顷尚未卖出，拟作书院工程之资。他屡请赵长龄商酌，约计变卖官荒地亩，但不足一半之用。赵长龄倡议邀请全县绅士广为劝捐，以成此举。赵长龄首捐百金，合邑闻风莫不踊跃响应。赵长龄总理其事，指示运筹兴工，仅用一年时间，书院面貌已蔚然可观。

同治十二年（1873），黄河在利津入海已有18年，利城东南河崖屡见坍塌，危及城垣。面对这种状况，前任及后任知县均邀请本邑绅士设法筹款修补坝基，同时拜访赵长龄，听取他的建议，仰仗取决。赵长龄实地考察，组织工匠，或打木桩或填石料，妥为布置以遏水势，取得了良好效果。

赵长龄是由翰林步入仕途的，为官30多年，宦游大江南北，政绩赫赫，声名远播，但也有不得意之时。赵长龄凭他的才华和阅历，一生写下了不少警世之作。晚年刻有《元善堂制艺》行世，士林争阅传诵。以后又整理诗集、文集若干卷，藏于家未及付梓。其书法尤工，师古而不泥古，书艺十分精到，收藏者从不轻易示人。赵长龄的诗文作品留世很少，现在能见到的诗只有四五首，其书法在其《行述》中也不过三四副，刻诸楹柱者则全已失存。

赵长龄的诗多为感世之言。《过牟珠滩》是在他任广东肇庆知府，奉命到沿海执行公务时所作："万口喧呼共一声，攒篙并与急流争。浪花石笋经年斗，造物何因怒不平？"这首诗寓意深邃，情景交融。生动深刻地阐述了世界万物起伏变化的道理。《秋夜不寐》是旅途中所作。诗中写道："辗转中宵漏已深，无端百感苦相侵。鸣蛩匝地秋生籁，旅雁横空夜有音。灯影无光痕黯黯，乡思欲断意沉沉。床头幸有沽春在，坐拥孤衾次第斟。"这首七律诗反映了诗人晚年厌倦戎马倥偬和思乡盼归的急切心情。

赵长龄所书楹联，气势豁达，哲理性很强。道光二十六年（1846），舟山收复后，赵长龄补肇罗道，端溪书院修葺竣工时，为其讲堂题楹联："星岩北峙灵峡东回，萃雨粤人文咸归陶冶；白沙先声甘泉继起，愿诸生学业无忝多贤。"此联34字，自然人文景观融为一体，道出了赵长龄对学子的美好祝愿。

赵长龄晚年回归故里，对社会人生有了更深刻的认识和理解，为表达其心声，书联语镌刻于客厅楹柱："理能立，情能联，自古大经纶只是这两个俗字；仰不愧，俯不怍，此中真快乐惟在去一点私心。"这里指的"理"是道理，"立"是为人处世的准则，"情"统指为感情，"联"是感情的交结。乍看理和情虽系

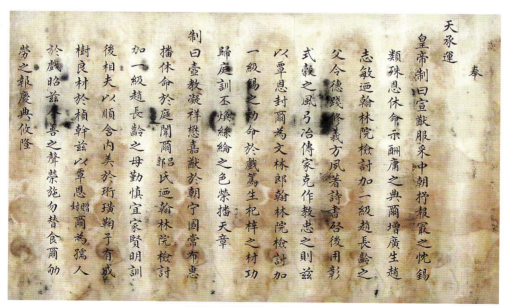

朝廷加封赵长龄之父母诏书

两个俗字，但自古至今，上至处理国家大事，下至民间处理个人私事，都离不开"情和理"。做事为人能做到合情合理、通情达理，确实是一件很难的事。里面有很多学问要做，很难达到情理合一的境界。这下联的意思出自《孟子·尽心上》中的"仰不愧于天，俯不怍于人"一语。孟子说，君子有三乐，此乐为第二乐。程颐解释为"人能克己，则仰不愧，俯不怍"。赵长龄体会到：对人对事，如果能尽上心力，于上下无愧，只有去掉私心。这样，一个人才会感到真正的快乐。这副悬于客厅楹柱上的对联既是自勉，也是对儿孙的启示。

赵长龄在宅第东南隅修建了一个亭子，名曰"达观亭"。亭前清溪围绕，荷苇碧丛，凭栏望月，水声潺潺，饶有静机，可颐养天年。赵长龄题楹联曰："皓月当空，浑结天外；清波绕槛，人在镜中。"赵长龄不时登临，或邀客畅谈，或独酌吟咏，在这里追忆已逝的岁月，寻求久所向往的归宿。赵长龄老年家居惟以子孙等读书为念。择明师勤课业，庭训谆谆不倦，赵氏家族世守儒素书香，贻流子孙者至深。

同治十三年（1874）八月十二日戌刻（19点到21点），赵长龄因病去世，享寿75岁（虚岁）。

赵长龄第一夫人綦氏为綦沣之孙女，嘉庆四年（1799）生，16岁时适赵长龄（15岁），实为姑表姐弟，感情甚笃。道光十一年（1831）綦氏去世，享年32岁，生一子一女。

赵长龄七子六女。《行述》为其子记述整理。光绪元年（1875），刑部尚书桑春荣应赵长龄之子嘉勳之请，作《山西巡抚赵公墓志铭》，继之又为《赵长龄行述》填讳。

赵朋龄

赵朋龄，字如山，赵长龄之胞弟。道光丁酉（1837）拔贡。先后任湖北宜都县、湖南辰溪县县令。辰溪县是一个苗、瑶杂居之地，经常有盗贼糜聚闹事。赵朋龄一上任即把一方治安作为大事来抓。在调查摸底充分掌握情况下，他亲自率兵进行围捕，一举擒获了匪首蔡小二、萧长子等人，匪患遂除。在教化乡民、亲理民事上，发现有作伪喜讼搬弄是非的无赖之人，赵朋龄铁面无私，予以严惩。当他调任邵阳时，沿途百姓得知后结队相送，依依不舍，送行的百姓攀留遮道，车不能前。

在邵阳任职时，他严治讼棍首恶，使百姓拍手称快，安居一方。当地有一大土匪名叫曾四，聚集党徒千余人，昼伏夜出，为害百姓。赵朋龄悬赏捕获了匪首曾四，将其乱棍打死，匪患平定。上任伊始，他对于所征税赋、财务开支重新酌定并公之于众，或刻于石碑明示。从此，衙门大小胥吏不敢从中作弊。大旱年间，粮价飞涨，赵朋龄积极向上反映请求发粟以赈贫民。第二年赵父亡故，朋龄归乡时，百姓备酒菜相送。当北去路过辰溪时，朝廷又令其去湖北任知县。

赵朋龄理政之才在当地官员中名声大振，凡是举断不定的案件均请他出手，几乎都能查清。在任数年，积劳成疾，后病逝于任上。旧县志评曰：赵朋龄为政用猛，除恶务本，勿使能殖。

高贡龄

高贡龄（1803—1868），字次封，利津街道北关村人。道光乙巳（1845）进士。初授户部四川司主事，历迁福建、湖广、浙江司员外郎，福建司郎中。同治乙丑（1865）出为浙江绍兴府知府。

高贡龄抵任后，绍兴郡刚刚发生一次大洪水，大水虽然退去，但地势低洼的地方已成一片泽国。他不辞辛劳，徒步查勘灾区，确立了治水先治海塘，清理疏通水道为要。他与当地熟悉水工的人共理其事，特别是对于三江闸的保护、管理，他做了深入调查，要求下属既能充分运用，又要慎之又慎地进行维护，务必作为重中之重来进行治理。

三江闸，是位于浙江省绍兴市东北三江口的古代大型挡潮排水闸。始建于明嘉靖十六年（1537），由当时的绍兴知府汤绍恩主持修建。全闸28孔，长108米，选址在岩基峡口处。闸墩和闸墙用大条石砌筑，墩侧凿有装闸板的前后两道闸槽，闸底有石槛，闸上有石桥供行人过往。该闸既能防潮水倒灌，涝则能排水入海，它是我国古代最大的滨海砌石结构的多孔水闸。高贡龄看到了三江闸发挥的作用，全力筹集经费对三江闸进行修复。当时的岁修之款，主要来自会稽、山阴、萧山的亩捐，但早已用完。高贡龄请示督抚，借来库银10万，用于抢修包括三江闸在内的重要水利工程。当工程接近完工时，时年63岁的他，终于因劳致疾，乞求解职。

高贡龄为官20余载，每到一处，清慎自持，详于问断。对待下属、生徒部署事项如老师一样耐心细致。出行时不坐舟车，不带厨师；把事情交给负有专责的官吏去办，用人不疑。生活俭朴吝惜，平日粗茶淡饭，不尚奢华。每当离职之时，士民饯送，常有泣者。同治七年（1868）卒于家，年65岁。

高瑞臣

高瑞臣（1851—1921），字辑五，别号京生，利津县利津镇北关村人。他是清末民初一位较有名气的画家。

高瑞臣出生在农民家庭里，父母早丧，幼年过着颠沛流离的生活，靠吃百家饭长大。虽生活拮据，但读书心切，幼年时常来到学堂、私塾，悄悄地站在一旁听老师传授书文。当时，著名书法家韩子龄先生在利城西关设立学堂，发现瑞臣天资聪敏，志气高昂，很有培养前途，便收为门生，教其写作诗文。韩子龄，字伯年，利津人，贡生出身。善诗词，工书法。所遗翰墨，吉光片羽，世人亦奉为珍宝。韩子龄以家藏的经、史、子、集等书教其攻读，高瑞臣获益匪浅，师生相处达十年之久。

高瑞臣自幼爱好书画。他起初学画并无名师指教，只是对花鸟景物进行构图写生。有时得到几幅画作或古人画谱，如临至宝，描摹习作，琢磨推敲。但他常以客观景物为素材，心摹手追下功夫。他在韩子龄塾馆学习之余，废寝忘食地习字作画，日以继夜地临摹名人画稿。韩子龄常常在人们面前称赞他这位得意门生，高瑞臣的好学精神，少年时便名闻乡里。

青年时期的高瑞臣，更加潜心于书画创作。为了拜师求艺，在亲朋族友的资助下，他不辞劳苦，先后到过苏、杭二州，闯过关外三省，跋涉过巴山蜀水，游历了不少名胜古迹，拜访了很多有名气的画家。这段经历，使他开阔了视野，受到了启迪，学到了许多有益的书画理论和技艺，最后驻足北京拜访名师，求教研讨，置身北京书画界。

多年的游历丰富了他各方面的知识，而且他的画艺也别具风格。时人相互推崇，一时名扬京城，深得著名画家的赞誉。其间曾被引荐皇宫，专事彩绘画廊、画卷点缀宫廷，深得慈禧太后的赏识。

高瑞臣擅长工笔画，种类很多。对花卉、人物、鸟兽画等都有一定的造诣。他的绘画技巧，表现在构图细密，一丝不苟，这是他的工笔画主要特点。在着色方面也是鲜明逼真，秀逸有致，倜傥清秀，端庄典雅，独具一格。由于他的见识广，所画奇花异卉名目繁多，点缀尽致。如他的代表作中堂《百花篮》，花篮中百花争研，色彩各异，千姿百态融合一体，清新自然，生动感人；代表作《麻姑献寿图》，是为慈禧太后寿诞创作的。画中麻姑衣带飘洒，肤色细腻，情态超凡，望之俨然，栩栩如生；一只梅花鹿依偎一侧，鹿驮彩篮，篮盛仙桃，望之鲜美可餐，极尽精湛。此画收藏于故宫。其他代表作还有《喜鹊登梅》《醉八仙》《四扇屏》等，均充满生机、活灵活现，奇特非凡。

清室覆灭后，瑞臣离京回乡，年逾古稀，精神潦倒，经济竭蹶，晚景不佳。他寄居亲友家，曾以残笔为亲友作画多幅，均视为珍品。

钱 鏐

钱　鏐（1851—1919），字绍云，江苏武进（今属常州）人，光绪壬午（1882）进士。历任安徽庐江、怀宁，山东博山、利津、济阳、历城、兰山等县知县，曾为山东同考官，会试中协同主考、总裁阅卷及办理其他事项。所到之处，政绩卓著。后任北洋大学堂总办、保定高等学堂总办。民国改元，授西路观察使，未就任。在其担任山东利津知县时，惠爱百姓，爱惜人才。《历代名家评注史记集说》作者程余庆之子贻型遵遗嘱将书稿刊印之事托付于钱鏐，钱鏐亦未尝辜负重托，叵耐时局多变，以至晚年，虽重病缠身，仍竭尽全力将《历代名家评注史记集说》重加校理，出版传世。该书于民国八年（1919）付印，钱鏐亦于斯年逝世。故《历代名家评注史记集说》一书，不仅使程余庆之心血没有虚耗，也为钱镤树起一座丰碑。

程余庆，利津河东杨家庙人（今属垦利区），生活于清嘉庆、道光年间，曾在寿张县任教职。一生致力于《史记》的研究，凡对史记的注解评论均尽力搜寻，并记录在书眉上，自己有新的见解，也记录在侧。蓄之既久，渐成大观。晚年用十多年的时间，进行整理，广集诸本，存其要义，不废众说，兼具新解，终于道光十九年（1839）汇为一书，取名《历代名家集注史记集说》。但由于家境贫寒，无力刊印。遂将书稿托付给嗣子程赆型，抱憾离世。

光绪十六年（1890），程赆型听说新来的知县钱镤精于史记研究，就携带书稿拜访。钱镤捧读，喜不自禁，声称此书可传丰城剑气（宝物是无法埋没的），并亲自为之句读圈点。本想请大府刊布印刷，为学津梁，但也因缺乏经费而搁浅。随之，钱镤调署济阳，乃请邑绅高凤岗找人誊抄副本，收藏行囊随身携带，等待机会出版。

钱镤任利津知县三年，正值黄河水患为害剧烈之时。光绪十七年（1891），利津境内路庄（今属垦利区）决口；次年，北岸扈家滩、南岸彩家庄、北岸张家屋子先后决口，又上游惠民白茅坟漫决波及利津。皆因河床淤高，决溢成为常态。为安置灾民，让地于水，清廷除修筑遥堤外，还采取了就近移民的政策。光绪十八年（1892）初，山东巡抚福润复设迁民局3处，令民速迁；自章丘县起到利津县止，先后共迁出20000余户，分立新庄200多处。利津、蒲台等县的续迁之户因伏秋大汛，黄水涨发，夹河以内一片汪洋而未及迁出，官府只好组织人员边用船拯救，边催令速迁。到11月初灾民全部移出。自从光绪十五年至十八年（1889—1892），历城至利津八州县灾民共迁出33297户，计350个村庄。其中利津县迁旧村41个，立新村56个。

但在整个迁移过程中，乡民安土重迁，难离故土，并不十分情愿。但这是朝廷的旨意，也是让地于水、宽河行洪、移民垦荒等一系列政策举措所致，身为地方官的钱镤，只能认真落实。且对带头下迁、到黄河新淤地开荒领地的李凤翥、李呈祥等人均进行了表彰资助。

光绪十八年（1892），时已调署济阳的钱镤，勘毕书稿并撰写序言一篇送于程余庆的儿子程赆型。民国八年（1919），隐居在天津租界的钱镤，迎来了已然老迈的程贻型，商量《史记集说》出版的事情，钱鑅对书稿进行了最后一次校阅，并襄助刊印。钱鑅补充序文，感叹道："壬辰迄今阅一世纪矣，国家多故，人事变迁，又不知凡几岁。戊午（1918）余息影津门，贻型携书商付梓，余检点其疏漏，付上海交通大学以西法印之。庶椒园（程余庆）拳拳之苦心以慰焉。"至此，"丰城剑气"终于光彩照水，炫目于人间了。翌年，69岁的钱鑅溘然离世。

附：《钱鑅小传》

钱鑅，字绍云，武进人。光绪壬午（1882），鑅与弟增勋同捷顺天乡试。历任安徽庐江、怀宁，山东博山、利津、济阳、历城、兰山等县知县，一为山东同考官，所至卓著治行。升道员，总办芦汉铁路，督办黑龙江漠河金矿。庚子之变，国联据京津，鑅还直隶，任洋务局总办。和议成，退兵，辟天津租界，鑅复主其事，划界址，分等第，定地价，斤斤为民请命。时有以冲要之地，可自领一二为异日退老计者。鑅拊膺太息曰："国家败坏至此，吾借寇菟（兔）裘耶？"闻者竦然，终其事无敢干以私；而界内民地得善价，翕然颂之。荐膺经济特科，召试二等，新旨为直隶补用道。任北洋大学堂总办，保定高等学堂总办。旋调赴奉天创办全省学务，除授兴凤道。兴学校，练警察，辟商埠，劝农工，与日人敦信修睦，数年之间，赫然为关东重镇。民国改元，授西路观察使，辞不拜。八年，卒于天津寓庐，年六十九。

鑅宽和博大，孝悌慈仁。居津既久，乡人来依者尤多。后来者舍满弗能容，居逆旅，旦晚则就食于鑅。无论客至与否，必设食以饷客，日以为常。其当官也，宽不废法，威不病民。任怀宁时，尝戮安庆码头恶侠，竿其头于藁街，于是恃强索诈之风熄。而行旅称便。任利津时，以滨海一代频遭水患，乃迁其众于高原，拔荒地耕种，请公帑建房舍，发给犁具籽种，众赖以安，渐成丰壤，民怀其德，尸而祝之。

鑅学古有得，深晓治方，尤长于水利。著《适齐文存》四卷，《论河务》诸书，卓荦透辟，为时所尚。少好太史公文，晚得类中证，犹力疾校《史记正误》一书，梓行于世。

子方锜，字骏华，光绪辛丑（1901）冬卒，年二十六。

★载《清代毗陵名人小传稿》（张季易著）卷十

盖重熙

盖重熙，生卒年月不详，字暐臣，利津城里人。出身诗书之家，祖父盖祥标、父亲蓉镜，都是庠生出身，到了重熙这一辈，学习更加刻苦，四书五经，诸子百家，无有不读之书，而对于孟子的学说，特别是对孟子"善养吾浩然之气"的学说领会至深，在他的文章中，能让人感觉到温厚、宽和，胸怀博大，使人悦服。

盖重熙走在大街上，不远处有一个无赖正在耍酒疯骂街。那无赖远远地看到重熙过来，霎时低声敛气，跑得无影无踪。街坊乡邻有相互斗气怒不可解时，他到近前寥寥数语即刻将矛盾化解。所以，上自巨公缙绅，下及佣工走卒，无不皆悦所言，尊他为师。

盖重熙的入门弟子很多，能师所学的就有：宣统元年进士、总统府秘书尚崇基，拔贡生程菡芬。他的学生中，拔贡牛佐斗擅长文学，岁贡生綦汝浚精通理学；工部主事宋锡泉、法部主事宋锡琨精于律例；山西广陵知县扈墨林、山东省议员宋锡纯、山东省府秘书长刘克谦、甘肃敦煌县长刘征绂、濮县县长赵念曾、甘肃平番县长赵廷干精于吏治；嘉峪关关长董松龄、潼关棉捐税总局长赵廷隽善经济，及其他师从他的学生且卓有成绩者百数人。他们或为官一方有殊绩，或居乡里多义行，闲暇时学生们登门侍侧，恭恭敬敬地坐在旁边向他求教。

凡有地方公益之事，盖重熙必全力以赴参与，乡里乡亲有疑难之事，他也是千方百计设法解决。在处理这些棘手的事时，重熙表现得从容淡定，谈笑间予以安排酌定。人们说，别看重熙公终日闲适无所为，但他已是"谋已行，功已及"，而且远能安贫，从不急功近利，淡泊于名誉地位。

盖重熙少年时曾补博士弟子员，以品学兼优而获得食廪的待遇。光绪丁未年（1907）考取岁贡生，部选县丞。然而他对当前士大夫的操行习气十分忧虑，视科名淡如水。他举例道，韩昌黎（韩愈）曾说过，我对以辞赋取士感到羞惭。袁随园（袁枚）说："昌黎知惭，所以为昌黎。"但他且惭且下笔，所以成进士。重熙笑谓："若果惭，当不下笔，虚荣累人，昌黎且不免。余子庸庸又何足数然。

士徒沾沾文墨，弋名禄，终恐无以自立也。"连韩昌黎这样的大文学家都对以文取仕感到羞惭，虚荣累人，似我等凡夫俗子用这种方式取得功名，也没什么意思。自此后不说自己的仕途之事，致力于讲学愉悦身心。他与盐山（今属河北沧州市）叔逸先生及本邑李润民、李伟卿等经常吟诵唱和，组织了"齐燕联唱诗社"，托名教风雅于吟咏，燕、赵、齐、鲁知名士子闻风兴起，磨砻淬砺，士气大振。

盖重熙有子四人，孙七人，都入庠学习。长子盖尔倬，字卓人，量深纯有容，能传所学，为己酉科拔贡生，考取大理院录事官，部铨直隶州州判，与邑人李伯衡创办利津商会，并连充县商会主席，20余年商界情好如一家。所关地方文化、实业、公益诸端，咸资倡率。其间，他参与了旧《利津县志》的编修。

次子尔佶，字吉人，又号情佛，省立单级师范讲习所毕业，历充山东河务局秘书、岱北清乡司令部秘书长，著有《明湖波影录》《说部》名世。

20世纪30年代初，《利津县志》旧志整理、《利津续志·民国卷》进行编纂，盖尔佶任总纂。这是一项近百人参与的浩大文化工程，自光绪九年（1883）之后的又一次县志纂修，这次修志续修《利津县志·民国卷》九卷，《利津文征》五卷，同时对《利津县志·光绪卷》（十卷）进行了校定，连同新修共14卷进行了刊印。由盖尔佶任总纂的《利津县志·民国卷》，内容丰富，语言精练，新旧递补，浑然天成。特别是对于1855年黄河夺大清河道自利津入海后，疆域易形，沧桑巨变，利津县域因黄河到来所发生的变化，社会经济发展受到的影响以及利津人民对河患的抗击与河道治理，都进行了如实的记录、反映。为后人留下了可资可鉴可利用的宝贵财富。作为总纂，盖尔佶功不可没。

三子尔佐，字左人，山东商业专门学校本科毕业，擅中西文字，历充济南山东银行会计、山东美孚油行总稽查。

四子尔佑，字右人，省立第四中学毕业，历充山东河务局防汛委员暨黄河下游棘刘堵口工程处委员，利津、禹城、邹平等县党务执行委员，利津县党务整理委员，博平县党务筹备委员会常务委员。

盖重熙长孙象轼，字小泉，山东武术传习所毕业，历充察哈尔保安警察队总队长，本县武装警察队大队长。次象辙，字颖滨，山东商业学校毕业，善会计学，历充本县度量衡检定委员，财政部济南统税熏烟办事处、潍县虾蟆屯稽征所文牍。

人们对盖重熙这一家族给予很高评价，说："学养功深，厚德绵嗣"。

盖重熙晚年创作了很多诗文，他在东门外建有一所院落，名为"勺海轩"，有茅庐数间，经常邀诗友在此吟哦。他的一副楹联流传很广："袖吞河色黄千里，窗纳海光绿一勺。"生动而又形象地诠释了黄河自利津入海后的形势，把利津"以一县之壤地，纳千里之洪波"的险要位置和诗人面对黄流的乐观主义精神表达得出神入化。2017年，这副楹联镌刻在利津县城东关东津渡北侧观澜亭楹柱上。

崔凤藻

崔凤藻（1834—1910），字筱楼，利津县汀罗镇汀河村人。兄弟五人，凤藻排行最小，自幼聪慧，童年读书过目成诵。19岁入泮就学，25岁食廪，被选用为训导。崔凤藻的几位兄长早年相继去世，他便辍学帮助父亲经理盐场事务，闲暇时候则钻研学业。科举考试中的乡试、会试他都曾参加过，每次都以优异的成绩得到举荐，但因家庭原因未得赴任。

崔凤藻热心乡里的公益事业，尽力为家乡出力谋策。遇到匪患横行的年份，地方上不得安宁，他就协助地方官员举办乡团，进行自卫，守护一方平安。对穷苦孩子上不起学的，他尽力资助，并建议县衙署设立义塾。灾歉年份则设粥棚救济灾民。由此，崔凤藻声望鹊起，成为邑中德高望重之人，村里有疑难之事多指望他出面解决，邻里争讼，他一言即解。

咸丰五年（1855）黄河夺大清河水道由利津入海后，河水两年三决，铁门关和永阜盐场都受到威胁，官府、盐商叫苦不迭。盐池兴废事关朝廷财政，崔凤藻倡议修灶坝，以捍卫盐滩，保护官府、灶户等多方利益。经层层报批获准后，官府令崔凤藻负责监修灶坝施工。他栉风沐雨，尽心竭力，终使工程如期完工。其后崔凤藻又凭借他治理河务的经验，帮助官府治理黄河堤工，每当大汛，他总是身先士卒，冒险到出险地点指导抢险，多次使险情转危为安。为嘉奖他的功劳，朝廷授予他五品官衔并赏戴蓝翎，以知县尽先选用。

清光绪二十一年（1895），黄河在利津吕家洼决口，山东巡抚李秉衡迟迟没有及时堵复口门，致使永阜盐场淹没殆尽。盐场遭淹，灶户受损，崔家也就此中落。遭此打击，崔凤藻对地方官员十分失望，遂居家教子，不再想过问时事。光绪二十三年（1897），他奉檄补授高苑儒学，上任后勉励学子学以致用，躬行实践。宣统二年（1910），调任范县儒学，他以年老体衰为由没去就任。

崔凤藻多才多艺，诗文杂体无所不精，工于绘画，最擅山水人物，深得宋元绘画大家的精髓。可惜的是家中濒遭水患，他的大部著述和画稿都付诸东流。崔凤藻卒于清宣统二年（1910）十月，享年76岁。

崔凤藻育有三子一女。长子崔麟榜，绩学未仕；幼子崔麟石，荐任京兆驼捐局长；次子崔麟台，学深位显，是兄弟中成就最大的。

崔廷选

崔廷选，生卒年月不详，字吟皋，祖居利津城南豆腐巷子，后迁居利城西街。崔廷选自幼聪敏好学，5岁入私塾就读，几年后到一家药铺"拉药橱"做学徒，边跟坐堂先生学医边研读四书五经、诸子百家，以备入仕。他常说，不为良相，宁为良医。考取功名，权当历练，行医救世，才是我的心愿。到二十几岁，已成为当时利津城有名的医生。特别是对于当时被人们视为绝症且死亡率极高的斑疹诸症尤为精通。光绪二年（1876），利津一带久旱不雨，庄稼歉收，入夏后瘟疫流行。崔廷选从邻近府县调集药材，在四街支锅煎药，巡回义诊，不但舍药而且开仓出粮周恤灾民。对这一义举，四街四关及附近村民联名公送"德被梓里"匾额，以表颂仰。

光绪十四年（1888），崔廷选为戊子科府学恩贡生，一年后任莱州府学教授，铨选知县。任期内，他以渊博深厚的学问和谦和朴诚的品行成为家乡的表率。他既是主管一方教育的长官，又亲自教授学生，经常日集诸生，讲学论道。学生及门生成科名登显仕者不可枚举。后人对他的治学之道评价说："采汉儒考据而正其附会，探宋儒性理而矫其玄虚。"其学风笃实、为人纯真。辞官回乡后，仍以医学救世，尤急公义，经常参加一些公益活动，人称崔大先生。

清光绪二十八年（1902），利津县奉令成立劝学公所（利津教育局前身），刚刚去职还乡不久的崔廷选被推选为劝学总董兼视学员长。劝学公所设劝学员二人，主要职责是督责、帮助各乡、村设立蒙养学堂，开展小学教育。至宣统元年（1908）孟继伯继任视学员长，当时全县446个村庄，设立学校185处，其中包括县立师范讲习所1处，县立小学4处，县立女子小学1处。

在清末立宪活动中，清宣统二年（1910）利津县自治研究所成立，崔廷选当选为所长。自治研究所的成立，标志着县议会组织的伊始并进入筹备阶段。宣统三年（1911）县议会和参事会相继成立，崔廷选因年迈卸任，仍以医学救世。

崔廷选治家谨严但不守旧，民主气息浓厚，男孩与女孩同样对待。民国初年，其侄女出嫁，婆家为城南冯家村，喜期定在夏历六月初六。不料这天上午风雨忽至，已时仍不见雨歇。崔廷选吩咐家人们说，不能让孩子淋着雨上轿。女孩更要关照好。你们赶快去各家布店购来油布，油布不够花布也行，还有各杂货铺存放的竹木竿条，搭一道雨棚好让侄女上轿。就这样，从北屋月台至大门外，三进院子搭起了一道长长的雨棚。侄女顺利出嫁，娘家婆家皆大欢喜。那迎亲的轿子刚出城天就晴了。崔廷选搭雨棚嫁侄女的新鲜事传为美谈，而崔氏长辈也将此事作为男孩、女孩都要一样对待而教育后人。

崔廷选数代人从未分家析产，家庭和睦堪为邑中表率。家中常设塾室，作为教育子孙的场所。在他的书房内，悬挂着一副由拔贡牛佐斗书写的崔氏家传座右铭：

> 休论人之短，莫夸己之长。施恩不望报，受惠慎勿忘。
> 隐心而后动，谤议庸何伤。虚荣不足慕，古诫勿违抗。

《利津县志·民国卷》中有此评价："崔廷选、李贻隽、纪伸甲、綦汝浚各出所学，为地方谋公益，诚非空谈儒术者比……"

崔廷选后人适逢乱世，家业凋零。后代从业者多为教师。

长孙崔宗灏（1900—1953），字华亭，教过私塾，写得一笔好字，颜楷尤工。

为人正派厚道，经常参与一些公益活动。1939年初，日军二次侵占利津城并建立伪政权，欲推其为维持会长。崔宗灏坚辞不就。恐遭加害，连夜逃避他乡，在潍县一家旅店做账房，表现了一个旧知识分子的民族气节。他直到新中国成立前夕才回到家乡。

重孙崔云林（1924—1996），5岁于家学启蒙，8岁入东津书院读三年级。13岁入国民政府秘书科任录事。1938年被卖作华工，在东北北满修铁路当测量员。一年后辗转逃离。1944年8月，利津城解放，他9月参加革命，在西街小学任教师、教联副主任。1948年被县教育局推荐赴山东大学学习，结业后分配到渤海区教育局任干事。1958年被惠民地委选调赴大孤岛组建渤海综合技术学校并任教导主任，为开发黄河三角洲培育技术人才。1961年调垦利一中任副校长，主抓教学。在制定教学大纲时，他秉承"有教无类，因材施教，教学相长，学以致用"的优秀传统理念，起草了垦利一中教学大纲。在当时"阶级斗争"口号甚嚣尘上的年月里，他坚持不能把"以阶级斗争为纲"写入教学大纲，说那样会把许多品学兼优的好学生拒于校门之外，不利于人才的发现与培养。虽然当时引起了个别领导的不满，但最终得到了上级教育部门的支持。任职期间，一方面抵制"左"的影响，坚持教学相长，全面发展；一方面狠抓师资培养，提高教学质量。1964年、1965年高考成绩均名列惠民地区前茅，受到惠民地委通报表彰。1965级学生赫吉明考入清华大学，为垦利县第一位考入清华的人。后任清华大学环境科学与工程研究院院长、教授，中科院院士。崔云林于1975年退休，后改离休（正处级待遇）。崔云林育有二子一女，长子崔光，利津县首批文化名家，曾供职于黄河河口管理局；次子崔明，县畜牧局兽医师，中级职称；女儿崔亮，由小学教师调任县电视台任主编，作品屡获县、市、省级奖励，为县女职工首位获得副高职称者。

重孙崔云森（1932—1966），崔云林胞弟，1953年毕业于惠民师范，先后在东街小学、城关完小任教。崔云森为当时利津名师之一，语、数、体、美无科不精，能胜任各种学科的教学。1959年，利津城完全小学成立，时校长黄顺青从全县选调十几名优秀教师入校，崔云森为其中之一。1966年5月，因突发脑溢血医治无效去世。

崔云森之子崔峰，1963年4月出生，正高级教师。1981年毕业于滨州师专，即入职利津一中教授化学。中共党员，特级教师、全国首批优秀教师、享受国务院特殊津贴专家。2006年4月，被中国行业研究会评为基础教育著名专家。历任利津一中教研室主任、教导处主任、利津一中党委成员、副校长等。2007年调入北京，先后任北京石油附中校长助理、北京101中学副校长、北京101中学怀柔分校执行校长、中科院大学附属中学执行校长，北京市怀柔区第六届人民代表大会常委，中国教育学会初中教育专业委员会理事。2020年，获"首都百名名校长"称号。2021年4月，荣获北京市"首都五一劳动奖章"。先后主编出版了《高中化学复习创新导练》《华夏金榜——化学》等教学用书10余部；荣获"全国基础教育化学新课程实施成果评比"特等奖和现场说课特等奖各1项，一等奖2项；任特级教师28年来，先后带出了30多位市、区级化学骨干教师。主要学术兼职有东北师范大学化学学院全日制教育硕士（化学学科教学）硕士生导师、中国科学院大学兼职教授、海淀区名师工作站化学学科导师组组长等。

扈墨林

扈墨林，生卒年月不详，字翰卿，利津城北小李家庄人。性格豪爽慷慨，有胆识，好学不倦。21岁补入县学成为生员，享受官府供给粮食。光绪年间，因办理河防工程表现出色，被上宪（此处指巡抚）知晓后破格举荐，派到山西广灵任知县。扈墨林到任后，破除不良的陈规旧习，减少百姓差役，减轻各项赋税，创办学校，清查完善户籍。同时认真审理案件，做到了案无留牍（积案）。数月之内，全县风气为之一变，扈墨林深得民心，政绩昭著。

当时沁源县发生一件魏旦娃杀害继母案，此案错综复杂久拖不决。上司知道扈墨林的能力，就把墨林从广灵县调来沁源。广灵百姓知道后，纷纷上书要求留用，但没有批准。于是，由进士魏汉章撰文，将扈墨林的功绩刻入石碑，以铭其德。

墨林到任沁源县仅两个月，通过明察暗访，掌握了魏旦娃杀害继母案的全部案情，并迅速缉获凶犯。凶犯供认不讳，魏旦娃杀害继母这一悬案终于真相大白。此事传出，上司嘉奖他的廉明公正和办案能力，将他调任阳曲县。不料期间却接到了父亲去世的消息，于是去职守孝三年。期满后历任山东河务总局上游稽查、鲁西剿匪委员。任职期间不辞辛苦，奔波劳碌，最终病逝于任上，时年49岁。

扈墨林有三个儿子，长子毓骅于朝阳大学法政系毕业；次子毓骝早逝；三子毓骐于北京东方大学经济科毕业。

扈荣训

扈荣训，生卒年月不详，字圣传，利津街道扈家滩村人。他性情慷慨，为人豪爽，乐善好施。清同治年间，黄河自利津入海已近10年，泛滥成灾日甚一日，为保庄田，扈荣训审时度势，率先组织附近姜家庄、马家庄等3村的青壮年，修筑临河民埝，借以保护黄河滩区的田地庄稼。他捐献数亩田地，用以修做挑水坝，同时亲自在工地督工把关，从而保证了民埝的质量和进度，使得这里30多年没有发生水患。督抚听说他的事迹后，特别请示朝廷批准赐给他五品职衔。

光绪三年（1877），利津发生大饥荒，扈荣训出资从沾化一带购来红高粱100多石，分散给受灾村民，救活了一方百姓，乡里老幼无不感激万分。他还出资修桥补路以利行人，浚井修渠方便人们饮水。乡亲街坊遇有婚丧大事向他借贷，他总是有求必应，偿还听便，从不追索。他的善行，人们记在心里，多年后仍在称颂。扈荣训寿84岁，其子扈兰亭中附贡生，候选训导。

程士范

程士范，生卒年月不详，字井野，陕西渭南人，乾隆辛未（1751）进士。乾隆二十四年（1759）任利津县令。

程士范知利津县事13年，勤于政务，兴学重农；筑石坝以御洪流，修城池易土为砖；续县志，重文教。遇灾年豁免皇粮数千两，置义地埋溺尸数千具；建扬威庙，修文昌阁，10余年间做了许多好事、实事，他的事迹，一直被后人所称颂并入贤尹堂供奉。正如他在《到任誓告文》中所表白的那样："……士范遵祖父之遗谋，良心为本，率性情之梗介，不贪是贞。如敢刻意剥民，天诛地灭；倘或有心枉法，家破身危。誓非虚文，事求实际，尽其在我，非敢妄拟乎。古之循良，岂以好名，只求无愧为民之父母；常自警之，幽独敢以质诸神明……"

程士范初来津邑，知利津一带蝗灾为害严重，又见震慑蝗螟的扬威侯庙破败不堪，于是捐出自己的俸银，对扬威侯庙进行了修葺。但修葺的真正目的还在于明其心志，借宋代刘锜被封扬威侯的典故表明心迹。南宋景定四年（1263），宋理宗赵昀敕封淮南、江东、浙西制置使刘锜，敕曰："国以民为本，民以食为天。后稷教之稼穑，周人画之井田。迩年以来，飞蝗犯禁，渐食嘉禾，宵旰怀忧，无以为也……对于蝗灾，民不能祛，吏不能捕，只好依靠你的神力扫荡无余，以余威剪除蝗螟，庇我人民，蕃我稷黍……"程士范将敕封刘锜的诏书抄录下来放置在扬威侯庙的墙壁上，以示抚庶怀民之心。

乾隆三十二年（1767）四月，利津城大修工程开始，工期一年。当时山东省城池报修42处，利津为其一。从上报的工程项目来看，程士范着眼长远，计划缜密。因利津城面河靠海，主要工程量是易土为砖，将原来土城墙用砖砌护，以防斥卤；又因城东南隅迎河靠溜，大清河汕刷严重，又建石驳岸一道，长四十二丈；城门四座，炮台十九，角楼四座，其内门台增高二尺，结构为飞阁重檐；修城伊始，因水患而"栋宇倾圮庙田隐没"的城隍庙同时兴工，其经费来自义捐。在程士范"首捐清俸以倡其先"的带动下，西街纪文圻"为之殚力，劻勷（急迫）于其后"，不仅捐款捐物，而且全力以赴地投入施工中去。乾隆三十五年（1770），程士范听取了邑中有名望之人的建议，在县东南隅重建了文昌阁，"以兆科名翌文运"。

修城完工后，程士范亲自撰写《利津县修城碑记》，详细记载了砖、石、灰、瓦、铁件、木材、苇索等料物数量，三年来雇佣工匠、民工数量，总计为396100余名，共领销库银86200余两。这样浩繁巨大的工程，施工中生怕出现差错，浪费库银有负圣恩，他说："余以菲才肩修，深惧陨越，选材督工不遑宁处……"千方百计力争做到"版干（城墙）既立，估物者咸当其值，受佣者各称其力"，上对得起朝廷，下不负黎民。

程余庆

程余庆，生卒年月不详，字椒园，号广文，利津县务本乡杨家庙村（今垦利区董集镇杨家庙村）人。道光二年（1822）壬午科副贡，曾任寿张县教谕，以修治学政著绩。平生著有诗文、史论若干卷。他编著的《历代名家评注史记集说》考证精辟，注释详明，刊行后受世人推崇。

程余庆自小酷爱读书，对《史记》更是爱不释手。年少时不解其意，只是在诵读的同时，见到有关《史记》的注释，就抄录在相关段落的旁边。时间长了，他读过的《史记》书页上，抄满了各种各样的评说。程家虽然贫寒，却有数千卷藏书，程余庆逐一阅读，对许多经史著作悉心做了笔记。考中秀才后，他常把《史记》与《左传》《战国策》《国语》等对比评点，逐渐产生了将《史记》诸说汇集成书的愿望。

道光二年（1822）三月，程余庆参加山东乡试被列入备取，之后远离家乡，到与河南交界的寿张县（今阳谷县）任教谕。教谕官职低微，每月不足三两俸银，因而生活清苦，难以顾家，任满回家后依然贫困如故。

程余庆生活在清嘉庆、道光时期，这一时期王室贵族穷奢极欲，各级官员贪污腐化，吏治败坏，百姓苦不堪言。在这样的社会环境中，作为一个正直的读书人，程余庆怀有对这个愚昧时代的强烈激愤之情，又有被压抑窒息的沉重苦闷。

在无力改变自己贫穷境况的情况下，他只好从诗书中寻找慰藉。他穷年累月埋头于古籍考证，日复一日沉浸在浩如烟海的文字里，特别是研读《史记》，以致痴迷若狂。

在十余年的漫长岁月里，程余庆参考《史记集解》《史记索隐》《史记正义》《史记评林》等历代名家著作，收集雍正、乾隆时期方苞、梁玉绳、王鸣盛等人的著述，通过训诂、笺释、校勘、辨伪等过程，对《史记》进行了全面系统的考证、整理和研究。

道光十九年（1839），程余庆将收集整理的全部资料结集汇编为《历代名家评注史记集说》。正文前有他写的一篇不足700字的序言，表明其"一人射之固不如众人射之所中者多矣"这一道理，有经过他"截瑜易瑕"筛选的33位名家的53段评论，分别附于书中的每篇之后。其后两年，他又反复披览初稿，从头至尾细致修改。道光二十一年（1841）秋将书稿修改完毕，书名曰《史记集说》。看着自己呕心沥血写成的书稿无力付梓，这位日渐衰老的穷困学者感到无限惆怅。他自知时日不多，内心的痛苦愈加不堪。临终前，他把嗣子程贻型叫到身边，用手指着那一摞摞书稿，老泪纵横，欲言又止，继而长叹一声，抱恨而逝。

《史记集说》计70卷16册，是程余庆毕生研读《史记》的心血结晶。他一直细致入微地体会司马迁的心灵世界，对这部巨著的理解甚为深刻。他在序言中说："《史记》一书，有言所及而意亦及者，有言所不及而意亦及者；有正言之而意实反者，有反言之而意实正者；又有言在此而意则起于彼，言已尽而意仍缠绵而无穷者。错综迷离之中，而神理寓焉。是非求诸言语文字之外，而欲寻章摘句以得之难矣。"寥寥数语，显示出他领略了司马迁特殊的写作手法和写作旨趣，并能够深切体悟其笔墨之外的哲理意蕴。程余庆对司马迁不阿君主、不惧权贵，敢于"贬天子，退诸侯，讨大夫"的崇高人格推崇备至，而对《汉书》的作者班固连篇累牍地照录《史记》原文、却嘲笑司马迁"其是非颇谬于圣人"的行为大不以为然。他在自序中，对班固进行了犀利的批驳，他说："越百余年而有班氏孟坚者，因其成规，作为《汉书》，使百世而下并称良史，亦可谓传之得其人矣。然其所云，先黄老而后六经，退处士而进奸雄，崇势利而羞贫贱者，犹未免得其粗而遗其精，得其表而遗其里。"从程余庆品评《史记》的语言可以认识到，这是一位饱览诗书，学识渊博的史学俊才，文字功力非常深厚。他在《平原君虞卿列传》的品评中，有这样一段精彩文字："虞卿之言如珠明月朗，乃郝缓于珠明月朗下又复雾起云兴，亦自横绝尤妙。于段段插带王语，一则月明水清，一则毒雾四塞。而王于其间，目转心摇，情态如绘，真写生手也。"《史记集说》一书中像这样辞采飞扬的品评文字处处可见。《史记集说》对《史记》的解读全面而又细致，既有随笔情感抒发，也有深刻的理论总结；既有对前人的继承，也有自己的创新。全书取证广泛、考证严密、观点鲜明、文字优美，对《史记》研究有其不可磨灭的参考价值。

程余庆去世后，《史记集说》的刊行费了许多周折。光绪十六年（1890）冬，江苏武进县人钱鑅任利津知县，程贻型听说新来的县令爱读《史记》并颇有研究，便带着父亲的书稿来找钱鑅。钱鑅阅后赞叹不已，并精心为之圈点、勘误、校刊，并表示愿为刊行此书尽力。光绪壬辰（1892）六月，钱鑅署济阳县时为之作序，序中称“其书可传丰城剑气，必有不能秘终者”。又道：“意呈大府发局刊布，为后学津梁。后闻经费支绌未果，旋予亦以假去任。”终未得刊行，成为心结。但他去任之时请利津名士高凤岗（高彤琦，廪贡生，绍兴知府高贡龄次子）雇人誊抄副本随身携带，等待时机出版。

26年后，民国七年（1918），已寓居天津的钱鑅，不顾年事已高，不吝经济之拮据、印价之昂贵，将《史记集说》交上海交通图书馆“以西法印之”。钱鑅感叹道：“自来穷愁著书湮没而不传者，何可胜道独广文（程余庆）乎哉！……庶椒园（程余庆）拳拳之苦心以慰焉。”演绎了一曲高山流水遇知音的动人心弦佳话。

綦　沣

綦　沣（约1760—1840），字汇东，利津县利津街道綦家夹河村人。清乾隆五十七年（1792）壬子科举人，嘉庆元年（1796）钦赐翰林院检讨，国子监学正。一生勤奋好学，博览群书，在儒学和医学等方面均有建树，并终成一代名医。

綦沣生于书香门第，祖父綦长龄是康熙庚子年贡生，父亲綦守桓以教书为业。綦沣从小就受到良好的文化熏陶，少年时就已熟读儒家经典，青年时更博览群书，对史学、医学酷爱有加。綦沣青少年时期生活在穷苦的利津乡村，目睹了农户子弟无力就学的苦恼，决心创办私塾。本着“学以致用”的原则，他把传授实用知识作为教学重点。在塾学管理中，他以礼仪为本，制定了严格的学规和考试制度。这些措施，后来在县学教育中也得以施行，得到省里学政官员的嘉许。由此，他被朝廷赐为国子监学正。

在讲授儒学的同时，綦沣开始研究理学经典。最初他研究朱熹的《四书章句集注》，考查北宋周敦颐、张载、程颐等人的《大学》《中庸》注解，又考证清人张鹏翼、张伯行的相关著述。在此基础上，他编成了《四书汇解》一书。书成之后，他又开始研究《周礼》及相关著作，把东汉郑玄的《周礼注》、唐贾公彦的《周礼注疏》、宋朱子的《仪礼经传通解》、清孙诒让的《周礼正义》等进行系统汇集和译证，并吸收《尔雅》《说文》及礼经大小戴的定论等，完成了《周礼辑要》一书。两书的刊行为儒家理学经典增加了新的内容，引起官府与学界的广泛关注，綦沣也由此声名鹊起，被朝廷授予翰林院检讨。

中年时期，綦沣在致力儒学的同时，刻苦攻读医学著作，立志"不为良相，当为良医"。他深入钻研《黄帝内经》《瘟疫论》《医方集解》《伤寒杂病论》等医学经典，同时又深入民间搜集验方，虚心向老中医求教，找名家拜师学艺。通过多年的潜心研究和临床实践，他积累了丰富的从医经验，特别是在内科、妇科病症方面闻名于世。綦沣在从医实践中提出了三焦辨证、六经分证、舍证从脉、舍脉从证等施治原则，具体施治中不拘泥于一家之说，着力于扶正祛邪。对于痘疹、瘟疫类病症，他提出标本缓急、同病异治、异病同治、上病下取、下病上取等辨证施治的原则，并形成一套行之有效的医道医术。他行医乡里，临床治愈率甚高，求医者盈门不暇。

綦沣不但医术高超，而且医德高尚，每逢痘疹时疫流行，便极力出诊，不使延搁。对登门就诊的病人，不分贫富贵贱，有求必应，认真治疗。他从不吃病家酒饭，所用药剂，多用小方、土单验方；所用药物，资源充足，价格低廉。而且经常施舍药物，进行义诊。

他对望、闻、问、切四诊俱精。有一次，某人的次子生了痘疹，请綦沣诊治，綦沣在针疗次子的同时也对其长子施以针法治疗。这家主人感到奇怪，问："我次子生病，为何也给长子针灸？"他解释道："痘疹乃传染之疾，刚才我通过望、闻，你长子也得了同样的病，要想让你的长子顺利出疹，就必须先针出淤血，方可避免邪毒入侵。"时隔三日，正如綦沣所说，其长子、次子均顺利出疹而愈。綦沣这种不受症状表象所惑，"治人于未病"的医术，犹如华佗再世。綦沣的医术惠及千家万户，医德传颂方圆百里。

綦沣行医多年，积累了大量的医学资料和丰富的实践经验，根据自己的理论见解和临床验方，参考汲取各家之长，编成《医宗辑要》一书。这部倾注了綦沣一生心血的巨著共13卷，分14册，约30万字。其中，记载病例500多个，包括内、外、妇、儿、瘟疫、痘疹等科，列处方2000多个，验方、便方、自拟方200多个。该书纲目清晰分明，语言浅显易懂，注解翔实细致，既有传统的中医理论，又有作者的独到见解，充分体现了綦沣师古而不泥古、勇于实践与创新的医风和严肃谨慎的从医治学态度。《医宗辑要》是一部内容丰富、医术精深的临床医书，是祖国医学宝库中的珍贵遗产。綦沣的曾孙綦汝浚深得祖传精髓，每当痘疹流行，上门求诊的络绎不绝，救了很多人的命。这本书的手抄本存在綦沣后人处，被视作传家宝。綦沣一生好学，富于创新精神。其治学本着"穷理以致其知，反躬以致其实"的精神，儒学、医学俱佳。在处世为人上本着"淡泊以明志，宁静以致远"的人生观，不求名利，匡世济人，难能可贵。綦沣于清道光二十年（1840）病故于家乡綦家夹河村。为了褒扬綦沣的高贵品质，利津县人民政府在他的墓前立碑纪念。

綦成德

綦成德，生卒年月不详，字子明，利津县利津街道綦家夹河村人，綦沣的后裔。清朝监生。他性格诚实豪爽，热心公益，见义勇为。自黄河从利津入海后，河患频发，他先后9次率民夫堆筑加固本境堤防，遇到险情，率领众人不分昼夜地进行抢修维护，自己带头并倡导大家拿出自己所有的秸料、绳具共同维护堤防。綦家嘴河道逼窄，号称极险，但在他的组织维护防守下，30年没发生河患。他的义举多次受到河务局褒奖。清光绪三十年（1904）被授五品顶戴。他继承家学，擅长痘疹、眼科，每到痘疹流行的时候，他遍及各村，告知民众找出患者及时诊治，治早治好。他经常施舍村中生活困难的群众，同时千方百计帮助他们找到谋生之路。他说："如此方可无依赖性也。"綦成德80岁时去世，儿子汝浚，清朝岁贡生，孙子有宗杰、宗喆、宗模三人，皆为乡中楷模。

綦瀚亭

綦瀚亭，生卒年月不详，清增生，綦沣曾孙。精通理学，尤其擅长小篆和印刻，能在一方寸的地方刻出《陋室铭》《秋声赋》全文，字迹细如蚊足。他曾被进士张铨聘为教师，与其子张维洛孝廉相互切磋，其书法益精。綦瀚亭的父亲綦承惠在天津任职，他与弟弟秀才汝鸿前去投奔，为英教士教习，从此熟悉了当时的中外形势。天津有不少热心时务者跟他学习、请教。清朝某个王爷看见他的篆刻很惊奇，想请他去王府任职，正好其父病故，瀚亭兄弟十分悲痛，扶父亲灵柩回老家。不久兄弟二人竟也相继离世，人们十分惋惜。

綦汝浚

像生先華季

公 諱 汝
字 季 華
溶 清 歲
貢 生
詳 列 事 傳

綦汝浚，綦际霖之父

綦汝浚，生卒年月不详，字季华，岁贡生，綦沣曾孙，綦成德子。他出身书香门第，家学渊源，又师从利津名儒盖重熙学习古代文辞，其文章辞采亦具风靡一时的桐城派韵味，经汝浚首倡，风气为之一变。少年曾补博士弟子员而享受廪膳补贴，后设立塾馆，收授徒弟，以家学为本，参以宋明学案，反复印证，阐精入微。讲学之余，十分关心地方自治、河工水利、保甲田赋、学校教育等公益事业，同时殚心研讨，归诸实用。清末被选为县议会议员，一区区长，从事地方公益达20年之久。区中有关公私争议、多年涉讼而不得解决者，他到场后就能顺利解决。在办理保甲事宜、应付徭役、减轻乡民负担诸项事务中，他任劳任怨，处理得极为得当。

咸丰年间，黄河改道夺大清河道自利津入海，綦家夹河村正当其冲，这段堤防十分险要。他与父亲先后督修一区这段堤防已有40年之久，每逢汛期，綦汝浚继踵前规，慷慨捐献财物，与乡亲一起加固堤防，筑埝护田，全心致力于黄河防汛公务，从无丝毫懈怠。1924年凌汛与1925年伏汛期间，黄河大堤綦家嘴堤坝坍塌10多处，汛情极为严峻。綦汝浚顾不上年岁已高，不顾寒冬冰凌堆积如山和盛夏风雷交作，只要险情出现，都是即刻赶往现场。秸料绳具，倾其家中所有，以应急需。多起险情，均化险为夷。百姓无不涕零相庆，对綦汝浚更加佩服和感激了。

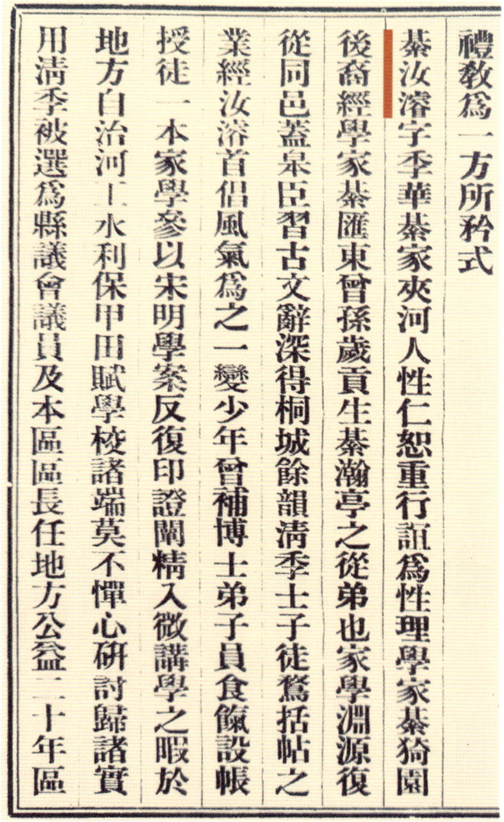

綦汝浚继承了高祖綦沣的医术，又特别精于痘疹一科。每逢痘疹或时疫流行，求诊者踏破门槛，出诊达数十个村庄而不得休，一如先祖遗风，全活者甚多。

綦汝浚享寿74岁。其长子宗杰（綦际霖）性朴厚，善书能文，山东高等师范毕业，官至曲阜县长。次子宗喆经营盐务、矿业，都留下了许多善举嘉行。人们赞颂綦氏一家的仁德义气，都说道"庭训有素，门风可嘉"。

右图竖排文字：

禮教爲一方所矜式

綦汝濬字季華綦家夾河人性仁恕重行誼爲性理學家綦猗園

後裔經學家綦匯東曾孫歲貢生綦瀚亭之從弟也家學淵源復

從同邑蓋泉臣智古文辭深得桐城餘韻清季士子徒䌈括帖之

業經汝濬首倡風氣爲之一變少年賢補博士弟子員食餼設帳

授徒一本家學參以宋明學案反復印證闡精入微講學之暇於

地方自治河工水利保甲田賦學校諸端莫不憚心研討歸諸實

用清季被選爲縣議會議員及本區區長任地方公益二十年區

《利津县志·民国卷》所载綦汝浚传略

薄宏中

薄宏中，出生年月不详，利津薄家庄人，生活在清嘉庆、道光年间。当年利津薄家庄西北角有一口土井，井水清澈甘甜，解决了邻近乡亲们吃水难的问题。但是到了嘉庆年间，有一年大雨成灾，把土井淤平了。从那以后，全庄的百姓只好到很远的地方去挑水，十分不方便。彼时，薄宏中是一位秀才，正在村里教书。

有一天，老母亲问他，村里百姓最急需办的事是什么？他竟然说不出来。老母亲叹口气，说："你们年轻人，不能光知道教书念书，而不关心民众疾苦！当下，咱村最急迫的事，就是吃水难啊！"薄宏中听了母亲的话，心里又羞愧又着急。他下定决心：为乡亲们打一口吃水井。

道光元年（1821），薄宏中考中贡生，获赠了五十亩学田。他很高兴，就委托本家弟弟把学田租出去，再把租银存到银号里。他告诉家里人，这笔钱，谁都不能动，等凑够了，为乡亲们打一口水井。家里人十分支持。

两年后，他把原来淤平的古井花钱买了下来，在老井的位置，重新挖井。薄宏中的义举，得到了乡亲们的积极响应，乡亲们都出力帮忙。不到两个月的时间，新井就完成了。新井用砖砌成，井口很大，为了打水安全，还做了一个田字形的木架，放在井口上。这样，四个人可以同时打水。从此以后，一口甜水井，惠及众乡里，薄宏中甘泉馈里的善举也远播四方。山东巡抚赵彦闻报，授予薄宏中"黉门示范"的匾额，以示表彰。

民 国
MIN GUO

王 荀

王 荀（1863—1929），字允亭，利津县利津街道买河村人。幼年家贫，8岁入读私塾，因交不上束脩（学费），一本《三字经》未读完即辍学务农。王荀从小性格倔强，有号召力，从不欺小凌弱，是清末民初时期在利津、沾化、滨县一带抗暴保民较有名气的义民首领。

拓荒兴家业

清光绪年间，利津一带河患严重，蝗灾蔓延，农业连年歉收。王荀家境日益贫困。他体格虽然魁伟剽悍，却不能养家糊口。一气之下，把祖上的二亩薄沙地卖掉，置上渔船、网具以捕鱼为生。可这水上生活仍是食不果腹，收获甚微。一日，他找到了一起长大的好友耿福杰、王振峰几个人，说："堂堂七尺汉子，上不能顾父母，下不能养妻儿，脸往哪搁？"耿福杰呼地站起来说："三哥！你说该咋办吧。上天、入地、下海都行！"王荀说："做人要正直，活得要光明磊落，绝不攫取不义之财。咱明天到海滩推盐去，不能等着饿死啊！"

那时，利津县东北是一片广袤荒洼，从薄家河到玉龙嘴一段，苇子密密丛丛，棵棵苇秆粗壮挺拔，苇子下面是肥沃的红壤土地，被枯叶覆盖着。他们推盐走到这里，真是又惊又喜，哪顾饥饿疲劳，查看了这片苇场，大约有大亩23顷以上（折合市亩8560多亩）。

王荀推盐回来，一面组织穷哥们儿下洼割苇子，一面把船卖掉带上钱到了县衙。通过在县学任职的侄儿王振干（清光绪廪生）托关系申领了开荒护照。

王荀把承领的土地分给本村和邻村贫苦群众一部分，自己也种了几百亩。从此，王荀依靠辛勤劳动渐渐富裕起来。群众有四句歌谣总结王荀由穷到富的经过："卖了挂金版（指薄沙地），置了水上漂（指船）；卖了水上漂，讨到海来潮（开荒地离海近，易被水淹）。"拿王荀自己的话说："人无骨气草无筋，要脱穷皮全靠勤。"

王荀富裕了，并没有忘记大伙，经常捐资办学校，捐粮捐料修黄河大坝。这些义举曾受到过利津县教育和河务部门的表彰，深得当地群众爱戴。周围村庄有什么纠纷，也乐意请王荀调解，而他处事也确实顺情顺理。王荀的名字，慢慢地印在人们的心上。

斗"牛"抗杂税

1912年，清帝逊位，改元民国。军阀主政山东，时局混乱。利津县知事王元璐伙同垦丈局长牛现周，趁机以检验地契为名，搜刮民财。定每张地契纸收费一吊钱；无地契者，把土地收回，另租给别的农民。这种无理的规定激起了利津北部农民的愤怒，受威胁最大的是新开荒地的农民。

古历六月初，牛现周带着人马气势汹汹地坐镇黄路台，召集保甲长，查验地契，没收土地。牛现周的暴行激起了人们的愤怒。王荀的好友刘方田连夜跑到买河村把牛现周坐镇黄路台的消息报告给王荀。当时王荀正和村里父老们商议此事，一听刘方田的报告，圆睁虎目气愤地说："旱灾未除，牛祸又来，真是要咱老百姓的命啦！大家说怎么办？""逮牛抗捐！"大家一条心，不怕官府逼。王荀让刘方田连夜回黄路台，包围牛现周的住房。随后带领大家去捉"牛"。但刚到半路，迎上黄路台跑来的群众说，牛现周一伙乘夜向县城逃跑啦。这时群众越聚越多，黑压压足有两三千人。大家一致要求"向县衙说理去，弄他个水落石出"。人们在王荀、刘福田的带领下，一气跑了30里来到县城时，已是日出东方。只见城门紧闭。王荀一声令下，把城门层层围住，出城的出不来，进城的进不去，人越聚越多，好像煮沸了的一锅粥。直到中午，县知事王元璐眼见众怒难犯，不得不出来调停，当场答应停止土地验契，撤销契税杂捐。后来人们编了《杀牛抗捐》的戏，歌颂这次斗争的胜利。

率众吃大户

民国三年（1914），黄立猷任利津县县长。是年春旱夏涝，"洼处明光光，高处长蒿蓬"，庄稼颗粒不收。素有粮仓之称的盐窝、十六户一带，也仅有二成年景。县长黄立猷无视群众疾苦，谎报全县年景八成，按八成年景缴纳税赋。农民无物交纳，黄立猷派出衙役，四乡催逼。当时流传着"权打耙子搂，收不了一土牛（一种木制小平车），自己不够吃，还得喂黄鼬（黄立猷的谐音）"。王庄村农民王吉元为交纳赋税被迫卖了两个孩子；宋安仁被赋税逼得把儿子送了人，自己远走他乡。不少劣绅土豪，趁歉年放高利贷盘剥农民。贫困农民有冤无处诉，卖儿鬻女，弃乡背井四处逃荒。仅买河村就走了100多人。王荀耳闻目睹着这一桩桩裂人心肺的惨事，心急如焚。民国四年（1915）四月初的一天晚上，52岁的王荀把全家上下十几口人召集在一起，心情沉重地说："咱这份家业来之不易，可眼下大伙比咱还难，见死不救伤天理，何况咱也是从穷困中滚出来的呀！"他斩钉截铁地说："从明天起，开仓放粮！救这一方人要紧！"

天未明，王荀让人敲锣打鼓，分派数人到四乡贴放粮告示。王荀放粮的消息很快传开，不到中午，买河村王荀门前的场垣上聚集了两三千人。王荀站在高处，向大家说："乡亲们，这两年收成不好，官府逼税，富人不仁，穷人遭殃，我王荀不能见死不救，有我吃的就有大家吃的，只要大家齐心，先吃了我的，再吃别的大户……"

王荀咋说咋办。他率领着穷苦人家从自家吃起，后又吃了本村及邻村的富户林兰生、王兆瑞、赵福岗，最后一直吃到买河西乡十几里的苟王庄阎学书家。

王荀率众吃大户一事，吓坏了富家豪绅，他们纷纷到县衙举告王荀"挑动群众，蓄意造反"。县长黄立猷想下通缉令捉拿王荀归案严惩，只是人多势众，又因王荀先吃了自己的，一时也未敢明令行动。暗中却令各绅士豪门加强防备。苟王庄豪绅阎学书横行乡里，素有劣迹，与县知事黄立猷勾搭紧密。古历四月二十八日，当王荀率领着千余民众到苟王庄吃阎学书家时，阎家早有准备，村边架起土炮。黄立猷也派来20名马快，手持钢枪庇护，一时炮响枪鸣，虽未伤着人，但千余民众立时惊散，王荀也带领部分人回到买河村。

驱逐黄立猷

苟王庄的大户没吃成，反而遭到官府的镇压，使王荀认识到官绅一体的现实。他们把仇恨集中到黄立猷身上。又联想到黄立猷任利津县知事以来的种种暴政，更按捺不住心头的怒火。回来后，王荀、耿福杰、刘方田几个人商量办法。王荀狠吸了几口旱烟愤然地说："官府和豪绅串通一气，不管穷人的死活，不赶走黄立猷，老百姓没活路啦，大伙说得很对，豁出去干吧！"最后，他们就如何组织人，怎样行动的事商量一阵，连夜分头准备去了。

四月二十九日，王荀率领2000多人，手持杈、锨、棍、镐，每人身背一捆秫秸，耿福杰、刘福田站在队伍的排头，两面大旗上写着"火烧县大堂""活捉黄立猷"。王荀一声高喊："乡亲们，咱们吃够了黄立猷的苦，不撵走黄立猷，穷人没活路啦！走哇！找他算账去！"在王荀的鼓动下，队伍一阵狂飙，直扑利津县城。

这是他们第二次围县城了。路上不断地有人参加进去，队伍越来越庞大。赶到城下日已中午，足有3000多人。只见城门紧闭着。城高墙厚，城门坚固，没有攻城器械，只好团团把城围住。入夜，城门仍不开。人们怒不可遏，几千人点燃秫秸，一时浓烟四起，火光冲天，高声喊着："火烧县大堂！""活捉黄立猷！""与害民贼誓不两立！"黄立猷吓得龟缩在县衙不敢露头。这样一直闹腾到半夜，王荀只好带队撤回。

利津县一部分为人公正的人士，对黄立猷的暴政也深感不平，借王荀率众驱逐黄立猷这一事件，举报至省议会，转达给山东省长孙发绪和督军张怀芝。经调查核实黄立猷的种种劣迹，同年秋终于把黄立猷撤换了。

黄立猷任利津县知事不到二年，虽倡导过妇女放脚，建立过女子小学等新政，但他与劣绅串通一气，搜刮民财，中饱私囊，引起众怒，所以落此可悲下场。

组织红枪会

经过几次斗争，周围几十里内的劳苦大众都把王荀看成护身，而王荀自己也觉得责无旁贷。民国六年（1917），军阀混战，天下大乱。利津荒洼成了散兵游勇、盗贼流氓的栖息之所。抢劫、放火、杀人的事时有发生。各村虽有自卫组织，但势单力孤，抵不住大股匪徒的洗劫。买河村因有王荀的声威，暂时相安。但周边治安状况恶化让负有民众声望的王荀思想很沉重。怎样把大伙更好地组织起来防匪保民呢？和刘方田几个商量了几次，也想不出好办法。

一天，王荀家中突然间闯进一个人来。只见此人身高足有七尺，膀宽腰细，眉宇间透出一股英气，年纪四旬。来人疾步向前说道："三哥，你不认识我啦。"

说着单膝着地。王荀惊诧间急忙扶起来人，惊喜地喊了起来："洪祥！是洪祥兄弟呵！"说着两行热泪滚下来。

来人姓周，绰号"铁头周"，20年前，王荀带着领地护照到潍县招人种地，在东关店里拜识了"铁头周"的父亲——一位60来岁的白发老者。这位老者曾是"洪门"中人，一身好武功，枪、刀、棍、剑术精通，轻功尤为出群。后来，洪门被禁，老者隐居在家。因土地很少，闲时候教教子女功夫，并把洪门中的一些帮规全部传给洪祥。当王荀去时，老者见他手中有土地护照，谈吐豪爽，为人憨厚，就把洪祥托给了他，另外又招来董来明等七八个后生，带上七八支矛枪，一起到利津东洼玉龙嘴，安下地，建立了"小围子"（今垦利县永安一带）居住下来。王荀年轻时下洼种地常去，如今有十几年未走动了。近来周洪祥听说王荀率众吃大户，围县城闹得红火，又闻胶东家乡为应乱防匪组织"红枪会"，故从百里外赶来与王荀商议此事。王荀一听，高兴地一拍大腿连声叫好，紧握住周洪祥的手说："这一阵子我正愁这件事哩，你这一来解开了我心中的疙瘩。我是个粗人，这事就托你啦。"周洪祥激动地说："三哥，你说到哪里去啦，我周洪祥不交三哥哪有今天！捎信叫董来明他们一块来吧，洼里土匪闹得凶，也住不下去啦。"王荀连忙答应，随叫人安排食宿，然后急忙招呼刘方田、耿福杰去了。

经过王荀、周洪祥等人的秘密组织和筹备，民国十二年（1923），买河村的"红枪会"宣布成立。60岁的王荀被推为会长，周洪祥、董来明为大师兄、二师兄，共有100多个青壮年入会。打了大刀、长矛，设坛房练武功，喝符、念咒、上法、舞枪。"红枪会"打出了"平妖孽、保良民、替天行道"的旗号，以此来统一人心。其实喝符、念咒、上法是假，练武保民是真。"闹起红枪会，群众抖神威"。坛房内香烟缭绕，坛房外旗幡飘扬，神秘气氛很浓。练兵场上兵刃叮当，喊杀声阵阵传向四方。

在那兵燹匪患，朝不保夕的动乱年代里，买河村的红枪会如一粒火种，遍燃利津三区，几乎村村成立了红枪会。不到一年，全区入会青年达3000多人，公推王荀为总会长。一时红缨飞舞，习武之风盛行，还真把一些散匪、盗贼镇住了。

民国十四年（1925）秋后，沾化县夏河一带有个惯匪王文亮，拥有百多个匪徒。一天，他们百里突袭窜入盐窝。当地红枪会以击鼓报警方式传给买河。王荀接到警报，立即率领500会员，手持大刀、长矛赶到盐窝，正值匪徒们四下抢劫烧杀。周洪祥飞舞鬼头刀，率先冲入匪群，刀起处，匪血四溅，四下里喊杀声惊人胆魄。四乡会员越聚越多，个个勇猛直冲，刀砍枪刺。这突如其来的"神兵"，使匪徒连还手的余地也没有，有的土匪倒在血泊里，到死还抱着抢来的包袱。匪首王文亮被打蒙了，正不知多少人冲来，惊慌地带着几个随身匪徒趁夜逃跑了。这一仗打得干净利索，除砍杀20余名匪徒外，生俘60余名，缴获马20匹，步枪30支，钢炮1门，子弹无数。把被俘匪徒押到买河，教育三天，登记好籍贯姓名，释放回家。释放前王荀严肃地说："今天不杀，是望你们悔过自新，做个好百姓。谁家没有妻子儿女？为人要走正路，如不改过，下次绝不轻饶！"匪徒一齐跪下高喊："谢三爷不杀之恩！"

盐窝剿匪的胜利，保护了群众的生命财产，鼓舞了斗志，张扬了"红枪会"的声威，充实了战斗实力。后来又收缴了盐布营的十几支枪，红枪会武装起来了。

刀劈林镇海

民国十五年（1926），张宗昌盘踞山东。李光春在济南向地痞林镇海借银圆300块，买了个利津县知事的缺。上任后聘林振海任利津县卫队长。林劣性不改，自恃有功于李，又兵权在握，哪把李放在眼里。全城24家商号无一不被他敲诈勒索，出城则与匪首王六来勾结一起，抢劫财物，奸淫烧杀，群众恨之入骨。

利津县商会几次派人和王荀的红枪会联系，要处置这个坏蛋。因林经常龟缩在城内，摸不清他的规律，未曾下手。夏历七月十四日，正值群众过节之时，王六来率20余名土匪到五区谢家灶抢劫。林振海也带县卫队以剿匪为名，出城伙同王六来糟蹋群众。商会和谢家灶的警报同时送到王荀的红枪会。这正是歼灭土匪，捉拿林贼的好机会。王荀当机立断，令大师兄周洪祥和耿福杰、刘方田带500名会员，配钢枪30支，率先出发，插到谢家灶的南面，堵塞林贼回城之路。王荀、王振峰率500会员，配钢枪10支，截断谢家灶的北路，形成南北夹击之势，想一鼓歼灭匪众。董来明等在家护坛。

时值炎夏，又当中午，红枪会员个个跑得汗流浃背，口渴似火。红枪会虽经过一定训练，终因是些农民，号令不严。距谢家灶还有二三里路，当看到土匪烧民房滚滚浓烟时，有的沉不住气，竟然鸣枪呼喊起来。林振海何等狡猾，王六来又是惯匪，一看红彤彤两片人群伴着激烈的枪声喊杀着包抄过来，他们早闻王荀的红枪会名声，于是带上抢劫的财物，呼啸一声逃跑了。王匪向西逃去，林贼的卫队只有6人同他逃入利津城内，大部分向西南窜入蒲台县境。

当王荀赶到谢家灶时，一幅惨不忍睹的景象使他们的心紧缩起来。一股股浓烟带着焦臭味直呛人，满街上是散乱的衣物，有的妇女被先奸后杀，全村一片哭声。红枪会员们个个义愤填膺，恨不得立刻刀剐林振海。王荀赶到，当得知林贼逃进县衙时，一声大喊："冲进县衙，刀劈林镇海，为死难者报仇！"

当红枪会赶到城下，城门洞开。省议会议员李煜俊迎上前来，热情地握住王荀的双手。随即告诉王荀，县知事已被邀出，机关人员已暗暗疏散，大堂上只有林振海和他的六个兵。末了叮嘱说："允亭，要加倍小心啊！林贼心肠狠毒，两把匣子枪百发百中哟。"王荀感激地忙应了一声，立即分派刘方田带部分红枪会员沿街巡逻；周洪祥、耿福杰带40名钢枪手闯大堂捉拿林贼；其他人把县衙层层包围，严防林贼逃窜。

周、耿二人带40名钢枪手迅速向大堂包抄过去。周洪祥从小练就一身武功，轻功相当好；耿福杰以打猎为生，一手好枪法，艺高人胆大。不料在行动中被藏在大堂里的兵卒发觉，"当当"两枪，两个红枪会会员一死一伤。耿福杰怒喝一声"打！"40支钢枪"呼呼"一阵排子枪，七个暴徒被打倒四个。林贼一看不好，从大堂后窗跃出，直奔后堂。后堂本是知县家属住宅，人早已疏散，只剩空房一座。林贼飞身上房一看，周围密密层层被红枪会围得水泄不通，自知很难逃脱，企图死抗到底。耿福杰带领钢枪手爬上大堂屋顶，形成对峙局面。这时林贼三人完全暴露在他们的枪口下。"当当"两枪，耿福杰瞅准时机又击倒两个暴徒。林贼这时犹如一条疯狗，两把匣子枪打开快机一阵急射，压得耿福杰他们抬不起头。这时周洪祥手持标枪，运用轻功，快得像条影子，蹿到后堂侧面，把气一提，枪杆一点，借力"嗖"的一声跃上房顶。等林贼发觉背后有人时已来不及了，只见周洪祥手一扬，标枪带着一股劲风，直插入林贼背心，"啊！"的一声，林贼从丈多高的房顶上摔了下来。红枪会员王义贤赶上一刀，劈开这个恶贼的天灵盖。

红枪会刀劈林振海，人心大快，李煜俊联合市民设宴款待。商会送给红枪会"见义勇为"黑漆金字木匾一方，群众敲锣打鼓，把红枪会直送出十里开外。

义打老鸹赵

老鸹赵村实名老官赵，即现属东营区的老赵村。民国十八年（1929）时属蒲台县。该村当时200来户人家，北靠黄河大坝，南邻陈家，周围土地肥沃，人民殷实。是年夏季，被北伐革命军打垮的奉系军阀张宗昌余部黄风起率残兵百余人窜至老鸹赵一带抢掠，这些人本是张宗昌多年网罗来的亡命之徒，心黑手毒，无恶不作，群众深受其害。

老鸹赵村派人到买河请求王荀红枪会前去剿灭，以解民众疾苦。当时正值利津县扈家滩黄河决口不久，买河一带受灾严重，人心散乱，群众各自生产自救去了。红枪会的几个主要骨干周洪祥、耿福杰、刘方田等因事他往。不少人劝王荀等几天灾情减退，人员齐备再去不迟。但王荀听到匪兵的暴行，一天也难以忍耐。

次日，即六月二十九日，王荀召集了百多名会员，冒雨赶到小街渡口，趁天黑之前渡过黄河，借树木的掩护赶到老鸹赵北面的大堤上。

大堤离村边不过百来步，初更时分夜是漆黑的，村中狗乱咬，匪兵的喊骂声，群众的哭叫声乱成一团。会员们义愤填膺，王荀一声令下，几十条钢枪一齐打响，百多名会员如一阵狂风，喊杀声在夜空中回荡。匪兵们不知哪里来的兵马，丢下了几具尸体，向陈家方向逃去。

王荀占领了老鸹照，心里十分高兴。自红枪会组织起来从未吃过败仗的王荀认为法符护身力量无边，大家处在狂欢之中。有的走亲访友，有的干脆自回买河，100多人登时走了大半。董来明、王振峰提醒王荀抓紧组织队伍，下午返回。无奈王荀听不进去。村里已备下宴席，在一片称赞声中，一个个喝得酩酊大醉。看看太阳西沉，走也走不了啦。王荀、董来明20多人睡在二层房上，王振峰率二十几人睡在下面。

黄风起本是东北马贼，后跟张宗昌行伍多年，任过团长，深谙军事。黑夜里因思想麻痹，不了解虚实，故惊慌率队逃走。及至了解上述情况后，立即召集旧部，于黄昏后包围了老鸹赵，进行了猛烈反击。在众寡悬殊的情况下，住在下面的会员死的死，逃的逃。上面的二十几人被匪兵枪弹密密封锁，一个也逃脱不出。黄风起一面组织射击，一面命匪兵抱来干柴，燃起了熊熊大火。

买河村的群众一直担心这支远征的队伍。第二天来的人说老鸹赵打下来了，人们松了口气。可第三天王振峰哭着回来了，报告了王荀他们牺牲的噩耗。全村震动了，全三区震动了。这位义民首领，这位抗暴的好汉，这位"灭妖孽，保良民"的"红枪会"会长，就这样悲惨地殉难了。后来人们在灰烬中找回来的只是那一个酒盅大小的带有红色铜锈的烟袋锅。

王荀一生生活简朴，常年吃窝头就咸菜。他常开玩笑地说："填坑不要好土。"可他对待公益事业，却慷慨解囊，不惜重金。20世纪60年代前，那块"见义勇为"的黑漆金字匾仍悬挂在王荀家大门的上方。

刘筱楼

刘莜楼（1890—1959），原名刘凤舞，利津县陈庄镇韩垣中村人。1945年1月参加革命工作，1946年10月加入中国共产党。历任渤海区参议会参议员、垦利县参议会秘书、西双河完小名誉校长、新台完小校长、垦利县各界人民代表大会常务委员会秘书等。

刘筱楼幼年家贫，父母望子成龙，含辛茹苦供他上学。经七度寒暑，他熟读了"四书""五经"。修业期满，于民国初期先后在本村和南岭等村教书。在教学中，他实行了一套新的授课方法，选篇讲解，篇篇让学生背诵，还指导学生写作文、写日记，除去文化课，还教唱歌、进行晨练等，备受学生和家长的欢迎，被乡里尊称为"大先生"。其间，刘筱楼经常阅读革命书刊，关心时局发展，追求政治进步。

1937年，卢沟桥事变爆发。不久，日军入侵山东。这时全县学校纷纷停课。12月，日伪军第一次侵占利津县城。翌年2月，国民党地方游击队刘景良部收复利津消灭伪部队，摧垮伪政权，建立国民党地方政府。时局暂且稳定，县境内许多学校相继开学。刘筱楼满怀抗日救国热情，恢复办学，继续任教，并在校内学生和校外民众中，进行抗日救国教育，教唱《大刀进行曲》《地球歌》《松花江上》等抗日救亡歌曲。他教的学生后来大都参加了革命工作。1939年1月，日军第二次侵占利津县城，重建伪政权。不久，日军在盐窝、陈家庄等地安设据点，使抗日斗争进入艰苦阶段。

从1941年冬开始，我党地下工作干部和武工队经常深入到原利津四区南岭、七龙河、新台、韩垣一带活动，扩大游击区，建立抗日根据地。这期间，刘筱楼一边教书办学，一边掩护和帮助抗日军政人员开展对敌斗争。他配合群众掩护过他的学生、抗战初期参加八路军部队的李恺元等人，支持其开展抗日活动。他帮助垦利县独立营侦察班长王强等人在南岭村口埋地雷阻击日伪军"清乡""扫荡"等。另外，他还安排学生到各村收集破锅废铁，交给八路军制造手榴弹。

利津全境解放后的1945年春，全县开展大参军运动。刘筱楼响应县抗日民主政府邀请，配合大参军书写了大量标语、匾额和楹联，进行宣传发动，做了大量艰苦细致的工作。抗战胜利后，刘筱楼当选为渤海区参议员。1946年10月，加入中国共产党。其间，他积极参加"减租减息"、参军支前和土改复查等项工作。1948年，县里选派刘筱楼先后任西双河完小和新台完小校长。任职期间，他本着"实施基础教育，培养国民道德"的宗旨和"民主办学"的指导方针，充分发挥学校党团组织和学生会的作用，把完小办成党和政府联系群众、教育群众和培养输送干部的基地。新台完小于1948年9月成立，其前身就是在全县颇有名声的县立第二高级小学。该校是今利津县继城关完小之后成立最早的县立完全小学，也是县境北部乡镇唯一一处新中国成立前成立的县立完全小学。当时，中共新台区委书记朱立亭兼任名誉校长。首任校长张晓光（为时很短），继任校长刘筱楼。到1949年初，学校已有3个高级班，4个初级班，学生300多人。教师有王峰峙、寇其俊、李彦德、李守法、王正一等人。其师资水平和办学质量闻名全县。当时王峰峙任新台完小教导主任，在师生和当地群众中威望很高。时任完小校长的刘筱楼，年长资深，阅历丰富，慧眼识才。他全力支持王峰峙老师的工作，并在1949年11月发展王峰峙为中共党员；调回县机关时又向县教育行政部门积极推荐王峰峙接任新台完小校长。

新中国成立后，刘筱楼任垦利县各界人民代表大会常务委员会秘书。尽管年事已高，仍不遗余力地为党工作。他非常关心年青一代的健康成长，原县史志办副主任、史志专家罗先哲回忆说，"我曾是刘筱楼校长的学生，1952年在垦利县文化馆工作时，与刘筱楼秘书的办公室紧靠着。他经常关切地询问我的工作情况和学习情况，并不断教导我要好好珍惜青春年华，认真学习，勤恳工作，努力进步。刘筱楼自幼酷爱书法，师从刘宗勋（晚清秀才），他的楷书工整俊秀，行书刚劲飘逸，内蕴深厚，自成风格。"

纪鹗元

纪鹗元，生卒年月不详，字翔秋，利津县城西街村人。其父纪伸甲，一生关心百姓生计，在父亲的影响下，纪鹗元也走上了与父亲相同的道路，在关注乡里、热心公益，尤其是在致力于黄河河务之事方面，做出了令人钦佩的业绩。纪伸甲从小就向儿子灌输淡泊名利、造福一方的思想，说登科入仕多是为了虚荣之心，有志青年即使不能实现泽及天下的抱负，也应当造福于一方。纪伸甲对儿子分析了利津襟河负海的地理条件优势，认为只要把黄河治理好，十数年后黄河就会在这里造出无数良田，充分利用好不断增长的新淤地，对老百姓肯定会大有好处的。

光绪三十一年（1905），纪鹗元毕业于山东高等师范学堂，先后任武定中学和武定师范学校校长。宣统三年（1911），为振兴利津教育，他提出以开垦黄河新淤地为公产来解决教育经费不足的问题。这一年，利津县在铁门关以下面条沟开发出大片荒地，通过租佃方式包给垦户，形成了利津县十大淤田公产，使利津教育自治等各项经费有了稳定的来源。民国元年（1912）任惠民县知事，纪鹗元秉承父训，无意功名，不久就辞职回乡。此后，他一心一意为地方谋兴革，关注教育、新淤地开发、黄河河务等公益事项。1919年，利津县设立地方财政管理处（县财政局前身），纪鹗元任管理员。从此走上了为地方财政收入谋划，为治理河患、赈济灾民而到处募捐的艰难之路。

民国十年（1921）七月十九日，黄河在宫家决口，利津、沾化、滨县、无棣350余村被淹，灾情十分严重。沾、利、滨、棣灾民公推纪鹗元、任道远等人为代表，赴天津、北京、保定等地以及向中外慈善团体呼吁赈济灾民、筹集堵修决口的款项。民国十二年（1923）十月，宫坝堵口告成，纪鹗元撰写碑文以作纪念。

同年，他又与任道远一起赴济南，吁请华洋义赈会以工代赈，资助银洋18000元，又本县自筹7000元，修筑利津县城的护城圈堤。1928年，棘子刘凌汛决口，纪鹗元同胡枚勋、任道远等赴省"晋谒省长，历陈灾情"，省府即派河务局长王炳燽督工修筑。

纪鹗元致力河务，建树累累。1923年5月以后，先后被山东河务局委任为驻工委员、承防、承修，参加了宫坝堵口、綦家嘴抢险、大马家筑戗、董家至大田家等十三道坝基建设。他的治河成就受到人们的广泛称赞。

纪伸甲、纪鹗元父子"先天下之忧而忧，后天下之乐而乐"，为家乡的公益事业殚精竭虑，为百姓的艰难生存奔走呼号，尤其是在黄河治理和河务执事等方面，既能筹划方略，又能具体实施，民国《利津县续志》赞曰："伸甲识能及远，积德累仁，义方绵绵，克昌厥后者，数十年而始收效，于此非偶然也。"

任道远

任道远，生卒年月不详，字子重，利津城西南店子街人。活动于清末民初。任道远相貌奇伟，铁面亦气度不凡，遂自号铁崖。于世于事颇有气节，且好鸣不平，勇于任事。其文章亦奔放奇绝。道远少年即外出求学，毕业于武定中学，学校勉奖为岁贡生。

民国二年（1913），任道远任职无棣高小校长。1920年，利津县县长姚雨人闻其才聘为县劝学所所长。第二年，利津县城西南宫家坝决口，波及滨县、沾化、无棣三县，荡民居，坏校舍，民不聊生。任道远目睹惨状，感慨忧愤，自言道"面对此景，我何能坐视不顾！"

任道远立即打点行装，奔赴天津、北平、河南、安徽拜谒军政当局，谋求赈济。接着，又与利津乡绅纪鹗元一起代表四县灾区，率数百灾民到省府要求堵合宫坝口门。衣衫褴褛、号哭震天的灾民拥挤到督军衙署门前，而守门的仆从却不为通报，任道远挺身而出，疾步趋前，厉声斥责："走开！看谁敢阻挡！"振臂高呼径直而入，众灾民随之而进。

督军田中玉闻讯连忙迎出，但见眼前一片哭声震天，一时无法控制局面，亦无从问起。任道远示意众乡亲安静下来，上前深施一礼，不亢不卑，将宫坝决口后百姓流离惨苦之状及口门堵复之需要一一道来，言辞恳切，思辨缜密。督军田中玉听后大为感动，当场应允任道远及灾民所提出的请求。

任道远、纪鹗元不虚此行，经省署、议会讨论，即与美国亚洲建筑公司签订了宫坝堵口合同。自此后，任道远名声大震，上至官府吏员，下至妇人孺子，都知道利津有位敢于为民请命的任铁崖。

宫坝口门堵复后，任道远被委任为黄河下游承防委员。民国十七年（1928）任省府视察员，接着升任滨、蒲、利、沾、棣勘丈局局长。但旧时的官场多是蝇营狗苟，任道远因不合时宜而去职。叹曰："吾宁埋头笔砚间，作案萤枯死。"又曰："天生吾才，不使立功国家，而郁郁以终，岂非命耶。"至晚年，饮酒悲歌，忧愤以卒。

李毓祯

李毓祯

李毓祯（1914—1941），利津县盐窝镇十六户南村人，出身农民家庭。利津县早期共产党员。李毓祯自幼聪颖，好学上进。8岁起在本村读私塾，13岁随父先后在济南第一师范附小、育英中学就读，其间，同校内地下党团组织的成员多有接触，常阅读进步书刊，聆受教益。1932年8月，李毓祯在济南加入共产主义青年团，次年7月加入中国共产党，从此走上革命道路。

临狱抗争 坚贞不屈

1932年冬，李毓祯同共青团员景宜亭（济南第一师范学生）、王金堂（济南乡师学生，后叛变）受共青团山东省特委的委托，负责举办一期青训班，培养一部分青年干部到济南工厂去做工人工作。次年2月24日，共青团山东省特委书记陈衡舟在去上海参加团中央召开的会议时被捕叛变，参加了国民党特务机关的捕共队，带领敌人回山东追捕革命同志，使山东党团组织遭到严重破坏。2月27日凌晨，李毓祯同景宜亭、王金堂在济南东关南仓街24号被陈衡舟捕共队抓捕。

李毓祯被捕后，关押在济南纬一路看守所。法庭上，敌人诱劝他："只要写几个字的悔过书，就可立即释放。"李毓祯回答说："我没犯什么罪，也没有任何口供！"敌人恼羞成怒，对他施以酷刑，李毓祯坚贞不屈，始终严守党的机密。敌人推出叛徒王金堂作证，李毓祯怒斥："王金堂，你是个无耻的叛徒！"

在济南看守所，李毓祯和中共山东省委书记任作民（原名王敬功）、中共党员刘庆珊、王秀銮等人被押在八号狱室。因李毓祯表现刚烈不服管理，从他一被捕就被戴上了手铐脚镣。任作民看到了他坚强的革命意志和饱满的政治热情，暗中对他进行帮助教育，1933年7月，李毓祯被秘密转为中共党员。

1934年秋，李毓祯从济南看守所转押到山东第一监狱。在中共山东省委书记任作民的组织领导下，为反对监狱虐待，改善生活条件，参加过七次狱中绝食斗争。1935年春，狱中发动的一次规模最大、时间最长的绝食斗争中，百余名"政治犯"向监狱当局提出了四个条件：一、去掉手铐脚镣；二、打开狱室门窗，流通室内空气；三、准许向外通信；四、准许自由看书看报。敌人对此一直不做答复。六天过去了，当局大为惊慌，怕犯人饿死不好向上司交代，被迫做出答复，绝食斗争取得了初步胜利。

省第一监狱的反省院里，有一个姓王的看守主任，经常辱骂殴打"犯人"，大家对他恨之入骨。1935年秋季的一天下午，"犯人"放风时，李毓祯和那个看守主任发生冲突，借机把看守主任痛骂了一顿，并打了他几拳，为同志们出了口气。因此，李毓祯被视为要犯，转解到了南京国民党反省院。

满腔热血 投身抗日

1937年卢沟桥事变后，在中国共产党"团结抗日，共赴国难"和建立广泛的抗日民族统一战线政策的感召下，南京国民党政府被迫释放了一批"政治犯"。李毓祯获释，返回利津家乡。当时，正值日军沿津浦铁路南犯，德州即将失守，利津家乡动荡不安，他的心情无限沉重和焦虑。是年冬，日军第一次侵占利津城，原国民党山东第五区专署少校副官刘景良，在利津北部台子庄、陈家庄一带打起"抗日"的旗帜，组建地方武装。李毓祯幼年的同学、好友和家乡一带的热血青年，纷纷投笔从戎，参加刘景良组建的"抗日"队伍。李毓祯遵照党的指示，也赴台子庄参加了刘景良部。不久，刘景良率队西进，连续攻克利津、滨县、阳信和惠民等县，在惠民城组建司令部及其所属机构，刘景良委任李毓祯为政训处长。

李毓祯就职后，更加积极投身抗日工作。他多次在惠民城大寺阁组织大型抗日文艺演出，亲自在演出前进行演讲，鼓舞人们奋起抗日救国，不当亡国奴。他的演讲慷慨激昂，声泪俱下，观众无不为之动容。1938年4月间的一个晚上，李毓祯以大量事实揭露了日军的暴行，深深地打动了观众的心，大家挥泪高喊"誓死抗日救国""坚决消灭日本鬼子"的口号，一时群情激愤，会场沸腾。

李毓祯以政训处长的身份，深入各旅、团宣传国共合作，宣传抗日民族统一战线。他秘密发展了政训处工作人员陈佩科等加入了共产党，培养了一部分倾向共产党，追求政治进步的军政人员。他借旧时同学关系，多次去原国民党保安九团团长王雪亭处做工作，为后来王雪亭率部起义参加八路军，起了很大的推动作用。

1938年5月间，刘景良彻底暴露了他的反共面目，亲自带领部队攻打驻在乐陵的八路军，妄图攻占乐陵，独霸鲁北。此时，李毓祯深感斗争形势和自己肩上担子的重大，更加抓紧在军队中活动，以便在必要时，拉出部分部队投奔八路军。

李毓祯在刘景良部从事革命活动，引起了国民党"复兴社"分子的注意，在他们的撺掇下，刘景良派人严密监视李毓祯的行动。当其几次对乐陵八路军的进攻均遭失败后，他便决定逮捕李毓祯。李毓祯得知后，于1938年6月间的一个晚上，带领政训处工作人员赵元凤奔赴冀鲁边区，参加了八路军一一五师东进抗日先遣队曾国华支队。

后来，刘景良的秘书陈奉璞同刘景良谈起李毓祯时，陈问："李毓祯是共产党，司令不知道吗？为什么用他？"刘答："起初我听说过他是共产党，不过听说他已经脱离了，后来他每晚都找一些人彻夜交谈，在部队中秘密进行工作，显然是想活动我们的军队。不过，李毓祯非常精明强干，有能力，有理论，你们这些年轻人比不上他。"

出生入死　矢志不渝

1938年7月，八路军一一五师的津浦支队和一二九师的永兴支队解放了宁津县城，活捉了伪县长张柏荣。8月初，李毓祯被中共津南特委和专员公署派往宁津县任第一任抗日民主政府县长兼独立营营长。

宁津抗日民主政府建立后，当时全县的主要任务是建立基层抗日民主政权，发展抗日群众团体，发动群众参军参战，募捐资金，收集民间枪支，发展地方抗日武装。

李毓祯上任不久，就从家乡动员自己刚满18岁的胞弟李志桥（原名李毓椿，共产党员，开始在宁津县青救会工作，后调盐山县任青救会主任，1941年冬在同日军作战中壮烈牺牲），和其他亲属好友陈佩科、李振清、刘心传等多人到宁津县参加抗日工作。

李毓祯具有很高的宣传鼓动才能，讲话嗓音洪亮，谈吐流畅，感情充沛，富有鼓动性。他在集市村镇开会讲演，听众越聚越多，会场秩序井然。他言辞慷慨激昂，感人肺腑，催人泪下。1938年9月，李毓祯在宁津县城主持召开了当地的地主绅商会议，他的一席讲话，竟使到会人员痛哭流涕，当场自报捐款两万多元。县城的一位老绅士老泪横流，激动地说："李县长讲的话，句句说到我们心里。共产党、八路军主张联合民众，抗日救国，拯救民族于危亡。眼下日寇犯我国土，杀我同胞，使千百万生灵惨遭涂炭。国难当头之日，抗日救国，匹夫有责，我虽年老不能上前线杀敌，可以向抗日政府献粮献款，略表寸心。"

经过短短几个月的努力，宁津县的政权建设、武装建设和财政建设等方面成绩突出，全县10个区先后建立了抗日民主政权，建立和发展了50多个抗日中心村，组建了拥有九个连队500余人的县级抗日武装，并向部队输送了大批兵源。同时收集民间枪支千余支。发动群众募集了10多万元资金，不仅保证了县级地方财政开支，还有力地支援了上级领导机关。与此同时，李毓祯还以他丰富的宣传发动经验，主持举办了农村基层干部训练班，分期培训了全县800多个自然村的农救会主任，为宁津农村抗日根据地的建设奠定了良好的基础。当时宁津、乐陵两县是冀鲁边区抗日工作的两大支柱县和中心区，在建设这块重要的抗日根据地中，渗透着李毓祯的大量心血。

新生的抗日民主政权，被国民党顽固势力视为眼中钉。以鲁北国民党CC派马皋如为首的反共分子，他们在津南各县建立了反共、反民主的第二政权，与抗日政府对峙。在宁津县组织了一支"河北保安队第二总队"，鹿钟麟任命水郡庄大地主王淮川为大队长，并委派高树勋大舅子刘松龄为宁津县县长。

刘松龄与王淮川派人进入宁津县城，策动我独立营一连连长刘明福叛变，以图内外响应，搞垮我抗日政权，占领宁津县城。1938年12月25日夜，这伙歹徒袭击宁津县城，包围了县政府，打死了独立营的一名指导员，妄图抓捕县长李毓祯。李毓祯被惊醒后，翻墙突围，奔赴阎庄八路军驻地。这伙歹徒打死打伤我抗日民主政府工作人员及独立营战士10余人，拉走60余人。不久，这伙歹徒和叛徒即被我八路军曾国华支队歼灭。

1939年1月21日，日军回师"扫荡"华北。8月上旬，日军侵占宁津县城，建立日伪政权和各种伪组织，修公路，建据点，筑碉堡，对抗日根据地实行蚕食、封锁。李毓祯带领抗日民主政府工作人员和县独立营的一个连队百余人，转入乡间开展游击斗争。白天隐蔽村内，夜晚深入群众，开展抗日工作。对死硬的反动分子实行坚决镇压。宁津县城东孟集有个地主叫李新吾，过去假献殷勤，装作拥护抗日民主政权，后投靠日伪，当了维持会长，干了许多坏事。李毓祯即派人将他逮捕处决，大快人心。

1939和1940两年，宁津一带干旱严重，农业歉收。再加日伪军横征暴掠，民不聊生。李毓祯带领的县政府、县大队人员生活也极其艰苦。有一次，李毓祯率部转移到阎庄，一些老相识问他："李县长，你每天吃啥饭？"他饶有风趣地回答："我每天三个饥（谐音鸡），每顿扒（谐音八）碗菜。"人们知道他回答的意思后，都笑了起来。

李毓祯任职宁津县时，在县、区妇救会工作的有一批县立师范和天津高校毕业的女知识青年。她们对年轻英俊而又才华横溢的县长颇有好感，追求者也不乏其人，但李毓祯一一婉辞谢绝。他常和战友们说："不到抗战胜利，我是绝不恋爱结婚的。"

1940年10月，李毓祯被调任冀鲁边区三专署任秘书主任。一年后，李毓祯在商河县埋虎站开展抗日工作时同日军遭遇，战斗中壮烈牺牲，年仅27岁。

李竹如

李竹如

李竹如（1905—1942），原名李贻萼，字世华，又名一凡，利津县利津街道庄科村人。利津县早期共产党员。先后任晋冀豫区党委党报《中国人报》社长，中共中央北方局机关报《新华日报》副总编辑。1939年5月进入山东敌后抗日根据地，先后任第一纵队民运部长，中共山东分局民运部长、宣传部部长、政府工作部长，山东省参议会秘书长，山东省战时工作推行委员会（省政府）秘书长，并兼山东《大众日报》社长，新华社山东分社社长，中国青年记者学会山东分会理事长，山东省文化界救亡协会会长等。1942年11月2日，在对崮山突围战斗中壮烈牺牲。

投身爱国学生运动

李竹如在家乡读完了小学后，1922年到1925年，在惠民第四中学读初中，开始受到革命思想的熏陶。每年放假回家时，他就向村里的青年学生和同伴讲天下的大事，讲中华民族的历史和前途，传播反帝、反封建、反对旧礼教的新思想。在南京中央大学读书期间，他发愤求知，虽生活清贫，却更加理解和关注那些生活在饥寒交迫中的劳苦大众。

1929年12月18日，南京下了一场30年未曾有过的大雪，他到鸡鸣寺看雪景回来，在日记中记得不是银装素裹的美丽景色，而是被寒冷所迫的小儿的哭声。他在饥肠辘辘的日子里，去了解比自己更苦的黄包车夫的生活，写了题为《车夫》的小说。1931年九一八事变爆发后，李竹如投入轰轰烈烈的抗日救亡运动中，并担任了中央大学的地下党支部书记，组织南京地区的学生会同北平、上海等地的学生捣毁了污蔑抗日救亡运动的《中央日报》馆。国民党当局大为震

1935年3月，山东省立平原简易乡村师范学校全体职教员合影。后排左七为李竹如

惊，对群众的爱国活动采取了严厉的镇压措施，李竹如无法在南京继续读书，只好来到济南第一乡村师范任教。不久，又同自己的妻子季华来到平原县的第五乡村师范。他与在这里任教的马霄鹏一起用公开或秘密的方式传播马克思主义，宣传抗日救亡，揭露蒋介石的反动面目，开展了读书会等活动。在会员中除了进行爱国主义的时事讨论以外，主要是进行关于社会主义革命理论的学习和讨论。李竹如把课堂变成了马克思主义的讲坛、抗日救国宣传的阵地。许多学生记得，他在课堂上讲一块银圆如何成为资本主义的商品和货币。他还多次组织师生排演富有革命内容的戏剧。洪深写的反映农村阶级斗争的《五奎桥》《香稻米》，都在第五乡村师范演出过。

1934年3月，清朝末代皇帝溥仪在日本侵略者的扶持下，在长春当了伪满傀儡皇帝，李竹如为了揭露日本帝国主义妄图侵略全中国的野心，自己编写了讽刺剧《大登殿》并组织师生演出。他不仅是编剧和导演，而且亲自扮演剧中的角色。平原五乡师一大批青年走上革命道路，跟李竹如和马霄鹏的宣传是分不开的。他们有的在第五乡村师范读书时就加入了共产党，有的在抗战开始后奔赴延安或到晋察冀、晋冀鲁豫、山东等抗日根据地参加革命。

从太行山到沂蒙山

当时的山西，烽火连天，烟云滚滚。共产党领导的八路军一一五师大战平型关，一二九师夜袭阳明堡，一二〇师挺进晋西北，山西成为全国抗战的重要阵地。八路军总部、中共中央北方局都在山西。1937年10月10日，李竹如一行到达山西侯马，恰遇刘伯承率领的一二九师先遣队，将他们留下做民运工作，在和顺一带发动群众。

1938年1月，李竹如在晋东南创办了我党抗日根据地的第一张报纸《中国人报》。1939年1月，又担任了《新华日报》华北版副总编。5月，以徐向前任司令员、朱瑞任政治委员的八路军第一纵队，奉中共中央和朱德总司令的命令开赴山东，统一指挥山东和苏北八路军各部队。由于李竹如是山东人，熟悉山东情况，北方局调他到一纵队，任民运部长。

1940年夏，李竹如（左）在鲁中抗日根据地

5月5日，纵队领导机关从山西太行山麓出发，6月29日到达山东沂蒙山区。从此，李竹如又回到了山东故乡。这时，张经武、黎玉指挥的山东纵队早已成立，由罗荣桓、陈光率领的一一五师师部刚刚进入山东。我军处于日伪顽斗争的复杂局面。

国民党山东省主席韩复榘南逃后，蒋介石又委任沈鸿烈收罗残留在山东各地的国民党部队，打着抗日的旗号，各市县区成立了一套伪政权，专搞反共的勾当。有些地方实力派也在拉山头，扩充自己的势力。李竹如到山东后担任了中共山东分局民运部长，具体负责发动群众参加抗日工作。在鲁中、鲁南、滨海农村，都留下了他的足迹。他吃在群众家，住在群众家，不满足于一般的宣传鼓动，特别重视具体实际的工作。秋天到了，他召集人座谈，商量怎样组织保卫秋收工作，如何速收速打速藏，如何对付敌人的烧、抢、运、买等破坏手段。如何用武装保卫秋收，狠狠打击敌人的抢粮队。冬天来了，大地冰封，农民有一段冬闲时间，李竹如组织根据地的成年男女进行冬学教育，既学识字，又学抗日道理。李竹如善于抓住各种时机，动员和组织群众，团结起来，为革命事业而斗争。

呐喊，为唤起民众鼓与呼

　　1940年，抗日战争进入最艰苦的岁月，但这也是山东抗日根据地建设取得辉煌成绩的一年。在这一年里，李竹如为建立抗日民主政权做了几项工作。一是根据中央指示成立了宪政促进会。在宪政会成立大会上，他和徐向前等同志一起被选为执委并担任常委，宪政会的一些经常性工作，主要由他来负责落实。2月，李竹如在《大众日报》上发表了题为《普遍召集县区乡参议会，建立宪政基础》的专论。文中讲道，要以参议会为当地最高权力机关，由参议会组织各级政府。这是针对当时国民党反共顽固派反对我党在华北、华中等地建立抗日民主政权而提出的。3月6日，毛泽东在为中央写的一个党内指示中，肯定了在河北、山西、山东等地召集参议会、选举新政权的重要意义。在筹备成立宪政会和参议会时，李竹如还写下了《广泛并深入各地群众工作——迎接山东各救代表大会召开》的专论；7月，山东党政军负责人与山东各地区选派的代表共300余人举行盛会，复选国大代表，成立山东参议会，成立抗日民主政府——山东省战时工作推行委员会，成立山东各界救亡群众组织。这是一次联合大会，李竹如是大会主席团成员，具体负责大会的组织工作，并在会上作了《战斗中的山东人民》的长篇报告。他当选为山东省参议会的参议员和驻会议员，随后又被选为参议会的秘书长，负责参议会的日常工作。二是1940年11月，李竹如主持起草了中国第一个人权保障条例。1939年，在山东湖西地区发生了一起骇人听闻的"肃托事件"，300多名党员群众被无辜杀害。一些代表针对上述事件，要求出台一个人权保障条例。李竹如根据代表的要求，组织起草了这个条例。条例中简明概括地介绍了人权保障的基本内容，经临时参议会通过后在《大众日报》全文发表。这是山东抗日根据地民主建设的一项重要成果，在全国也是一个先例。一年之后，陕甘宁边区和冀鲁豫边区也颁布了类似的条例。三是李竹如根据党的统一战线方针，利用一切可能的条件，同各方面的人士广泛接触，并同当地国民党中的进步人士打交道。1940年夏，国民党战地党政委员会点验委员高象九来到鲁南，点验在鲁南的部队。李竹如与高象九曾同在济南一乡师任教，他利用这一关系，积极宣传我党的抗日主张，揭露国民党顽固派，争取高象九同情、支持我军，并通过他向国民党部队做工作。当时国民党王洪九部经常与我军闹摩擦，李竹如不顾危险，与高象九一同到王洪九部，准备对王做工作。哪知顽固透顶的王洪九早在村外设下埋伏，一见他们来，立刻打了一排子枪，把走在前边的高象九弄进村子。李竹如骑马走在后边，身边只带了一个警卫员，他沉着、果断地脱离了险境。后来，高象九脱离国民党参加了革命。

在宣传新闻战线上，这一时期李竹如表现出了杰出的组织领导能力。从1940年春开始，李竹如担任了中共中央山东分局的宣传部部长，并且继续兼管了一段时间民运部的工作。他分管宣传部以后，特别重视报纸的宣传力量，亲自兼任《大众日报》社长，还担任了新华社山东分社社长。《大众日报》是山东分局的机关报，创刊于1939年1月1日。当时报社工作人员多是年轻人，缺乏经验，李竹如亲自抓编辑、记者队伍的建设，抓报纸的改进。在1939年到1942年的《大众日报》上，登载了许多李竹如的署名文章。他一直保持着在济南、上海办报纸的习惯，无论什么时候都亲自主持社论委员会，每周至少发一篇社论。当时《大众日报》上的许多重要社论都是他写的。纪念《大众日报》创刊一周年时，李竹如向山东分局书记朱瑞建议，请毛泽东为《大众日报》题词。几天后，毛泽东用电报发来题词，刊登在1940年1月1日的《大众日报》上，对报社人员和广大读者都起到了极大的鼓舞作用。

李竹如强调宣传工作的计划性、主动性。在日常工作中，他给人们做出榜样，除了有总的计划外，每天早晨他都交代下面的同志，今天要办几件事，一二三四都记下来，到晚上就检查每件事的落实情况。他常常参加《大众日报》的社务会议，过问报社的各项工作。对于各种情况总是问得很细，如果你的回答含糊或模棱两可，他会毫不客气地提出批评。他那种认真、严谨的工作作风，给当时在宣传部和报社工作的同志留下了深刻的印象。为了提高报社工作人员的思想、政策水平，他经常给大家做学习辅导。1940年9月1日，李竹如为纪念记者节发表了《光荣的历史与光荣的任务》一文。文中强调：历史上从来没有无立场的报纸，也从来没有无立场的新闻记者。新闻记者应站在抗战和进步的立场上，接受党的领导，担负起光荣的时代责任。他不但亲自领导《大众日报》的工作，而且非常关心山东各地的报刊工作，他在分局宣传部中指定专人负责阅读各地的报纸，了解情况，发现问题，及时指导。

处在游击战争环境中，报社的编辑部和印刷厂不得不三天两头搬家。李竹如作为管理委员会主任，不仅亲自过问编辑方针、报道计划，而且亲自过问报纸的排字、印刷以及报纸的发行、传递。他常到排字工人中了解情况。当时延安的《解放日报》发行到山东，有时在路上要费时8个月。《大众日报》在山东出版，却要1个月后才能发到临沭县小学。李竹如经常为此感到焦心，想方设法改进报纸的发行和传递，甚至连邮递员需要增发雨衣和过河穿的水裤他都一一想到。由于采取了一系列措施，终于使报纸在战争环境中能比较及时地送达。

在艰苦的战争年月，李竹如在组织山东根据地干部进行理论学习方面做了大量工作。他要求宣传干部要成为学习的模范。他派干部下去工作时，总是同时交代出发期间的学习任务。当时分局曾要求干部每天坚持两小时学习。在敌人频繁"扫荡"的紧张环境中，李竹如具体组织和指导干部进行了《联共党史》《新民主主义论》等的学习。为了培养教育干部，山东分局办了党校，李竹如常常去党校和以前的抗大分校讲课。他讲课紧密联系实际，生动活泼，饶有风趣，受到大家称赞。

团结文化教育界人士一道进行工作，是李竹如的一贯作风。1940年下半年，山东抗日根据地成立了山东文化界救亡协会、山东文学艺术工作者协会等团体。李竹如被选为山东文化界救亡协会的会长。当时由这个协会审查通过了战时国民教育实施方案以及创办山东公学、整顿私塾、扫除文盲等提案，《大众日报》连载了李竹如所做的《论战地国民教育》总结。1941年5月，由省文协主持举行了八大剧团联合公演，检阅了抗日烽火中发展壮大的文艺大军。山东的宣传文教工作，在山东分局宣传部统一领导下，在李竹如的推动和努力下，在艰苦的战争岁月中，发挥了动员群众、鼓舞群众的巨大作用。不久，李竹如接替陈明担任了山东战时工作推行委员会秘书长，领导全面开展发动群众、减租减息等工作。

在滨海区干部扩大会议上，李竹如就减租减息工作与开展群众运动，提出滨海区迄今各种工作之所以开展迟缓，基本原因是减租减息没有实行。他讲述了滨海区各种租佃关系以及佃农、雇工生活的痛苦，并提出了工作中应该注意和纠正的问题，还讲了工作方式、方法的问题。到会同志根据上述报告讨论了一天半，最后由李竹如做了总结。山东分局对李竹如的这段工作给予了很高评价。

血洒沂蒙 魂归故里

1942年秋末冬初，日本侵略者在山东实行大规模"扫荡"。当时，山东党政军首脑机关都驻在滨海。为了缩小目标，山东分局和一一五师留在原地，省军区和省政府由滨海向鲁中转移。11月2日拂晓前，向鲁中转移的机关和部队北过沂水后，突然发现敌情，立即向南撤退。当接近对崮峪时，已是早晨八九点钟，还没有吃早饭，战斗就打响了。我军抢占了对崮峪，与敌对阵。8000余敌人从四面包围，将我军压制在东西长约一里、南北不过半里的山头上，敌人集中火力向我军阵地密集扫射、轰击。在这种情况下，从黎玉、王建安、江华等领导同志到军区、政府机关干部，都行动起来，投入战斗。李竹如在战斗中表现得沉着、勇敢、毫无畏惧。中午，在战斗间隙，他还谈笑自若地鼓动大家：坚持到天黑，一定会胜利突围。午后，数倍于我的敌人发起一次比一次猛烈的攻击。我方弹药打光，便用刺刀、石头与敌人拼杀，连续打退了敌人的8次进攻，一直坚守到黄昏。天黑后我军开始突围，李竹如在翻越山顶上的石墙时，被一颗子弹击中头部，壮烈牺牲。

李竹如牺牲后，陈光、罗荣桓、陈士榘于1942年11月12日将对崮峪战斗和李竹如等阵亡的情况电告中央军委和八路军总部。1943年5月3日，山东《大众日报》头版头条发表了山东分局书记朱瑞的《纪念李竹如同志，开展山东民主文化工作》的悼文。5月4日，山东各界举行了追悼大会。延安《解放日报》第一版刊登了追悼会的消息。李竹如的生命定格在了37岁，他走的是一个知识分子所走的革命、战斗的道路，他为迎接中国的黎明和革命的胜利，贡献了自己的一切。

李呈祥

李呈祥（1873—1942），字瑞麟，利津县利津街道庄科村人。李呈祥自幼天资聪慧，却因家庭贫困无法就学，至年长后常由目不识丁而遭遇尴尬，遂拓荒种田，筹集经费，以武训为榜样，奉产兴学，惠及乡里。经二十余载苦操奇行，

李呈祥

终于办起了两所义学，自此，百年间庄科村向学之风渐盛，人才辈出，李呈祥也以"倡教化，举义学"而载入史册。

饱受白丁苦　随立兴学心

幼年的李呈祥天资聪慧，但因家中贫困，无钱入塾就学，及至年长后常常因为不识字而遭受羞辱，生活中也时常遇到因不识字带来的尴尬。这让他非常懊恼却又无奈。

年轻的李呈祥眼羡有文化的人，不甘心当"睁眼瞎"。看到有带字的物件或是书本，他总会拿起来反复看上一阵子。凭着好使的脑瓜，听别人讲上两遍，都能一字不落地记下来。他后来常对他的学生念叨的一首打油诗"书中自有千钟粟，书中自有黄金屋。出门莫恨无人随，书中车马多如簇。娶妻莫恨无良媒，书中自有颜如玉。男儿欲遂平生志，六经勤向窗前读……"表明了他对读书的向往。

没有文化给生活带来的窘境，更加激发天资聪颖、性情豪放的李呈祥对文化知识的渴求。这期间，他听说了山东武训的事迹，发誓学习武训的办学精神，一定要让子孙后代和村里的穷孩子们有书读有学上，不能再像自己一样"瞎"字不识，虚度人生。

垦荒新淤地　力集义学资

李呈祥18岁那年，黄河已在利津入海达36个年头，经过三次尾闾改道摆动，巨量的泥沙在利津铁门关以下及东北部淤填出大片的新淤地。这片广袤的退海之地，吸引着许多垦户前去开荒。同时政府也制定一些激励政策，鼓励人们到新淤地开垦耕种。

年轻的李呈祥认为这是一次积累财富的难得机遇。这一年秋收过后，李呈祥不顾家人的反对，打点行装义无反顾地踏上了去往北大洼的拓荒之路，此一去，就是20多年。

李呈祥开荒垦地的地点选在了今铁门关遗址以北的黄河新淤地上。这里芦苇荆棘丛生，海沟河汊纵横，刚刚淤积成陆的荒地时常受到海潮的侵袭。但这里的土地肥沃宽满，只要没有特大自然灾害，收成相当可观。李呈祥正是看准了这一点，带着希望和憧憬，做足了吃大苦受大累的思想准备。

落脚黄河口新淤地的李呈祥经历了酷暑严寒，冬垦春播，夏忙秋收，实现了第一年的丰收。光绪十八年（1892），正值朝廷下令进行移民，他率先垦荒的勇气和胆识得到了利津知县吴兆鏻的赏识，亲自派人到现场免租税，并专门批拨"一望地"（仅靠人双眼能望及的土地范围）给李呈祥垦种，作为给他带头开荒和办校义举的奖励，这给予了李呈祥莫大的鼓舞，助他在兴学之路上迈出了更加坚实的一步。此后，他整个心思都在垦荒、种地，攒钱、办学上。

1896年7月初的一天，23岁的李呈祥突发急病昏倒在回家的路上，被一户姓王的人家发现并抬入家中救治。王姓人家乐善好施，人称王善人。20多天后，李呈祥渐渐恢复了元气。王善人一家了解到眼前这位挺拔俊朗的小伙就是获得"一望地"的城北庄科人，又听说李呈祥垦荒种地创办义学的远大志向，更加钦佩，意欲招其为婿。原来王善人有个女儿叫王翠萍，自小聪慧过人，比李呈祥小三岁，还读过几年书。在与李呈祥相处的这些天里，渐渐地为李呈祥立志垦荒创办义学的志向所打动，爱慕之心油然而生。1897年冬，李呈祥与王翠萍喜结连理。从此后，李呈祥有了妻子和岳父家人的支持，心无旁骛信心满满地扎根在黄河新淤地上，用心血和汗水，一点一滴地为他的梦想进行原始积累。

民国二年（1913）收秋结束，40岁的李呈祥把部分土地和粮食籴兑成现洋，回到了家乡庄科村，开始了他为之奋斗20余年的圆梦之旅。

义举随心愿 育才泽乡里

举义学、建学堂诸事繁重。李呈祥首先想到的是恳请当时的利津县知事王元璐帮忙。他来到县衙向王知事汇报了自己多年的夙愿和遇到的困难，恳求县里出面协调。王元璐闻言十分赞成，并在庄科村前划拨25亩上等的河滩官地，作为义学学田。同时派人说服庄科村附近耶稣教堂的房主许云生，出借五间房屋作为学堂教室。

当时耶稣教堂有一位姓黄的女教士，听说李呈祥举办义学，还要开办女子学堂，欣然答应王元璐和李呈祥的请求，并同意学校建成后，担任女子学堂教员。有一年，李竹如同志回利津进行革命活动，在庄科村开办夜校，传播革命思想，李呈祥深受启发，更加坚定了他办学育才的决心和信心。

义学之路固然艰难，尤为难的是人们的旧传统观念的改变。"女子无才便是德"，在当时的农村，很少有家庭让自家的女孩抛头露面去上学。尽管李呈祥倾尽所有建立的学堂不收学生的任何费用，还免费发给学生书、本、笔、墨、纸、砚、书包等，但响应者稀少。李呈祥一次次不厌其烦地挨家走访、劝说、动员，在他的感召下，靠着一份赤诚之心，终于有了第一批女学生，鲁北地区第一所免费的义学女子学堂——女学识字班成功地创办了起来。

随后，李呈祥又陆陆续续卖掉铁门关以北的部分洼地，动员家住耶稣教堂以东、黄河大坝以南（今庄科村南大堤拐弯处，庄科水井以东），庄科村热衷教育的大户丰国珍，出让五间老宅基地，盖起了比平常住房宽大许多的五间校舍，起名为"庄科大学堂"。聘请黄家村晚清秀才马春泉任教师，以蒙学为主。学堂开课后，马春泉和李呈祥志趣相投遂为好友，后来还成了儿女亲家。李呈祥将女儿许配马春泉之子马汝彬，颇有文才的马汝彬也曾在学校任教。从此，李呈祥的奉产兴学之路如虎添翼。1927年，他又着手在大堤以北、庄科村以西重新整修了关爷庙，并设为第二处学堂。

李呈祥的学生、南下干部李维庚在20世纪80年代曾写过一篇纪念李呈祥的文章，他写道："没有校舍，他千方百计说服了附近的一所耶稣教堂，借出5间教堂作为教室。又动员热心教育的乡民丰国珍腾出五间宅基，作为新校使用。所需桌椅、教具，李呈祥东讨西借，学生家长积极筹措，许多乡亲也伸出援助之手，捐钱捐物，加快了办学速度。李呈祥从大北街和菜园村请来了孙协廷老师和刘学增老师到校任教，女校老师由本村段桂如（女）担任。功夫不负有心人，在不到两个月的时间里，庄科村男、女两所学校初步建成开学，解决了村里100多名适龄儿童的就学问题。尤其是女子学校的创办，在当时来说是一件了不起的大事。"

学校各项事务正常运转之后，为保证校务供需，李呈祥又在太平庄村以东的"小疙瘩"和庄科村以北的"老牛角"两处，先后购置200多亩上等田地，收取地租以供养两所学堂的日常开支所需。

学堂办得有声有色,庄科村及周边的乡亲们感其义举,为了表达对他的仰慕和感激之情,自发出资为他制作了一面牌匾,上书"兴学育才"四个金色大字,悬挂在他家大门门楼上。

时局纵难挽 耿直度余生

民国十五年(1926)七月,庄科村南大堤偎水出险,县知事李光宇、承防纪鹗元率汛兵抢堵一夜始得无恙。此后山东省河务局局长林修竹坐镇崔庄,调集民工将这一段堤防进行加高培厚。为确保工程质量,特聘德高望重的李呈祥及回乡暂住的李贻蕚(即李竹如,时年21岁)为工程监察员,监督施工。李呈祥带领李贻蕚不舍昼夜吃住在工地,为了家乡,为了学校的安危,尽心尽力完成了任务。

李呈祥之子李星三生于1904年,自幼受到了良好的启蒙教育。1925年,21岁的李星三考入北京朝阳大学(新中国成立后合并入北京大学),后升级东吴大学医预科。1931年7月,进入梁漱溟先生主办的中国第一级乡村研究院(院址在山东邹平)攻读社会学系,研究乡村建设理论,具体制定山东省各地乡村建设行动方案,获得学士学位。1932年6月,结业后留校任教。其间,李星三多次邀请梁漱溟先生来利津参观指导乡村教育,梁漱溟对李呈祥创办义学颇为赞赏,每次来利津就住在李呈祥家,相谈甚洽,遂成

此片摄于1935年,前排桌子右侧为李呈祥,右一为李呈祥夫人;桌子左侧为李呈祥弟李呈章,左一为李呈章夫人;后排右一为李星三夫人高瑞祥,右二为李星三;右三为李星三姐姐,怀中为马杰三之妹;右四为李星三小妹。前面小孩为马杰三。相片题字为李星三夫人高瑞祥所书

至交。李星三结婚时，梁漱溟先生特地前来为其主婚。梁漱溟不但悉心指导乡村教育，而且以实物相赠，以助义学。如有一次来时带来了四桶（每桶360斤）航空煤油，以供学校照明用。

1939年6月，李星三在执行一项收编某部伪军投降（实为诈降）的特殊任务时，中途被一伙嚣张的土匪杀害，遇害时年仅35岁。儿子的牺牲令李呈祥悲痛万分，然祸不单行，10月，其弟李呈章又遭土匪绑票，索要5000大洋到利沾交界处赎人，逾期半日就"撕票"。尚在失子之痛中挣扎着的李呈祥深知土匪的心黑手辣，不得不拖着病体把家中的所有财产和土地变卖，赎回胞弟。

迟暮之年的李呈祥忍受着失去亲人的悲伤，一边防范着土匪们无休无止的黑手，一边艰难地操持着四壁萧条的家务。幸有倔强的性格和兴学兴教的信念支撑着，他硬是咬紧牙关，挺直腰杆，在兵荒马乱的年月里，在遭遇到家破人亡的境地下，依靠众乡邻的帮衬，艰难地维持着两所学堂的运转。直至1942年日军第二次入侵利津城期间，他托人捎信给他的好友赵吉甫（时任利津县长），把经营了29年的学堂转为公有。

后继多良才　余韵传千秋

李呈祥举办义学产生了良好的影响，民国期间，利津县各村都办有小学学堂，向学之风大兴。特别是庄科村一时名流辈出、人才济济，良好的学风一直延续至今。

李呈祥后代大多从事教育工作。其孙李培之任教多年，先后荣获过全国优秀教师、省优秀教师代表会议代表等称号。李呈祥之曾孙李健，曾孙女李莉、李媛大学毕业后，分别就职于北京体育大学、滨州市技术学院、滨州市体校。

李呈祥以一生的心血换来了丰硕成果，他的学生大都走上了革命的征程。如南下干部酆象观、李敬之、李连庚、李维庚、李惠青（女）等都曾任地方、军队要职；革命烈士李竹如，北师大史学泰斗何滋泉（菏泽人，6岁时跟随在利津做军政长官的父亲，曾居住于李呈祥家），中国农业部第一任乡镇企业局局长马杰三、渤海军区文工团团长王朝海、滨州市乡镇企业局第二任局长綦讲勋也都曾就读于庄科村的义校，接受过李呈祥兴学的教诲，成了利津儿女的优秀代表。

李呈祥创办的女学识字班和男子学堂到民国二十年（1931）发展更名为民众学校，民国二十五年（1936）又更名为乡农学校，1949年利津解放后，成为庄科小学，1968年变更为二年制的庄科中学，1985年合并于利津镇东方红中学，1993年全县进行教育体制改革，该校全校迁址至利津县利津镇宗家夹河村。2014年8月撤校，统一规划为利津街道中心学校。

李星三

李星三（1907—1939），字兰村，利津县利津街道庄科村义学创始人李呈祥之子。自幼聪慧，有过目不忘之才。幼年在父亲的义校中受到良好的启蒙教育，十几岁时就能帮助父亲打理两所义学和在县城北街开办的"三益号"商行。18岁时考入北京朝阳大学，这所大学是以法律、政治、经济等系为主的著名法科大学，也是民国时期法学非常出名的一所大学。1928年李星三升入东吴大学（现苏州大学）攻读医预科。

李星三

毕业后，被山东省教育厅厅长何思源以法律人才聘用。1930年，通过何思源推荐，李星三到邹平跟随梁漱溟先生筹建山东乡村建设研究院（简称乡建院），成了乡建院研究部的第一批学员，并且协助梁漱溟研究农村改革，深得先生喜爱，1932年毕业后留校任教。恰逢研究院实施运销合作社，推广农业科学新技术，发展种植脱里斯美棉，也叫"邹平美棉"，这一棉花品种纤维细长而韧性高，适合半碱性土壤生长，特别是退海之地的利津县、沾化县一带。李星三便与梁漱溟协调，把棉种与技术引进了家乡利津。

受恩师梁漱溟先生言传身教，李星三成为乡建院教师中的骨干。1934年，李星三被选任邹平实验县户口调查委员会委员、常务委员、设计处设计员与指导员等职。是年冬天，他在指导研究院第三届学生下乡训练的同时，帮助邹平县政府以十三乡为试点，对15—25岁的青年农民普遍进行了为期90天的成人教育与军事训练。这次活动又叫青年义务教育训练，使经过训练的青年农民的精神面貌发生了很大变化。结业那天，全县一万多名青年整齐地集中在十三乡学校，接受县长徐树人的阅操和颁奖，博得研究院同仁与邹平县政府的高度赞誉。

1935年，李星三受命调入济南，随山东省教育厅厅长何思源主理山东教育。七七事变后，济南沦陷的前五天，李星三同何思源组织教育厅干部，指导帮助逃难的老百姓安全撤离，又奉命调回邹平母校，率领全体师生加入抗日游击战争。其间，山东省政府主席韩复榘避战求存，弃守济南不战南逃。日军疯狂入侵，北平、天津先后沦陷，日军又沿津浦路南下制造了济阳惨案，血洗了鹊山村，济南失守，邹平乡建院也在日军的炮火下化为一片废墟，乡建院不得不撤出山东暂赴河南。原乡建院第一任院长梁仲华和副院长孙则让分别从济宁、菏泽带走了1000多人的乡村自卫组织和大批武器。为使这些人重回山东抗日，梁漱溟向国民政府提出，由政府给一个"第三政治大队"的名义，将在河南整训后的梁仲华部与李星三等豫鲁干部班及受训毕业的学生，合编加入军事委员会政治部战地服务团第四团。接着又改称为军委会政治部（部长陈诚，副部长周恩来）直属第三政治大队，大队长秦亦文，下设五个支队，分别为鲁南、鲁北、鲁东、鲁西和豫北。

李星三为第二支队，即鲁北支队支队长（少将军衔），在淄博、德州、潍坊、临沂、枣庄、惠民及河北沧州、江苏徐州一带活动。

活动在鲁北一带的李星三谨记梁漱溟先生谆谆教诲，与共产党和平共生共同抗敌，打击日伪军，扫除匪患，多次受到国民政府及第三政治大队的表彰与嘉奖。这让日、伪、匪三股势力对李星三及其部队恨之入骨。1939年6月7日，李星三与两名随从装扮成商人，去惠民执行收编某部伪军投降（实为诈降）的特殊任务，途中经过一片茂密的青纱帐时，被一伙打劫的土匪偷袭。他们随身携带的证件，暴露了真实身份。这伙劫财的匪徒，知道闯了祸，就用他们惯用的"杀人灭口"手段，残忍地将李星三等人活埋在惠民县城以北的一片洼地里。遇害时李星三才32岁。

待后续的大队人马与先前开路的骑兵护卫队赶到预定的地方会师时，却不见了他们的支队长李星三，回头再找却查无踪迹。在辖区内丢失了一员文武皆备的儒将，山东省教育厅厅长兼鲁北行署主任、鲁北游击队总指挥何思源及第三政治大队的领导都十分恼火，也十分痛心，派部队拉网式搜遍了所涉范围的青纱帐及惠民、无棣、阳信、蒲台、沾化等县的各个可疑场所，整整找寻了40天，渺无音讯，只得收兵。

《梁漱溟研究文集》第88页记载："5月31日，梁漱溟应邀乘马车至东里店会晤了沈鸿烈、于学忠等人……在此留住期间，多次与第三政治大队的同仁谈话。（后来）得知鲁北支队长李星三因接受伪军诈降而遭杀害。李星三是研究部同学，梁漱溟素以他是有作为之人，今惨遭杀害，令梁漱溟伤痛至极。"

梁漱溟先生与李星三感情深厚，曾数次应李星三之邀到利津参观指导农业乡村教育。每次来，梁漱溟先生都住在李星三家里。有一次，梁漱溟先生给县教育部门赠送了四桶（每桶360斤）航空煤油，供学校照明用。在那个年月里，这是非常紧缺的战略物资。梁漱溟先生对李星三的父亲、捐产办义学的李呈祥格外钦佩，分外敬重，与之交流时总以晚辈自居，二人相谈甚洽，后逐成至交。1934年春，李星三成亲时，梁漱溟先生专程前来致贺，带来了一对大红灯笼，并为其证婚，隔年又为他的儿子取名为"李培芝"。

李星三牺牲时，他的儿子李培芝不满6岁，为防匪徒加害，李星三的妻子高瑞祥与婆婆王翠萍，套上马车带着李培芝连夜逃往济南，找到李星三的老上级何思源。何思源将其安置在自己的女儿何鲁丽就读的山东省国民党烈士遗属学校。新中国成立后，李培芝以惠民地区第一名的成绩考入惠民师范学校，毕业后留校任教。后任北镇中学教师、副校长。退休前为滨州地区体委主任、党组书记。曾荣获全国优秀体育教师、山东省优秀教师等荣誉称号。

李奉先

李奉先（1902—1976），艺名荣庆，利津县利津街道后北街人。其父亦为梨园中人，工旦角，他自幼随父练功，后进荣字班学戏，出科后常与万字班、德字班等戏班搭班演出。主攻文武老生兼红净（关羽），多在利津、博兴、高青、桓台一带演出。以演出认真、卖力、善做戏而享有较高的声誉。1954年，被选为利津县各界人民代表大会代表。1961年，加入中国共产党。

捐家办团

旧社会，京剧艺人大多靠走江湖卖艺为生，属"下九流"。颠沛流离历尽艰辛，饱受官府和上层社会的欺凌。1944年利津解放后，京剧艺人受到党和政府的重视，成了一名光荣的文艺工作者。李奉先心情舒畅，精神振奋，深感京剧事业的春天到来了，从此坚定了献身京剧事业的信心。当时县里召开重要节日、祝捷、治黄庆功等大型集会时，都是他审班约角、组织演戏。

1949年冬，在县委书记林光、秘书刘学彦支持下，组织起了第一个农民学戏班。李奉先、宗德功、韩德超为教师，集合了县城附近50多名京剧爱好者参加，以说戏、排戏为主。排练场设在城里前北街李其海家的东院。参加学戏班的学员大都有点唱戏的根底，很快排出了新戏《九件衣》《阿侬女》《唇亡齿寒》和一些传统折子戏，在县内多次演出。当时演戏主要为活跃农村文化生活，配合宣传党的方针政策，是义务性质的。演员无任何物质待遇，演出完成就自己回家吃饭。李奉先约来的角就在他家喝酒吃饭，有的角一住好多天。

1950年2月，在李奉先的热心组织下，利津县正式组建京剧小班。经目测考试，入选20余人，年龄最大的李继贤、李秀生19岁，最小的高盛林仅10岁，崔云鹤、高长祥、马存荣、石文贵、王是男、李其怀、王青芳、马茂胜、王景尧、杨金生、李泽元、李玉豹、魏福庆、常洪敦、高友三、尚义民及姜秀兰、潘桂英、崔玉华、赵金荣4个女学员，大多十三四岁，这四个女学员是利津县最早的坤角。

戏班设在前北街三眼井路口东北角、原"中和堂"林家老宅。戏班伊始，关门练功8个月。当时条件很差，生活艰苦。学员每人每天3斤小米的待遇，李奉先、宗德功、韩德超三位教师每人每月200斤小米的待遇，按月由县工商联支付。三个月后，京剧小班自力更生，费用自理。京剧小班最初叫"民间职业剧团"，后定名为"利津县农村京剧团"。1950年秋后第一次走出县城公演，地点是城南三岔村物资交流会。

当时，剧团的服装、道具很少。新中国成立前，职业艺人或较有名气的角，都是自置行头（服装道具），利津城没有固定的京剧班底，也没有戏箱，剧团演出用的是前北街历年扮"盒子灯"的戏装和城隍庙戏箱遗留下的断残道具。此外，学员们自己出钱缝制彩衣、彩裤、薄底快靴等物，李奉先则把自己积攒了半辈子的行头全都献给了剧团。

三岔公演以后，小班剧团闯开了局面，演员们也壮了胆，随后赶排了多出折子戏、全本戏。1951年秋冬，连赶了陈家庄、罗家、民丰、八大组四个物资交流会台口，每个台口演六七天，每天演三场。大会包场，每场70万元（旧币）还管吃、管接送、管住宿。赶了四个台口，净余1680万元，李奉先老师即带人下苏州，全都添置了新戏装。

自剧团建立起，李奉先就以团为家，家中之事置之度外，把全部心血用在戏剧事业上。他家在后北街西头路北，紧靠剧场，院子很宽绰。家有十几亩地，每年收若干棉花、花生。他女婿还在他家开弓坊，收入也不少。再加他半辈子的积蓄，家底很厚实。那时剧团经常邀请名角参加演出，剧团又没有办公地点，过往名角便在李奉先家落脚。再加有些学员常在他家练功，李奉先的家便成了剧团的根据地。在过往应酬方面，剧团没有开支款，李奉先便自己负担。不几年，就把一份厚实的家底吃干喝净了。

剧团赶台口演戏，流动性很大，常常吃不上饭。1953年冬，到小宁海演出，演员都化妆了，后勤没跟上，伙房做不成饭。李奉先领着几个大点的学员，到村里挨家挨户敛干粮。大家吃了，准时开锣唱戏。李奉先和学员们说："过去唱戏，到户里要饭吃，是'家常便饭'，只要唱好戏，人家就不笑话。"

就这样，李奉先不畏艰苦，不计报酬，领着小学员们度过重重困难，使剧团坚持下来。1953年，"农村京剧团"与盐窝的"新民京剧团"合并，称"利津县新声京剧团"。1955年1月，五庄决口，剧团人员放年假被水阻隔不能集合，他为联系住在灾区的演员，亲自蹚着没膝的冰水，一天行程数十里了解情况告知剧团安排。当时他50多岁，臀部还生疮，他一心为剧团，无私奉献的精神，让剧团演职人员十分感动。

1956年，利、垦并县，"新声京剧团"暂称"利津县京剧一团"，原垦利县辛庄的"大众京剧团"暂称二团，至7月两团合并，称"利津县京剧团"；1958年，沾、利并县，"利津县京剧团"改称"沾化县京剧二团"。1961年，恢复利津县京剧团。

教戏育人

李奉先是从旧社会过来的京剧艺人，旧社会的苦难在他思想上打上了很深的烙印。新中国成立后，在县委、县政府、文教科有关领导的关怀帮助下，他的思想进步很快。在剧团十多年中，他事事听党的话，时时处处为发展京剧事业尽心尽力。剧团刚成立的那几年，老师、学员都没有什么物质待遇，生活很苦。长年除了练功排戏，就是赶台口演戏，连春节也不能在家里过。每到艰难的时候，他就和学员们说："旧社会，俺们叫'戏子'，是要饭的。人们说戏子是'下九流'，低人一等。出外唱戏，为挣二斗粮食吃，好房子不让住，只能住人家的磨屋、碾棚；在人眼前，连个座位也不敢坐，是伺候人家的，又叫'吃凉菜的'。新社会，你们是文艺工作者，党和政府给了你们这么高的地位，群众也尊重你们。出来唱戏，车接车送，不管到哪里，村干部给号上好房子住。俺那时冬天演戏，脱了棉裤，只穿一个裤衩，登上彩裤就上场，你们现在都有绒衣绒裤，饿不着、冻不着，真是幸福，别不知足啊！"李奉先的话语重心长，对学员们教育很深刻，都觉着做一名文艺工作者是光荣的，新中国初期的那一批学员，一直保持着旺盛的学习劲头。

李奉先善于学习新戏，他的戏路很宽，生、旦、净、末、丑各行当的戏他都会，能串演100多出。他虽然不识字，但到县上开会学习，十分认真。他经常用毛主席在延安文艺座谈会上讲话的精神教育学员，指导戏剧的演出活动。他常说："咱们现在是人类灵魂的工程师，演戏不光是为挣碗饭吃，是为人民服务，是为宣传革命思想，教育群众。"在教演什么戏的问题上，他坚持听党的话，紧密配合党的中心工作，启发人们的觉悟，达到寓教于乐的目的。自建团起，一直是李奉先为主领着学员们活动。直到1956年，上级才给剧团派来了正式团长，李奉先担任业务团长。教演什么戏，仍然基本上是以李奉先的意见为主。那些宣扬封建迷信的戏，如《杀子报》《大劈棺》等，他都不教学员们演。1949年建团初，排演的有控诉阶级压迫、反对封建迷信的戏《九件衣》《贫女泪》《阿侬女》等，有歌颂人民抗暴斗争精神的戏《黄泥岗》《青山英烈》《武松发配》《鸳鸯楼》等。为配合参军参战、抗美援朝的宣传，还排演了《唇亡齿寒》《潞安州》

《汤怀义》《破洪州》《抗金兵》《花木兰》。配合宣传《婚姻法》，排演了《双蝴蝶》《穆阁寨》《红娘》等戏。以后还排演了《铡美案》《十五贯》，现代戏《刘介梅》《白毛女》等。这些戏的演出，对于启发观众的思想觉悟，配合宣传党的方针政策，起到了很好的作用，受到广大观众的好评和领导的表扬。

其他一些常演的传统剧目，如《广太庄》《独木关》《古城会》《狮子楼》《打店》《薛刚打朝》《追韩信》《杨家将》等，也都是思想内容健康的戏。

1959年，为参加淄博专区组织的自编节目戏剧会演，李奉先带领付俊海、王兆先到陈庄南圩村，深入群众，搜集清代南圩群众反对苛捐杂税的斗争故事，编排了《大闹南圩岭》。参加汇演后进入前三名，受到了领导和群众的好评。

传艺从严

李奉先教戏，历来严格认真。剧团建立之初，排练场在中和堂林家的宅子里，院子很宽绰，有一座二层楼式的北屋，还有东西厢房，学员就住在北屋里。早上，顶着星星，老师就领着学员们跑到黄河边去喊嗓。回来，就靠顶、搬腿、翻跟头。李奉先拿根杆子一一点拨。对每个学员的每一个动作，都严格要求，按照一定的规矩和分寸去做。他说："没有规矩不能成方圆，不合规矩就练不成真功夫。"当时的学员，老是想快点学戏，李奉先说："戏，用鼻子一闻就会；功，不练不能成。练不成功，咋能演好戏呀！"他还教育学员们，练功不能怕吃苦，讲究"冬练三九，夏练三伏"。早功以后，白天练刀、枪、把，晚上说戏。睡觉时，宗老师还拦着屋门搭铺睡。就这样苦练了三个月基本功，学员们都有了一定程度的功底。

在以后的演出活动中，不管多么忙、多么累，李奉先总是要求学员们天天坚持练功，什么时候练，他都认真指导。他说："台上一分钟，台下三年功。"还说："三日不练功，自己知道（自己感觉力不从心）；七日不练功，同行知道（同行能看出来）；一月不练功，观众知道（观众看得出来）。"学员们有些一时学不好的动作，跑到李奉先家练，他随时都给学员们指导，从不厌烦。在剧团10多年中，谁常练功，常去找他求教，他就最喜欢谁。

李奉先对学员们练功要求严，对上场做戏要求更严。他常说："艺术是个人格。不要认为观众看不懂，就想瞒过去。不怕千人看，就怕一人瞧。一个动作做不到家，一个字念不准，懂行的人就笑话你。"那时演戏，剧场没有固定座位，观众自带座位，挨挤得很紧。两边和后边的观众站着，舞台上一热闹，后边的人就往场子中挤，常常晃了台。有的学员想乘机省力，李奉先对学员们说："人多场乱，后边听不清楚，咬字吐声，更要用足力气。后边听清了，场子也就静了。"有时遇上天气冷，或下点小雨小雪，观众不多，李奉先就要求学员们说："人少，这是真来看戏的，咱们更应该卖力气，才不辜负人家对咱的期望和捧场。"

1952年冬，在曹家店演《黄泥岗》，这出戏剧情中的时令是炎夏酷暑，而演出的那天却很冷。学员们都套了绒衣绒裤，身上显得很臃肿，与剧情不太相符，李奉先说："我唱了半辈子戏，无冬无夏都是内穿一件裤衩，从来没穿过绒衣绒裤。你们都给我脱下来！身上有功夫，还怕冷吗？"学员们听后都把绒衣绒裤脱下来了，结果，上了场演得更认真更卖劲，取得了很好的演出效果。

在老师的严格要求和指导下，利津剧团的艺术水平提高很快。1956年，惠民地区在北镇举行大会演，利津县得了四个一等奖，即李奉先、崔云鹤、韩晋武、吴连升，崔云鹤还得了个二等奖。此外，在各地演出，都得到领导和观众的好评，光锦旗就挂了满满一屋。

李奉先办剧团13年，演员发展到50多人，利津县京剧事业的发展，与李奉先的无私奉献是分不开的。

李长之

李长之（1910—1978），原名李长治、李长植，笔名何逢、方棱、棱振、张芝、梁直等，利津县城北庄科村（今利津街道）人。中国现当代著名文艺批评家，在文学批评和古典文学研究领域造诣甚深。

李长之三岁那年，因乡间匪患猖獗，村无宁日，在秋末冬初的一天，随祖父乘坐一辆马车，经过几天的旅途颠簸，到了省城济南。李长之的父亲李泽培是受过新旧两种教育的知识分子，晚清应过科举，是秀才，后来又上了山东高等学堂，对数学和外文颇有兴趣和造诣，曾先后在济南商埠小学和中学任过教，还教过大学的德文。李长之的母亲是位非常精明、贤淑而又酷爱艺术的女性，毕业于山东女子师范。幼年的李长之，就是生活在这样一个有良好文化氛围的知识分子家庭里。李长之9岁那年在山东省立第一师范附属小学读书时，正值五四运动的春风吹到济南，他幼小的心灵受到了一次爱国主义教育。当时，由于师范附属小学校长王世栋是新文化运动的积极拥戴者，所以李长之很快接触了白话文和新诗。这为他后来的写作奠定了良好的基础。

李长之

李长之自幼聪颖，勤奋好学，酷爱文学，在童年时代就表现出对语文的浓厚兴趣和天赋。在济南师范附小读书时，他的作文不仅是全班第一名，也是全校第一名。在班主任老师的鼓励下，他12岁就开始写作，并经常向报刊投稿。这年，他写的新诗、散文分别发表在郑振铎主办的《儿童世界》、朱天尼主编的《少年》和中华书局的《小朋友》等杂志上。因此，他被同学们称为"小作家"，备受学校师生的青睐。值得一提的是，此间他与季羡林先生成为同学，并结下了终生友谊。季羡林回忆："长之是我一生中最早的朋友。认识他时，我只有八九岁，地方是济南一师附小。"李长之考入清华大学后，与季羡林、林庚、吴组缃并称"清华四剑客"。季羡林晚年写就的《追忆李长之》一文，情真意切，令人感怀。不久，李长之升入山东省立第一中学初中部就读。这时由于军阀张宗昌统治山东，严禁白话文，于是李长之就潜心学习古典文学。他最喜爱读《孟子》《庄子》等书，这开启了他日后对古典文学研究和评论的兴趣。

1926年，李长之以第一名的好成绩考入山东省立第一中学高中文科，后又改学理科。1928年5月3日，济南发生"五三"惨案，日本帝国主义武装占领济南。不久，他转入齐鲁大学附中就读。齐鲁大学附中是"洋人"办的一所教会学校。这年是李长之非常痛苦的时期，他目睹了日军在济南的残暴罪行和西方帝国主义在校内的统治，感到非常憋气，实在不能容忍，于是怀着满腔愤慨，离开济南转入山东聊城第三师范就读。毕业后，李长之到了北平。这时，李长之出于对祖国前途命运的忧虑，决定学习自然科学，以探索工业救国的道路。因此，他放弃了可以直接报考大学的资格，进入了北大预科甲部（理学院）。在理学院学习的两年中，他刻苦用功，这期间他写了许多科普性质的文章，如《火山和地震》《怎样研究数学》《从陈桢普通生物学说到中国一般的科学课本》等，发表在《华北日报》的科学副刊上。此外，他还为《益世报》编辑副刊"前夜"，并在《自由评论》杂志上发表了《我所认识的中山先生者》的文章，热情颂扬了孙中山先生的为人及其民主革命精神。1931年秋，李长之考入清华大学生物系，两年后转入哲学系。这年发生了震惊中外的九一八事变。日本侵略者的铁蹄践踏了祖国的大好河山，东北三省沦陷，人民处于一片血雨腥风之中。而蒋介石政府奉行"攘外必先安内"的反动政策，对日采取不抵抗主义，激起了全中国人民的反对。全国各城市学生请愿、罢课、示威等抗日爱国活动风起云涌，抗日救亡的声浪遍及神州大地。这时，李长之怀着一腔爱国热情和革命义愤，参加了清华大学南下请愿团去南京要求蒋介石抗日。他们涌向了军警林立的国民党中央党部，同南京当局进行了不屈不挠的斗争。回校后，李长之不顾旅途劳累，连夜赶写了几篇文章，揭露日本帝国主义的侵略行径，抨击国民党当局的对日妥协立场，歌颂人民群众抗日救亡如火如荼的斗争。

从1932年初开始，他几乎用了全部的课余时间，从事文艺理论方面的学习和研究。1933年8月，李长之在《现代》杂志第三卷第四期上发表

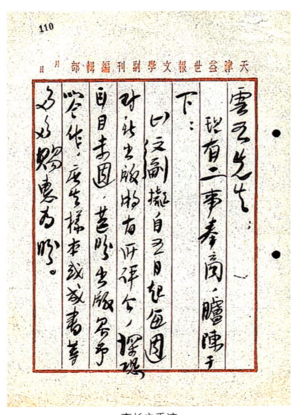

李长之手迹

题为《我对于文艺批评的要求和主张》的论文，阐明自己对文学方面的见解。在文章中提出："批评家必须有比创作家更广博的知识和独到的眼力""批评家和作家完全是好朋友""批评家尤不能忽视作家的个性"以及批评时"必须跳入作者的世界"即"用作者的眼看，用作者的耳听""必须重视作家的艺术技巧"等，这是一篇有深度、有独到见解的论文。李长之转入哲学系后，应郑振铎邀请，同朱自清、吴晗、巴金等人参加了《文学季刊》编委会。1934年与杨丙辰合办了《文学评论》杂志，担任《清华周刊》文艺栏的主编，出版了他的第一部诗集《夜宴》。

李长之是评论鲁迅著作的专家之一。早在五四时期，他还在济南读初中的时候，就开始阅读鲁迅的作品，非常钦佩鲁迅对人对事的不妥协精神。由此，他很早就开始写评论鲁迅的文章了。1929年1月他写的《猫》，刊载在《山东民报》上。他考入清华大学后，在潜心研究文艺理论的同时，还系统地阅读了鲁迅的著作，并撰写了许多评论文章。20世纪30年代初期，李长之写的《〈阿Q正传〉之新评论》《评〈三闲集〉》《评〈两地书〉》等，分别发表在《再生》《北平晨报》文艺副刊和《大公报》等报刊上。这时他才20多岁。李长之系统地评论鲁

李长之著《鲁迅批判》1935年版

迅的著作《鲁迅批判》一书，开始写于1935年春，同年脱稿，经鲁迅审阅，订正了有关时间，于1936年由上海北新书局出版。全书总的倾向对鲁迅及其作品是崇敬和热爱的。《鲁迅批判》是一部不足10万字的小册子，但在鲁迅研究史上却是赫赫有名的传世之作。它是鲁迅研究史上第一部成体系的专著，是唯一经过鲁迅本人披阅的批评鲁迅的专著，也是迄今在研究鲁迅的学术领域中引文率最高的专著。除此之外，李长之还为后人留下了研究鲁迅几十万字的论文。

1936年，李长之清华大学毕业后，生活非常艰难。这时，他父亲因中风卧床，生活不能自理，母亲因侍奉父亲不能专心工作，他的生活费全靠自己维持。李长之在清华大学担任了华侨生、蒙藏生导师，给华侨生补习中文，给蒙藏生补习英文，但是薪水极其微薄。另外，他还在私立京华美术学院兼了课，教美学和艺术史，名义是教授，可薪水每月不过只有几元钱，而且没有保障。1937年，卢沟桥事变爆发。不久，平津沦陷。李长之应熊庆来校长邀请，前往云南大学任教，讲授哲学概论兼授国文和文艺批评课程。这时，他申请去德国留学的手续已经办妥，但他放弃了。因当时北平已沦入日寇之手，李长之不愿重回被敌人占领的古都，更不答应必须承认伪满政府才能留学的条件。1938年，李长之到重庆中央大学任教，并加入中华全国文艺界抗敌协会。这期间，他撰写了《波兰兴亡鉴》《批评家孟轲》等书，出版第二部新诗集《诗的颂歌》以及抗战期间的文艺批评论文汇编《苦雾集》。

李长之是一位秉性耿直、刚正不阿、不畏权贵的人。抗战期间他在重庆中央大学任教时，曾发生过这样一件事。1943年初夏的一天，李长之突然接到国民党政府教育部长陈立夫的邀请信，他感到茫然，却又不好拒绝。到了教育部见到陈立夫后，他才知道陈想拉拢他，让他到教育部工作，并许诺给他一定的官职和优厚的待遇。但出乎陈的意料，李长之婉言拒绝了。但是，过了几天陈立夫又派秘书找上门来，说部长想请他写点文章，每月送编辑费300元，说罢就将1500元的钞票放在桌上。然而，李长之又一次拒绝了，第二天一早他就把钱退给了陈立夫。他这样做，有的朋友担心他会惹出祸来，但李长之斩钉截铁地说："我从来不代人写文章，也从来不拿不明不白的钱！"

1943年至1944年，李长之写了《北欧文学》《韩愈》两本书，并把自己的论文集《梦雨集》《迎接中国的文艺复兴》编好出版。由于过度劳累，他得了肺病，离开中央大学，转到重庆北碚编译馆工作。抗战胜利后，又去南京编译馆任代理图书馆主任。在那里，他写完了《司马迁之人格与风格》一书，先由《国文日刊》连载一部分，后来开明书店出版了这部书。《司马迁之人格与风格》一书，是李长之先生的代表作，是我国第一部全面介绍和评价司马迁及《史记》的专著，是蜚声中外的古典文学研究名著，具有重要的理论价值和学术价值，日本

有其译本。在这部
书中对于研究司马
迁及《史记》所牵
扯到的许多重大问
题都程度不同地接
触到了。李长之用
他那特有的优美而
富于情感的笔调，
在分析《史记》的
风格上及司马迁的
人格上，提出了许
多深刻见解。

晚年李长之

1946年10月，应黎锦熙之邀，李长之任北平师范大学副教授，后任教授，讲授中国文学史和哲学概论。

1949年1月，北平解放了，李长之怀着无限喜悦的心情迎接解放。他在校内起草了迎接解放的宣言，以后又陆续起草了拥护解放军渡江令的宣言和向新政协致敬的电文。这年，他以饱满的政治热情，加入了新民主主义文化建设协会，出席全国第一次文学艺术工作者代表大会。新中国成立后不久，已是不惑之年的李长之，怀着对共产党的崇敬心情，提出了加入中国共产党的申请。后又入华北人民革命大学文学政治研究院学习，加入中国作家协会，任北京市文联文艺理论组长等职。1951年，赴四川参加土地改革，任西南土改工作团副团长。在中国共产党的亲切关怀和领导下，这位在文艺批评界和我国古典文学研究领域造诣、建树的北师大中文系教授，充满了高度的政治热情和工作热情，在祖国的文学和教育园地里，奋力拼搏，勤恳耕耘。

李长之身材瘦小、性格内向、斯文寡言，但在他眉宇间却透着一种灵气和刚毅。每天黎明即起，一直忙到夜阑人静，常常废寝忘食，通宵达旦。酷暑盛夏，他伏案于简陋的室内，赤膊挥笔，汗如雨下；隆冬雪夜，寒气袭人，他一边呵手，一边写作。从中华人民共和国成立到1956年，不过七八年的光景，李长之除了写有几十万字的单篇论文，还撰写出版了《龙伯国》《陶渊明传论》《中国文学史略稿》《孔子的故事》《诗经试译》等近10本书籍。他写的《中国文学史略稿》，是新中国成立以来最早的一部文学史，是20世纪50年代的热门教材，当时在文学界产生了很大影响。1953年他出版的《陶渊明传论》，曾于1967年由日本早稻田大学教授松枝茂夫与和田武司先生翻译出版。1956年他出版的《孔子的故事》（上海人民出版社出版），由日本汉学家守屋洋翻译出版。

李长之是当代勤奋、多产的学者和作家。1956年，他才46岁，已经出版了近30种专著和译著，发表了百余万字的单篇论文。他学识与才气兼具，并且出手快。启功先生在《我所尊重的李长之先生》一文中写道，"有一次一位朋友需要讲一位欧洲文学家的生平和他的文学成就，来求李先生帮他的忙，李先生就请他在一旁坐下，自己一边就拿起笔来起草。我由于不在旁边，听当时在旁边的人说，大约一个课时（90分钟）的时间，即把草稿写成。那位朋友喜笑颜开地拿着那篇草稿走了。"然而遗憾的是，正当李长之年富力强、学业精进的时候，1957年他被错划为"右派"。从此，他的写作权和教学权被剥夺了，他的名字从报纸杂志以及出版界、教育界消失了。但是，他仍然一如既往地勤奋工作。这期间，他除了撰写《中国文学史略稿》元明清部分以外，还经常帮助青年教师备课，搞教材注释，帮助他们看稿和改稿，他把自己的"右派"身份置于脑后。后来出版的《红楼梦注释》《中国历代散文选》《新华字典》等书籍里都融汇着李长之先生的心血和汗水。其间，他还起草过剧本《李清照》的提纲，写有《〈西厢记〉论稿》和《论〈桃花扇〉》等论文。

"文化大革命"中，李长之先生被打成"资产阶级反动学术权威"。当时，他已患有严重类风湿关节炎，由于精神上和肉体上的摧残，他的病情日趋恶化，手僵直呈鹰爪状，脚趾蜷缩在一起。即使如此，李长之仍然以惊人的毅力和顽强的精神，拼命地看书和写作。

1976年粉碎"四人帮"以后，李长之按捺不住心头的喜悦，又立即拿起笔来，在补充修订的《中国文学史略稿》的新版题记中写道："没完成的完成它，已完成的修改好。为祖国的建设增添一砖一瓦，或者权当我的几声呐喊和欢呼，以鸣盛世吧！"1978年12月初，李长之患上了中毒性肺炎，当月13日，他带着不尽的创作激情和辉煌的创作规划，默默地离开了这个世界。

李长之不仅在中国文坛上享有盛名，在国际汉学界也颇有影响。他撰著的《司马迁之人格与风格》《孔子的故事》《陶渊明传论》等先后被译为日文。日本河出书局出版的《中国新文学字典》、东京堂出版的《世界文艺辞典》，都收有关于他的条目。

李凤翥

李凤翥，生卒年月不详，字丹亭，利津县毕家庄（今利津县汀罗镇毕家庄）人。活动于清光绪与民国年间，为民国利津县议会议员。

李凤翥原籍为利津县城东毕家庄，清光绪十七年（1891）时任县令钱鏐动员灾民到北洼新淤地垦荒，李凤翥非常赞同这一举措，认为这是为乡亲谋生计的一条出路，于是带头下迁利津北洼。当时利津北部一带常闹土匪，李凤翥禀请县警察队驻防罗家进行弹压，同时配合庄长胡志勋妥善办理防御诸事。此后数年，李凤翥为下毕家庄首事（组织防汛及河事的村长），经常与各庄长一同处理庄乡事务，维持一方治安。他还精于堪舆之学（俗称"看风水"）。据《利津县志·民国版》卷七载，某年河东有一村庄被黄河淤为平地数十年，旧基难寻。他应邀进行了详细勘查，找出了各家各户房基，约集庄人挨户承领，无不称其公平。多年来，他留心世故，下功夫考察河海形势并绘为图说，一时成为人们研究一方地理河情的重要资料依据。

黄河连年水患，让李凤翥经常奔走于抗洪抢险一线。汀河西坝工屡次出险，他每次都是抢在前头组织抢护，可以说是奔走河干无役不从。他被世人称为"一方善士"。

自咸丰五年（1855）黄河从利津入海以来，黄河入海口处经常出现流路紊乱，正河不畅，决口、漫溢灾情接连出现。在这一背景下，李凤翥于宣统三年（1911）七月写出《治河刍言》，建言黄河河口的治理问题。全篇约2600字，行文流畅，论述清晰，一气呵成。

文章开门见山："为大堤决溢漂溺堪忧，陈请堵筑决口，接修两堤，逼临海门以束水力，而畅尾闾事。"然后简述了二十年来黄河入海三易其道造成的原因，认为任事者（指主政治河的官吏）不去研究前人的导河深意和勘察河口畅塞情况，只是一味坚持"不与水争地"的陈旧说法，在黄河口治理上重上轻下，任其乱流，以致花费钱款越多却发生河患越多，河道不断变迁，人民生活日趋窘蹙。他认为下游黄水为灾，主要是入海不畅。海门不畅，水分力弱，以致口门淤垫，河身日浅决溢难免。解决"口门淤垫"的办法之一就是"堵截乱流，筑堤束水，使入海之处水归一路"，因为"水归一则水力猛而刷涤深，刷涤深则海口畅，而河患息矣"。接着，他以主要篇幅对这一观点进行了周密论述。

他先以大禹治水"北播为九河，又复同为逆河入于海"这一记载为引子，通过对明代潘季驯、清代靳辅等治河名家关于"束水刷沙"理论的阐述，进一步说明前人在河口治理上也是遵循"水归一路""束水攻沙"这一规律的。接着，文章又对二十多年来黄河入海流路三易其道的过程及其原因进行了剖析。从近千字的叙述过程文字中，不难看出作者对黄河入海流路情况所进行的大量调查研究。在对"纷纭错杂，无复纪极"的黄河入海形势进行了具体分析说明之后，作者又对"任事者"失之履勘、贻误河工等流弊进行了揭露。如光绪十五年（1889）韩家垣决口后，山东巡抚张曜曾奏请朝廷于两岸筑堤各三十里，束水中行，为入海之路。可在具体实施中，"任事者"不遵其意，"南岸仅筑十余里，北岸则借旧河南岸之旧堤作新河之北堤"，闹出了"东西河，南北堤"的笑话。像这样来做"筑堤束水"工程，肯定不会起到"束水中行以攻沙"作用的。文章最后，对河口下一步的治理提出了具体建议："今日之急务，宜先堵新堤决口，加培南岸之新旧两堤，令无外溢，以保南岸。然后堵塞支流，接修两堤，陆续而至海门，钉以桩木，厢以埽石，使入海之处束水力猛，冲刷必深，自不至于停淤。如此，则尾闾永畅河患自除。"

《治河刍言》距今已整整过去100年了，作为半封建半殖民地时代的一介平民，能以当地民生为事业，潜心致力于治黄研究与实践，写出如此全面而又实用的治黄建言，确实是难能可贵的。值得庆幸的是，李凤翥关于"堵塞支流，束水中行以攻沙"的河口治理设想，终于在20世纪改革开放的80年代得到了实现。

苏峻岭

苏峻岭（1891—1952），滨州市滨城区苏家村人。因家贫少年失学，18岁开始从事河工。清末及民国期间，先后在黄河利南营及南岸第四分段充当汛兵、汛目、汛长。1937年麻湾决口后，接任南四分段段长。翌年河涸，归家务农。1946年人民政府治理黄河时，复被召回参加河务工作，在利津治黄办事处担任工程（务）股股长。

苏峻岭

从晚清到民国，再到新中国，他与黄河打了一辈子的交道。几十年的河工生涯，使他通晓水性，谙熟河工，尤精于埽工。参加人民治黄队伍后，在党的培养教育下，他的政治觉悟大有提高，全身心献给治黄事业。在历次抢险修工中，无不身临其境，忘我工作。

1947年秋汛，是黄河归故后迎来的第一场大洪水。上年刚刚抢修完成的大堤、险工经受着洪水的考验。当时的利津县委、县府是作为一场特殊的战役来部署抗洪的，确保黄河安全是当时的最大政治任务。面对草草修复的堤防和滔滔洪水，进行了精心的排兵布阵：全县100多华里堤防，重要险段有三处，上首大马家险工，由黄河专业队伍，治河办事处副主任王砚农、张汝淮率队驻守；中间綦嘴险工，县委书记向旭坐镇并兼顾两头；下首王庄险工，由利津县县长、治河办事处主任王雪亭指挥。县修防段工务股股长苏峻岭、工程队长于佐堂这两位抢险经验丰富的黄河人，分别驻守綦家嘴险工和王庄险工。

10月初，綦家嘴险工原有的石料护堤已被洪水冲刷殆尽，强烈的东南风卷着巨浪急流迎河直冲綦家嘴拐角处大堤。来一个急浪，大堤就坍塌一批，长达200多米的险工，接连下柳枕、修做秸埽仍然止不住大堤坍塌。大雨一直下个不停，险工背河取土更加困难。土牛车用不上，在苏峻岭的指挥下，人们靠两只手像燕子衔泥一样，从大坝底下20多米处一筐一筐地向大堤上传送。同时组织民

1947年7月，渤海区修治黄河工程总指挥部总指挥李人凤（二排右四）、利津县县长王雪亭（二排左五）与利津、沾化两县河工干部成绩优良者合影。其中前排左三为利津治河办事处工务股长苏峻岭

工、群众砍鲜高粱秆、鲜树枝做秸埽。时东南风大、浪高水急、秸埽工程十分难做，刚打下木桩拴了缆绳，拢住秸料加了泥土的秸埽，来一个浪头，就随着坍塌下去，付诸东流。有几百名民工日夜战斗了十几天，秸埽做了几十个，仍没有控制住局面的恶化。后来从大马家险工运来了铁丝笼、麻袋和一批砖料，已经数天没有合眼的苏峻岭带领着民工冒着大雨打桩，用粗绳缆吊了铁丝笼，塞满砖头放下去，虽暂时能缓解，但东南风拥推着巨浪把铁丝笼冲击得漂来荡去，最后缆绳绞断，铁丝笼被水冲走。

淫雨绵绵，蒋介石的飞机还时常来干扰扫射，敌机一来，民工就四散奔逃，只有少数河工在坚守岗位。东南风不停地吹，卷着黄水巨浪冲刷险工，眼看着堤身泥土一批批地不住地塌入水中，原来二十多米宽的坝顶。只剩下不到三米了。既无天时，又无地利，人心出现波动，有的民工已逃回家去搬家了。苏峻岭在黄河上摸爬滚打了几十年，这样凶险的局面很少看到过，信心有些不足。他两眼通红，低声地对县委向旭书记说："书记啊！看来难抢住了！大伙也尽了力了，就准备放炮吧！"黄河上的老规矩，在快要守不住的情况下，先放炮报警通知各村搬家。作为老河工，苏峻岭想的是，"放炮"或许能挽回部分损失，让老百姓有个逃难转移财产的机会；但"放炮"势必涣散军心，影响抢险。向旭说："我们不能成为历史的罪人！"苏峻岭支持了向旭书记的意见，转身组织民工继续修做秸埽护堤，书记向旭则发挥政治优势，向民工做思想工作："堤顶只有两米宽，我们也还有希望。只要大家团结一心，可以再增调民工，砍运鲜秸料、鲜树枝，继续抢护险工！"

经过一昼夜的抢护，风向突然倒转，由东南风向变成了西北风向。苏峻岭首先发现了这一变化，西北风顶着冲向险工的水浪，水势缓和了许多。他向民工们说："风向转了，快晴天了，有希望了！"这个话一传开，大家干得更起劲了。只剩下不到两米宽的堤顶，只有背河一个三角形的堤坡支撑，在迎水打桩时后坡都感到震动，但做的秸埽能稳住，能起迎水护堤的作用了。

在30多天抢险中，苏峻岭的铺盖没有打开过。他身先士卒，出谋献策。不断地向新工人传授埽工技术，边抢险边传授，满腔热情，尽心竭力。

1949年秋汛，苏峻岭被派去垦利1号坝险工参与指挥抢险，历时43天，其凶险、艰巨不亚于綦嘴抢险。在他和同事们的指挥配合下，采用多种埽工方式、抛枕方式，取得了战胜五次洪峰，花园口流量12300立方米/秒的抗洪胜利。

1951年3月，王庄凌汛决口口门堵复开始。年届六旬的苏峻岭是指挥部成员

山东黄河王庄堵口指挥部全体同志合影纪念。中排右四为刘奎三，时任利津修防段王庄分段段长；右六为苏峻岭，时任利津修防段工务股股长；右七为堵口指挥部指挥江衍坤，右八为副指挥陈梅川

之一。连日来他没白没黑地盯在东坝（口门东端）工地，生怕某一个环节出现纰漏。就在口门合龙的前一天晚上，他对一位同事说："倘若明天我有不测，找到我的尸体时就用芦席一裹，送到我的老家滨县苏家村；找不到，就算了。"因为明天合龙占下沉时，他要手持铜锣站在合龙占的最高处，指挥占体下沉。如果合龙占倾斜，口门水深流急出现意外，就会发生占翻人亡的惨祸。在几十年的河工生涯中，这样的事时有发生。苏峻岭，要芦席裹身祭黄河。

第二天上午合龙开始，现场指挥工苏峻岭紧身裹衣，手持铜锣，眼观六路，耳听八方。为了安全起见，指挥部研究再三没有让苏峻岭上合龙占，而是专门做了只高凳，立在龙门占一侧。

王庄口门合龙前夕，苏峻岭站在高凳上，手持铜锣，指挥东、西两坝民工统一行动

站在高凳上的苏峻岭确认东、西两坝准备停当，手举锣响，发出了"进占"的号令。指挥旗冉冉升起，东西两坝四路运料大军如箭离弦，各司其职。土、石、桩、绳、秸料通过每个员工的双手迅速组合，十几名筑埽高手或手持月斧，或手举大板，顺料、截料、铺料，下桩拴绳、拍打埽眉。所有人深知，口门堵复，时间决定成败。

2个小时过去，合龙占稳稳筑成悬于龙门口水面之上。又是一声锣响，两坝松绳，号子响起，在苏峻岭镇定自若的指挥下，第十二个占体徐徐下落入水到位。紧接着，东西两坝同时行动，把早已备好的麻袋、块石迅速抛至占前，8时30分抛出水面，旋即进土筑馅。9时，整个馅面出水，口门闭气，堵工告成。

苏峻岭在利津黄河两岸奔走一生，为治黄战线上的著名河工。1952年他已年逾花甲，仍勤奋学习，在惠民专区修防处参加扫盲学习时，突患重病，被送往济南医院，治疗无效，溘然去世，终年61岁。

尚 五

尚 五（1877—1951），字国科，兄弟五人，他最幼，故乳名五，利津县盐窝镇东村人。是民国时期鲁北著名评书艺人。

勤学苦练露头角

尚五自幼聪慧过人，父母非常喜爱。7岁读私塾。不幸童年失怙，11岁时父母先后去世，依靠祖母生活。14岁被迫辍学。他对古典小说产生浓厚兴趣，除帮助祖母操持家务外，其他时间全放在读书上。他的记忆力很强，凡是他读过的小说，都能原原本本地讲给别人听，并且口齿清楚，有声有色。开始只讲给小伙伴们听，后来一些成年人也喜欢听他说上几段。时间一长，爱听

尚五说书 （于汝仁绘）

他说书的人越来越多了。此外，他还参加了本村的子弟戏班，跟着武功较好的尚廷贵先生学武生戏，靠着一身机灵劲，竟然被人誉为"活周瑜"。但他的心思还是在说上。对来盐窝说评书的江湖艺人，他每场必听，虚心请教，他的勤学、好问、苦练得到许多老艺人的称赞。

尚五20岁时，他的评书功底有了一定基础，便拜在景老先生（当时鲁北地区较有名气的评书艺人）门下，正式步入评书艺术生涯。开始他仅在当地说书，

随着技艺的不断提高，逐渐有了一些名气，周围各县逢集赶会或富家有什么红白大事，都来请他。惠民、商河、滨县、沾化、无棣、博兴、寿光、济南是他经常去的地方。

1928年，51岁的尚五在评书艺术上崭露头角，正欲攀登高峰的时候，他患了眼疾，在当地无法治疗，只好到济南就医。在济南治了几个月，视力越来越弱，盘缠也花光了，一时陷入窘境。万般无奈下，托人找到了"三番子"头目，在"南岗子""友谊园"择地说书，挂牌"尚笑五"。极富特色的声韵和技巧，让他一炮打红，曾被督军张宗昌叫去说过书。更重要的是在济期间，尚五有机会接触到了山东的艺术名流，受到很多教益，开阔了艺术境界。一年后，尚五从济南回到利津。

后来尚五的双目完全失明了，就请本村书底较厚的尚振元读给他听。最后的十几年，他全靠别人给他读，他再说给大家听。他的惊人记忆和高超的演说技巧，无不使人叹服。

满怀激愤御外侮

尚五说书，不是以虚言套话等陈词滥调或故作惊人之语来炫惑听众，而是依据故事情节，以准确的语言，深厚的感情，恰当地表演艺术和浓重的气氛渲染来突出人物的个性特点，把听众带入故事中去。如说《精忠岳传》，说到奸相秦桧夫妇在东窗下定下毒计，于腊月二十九日夜，在凄风冷雨中把岳飞父子勒死在"风波亭"一节时，尚五除把秦桧夫妇的奸邪恶毒表现得淋漓尽致外，着重渲染了岳飞父子为国为民抵御外侮的赤胆忠心和浩然正气，使整个书场笼罩着一种悲愤壮烈的气氛。有的在叹息，有的在痛骂奸贼。当时正值七七卢沟桥事变不久，群众要求抗日救国的热情很高，尚五通过这节书的讲评、渲染，使群众一股痛恨卖国贼，抵御外侮的爱国热情迸发了出来。

盐窝街是四九逢集，尚五每逢本街集日，下午4点多钟就摆下书场。那天是八月十四，正说《五虎平西》中狄青于八月十五日夜在皇家御花园"捉怪获马"一节。尚五直说到太阳西沉，月亮东升，说书场上仍然是黑压压一片人头，一动不动。虽说天色已晚，但大家一致要求说下去。这时，60来岁的尚五，清瘦的脸上泛起了笑意，乡情难违啊！擦了把汗，呷了口茶，又继续了。月亮慢慢升高了，月光似水，此时此景于书中狄青面对皓月长叹自己怀才不遇的气氛完全融洽在一起。尚五犹如一名导演，把月光下皇家花园中的楼台亭榭、草木花卉、假山水塘以及清风明月——呈现在听众的面前。那番情景真是：月光如洗伴书场，情景交融唱古今。随着情节的延伸，人们对祸福未卜的狄青捏着把汗。一会儿，水的波涛声，兵器的撞击声，怪物的嗥嗥声，狄青的喊杀声，咴咴的马叫声，凭着他一张嘴，一把折扇，一块惊堂木，使人如临其境，如闻其声。说书人绘声绘色，听书人如醉如痴，直到200句书下来，已是月升中天了。这时人们才从书境中惊醒过来，觉得腿脚麻了，身上凉了，脖颈挺疼了，拖着疲乏的身子满足地走回家去。而尚五还得歇一大阵子，才被搀扶着回家。

尚五富有民族气节和正义感，他一生不但凭着他的艺术才能说古书，评俗理，抨击贪官污吏和卖国求荣的奸臣，颂扬爱国英雄和清官义士，并且以自己的节操维护民族尊严。1939年，日伪军队侵占了盐窝，并在盐东村修筑炮楼、据点，伪军几次三番对他邀请、恫吓，叫他到据点说书。他变着法儿始终未去，后来连集都不赶了。他说："我虽不及岳元帅领兵抗击外侮，但决不能丢失民族气节让后人唾骂！"

檀板声声扬正气

对社会上一些不良风气和投机倒把坑害百姓的奸商，他疾恶如仇，或结合古书中的忠臣义士、侠男贞女予以评说，或随时编些故事予以抨击，一泄胸中的愤懑。腊月里一次赶陈庄大集，说书收场后，尚五骑着小毛驴回家，路上搭伙者多人，其中有同村卖肉的某兄弟二人，该兄弟冬季卖肉一贯掺水，群众受其坑害。人们一路行来说说笑笑，卖肉的兄弟非要尚五说段故事解闷。尚五沉吟了一会儿，灵机一动说了声"好！"随口说道："从前有兄弟三人轮流养爹，每月轮换一次，月底交换时称一次看看谁养得好。小儿最坏了，供养中不给温饱。月底到了，生怕爹掉了斤两，于是心生一计，在爹的腋下系上个灌满水的猪尿泡。三兄弟拿秤来，秤钩挂着爹的裤腰带，二人抬着，一人扶秤，不料裤腰带断了，爹一腚蹲在地上，只听"砰"的一声，尿泡被蹲破了，水流了一地。老大察看以后勃然大怒，指着老三的鼻子大声喝道："你贼胆包天，竟敢给爹肉里掺水，心肝坏透了！"

说完，同路人哄然大笑起来。卖肉的某兄弟俩满面羞惭，红着脸儿疾走去了。

礼让书场明大义

尚五的艺风艺德是高尚的，从不欺行霸市。他出神入化的表演艺术，对于常听他说书的人来说，的确是到了着迷的程度，常常是集也赶不下去，饭也顾不上吃，只要他开场说书，一般的地方戏班和江湖艺人都无法和他对擂。他对新到盐窝街唱戏卖艺的都主动让路。每逢集日，等集散了，各路艺人都收场了，他才开场。一次沾化县的一个民间戏班子到盐窝演出，杀台后，看戏的人不约而同地涌向了尚五的说书场，戏剧演员们也去了。这时尚五才开场说书。说的是《杨家将》中"辕门斩子"一节，正是他们适才在台上演过的一折子戏。当看到尚五对杨六郎忍痛要斩亲生儿子那种痛苦矛盾的心情，八贤王赵德芳讲不下情那种焦急矜持的神态及穆桂英机智飒爽、义正词严的英雄气魄表演得活灵活现时，不由得叫起好来。领班当场捧出四吊钱作为对尚五让场的酬谢，他感动地说："尚先生如果不让场，俺即便在台上演，台下也没有多少人看哪！"可是尚五始终没要他们的钱。不无感叹地说："都是在江湖上混饭吃，谁也不容易啊！"

尚五的师兄刘树梅，久占羊角沟书场，有一年被女评书艺人江大嫂撸了场子，为了出这口闷气，师兄三次来信要尚五去，他一直拒绝。最后师兄亲自登门相请，尚五只好去了。到羊角沟后，头两天没开书场。第三天，为了切磋评书艺术，应江大嫂邀请，开场说书。江大嫂目睹了尚五的书艺，佩服得五体投地，连口说："闻名不如见面，见面强似闻名。"最后设宴招待，结成了艺友。

尚五的一生收了十几个徒弟，有的本是评书艺人，因倾慕他的正直义气，艺术高超，拜在他的名下的，如惠民胡集的王景福、夏平章等；有的是躬身学习他的书艺，邀上亲朋，设宴正式拜他为师的，如张月邦、陈俊英、刘春荣等；也有的是无家无业，尚先生传授他些说书技艺，以助他谋生糊口的，如尚荣亲、尚英林；还有每集奔波40余里临时求教的，如利津城的王之贵等。可以说尚五的徒弟遍布鲁北几个县，当时在鲁北一带，评书艺术可称盛极一时。

在旧社会，说书、唱戏艺人，既没有政治地位，生活也没有保障。尚五在当时虽然很有名望，他的生活来源只是靠每场说书之后敛点小费，所以他一生一直住着两间篱笆墙的小土屋，过着清苦的生活。由于人口少（老两口和两个女儿），省吃俭用，老年来有了点小积蓄，可这却引来了一场大祸。1941年夏历六月初四，电闪雷鸣，风雨从篱笆墙缝里打进来，小屋在颤抖，18岁的小女儿树兰睡熟了，64岁的尚五和老伴怎么也睡不着，正担心着房子呢。突然，咔嚓一声，门被踢开了，随着贼亮的电光，涌进七八个黑纱蒙面的大汉，这些土匪不由分说，从炕上拖起了尚五，接着就是一顿暴雨似的马鞭子，尚五的臂膀被打得血肉模糊了，一个劲地逼钱。女儿吓得用蚊帐裹着身子，大气不敢吭。老伴跪在地上苦苦哀求，她知道这点钱是丈夫几十年来一点点积攒起来的呀，是他们老年来生活的依靠啊！可眼下为了保丈夫的性命不得不忍痛拿了出来。这伙强盗丢下昏迷的尚五，揣上银圆消失在茫茫黑夜中。母女俩扑到尚五身上一直哭到天明。尚五伤势严重，无钱医治，多亏街坊邻舍照顾，他们用土方疏通淤血，20多天后才能下地走动。在日军侵占时期，汉奸、土匪横行的岁月里，又到哪里去控诉说理呢？

1944年8月，利津全境解放，尚五已接近古稀之年了。人民政府对这位老艺人，生活上尽量予以照顾，但由于长期的穷困潦倒生活，使他过早地衰老。脱发、齿掉、双目完全失明，他失去了继续向人民贡献技艺的条件。有时他紧紧攥着那块伴随他几十年的惊堂木，溜着破旧的折扇，青光光的眼里涌出了两行热泪。同时，他也充分感受到了人民政府给予的温暖和新社会的幸福，可这一切对他来说，毕竟来得太晚了。1951年，这位曾在山东评书舞台上盛名一时的老艺人尚五与世长辞，终年74岁。

赵 干

赵　干（1909—1947），原名赵毓官，字振卿，利津县赵家夹河人。1938年春参加革命，1939年2月加入中国共产党。

赵干自幼聪颖勤奋，举止文雅。8岁入学在本村读私塾5年，后在利津县城"德泰城"商号学生意。1930年夏在山东惠民四中肄业后，投靠亲属去北平，经姑母表兄崔麟台介绍，到北平财政机关任录事数载。其间常阅读进步书刊，受到革命思想的熏陶。1937年卢沟桥事变，华北相继沦陷，赵干奋然投笔从戎，于1938年春去平西（即北京西部地区）参加宋时轮领导的抗日部队。是年他曾多次化装潜入北平市内，借旧时关系，为部队购置军需物资，并动员旧友多人入伍参战。1938年8月，平西地区组建八路军抗日挺进军，赵干任文化教员、教育干事等职，活动在昌平、宛平一带山区，从事艰苦的抗日斗争。1942年抗日挺进军改称晋察冀第十一军分区，赵任军分区卫生处第一卫生所指导员。任职期间，奋发努力，为人师表，对工作精益求精，并积极参加部队的大生产运动。1944年冬被选为模范指导员，先后出席晋察冀第十一军分区英模大会和晋察冀军区英模大会。不久，升任晋察冀第十一军分区卫生处政治教导员。抗战胜利后，建立晋察冀野战军，赵干任野战军第二纵队第五旅供给处、后勤处政治委员等。参加过正太、保北、徐水等战役，带病工作和战斗，为革命建立了功勋。

赵干在艰苦的战争年代，转战南北，历尽艰辛，积劳成疾，久治不愈，于1947年8月1日病逝于野战医院第三分院，时年37岁。

为表彰烈士功绩，中国人民解放军野战五旅供给处领导及全体工作人员为他立碑纪念。

胡枚勋

胡枚勋，生卒年月不详，利津街道崔家庄人。光绪三十年（1904）山东师范学堂毕业，宣统三年（1911）岁贡，民国时任山东河务局三游总稽查。

在黄河下游防汛、治理中，胡枚勋担负着稽查、审核的职责，他凭借多年的观察与实践，将黄河治理放眼全河，特别是对下游的治理进行了认真而又卓有成效的研究。他的《整理河工意见书》（以下简称《意见书》）是胡枚勋于民国十七年（1928）上书山东省政府的治河建议。虽仅两三千言，但内容丰富，颇有远见。《意见书》共有10项建议，从山东河道中游水土保持、建闸分水到下游疏浚导滞，从黄河工程施工管理到投标购料、科技治河等，条分缕析，中肯切用。

胡枚勋在《意见书》的开头，首先指出自清代到民国"治河之书，不下数十百种，河工策略头绪纷歧"这一现象。他认为，其中值得称道的有晚清李鸿章的《大治办法》和民国时期李凤翥的《治河刍言》《三游调查报告书》等，因为这些治河之书均以疏浚河道与完善堤防为要义，对消除河患"颇为切实"。之后，他从自己家乡临河而居，遭受黄河水患已有40余年的切身感受说起，表达了家乡百姓迫切期盼铲除河患的愿望。为此，他根据多年稽查河务，常年与河工一起参加一线治河工作的实践经验，整理出了治河的十条意见。

其一，减消水溜。黄河进入山东后，中游南岸多山，如遇有淫雨，山水暴发，则易引发黄河涨决。可令濒河诸山栽种树木、草皮以杀水势，从而减消河道水溜。

其二，建闸分水。凡物合则见多，分则见少。黄河奔腾至鲁，只行原济水一条水道，已有不能容纳之势，再加入海之路壅塞不通，无处宣泄。河水无处宣池，必至漫溢为害。故建议在上游北岸之张秋、南岸之戚家垯建闸分水，导入运河；在李家行下建闸分水，引入小清河。这样可分杀水势，以防横溃。

其三，引河防险。因为"河曲则溜趋旁侧，河直则溜走中沈"，故建议从黄河弯曲之处挑挖引河以杀水势，这样就可使对岸的"险工"变成"平工"。

这三条讲的是根治水患的大工程，从上游的植被保护到修坝建闸和挑挖引河，建议既高屋建瓴又细致具体，具有很强指导意义。

其四，轮船拖泥。其五，浚渫设局。这两条是建议购置专业的新式挖泥船以随时疏浚水道，再设置专门的管理与施工机构"浚渫局"，派驻工兵施工，以确保河道与海门的畅顺。

其六，尾闾施工。在这项建议中，作者以详细的勘查数据对"下口不治，全河受病"这一新的河口治理理念进行了阐释，对"筑堤以束水""以水攻沙"等治理方法的重要性进行了论证。

其七，购料投标。

其八，改用石料。

其九，堤树用途。

以上三项建议讲的是如何组织进行黄河工程的施工问题。"购料投标"，是根据当时河工采办料物中存在的"料物之偷减，遂至漫无限制"弊端提出的，通过在当时是非常先进的招投标方式来购买料物，开了治河工程施工改革的先声。"改用石料"是建议对于险工用料进行提高标准的改革，因为险工之处只有"石坝林立"才能"足抵狂澜"，才会使险工治理"一劳即可永逸"。"堤树用途"

是建议把堤防所种树木变成"河产收入"，以补充河防经费之不足。

对于"改用石料"，他说，实践证明，险工能够化险为夷，与永久不朽的石坝林立是分不开的。由秸料改为石料，既能稳定河道，又能刷深河道。在第九条意见中，对堤树的用途、管理作了分析。

其十，研求水利。这是《意见书》针对"今之黄河，岁费巨款，仅为防害，未及兴利"这一现实提出的一个发人深省的命题。如何在花费巨资"防害"的同时又能用之于"兴利"呢，胡枚勋提出了一个直到今天甚至今后还会遇到的问题，而且也不仅仅局限在治河这一件事上。胡枚勋举了"若购置新式机器吸取淤泥挹注堤外，其土可以培堰，其水可以肥田"的例子，他认为这种"既可疏通河道又可肥沃民田，官不费款民获实力"一举两得的事，只要"行之日久""何患河流之不畅乎"。

但这在当时只能是一种具有较高眼光的设想。令人欣慰的是，胡枚勋的这一设想，在50年后的1978年，在黄河上终于变成了现实，并得到了广泛应用。它最初的工程名称叫"机淤"，而第一只从事"机淤"的机器船就是山东黄河河工研制成功的，名为"红星一号"。有了"机淤"机器船，黄河河道的疏浚工作真的是插上了"机械化"的翅膀，治黄工程也真正做到了在"防害"的同时也能"兴利"了。

胡枚勋的《整理河工意见书》，虽然是一种来自旧时代底层治河官员的建议书，但他所论问题的高度和深度并不亚于那些高官和学人，他所建议的那些具体策略更具有实用性和可操作性，即使对今天从事治河或水利工作的人们来说，仍有一定的借鉴作用。

顾翼之

顾翼之（1880—1949），字筱恺，祖居利津城西三里庄，1948年土地改革期间迁居西街刘家枣行居住。顾翼之出身于农民家庭，贫寒的家境激发了他奋发读书的志向，先是研读儒家经典，博采众长，其文才名噪一时。后受"兴办新学、教育救国"新思潮影响，入本县东津书院就学，毕业后以优异成绩考入惠民师范。后又考入济南单级教员总养成所，接受了民主、科学等革新思想。

顾翼之对儒学经典著作和史学方面的正史、杂史均做了系统地研读，但又不囿于成规，往往有自己的独特见解。他为应试科举而练习写出的议论文章，立论豪放，观点新颖，深得教师和同窗的称赞。清代科举考试以"八股"文体为标准，他认为此种文体内容空泛，形式死板，束缚人的思想。他不囿于"八股"成规，而以唐宋文章为师，故在初试县学中仅得"增生"之名。当时正值清朝末年，西方的科学文化陆续涌入我国。一些有识之士看到西方文化的进步性与科学性，主张"洋为中用"。兴办新学、教育救国风靡一时。在这种思潮影响下，顾翼之思想开朗，毅然放弃科举入仕的想法，入本县东津书院就学。毕业后以优异成绩考入鲁北名校惠民师范。惠民师范毕业后，又考入济南单级教员养成总所学习。这个时期，全国各地学术界、思想界风起云涌地开展革新运动，攻破旧有之权威及封建腐朽意识形态，提倡科学的、美的精神。教育界也纷纷领导学生散发传单、创办刊物，公开演讲或组织团体进行宣传，并且以语体文作为宣传工具广泛应用。对平民教育的提倡，劳工、妇女等群众运动的开展也相当激进。

顾翼之在济南总养成所毕业后，开始被分配到阳谷县任单级教员养成分所所长。他鉴于利津县地处黄河尾间、渤海之滨，文化教育落后和人们的封建意识尚浓这一现状，决心以革新桑梓为己任，毅然请求改派利津工作。养成总所批准了他的请求，改任顾翼之为利津县单级教员养成分所所长。

在他的主持之下，利津县单级教员养成分所于民国元年（1912）正式成立。他聘用同窗扈镜秋、吕伊甫、刘麟卿等人为教师，招收全县的私塾教师及文化较高的士子参加学习。学制一年，毕业后经劝学所分派到公立初级小学或改良私塾任教。不参加学习的限制充任教师。当时比较有名气的私塾教师韩庆泽、马春泉、纪观礼（西门里纪氏十七世孙，廪贡生，候选训导，与马春泉参与了《利津县志·民国卷》的编纂）等人都参加了。

初级小学堂改为初级小学校伊始，顾翼之在教学上力主使用统一教材，删去读经讲经的课程，增添"社会""自然""算术""美体"等。同时，他还主张改变教师讲、学生听、死记硬背、三大段、不分班级的教学方式，改为分课时、分年级教学。单级养成所培养的这些教师，运用所学，逐步改革了旧的教育制度，使利津的教育形式出现了新面貌，平民教育也获得了大发展。

民国初年，顾翼之不但在改造旧教育，发展新教育上作出了贡献，而且在推翻封建意识形态方面也做了大量工作，为新文化运动的开展树立了榜样。民国八年（1919），他配合季兰芬、季树楠先生组织300余名爱国师生，高呼着"打倒日本帝国主义""反对专制""我们要民主自由"等口号，举行游行示威，宣传讲演，响应波及全国的五四运动。其间，他高举反帝反封建的旗帜，带领师生抵制日货，罢课游行，发动商人罢市等爱国行动持续达半个多月。他们的行动激发了广大群众的爱国热忱，"民主、自由、平等、博爱"等意识渐入人心。接着，顾翼之又为妇女放脚、剪发、提高妇女地位而发动师生利用集市进行宣传，有些人玩笑说："顾翼之是吃了洋药啦。"（意指西方的科学文化）

民国十三年（1924）为了开展教育革新，宣扬新文化运动，顾翼之配合季树楠先生创办了石印版《通俗周刊》，主要刊登利津新闻和平民教育要事，也转载一些其他报刊的文章，对当时发展平民教育、解放妇女、唤醒劳工、改用语体文均起了一定的作用。

顾翼之晚年在利津商校、书院高级小学任教多年，直到解放。在党和人民政府政策的感召下，在党的新教育方针鼓舞下，虽年已垂暮，却仍不知老之将至，不忘革命，在本村任教，培育后生，始终以教书育人、振兴中华为目的。1949年，在其弥留之际还反复告诫儿孙："勤俭持家、攻读诗书，为新中国效力。"

顾翼之先生为利津新文化运动的先驱。他的一生大部分处在中国由封建社会急剧沦为半封建半殖民地社会的时代。在当时的历史条件下，他思想解放，顺应时代新潮流，高举反帝反封建的旗帜，率先开展利津的革新运动，促使本县师生、青年追求民主、自由、科学，追求救国救民的真理，确实难能可贵。他终生致力于教育事业，唤起青年，力行革新，追求进步，自强不息，在利津的现代史上堪称一位名士。

崔麟台

崔麟台（1880—1951），字耘青，利津县汀罗镇汀河村人，清末附贡生，山东首批留日学生之一。清光绪三十一年（1905）毕业于日本东京弘文学院师范专科。崔麟台是民国初期名宦和当时有名的书画家与诗人，曾任民初山东都督府、京兆尹公署科长，绥远省清水河县知事，京兆大兴、武清、固安等县知事，京兆尹公署政务厅厅长等职。

崔麟台

日本东京弘文学院是1902年嘉纳治五郎为中国留学生开办的私立补习学校。崔麟台在此学习时，鲁迅、陈天华、杨度、黄兴、杨毓麟、胡汉民、胡元倓、杨昌济、朱德裳、石陶钧等也在该校读书。当中国留学生渡海到达日本之际，正值中日战争结束，《马关条约》签订不久。在日本游就馆参观到国耻实物时，山东的中国留学生愤慨万端，遂公议作书告山东省父老，以唤起爱国变法。由崔麟台拟就并由全体学生具名的《上山东父老兴学书》，开篇即说："……某等留学海外，目睹耳闻尽成刺激，疾首膺胸，此中有无数之感触，无数之痛苦，无数之汲汲乎危急之情状，为吾乡人告……"历述世界大势及国内危机，进而述说变法之必要，设农工商各种学校之必要。并言发达世界思想、国家思想、科学思想三大端，为兴学之要务。又主张成立私立、公立学校以补官校之不足。《上山东父老兴学书》慷慨悲壮，语重情深，虽着重于提倡兴学，但爱国图强之意实寓其中。

留学回国的学生受到各地欢迎，除延聘授课之外，有的筹办学堂及师资讲习所，也有组织私立学校的。济南有义务学校，设于大明湖吕祖庙内，校董以留学生为主干，热心兴学之士参加其间。于庙东开校门，课堂在最后两层楼中，设小学班，公推崔麟台任校长，其教习（即教员）多为知名之士。学生不纳费，且供给笔纸文具。校中杂费，由校董等分担，校董多为本省府道官僚及富商巨贾，每人月捐一两千文，立折按月交纳，基金经费充足。校长、教习大多不领薪酬，均以尽义务为荣，成为当时创办学校的特点。此校在辛亥革命之后改归省立。

留学生中最著名人物当推王朝俊（字鸿一），为山东国民党党魁，曾与冯玉祥、阎锡山交游，崇拜梁漱溟乡校之说，与山东军阀官僚则多有不合。王朝俊1911年任山东教育司长，丛涟珠、崔麟台等分任科长辅佐。1914年崔麟台辞去

崔麟台隶书扇面

济南教职，受绥远潘矩楹（日本留学时的同学）之邀，出任清水河县知事。1915年考取县知事，分京郊地区，历充大兴、通县、固安等县知事。任职期间兴利除弊，政绩卓然，离任时大兴县民众为其立《崔公德政碑》以示纪念。崔麟台还曾任京兆尹公署政务厅厅长，当选为北平市参议员。

官场的腐恶逐渐让书生意气颇浓的崔麟台感到厌烦，想干他喜欢干的事。毅然辞去职务，到北平通俗图书馆（即中山图书馆）任馆长。闲暇赋诗作画，练习书法，与友人唱和，活跃在京城文化艺术界。1930年，清末民初最负盛名的京剧青衣演员陈德霖因病逝世，作为陈德霖先生的生前好友，崔麟台恭送挽联一副："响遏行云，音容宛在；神伤落月，色相皆空。"1939年12月5日，吴佩孚去世，崔麟台被选入治丧处任总协理，与张馥卿、孙子涵、萧子超同为鸿赞（司仪）。

崔麟台此间有书法代表作品《录秦少游词轴》《桃李诗轴》，传世碑帖作品有《观音寺碑》《周颂声妻张氏墓碑》《孔有德墓碑后记》等。诗词代表作有《黄叶馆诗存》《云庵琐语》《云庵诗存》等。

清末民初著名历史学家、光绪十二年（1886）进士、曾任《清史稿》总纂的胶西人柯劭忞为崔麟台《云庵诗存》所作序中说："吾乡称诗者，以谢茂秦五言律，李沧溟七言律为最工。其后，李渔村之五言律，王渔洋之七言律，足以继之。近日工为七言律者推潍县郭文靖侯，惜其早世不能极所学。乡人善诗者，以余之谫劣而多下问于予，予独以为崔君耘青之七言律为能追步渔洋也。耘青诗集予尝尽读之，推其七言律，直入渭南之室。或疑渭南诗与沧溟渔洋蹊径不同，耘青既学渭南安能继渔洋之坛？予谓诗以言志，其格律不必区分唐宋也，耘青身经世变，其所感触一以诗发之，当其下笔时，固无描摹古人之见存乎意中也。如'汽笛横拖烟一抹，浪花怒卷雪千堆。乘兴辄临三体字，放怀细读百家书。长生祠宇惭尸位，半世功名愧俸钱。闻道春城方洗马，待看乔木更迁莺。流水成渠应有意，间云出岫本无心。空向道旁争月旦，谁从皮里论阳秋。可惜刘谌亡国泪，不如羊祜去思碑。'诸联皆慨当以慷，自抒襟抱，谓之学渭南也可，谓之学渔洋也亦可。郭文诗之工律，耘青诗之气概，其不相上下乎……"柯劭忞与崔麟台是忘年交，其父崔凤藻的墓表，即柯劭忞应崔麟台之邀所撰。柯劭忞评价说："余与麟台久旅北平，为文字道义之交。素念其品格温纯，才华富丽，服官廉正，遗爱在民。举先生所蕴蓄而未施者，悉能本诸庭训施于政事，时推为治行第一。麟石亦棠棣齐辉，芝兰竞秀。诸孙彬蔚继起有人益知其渊源，家学积厚，流光非偶然也。"

崔麟台身居京华，时刻不忘桑梓之谊。1919年到北京后，山东老家有人来京寻亲、求职等都要到宣武门外山左会馆暂时落脚留宿，崔麟台总给予热心帮助。后来，他又出面联络了在京的山东籍文化界、工商界知名人士，研究决定将山左会馆规模扩大，更名为山东旅京同乡会，由他任会长，同乡会地址改在西单西斜街内。凡是山东籍同乡均可来

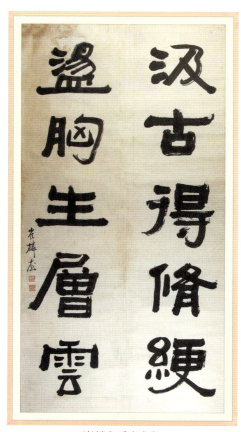

崔麟台手书条幅

同乡会参加各项文化、经济、书法、绘画、讲座等活动。后来，又成立了齐鲁学社，研究孔子学说，宣传国学教育，他任社长。

20世纪30年代末，每年春秋两季，在国子监孔庙举行春季、秋季祭孔大典，每次都邀请崔麟台出席典礼。北京解放前夕，崔麟台曾受国民政府北京市市长何思源委托，冒着受到国民党特务分子迫害的危险，会同几位爱国知名人士几次前往西山解放军驻地与驻军首长沟通和平解放北京事宜，为北京和平解放作出积极贡献。1951年，崔麟台病逝于北京，享年71岁。

崔麟台的后人多居住在北京，分布在各行各业，但仍以延续崔氏文脉见长。

傅万山

傅万山（1910—？），字辽之，又名傅衍，取应付日伪统治"敷衍了事"之意。1910年5月，出生于辽宁省营口市傅家屯一个贫寒的家庭。

他幼年不幸父母双亡，他跟着年长几岁的姐姐，给人家放牛、养猪，过着艰难的生活。后来幸得姐夫帮助得以入学堂读书，以优异成绩读完初小四年级，1925年越级考入营口师范学校，师范毕业后又考进辽宁第二工科学校。1931年9月18日，日本帝国主义发动了侵华战争，东北三省大好河山几个月内即沦陷为日本帝国主义的殖民地。他目睹日寇的暴行，胸怀国仇家恨，同其他进步同学一道离开学校，立志寻求救国之路，他回到营口步入了教学生涯。

十年间，傅万山先后在营口市维新小学、自强小学、培菁小学任教。1941年春，到自强小学任校长。其间，他关心时局，忧虑国家命运，经常避开日伪监视阅读进步书刊，接触爱国志士，从而受到了革命思想的熏陶。1941年冬，日寇发动太平洋战争，战斗在敌后的抗日民主联军斗争环境十分严峻，傅万山受好友之托，亲赴吉林给抗日组织送信，告知抗日志士及时转移，将其用于印刷抗日传单的油印机收藏好。后来，他的这些活动引起了敌伪当局的注意。为了避开日伪的迫害，在革命志士和教育界进步好友的支持下，他辞去校长职务，离开家乡辗转到关内投身抗日救国。

1942年冬，傅万山来到利津县（当时为日伪侵占），他自愿到利津简易师范学校（初办时为师范讲习所）任校长。到任不久他便亲自设计了一枚圆形校徽，让师生、员工佩戴。校徽的图案是黄边、白底，中央有一颗红色心脏状，上书"利师"两字，含义是炎黄子孙心灵纯洁，爱国心永存。

傅万山在校期间，曾教授过国文、数学、历史，这些功课他很精通，而书法、体育、音乐更技高一层。当时虽处日伪统治下，但他时常避开日伪耳目给学生们灌输爱国主义思想。

上历史课时，他对革命先行者孙中山、闻一多及"七君子"事迹解说得动人心弦，对伪满、汪精卫等卖国求荣的行为据实讲述，激励学生爱憎分明。他曾教唱过许多古今爱国歌曲，如《满江红》《王昭君》《苏武牧羊》《母亲》《流亡三部曲》《少年朋友》等，这些歌曲在当时传唱是冒着很大风险的，但它激起了学生们的爱国情怀。

傅万山热爱教育，爱护学生。1943年春，早已暗中参加地下党工作的武登坤等同学受命在县城散发抗日传单，有一次被汉奸特务发觉跟踪到学校，傅万山机智地将汉奸骗走，掩护了进步学生。县城地下党组织委托进步同学转给他抗日救国小册子，他深夜阅读后并妥善保存，从而更坚定了抗日爱国的思想，增进了马列主义必胜、中国共产党必胜的信念。

傅万山平易近人，关心体贴家境困难的学生。节假日他常去城关、东堤、尹王庄等地对学生进行家访。学生吕春田、魏洪昌、武登岳、刘科呈、韩经纶以及校工常立才等家庭很困难，他都尽力帮助。纪庆宝等同学患病，他数次代请名医诊治。

任教期间，傅万山还注意培养学生学劳结合，每周三、六两节劳作课，除组织在校院周围搞好环境卫生，种植若干杨、柳树外，还在城东关苗圃内开垦了一块荒地，播种瓜、豆、青菜以改善学生生活。每月一二次带学生到黄河滩洗澡摸鱼，锻炼学生经风雨、见世面，健康成长。每逢集日，农村的学生家长常来校探望，他热情接待。1943年初冬的一个傍晚，有一个10岁左右的儿童跌落在学校东南边的深水塘里，他听到呼救声，急速跑去将溺水儿童救出。

1944年8月18日，利津县全境解放。在解放前夕利津简师即因战时环境而停办，傅万山经利津教育界知名人士彭子东介绍往德州中学任教。他在德州中学结识了几位到过解放区的进步教师，阅读了一些进步书籍。此时，该校的高崇老师介绍他外甥武连城到解放区华北联大学习，参加革命队伍，得到了傅万山的积极支持帮助。

1945年8月，日本帝国主义宣布无条件投降，中国人民经过八年浴血奋战，赢得了抗日战争的伟大胜利。傅万山于1946年3月回到了故乡营口市，在营口中学任教。1948年3月，营口第二次解放，他正式参加了革命工作。

新中国成立后，傅万山一直从事教育工作，先后在营口联合中学、营口一中任教，并兼任班主任。他在教学中任劳任怨，不断改进教学方法，提高教学质量，多次被评为营口市教育先进工作者。1959年，被选为营口市第一届政协委员。1984年6月，74岁的傅老师光荣地加入了中国共产党，实现了他的夙愿。1987年8月，傅万山不畏路途劳顿，辗转数千里再次来到阔别43年的利津，会见他想念的乡亲和学生，从县城到农村，他与他的学生和乡亲们畅谈往事，倍感亲切。傅万山动情地说："利津县是我的第二故乡，为避日伪迫害，我从东北来到利津，利津使我得到新生，赋予我有价值的第二生命，没有利津人民，便没有今天的我。如条件允许，在我告别大地时，将我一半骨灰撒到利津黄河里。我爱利津、想利津，永不忘利津亲人！"

綦际霖

綦际霖

綦际霖（1887—1969），字宗杰，利津县利津街道綦家夹河村人。他早年喜欢研读古文，精通书法，也学习医书。1906年，在我国延续了1300多年的科举制正式被废除。綦际霖到利津县立高等小学堂学习。1910年，考入山东省师范学堂理化科。当时正处于辛亥革命前夕，师范学堂是宣传民主革命思想的中心。綦际霖聆受革命教诲，反对清帝的腐败，积极参加推翻帝制、建立共和的斗争。1911年武昌起义，各校学生鼓动独立，綦际霖剪去发辫与同侪揭白布大书"山东独立万岁"，并积极参加游行示威活动，宣传推翻帝制，建立共和。11月，袁世凯派张广建、吴炳湘主鲁，下令解散济南各校，綦际霖被迫返回利津。1912年清帝逊位，民国建立。綦际霖在济南省立高等师范学堂修业即将期满时，正值袁世凯窃国称帝。綦际霖拒不接受以"洪宪"纪年的毕业证书，建议校长鞠思敏改用公元，深得鞠思敏先生的称道和器重。

綦际霖高师毕业后，先后任教于青城高等小学、山东聊城第三师范、山东省立第四中学等达十五载。主讲化学课，卓有成效，声誉日隆。1919年夏，在五四运动的影响下，綦际霖派学生季兰芬回到家乡，与利津县立第一高小教师季树楠一起，组织县城350多名爱国师生，举行游行示威、宣传演讲，高呼"反对媚日卖国""废除不平等条约""抵制日货，倡用国货"等口号，并砸毁城内洋商的日货。学生罢课，商人罢市，爱国热潮持续20余天。

1928年，北伐军入鲁，因当时济南由日本军队盘踞，山东省政府暂设泰安。当时由利津县籍人石敬亭代理山东省主席。石深知綦际霖学识渊博，德高望重，便委以曲阜县长职。綦到任后，政令严明，严禁徇私舞弊，勤政爱民，博得曲阜人民的赞誉。然而，由于当时官场腐败，社会风气不正，綦际霖许多革新意见终难施行。翌年，他便辞职离去，决计重返教育界。

1930年春至1933年，綦际霖应济南正谊中学校董事会邀请，先后两次主持教务。1934年，在他任教正谊中学期间，曾抽暇与利津人盖尔佶编纂了《利津县续志》。

1937年8月，日军占领济南，綦际霖携全家回到利津，在綦家夹河村当起了教师，为村小学起了"还淳小学"的校名，并编了校歌："万里洪流环我村，村势何雄杰。汉族发源在黄河，文明自古多。智者不惑仁不忧，好勇三大德。还淳教育尼山铎，吾侪当高歌。"

1937年12月，日军第一次侵占利津县城。翌年2月，国民党地方武装刘景良部收复利津城，建立县政府。綦际霖受各界拥戴，担任抗战后援会主任，同时应聘任县政府秘书。1938年10月，国民党山东省政府迁驻利津。10月5日，在欢迎国民党山东省主席沈鸿烈大会上，綦际霖借机宣传抗战，痛斥卖国。讲话中说："抗日战争是艰苦的、长期的，我们抗战军爱护老百姓才能存在，不爱护老

綦际霖撰文介绍广饶县城北綦氏先茔概况

百姓就等于自掘坟墓。现在有些人，抗战不足，扰民有余。今天，我在主席面前陈述我的'罪状'，两个月来我做的事，都是加重人民负担，坑害老百姓……"他的讲话，使当地土顽大哗，恨之入骨，当时曾率部驻防利津城区一带的国民党山东五区保安三团团长宋高堂扬言要枪杀綦际霖以泄愤。綦际霖闻讯脱逃，于1939年初潜往济南。经师友敦促，他第三次到正谊中学主持教务。

济南自沦陷以来，正谊中学常遭日伪搜查监视。正谊中学是鞠思敏先生于1913年创办的，素孚众望。当时，在正谊任教的綦际霖曾对师友表白心迹说："我秉承鞠老先生的复校主张，是为了使正谊中学的校舍、校界、图书、仪器不致被汉奸学校吞没，更重要的是在教育阵地上为国家努力保存一片净土，不让奴化教育污染了整个教育阵地。能抵制一分，就是报国一分；能抵制十分，就是报国十分。莫谓'书生报国无门'，这就是报国之一条路，起码是无愧于自己的爱国心。"綦际霖在险恶环境中，对内团结教师抵制奴化教育，对外刚毅稳健灵活应付敌人。当时正谊中学内部言论颇为自由，许多不甘心为日伪服务的爱国知识分子到正谊中学任教；许多共产党的地下工作者在正谊中学受到掩护。1943年，中共山东分局城工部部长杨一辰派莒县赵丁夫辗转来到济南，请綦际霖协助开展工作，他慨然应允，聘赵丁夫为正谊中学教员。赵丁夫在綦际霖的掩护下，同共产党员鲁光（原名杨淑贞，女）、国文教员王大彤等，宣传党的抗日救国主张，开展沦陷区文教界的统战工作。当时，正谊中学成为中国共产党在济南的联络点之一。

在日寇的奴役下，綦际霖当时在正谊中学办学也非常不容易，鬼子、汉奸的威胁，经费的困难，但学校还是办下去了。为了保护进步事业和为抗日工作服务，也遭受到日寇汉奸的迫害，后来曾一度被迫离开学校。1941年夏，綦际霖以送侄儿去北京上学为名，离开济南到了北京。在两三个月的时间里，綦际霖与侄儿綦吉昌住在沙滩松台府夹道的一个喇嘛庙里，与喇嘛一起生活，一起活动，躲过了当时日伪的迫害。后来綦际霖回到济南，继续主持正谊中学教务。

1946年6月初，国民党政府背信弃义，撕毁协议，悍然发动了内战。6月11日，济南的国民党当局出动了大批军、警、宪兵、特务在全市进行大搜查、大逮捕。其间，进步教师吴鸣岗被捕入狱，共产党员王大彤被列入黑名单。綦际霖闻讯后心急如焚，冒着生命危险，掩护王大彤奔赴解放区。继而又联合立达、正谊、懿范、黎明、齐鲁等五处中学的校长和教务主任以及进步教师共21人保释吴鸣岗出狱。据吴鸣岗（后任山东省政协副主席）回忆："当时上书国民党反动当局的那篇保释我的呈文，就是綦老亲自执笔写的。我被囚禁在集中营中，与外界断绝联系，没有见到呈文原文。事后据我的好友告诉我，綦老为写那篇呈文真是费了心血，呈文措词得当，不能过于激烈，担心刺激了反动派会招来不良后果；又不能哀哀求饶，有损我们的气节，而且要严格按照官场的公文格式来写。不是綦老，我的友好中，他人是写不出这样的呈文来的。"

綦际霖先生非常钦佩共产党的艰苦奋斗、不怕牺牲精神，认定新民主主义革命是人民的希望，是历史发展的必然。他深信共产党一定会夺取全国革命的胜利。綦老在济南兴隆店街6号住宅书斋有一条幅上写："有志者事竟成，破釜沉舟，百二秦关终属楚；苦心人天不负，卧薪尝胆，三千越甲可吞吴。"寓意良深，可见其远见卓识。

1948年9月，济南解放后，綦际霖任济南第三中学校长，他积极响应党的号召，立即开始复课和对旧学校的调整改造工作。

1956年，綦际霖出任山东省教师进修学院副院长。1957年，参加中国民主促进会，任民进济南市委员会主任委员。曾被选为济南市人民代表、市人民委员会委员、山东省各界人民代表会议代表、省政协委员、市政协常务委员等。1962年，因患偏瘫离职休养。1969年3月29日病逝。

1980年，济南市党政文教各界在英雄山烈士纪念堂为綦际霖举行了隆重的追悼会。

薄如鉴

薄如鉴（1860—1940），字绍唐、号心斋，利津县盐窝镇薄家庄人。他自幼天资聪敏，通国学、晓阴阳、工文章、善书法。清光绪三十四年（1908）戊申科岁贡。宣统元年（1909）由岁贡举孝廉方正。后隐居乡里，教书为业，桃李满天下，世人尊称其为"大老师"。

光绪三十二年（1906），薄如鉴创办乐道轩书斋，舍址在今福寿街中心。那时，薄家庄四街私塾、书屋，每街都在十四五处上，老师的文资与口才不平衡，教学质量都不一样。为提高教师的教学水平，平衡教学质量，薄如鉴创办乐道轩书斋，其中任务之一就是提高薄庄四街教师的教学水平。各私塾学堂的老师遇到难题就到乐道轩请教，乐道轩书斋长期有几位资深文高的长者，经常研讨教书中的难题。凡是在薄家庄的老师、学生，随时可到乐道轩书斋求教，并都能得到圆满的解答和教诲。为便于教导，有十几名资深学生在乐道轩书斋就读。由两名廪生薄金铭和薄俊彦二人主教，薄如鉴代管四街的私塾。在薄家庄上学的学生，资质高，品德好，受到人们的欢迎和敬重。由于薄家庄教学名声远播，外地来聘教师者也很多。关于应聘事宜，也由薄如鉴组织实施。由于推荐应聘的老师德高资深，在外地讲学往往受到好评和赞誉，因此乐道轩的名声也远播各地。

薄如鉴设塾教书，诲人不倦，师表一方。乐道轩书斋不仅是薄家庄及周边村庄人才的培养基地，而且对当地各私塾、学堂提升师资水平，提高教学质量发挥了重要作用。在乐道轩书斋大门上方，悬挂有武定府所赠的"齿德兼优"匾额。

光绪三十年（1904），黄河泛滥，老薄家庄被洪水淹没，薄家庄各择高地建房，大体分四处定居。当时各处就地起名十分俗气。当时薄如鉴会同本村两位德高望重、年过古稀的举人薄仁山、廪生薄汉光酝酿给分居的四街起名，即在保留原薄家庄这一大文化庄的基础上，为四街起名。但是由于种种原因未能实现。直到民国十九年（1930），由薄如鉴亲自推动，终于实现了这个愿望。薄如鉴和各街有名望的人经过实地考察，后协商一致，由薄如鉴择定吉日召集他们的学生全部参加，集思广益，每位学生都为四街起名，然后选取最优者以定其名。这年八月十五中秋节这一天，薄如鉴在福寿街丰乐堂乐道轩书斋，主持最后选定"福寿、康宁、维新、和平"为薄家庄四大街名。后又通知各处的老人代表和主要负责人共同商定，中心街为福寿街，南部为康宁街，东部为维新街，西部为和平街，以后各街分别叫薄家庄某某街。

为晓谕薄家庄四街起名之事，薄如鉴提出把在薄家庄读过书的所有学生请到乐道轩书斋，搞一次书法考评，以四街新名为书法内容，全用正规书法书写。同时把本县文化名人请来参加书法评选。这事立刻得到大家响应支持。时间定在了古历十月十二。随后，迅即向各方秀士发出邀请，又从书斋挑选出品学兼优的15名学生和5名老师提前做好准备。时间到了十月十二这天，嘉宾如约而至，乐道轩书斋人头攒动，热闹非凡。评委中除薄如鉴外，邀请的秀士有晚清举人赵家夹河赵金铎、大盖家盖镯仁、汀河村裴岱峰、韩大庄拔贡牛佐斗等，利津县知事孟伯洲也亲自参加。

受邀的文人秀士难得一聚，他们盛赞薄如鉴办学兴学有功，"大老师"不虚此名，兴奋之余，纷纷挥毫泼墨，切磋技艺。随后，20名师生参加书法比赛。由于考题明确，体裁诗赋联对不限，形体隶楷行草自选，参赛的师生灵活自如，发挥特长，书艺、文采、气脉个个爽快自信，都按时交出答卷。经过评委们认真评议，选出书法优等者前十名，为薄占一、薄国恩、张会川、郭树田、薄丽泉、薄秀峰、郭树芬、薄瞻涛、薄占河、薄一斋。从此以后，人们便把这十名才思敏捷、笔法娴熟、品学兼优、出类拔萃的优等生誉称为"薄庄十支笔"。这次活动非同凡响，利津县政府官员及文人都赋诗予以祝贺。其中利津县知县孟伯洲在乐道轩书斋亲笔题词："薄家庄对利津文化有着广泛而深远的影响，这里民风古朴，传统文化发达，一直是人才荟萃的地方。以人或物给地方命名，是我国的优秀传统文化习俗，它既有象征意义，又是历史的见证，利津典范薄庄文化辐射到多个方面，其他地方必然受其影响，自古以来，才子与文史有密切关系，与地方好学更是紧密相连，薄家庄人好学以形成地方民间风俗，这种文明之风，要永远发扬光大，成为利津境内民间文化的里程碑。"

韩大庄拔贡生牛佐斗作诗祝贺："字厚意深广，存古又推新。津地成楷模，文学薄家庄。"利津城南大盖家举人盖镯仁、汀河村举人裴岱峰、城北赵家夹河举人赵全铎也纷纷题词、作诗热情祝贺。

薄如鉴因办学有绩、兴学有功而被后人所尊崇。

现代

XIAN DAI

于廷臣

于廷臣

于廷臣（1918—2001），艺名"筱白孩"，著名吕剧表演艺术家，利津县凤凰街道吴苟李村人。他是全省第一个吕剧专业艺术团体"鲁声琴剧团"的组织者、创建者、领导者，济南市吕剧团团长，吕剧优秀剧目《逼婚记》《闹房》主要编剧。

于廷臣家境贫寒，在亲戚的帮助下仅念了三年私塾。9岁那年父亲因患重病无钱医治撒手人寰，生活雪上加霜。

于廷臣的青少年时代，正是上妆扬琴在山东广饶、博兴、蒲台、滨县、利津、沾化等县广为流传的时代。特别是广饶、博兴更为普遍，人人都会唱两句，被称为"驴戏"窝子。驴戏又被叫作缕戏、捋戏、拴老婆橛子等。上妆扬琴起源于民间，由山东琴书演变而来，琴书至今已有200多年的历史，上妆扬琴至少也有百余年的历史了。

1930年的初冬季节，一个偶然的机会，广饶县黑田庄的北路琴书艺人张建龄及田书善、王顺田的戏班，沿利津一带集市演出，12岁的于廷臣看戏听唱引发了潜埋于心底的从班学艺讨生活的愿望。由于他长得眉清目秀，天生就有好扮相，加上嗓子、身架条件都非常好，又聪明伶俐，田、王两位师傅就收下了他，从此磕头拜师，正式入了戏班。

经过三年的刻苦学习，于廷臣出师并唱出了名堂，很快成了戏班的台柱子。后来便跟随师傅四处流动演出。起初在惠民、无棣、乐陵、阳信、沾化、临邑、商河等县，赶农闲，赶庙会，赶节日，有时还为某些人家唱还愿戏。大多是船户们在出海前求神保佑时的许诺，一旦平安回来，就唱戏还愿，以敬神灵。有时也为赌场唱戏，为了生计，给钱就唱。

上妆扬琴在鲁北民间长期流传，涌现出许多有名的艺人，人们根据他们的艺术特色，从自己的现实生活出发，送给他们许多生动的艺名。如"剜心刀子""半碗蜜""大酥瓜""脆甜瓜""酸石头""老婆嘴"等。"筱白孩"是于廷臣的艺名。

于廷臣入了戏班唱戏，并未能改变他吃苦受穷的日子。在七八年的漂泊演出中，他走遍了鲁北地区的县县乡乡，但他们的戏班仍然在死亡线上挣扎，每个艺人依然像要饭一样凄苦。除了唱戏，他们什么活都干过，要饭、喂牲口、当短工、打零杂，只要能吃上饭，填饱肚子就行。面对如此困境，于廷臣义无反顾、矢志不渝，既然选定了从艺这条路，就坚定不移地走下去。

1938年，于廷臣20岁。他所在的戏班来到了济南，在新市场的"风顺茶园"、西市场振成舞台和大观园新新舞台演出。经过多年的潜心学习和演艺实践，于廷臣进步很快，他会的戏多，行当全，除老旦戏外，其他角色都能唱，在济南"风顺茶园"等演出场所以唱小生戏为主，所演剧目《丁僧扫雪》在观众中影响很大。

20世纪40年代后期，华夏大地战火纷扰，硝烟弥漫，社会一度动荡混乱。艺人们四下逃散、各奔东西。但是于廷臣和他的同道中人坚守着自己的初衷，最终不约而同地走到了一起，组成了一个新的戏班，取名"义和班"。"仁义、道

义和班全体人员合影。后排右三为于廷臣（崔光提供）

德、平和、和睦"，是那些善良的艺人们最企盼、最希望的戏班灵魂和宗旨。义和班组建后，谁能担当这个戏班的领导，大家的目光不约而同地集中到于廷臣身上。他有文化、有组织能力，在戏班威信高，为人热情，乐于奉献，又有演戏、编戏的本事。再者，于廷臣为了这个戏班的存活，已经舍弃自我，忍辱负重，做了大量的一般人无法作出的贡献。为了拢住人、抱成团，只要有戏唱，当天的收入人人有份。没戏唱或收入少，于廷臣就把自己拉洋车、卖菜挣的、口里省的钱拿出来，添上分给大家。谁有困难，谁思想上有疙瘩他就帮助谁。他常对想离开戏班的人说，"你走了让大伙分心，再说戏唱不成了，咱戏班不就散了，戏班散了咱就要靠乞讨度日了。我看，只要饿不死，咱就抱成团，还得干咱这一行。"

1947年，济南实行全市戒严，并停止一切娱乐活动。于廷臣他们戏班的人又断绝了生活来源。当时又正逢他第三个孩子刚刚出生，家里穷得连稀饭也喝不上。无奈，他只得靠白天拉洋车和晚上卖唱来养家糊口。

1948年9月，义和班终于在于廷臣率领下熬到了济南解放。当时"义和班"的人们一时对共产党的政策还不太理解，便有的人主张回家务农。于廷臣耐心地开导说："咱们演演看看，不行，再回家。"于是他们的上妆扬琴又在济南"风顺茶园"演出了。这期间，大家看于廷臣年轻，有文化，办事热情执着，又是义和班的负责人，都推举他到人民政府多跑跑。不久，济南市政府召集文艺界开会，他代表义和班前往参加。当时市政府的一位领导人握着于廷臣的手语重心长地说："解放了，再也没人叫你们戏子了，该叫文艺工作者了。谁也不能小看你们，你们也是人类灵魂的工程师呀！"听到这些话，于廷臣心里觉得热乎乎的，不知说什么好。后来一直多少年，他逢人便说，到处宣传。

1948年岁末，解放战争已经取得了决定性胜利。而立之年的于廷臣深深感受和分享着翻身做主的惬意和温馨，带着换了人间的兴奋和憧憬，踌躇满志，带领义和班一班人马，活跃在泉城戏曲舞台上。此后的几年里，政府文化部门无论有什么繁重的演出任务，他们都积极响应和努力完成，吃苦受累在所不惜。每个演员把热情装在心里，笑容挂在脸上。于廷臣经常对人说，人民政府就是党的代表，听政府的话，就是跟共产党走。共产党是咱们的大恩人，没有共产党就没有咱艺人的解放。政府让咱唱啥咱唱啥，不让唱的坚决不唱。在当时于廷臣填写的演艺人员登记表上，工工整整地写着两行字："解放前生活困难，吃穿无门；解放后生活美满，家庭幸福。"

这期间，义和班的艺人们工作热情很高，决心报答政府的关怀。调整了演员阵容，整理了部分演出剧目，提高了演出质量，使戏班出现了前所未有的好局面。

1951年，于廷臣参加了山东省文代会。在宽敞的餐厅里，摆下了丰盛的招待宴席，文化界的领导人亲自给他斟酒，但他喝不下去，激动地流下了眼泪：世道变了，新旧社会两重天。这次省文代会，于廷臣深受教育鼓舞，政治思想有了很大提高。

高涨的政治热情和工作热情，化作了艺人们歌唱共产党、欢庆得解放的创作激情。于廷臣的三年私塾文化积累，加上他近20年积攒下的戏文功底，写啊，编啊，唱啊，唱共产党好，翻身解放好，再唱抗美援朝、土地改革、镇压反革命……于是，他首先和李赵璧合写了现代剧《张大有被骗》，揭露反动会道门罪行。该剧在济南演出20多场，场场爆满，成为山东吕剧发展史上第一个现代剧目，为吕剧现代剧的创作提供了有益的经验。此后，他们又改编和创作了《王秀鸾》《赵小兰》《现在亲事》《沿海提出抗议》等剧目。因为他们的创作和演出紧密配合了新中国成立初期的各项政治任务，戏班日益受到政府的关注。

1951年10月27日，随着戏班的发展壮大，义和班改为鲁声琴剧团，于廷臣当选为团长。这是山东省成立的第一个吕剧专业艺术团体。1953年，更名为鲁声吕剧团，于廷臣继任团长。1954年，该团现代剧《光明大道》参加华东戏剧观摩汇演，于廷臣获演员奖。

1956年3月28日，鲁声吕剧团被批准为国营济南市吕剧团，于廷臣任副团长，主管业务。这期间，他们按照文化部的演出规划，曾先后在河南、河北、山西、陕西和福建演出，所到之处，深受欢迎和鼓励。

剧团的主要生存方式是演出，有无剧目、剧目多少、剧目质量又是关系演出的重要条件。从义和班到鲁声琴剧团、鲁声吕剧团以至以后的许多年，因为有了于廷臣这样一个直接动手创作、参与创作的领导，较好地解决了剧目创作问题，新剧目接连不断，老剧目常演常新。

于廷臣每当谈论起剧目来如数家珍、滔滔不绝。有了现编现演的本事，什么样的戏怎样插兑，瞄一眼别人的戏回来几个人一凑就能演，演过的戏，编排过的戏，于廷臣都能够整台地背诵出来。现在仍在演出的《小姑贤》《井台会》《拳打镇关西》等剧目，就是在20世纪50年代初于廷臣通过背诵写出来的。

建团初期，于廷臣参与创作了《张大有被骗》等五六个剧本。当时这些剧目在配合形势与任务的宣传方向，发挥了应有的作用。此后，于廷臣参加了全国的戏改研究会、省里办的戏曲编导学习班。他曾经连续几年和省里从事戏曲研究与剧目整理的专家在一起，研究整理剧目，讨论戏改问题，编创新剧目，念诵自己积累下来的传统老剧目。后来，于廷臣参加了《光明大道》《明明上当》《王定保借当》等剧目的创作和整理，在艺术质量上有了很大的提高。

1958年底，由于廷臣主要执笔，将连台本戏《温凉盏》改编成吕剧《逼婚记》。1962年，该剧进京汇报演出，受到朱德、董必武、邓颖超等党和国家领导人的接见。"文化大革命"中，于廷臣被打成"反动学术权威"，《逼婚记》被说成是为彭德怀翻案的大毒草，他受到非人的待遇。直到"文革"结束后的1979年，李先念主席来济南视察，重看《逼婚记》后，称赞《逼婚记》是个好戏，给予了充分肯定。这个戏的重演，在济南产生了前所未有的轰动。1979年，该剧被长春电影制片厂拍成电影，在全国产生了良好反响。

于廷臣艺术精湛，艺德高尚，在山东文艺界享有很高的声誉。1961年，他加入中国共产党。20世纪五六十年代，多次被评为先进工作者、市劳模，并当选山东省人民代表大会代表，加入了中国戏剧家协会，当选山东省和济南市剧协理事，市政协委员。

山东省文艺界一位知情的权威人士曾用"淳朴、真诚、执着、勤苦"，作为对于廷臣一生的思想、作风、道德的评价和概括，是非常贴切和准确的。作为济南市吕剧团的创建人、组织者和领导者，于廷臣正是靠着"淳朴、真诚、执着、勤苦"使这个艺术团体从零散的戏班一跨六十年。正是靠着这种高尚的道德和优良的思想作风，带动了剧团的长久发展。

于佐堂

于佐堂（1899—1982），利津县北宋镇于家村人。第一届全国劳模代表，治黄特等功臣。山东省第一、二、三届人民代表大会代表及利津县第五届各界人民代表会议代表，第三、第四届利津县人民代表大会代表。1950年8月，加入中国共产党。在60年的治黄生涯中，屡建奇功，力挽狂澜，被誉为黄河抢险第一人。

于佐堂

汛兵于佐堂

1921年7月19日，利津宫家坝决口，离口门不足10华里的于家村遭受了灭顶之灾。时年22岁的于佐堂一家侥幸逃出，起初露宿坟岗，后到河东许家村大王庙内栖身。待水落时家园已荡然无存，昔日的良田变成了一片沙丘。这个几乎被黄沙掩埋住的小村，周围土地多年寸草不生，"有风沙盖家，无风白花花"，从那年起，于家村被叫成了"沙窝于"。

无地可种的于佐堂本想带着父母闯关东，恰逢黄河上招募汛兵。这一年，经历了七次黄河决口的青年于佐堂在宫家决口十几天后，经南岸四营汛长苏金魁介绍，走出河东栖身的大王庙，来到中华民国北洋政府所辖的山东河务局南四营（驻麻湾）当了汛兵。

汛兵虽也称"兵"，却是个人人嫌弃的苦差事。当时人称其为"土蛋"。修工、打坝、填垫水沟浪窝，一副挑篮一辆"土牛车"，天天和"土"打交道，哪项活计都离不开"土"。泥里水里，堵漏抢险，前胸上带着"汛"字号服的他们都是冲在最前面。"远看像个要饭的，近看像是卖炭的，仔细一问才是防汛的。"

这句调侃语，足足说了上百年。庄稼地里的好把式，汛兵中的利索手。勤奋好学，善于动脑，不怕吃苦，恪尽职守，短短几年，黄河上所有"营生"，于佐堂干起来得心应手，拾得起放得下。在不到10年的时间里，从班长升汛目，从汛目升汛长，先后驻守佛头寺、小街、王庄等险工，率领河工参加了多次黄河抢险堵口工程，练就了一身抢险、修埽、看水、估工的绝活。在他的档案中显示，分别于1928年棘子刘口门堵复、1929年扈家滩口堵复、1930年王庄险工大抢险和1936年堤防增修中，身先士卒、指挥有方而立功受到奖励。

他始终认为，河工修防事关国计民生，乃重中之重，应总揽全局；河道治理必须审时度势，周知其弊，方可严立其防。就在他踌躇满志、想为治黄事业建功立业之时，全民族的抗日战争爆发。1938年6月，国民党军队为阻挡日军的进攻，在河南花园口扒堤放水，黄河改道入淮。又因日寇入侵，利津沦陷，县河务机构撤销，于佐堂被迫归家务农。耕耘着沙化严重的几亩薄地，眼望着干涸见底的旧河道，于佐堂虽有苦闷却也欣慰。困扰利津80多年的黄河水患，终于暂时解决了。但他并未放松对治黄经验、技能的思索。他对旁人说，黄河即使不走利津，也定要从他处流经，我这些年的治黄经验也许对别的地方有点用。但我没有文化，不知咋样总结。

险情的克星

1946年，国民党当局决定复堵花园口，黄河水归故道。面对废弃八年、千疮百孔的黄河下游堤坝，解放区人民迎来了一场险恶的"反蒋治黄"斗争。利津治黄办事处成立后，即着手组织富有治黄经验的河防人员加入人民治黄队伍。

1947年4月，48岁的于佐堂在他的老同事，民国时期南岸四分段汛长、时任利津治黄办事处工务股长的苏峻岭介绍，应聘担任了利津县治黄办事处（后改称为利津修防段）工程股副股长，全身心投入了人民治黄事业。

在参加了三个月的紧张修堤任务后，于佐堂出色的表现受到了领导与河工们的好评，他被提升为工程队队长，全面负责驻守王家庄险工堤段。王庄险工，是黄河下游一座著名的险工。这里坐弯顶冲，位置险要。自1899年以来，发生过多次重大险情，在不足三华里的堤段上，就有口门6处。因此，王庄险工也就有了"黄河下游第一险"之称。

1947年7月下旬，黄河归故后首次洪峰在战火中向黄河口倾泻。与黄河洪水打了几十年交道的于佐堂十分担心那些新修做的埽坝。果然，险情自上而下次第发生，大马家、綦家嘴、张家滩等险工频出大险，连续抢险40多天始得稳定。

9月初，洪水愈发凶猛，王庄险工十几段埽坝相继掉蛰入水，形成5处大险。于佐堂上下奔跑，与县长王雪亭紧密配合，指挥1000多名民工全力进行抢护。在这最危急的时刻，国民党军队的飞机肆无忌惮地前来低空轮番轰炸扫射，有的民工中弹伤亡，备防料物被击中起火。面对汹涌的洪水、滚滚的浓烟和危在旦夕的堤防，于佐堂一边指挥民工注意隐蔽，一边密切注视埽坝变化。突然，一架敌机迎面而来，随着一串罪恶的子弹扫射在他的脚下，身边的一名民工应声倒下。于佐堂扶起这名民工，鲜血浸透了他的衣襟。

洪水丝毫没有减弱的趋势。14个昼夜过去了，埽坝全部塌入河中，堤防仅余一米多宽。在料物用尽、一线难保的情况下，指挥部决定放弃一线大堤，退守套堤，死保二线。9月20日晨，大堤最终坍塌，洪水扑向套堤。该堤于汛前刚刚抢修而成，靠水后渗漏不断出现。于佐堂东奔西跑，指挥大家奋力抢堵。突然，套堤背后有一漏洞，水流喷涌而出。于佐堂奋不顾身跳入水中并指挥抢险队员手拉手结成人墙在水中循序探摸，县长王雪亭见状也加入队伍之中。洞口很快被找到，于佐堂脱下身上的衣服团了团塞进洞口，但吸力太大了，不等松手就被吸走了。紧接着往洞里抛麻袋，塞料物，但都因水流急，无济于事。后将一个大网包填入，也被水冲出堤外。眼看着洞口越来越大，情况万分危急。泡在水中的于佐堂看到坝上有一些秫秸，他想喊人去抱，早已干哑的嗓子却喊不出声。他急中生智，冲上堤坝扛起一个秫秸捆插入洞口，并示意众人效仿。民工们见状便纷纷抱来秫秸捆塞进洞口。水势渐缓后，忙又用软料、麻袋覆盖，终于将洞口堵住。就这样，于佐堂与工人、民工一起，冒着枪林弹雨，狂风恶浪，奋战20个昼夜，抢修堤坝23段，堵塞洞口16个，终于化险为夷。

1949年，黄河出现归故后的首次大水。洪水迫岸盈堤，汛情紧张异常。仍在王庄险工驻守的于佐堂得知汛情后，对险工上下河势进行了详细查勘。经验告诉他，大溜极有可能下延，便在有可能出险的堤段上备足了料物。果然不出所料，在估计出险的堤段上有七八段埽同时出险，41、42号掉蛰溃膛尤为严重，连续加料30多坏始见稳定。14个昼夜过去了，30多处险情渐趋稳定。而于佐堂身上的疥疮已布满全身，两腿肿得发亮，但他仍和工人们一起修工抢险，从未离

1950年10月11日，山东黄河河务局机关及驻济单位代表隆重集会，欢迎进京归来的劳模代表，江衍坤局长（右一）在其办公室门前与于佐堂（左一）等劳动模范合影

开现场。这天，时任山东河务局局长的钱正英乘船前来视察，见此状况对老于说，你这里工程很差，要千万注意啊！于佐堂点点头，心里说，局长放心吧，人在堤在。

洪水继续上涨，巨浪冲击堤坝。大溜下延到48号磨盘埽出现重大险情，埽体一小时塌掉6米多，而此时最缺的就是石料。于佐堂心想，全河多处告急。从别处险工调运是不可能的，就是能调来，也是杯水车薪，无济于事。抢险队员们眼看着险情不断扩大，心急如焚。在这危急关头，于佐堂瞥见背河近堤处有一片红淤泥，他当机立断，朝着抢险队员、民工们大喊："同志们，赶快用麻袋装红泥啊……"一声令下，人们马上明白了过来，经连续作战，用万余条麻袋装入红泥3400多立方米，投入埽下，代替石料护根，48号埽坝转危为安。这一方法很快在黄河两岸传开，各处险工如法效仿，均都化险为夷。汛期过后，渤海行政公署、山东省河务局授予于佐堂"特等治黄功臣"称号。

"防患于未然"的实践者

在于佐堂个人档案里，几乎所有的鉴定都有这样一个共同评价：掌握工作全面，办法很好，工作上有预料性，估计工程心中有数，而且深入。不主观，不自以为是，技术不保守，团结好……

1950年，苏北潮河决口，屡塞不成。接上级命令，于佐堂率领一支混合工程队前往支援。实地勘查，入水探摸，发现溃口处的河底为"油泥"河底，于佐堂有了办法。他采取秸料进占，仅用两个小时就合龙成功。"神了……黄河上真有能人！"在场的干部和民工连连称奇，同行们纷纷竖起了大拇指。于佐堂在当地名声大振，获得了"山东大汉胜龙王"的赞誉。紧接着，他又被邀请到沂河帮助修建束水坝工程。在施工中，他毫无保留地向当地群众传授治河技术，培养了一批技术骨干，加快了工程的进度，工程提前竣工。为此，华东水利部两次赠匾表彰。

这年8月，于佐堂光荣地加入了中国共产党。9月，被推选为出席第一届全国工农兵劳模大会代表，荣获全国劳模光荣称号。在北京，他受到了毛泽东、刘少奇、周恩来等国家领导人的接见。

于佐堂在山东河务局欢迎参加全国英模大会代表归来时的讲话（原载《人民黄河》）

"防险重于抢险""抢小、抢早，省工省料""观溜向河势以知工情"，这些宝贵的治河经验，于佐堂经常挂在嘴边。不论酷暑严寒，随时随地观察河势，掌握工情已成为一种习惯，目的只有一个——防患于未然。1952年汛期，他根据麻湾险工溜势上提的趋势，推断出宫家险工溜势将会下延。在他的建议下，宫家险工58号坝接长，挑溜外移，避免了险工下首滩地坍塌，防止了新险的产生。

1953年，右岸小街春修，他提出其中4段秸埽不改乱石坝，领导采纳了他的建议，两年后，这里已淤成了滩地。一个建议，为国家节约了大量资金。1956年汛期，滨县龙王崖溜势突变，北岸滩嘴坍塌严重。于佐堂通过观察河势，力排众议，力主立即在左岸张王庄滩嘴修建护滩工程，以确保对岸打渔张引黄灌溉工程顺利施工。后来证明，他的建议是科学、正确的，至今仍发挥着效益。采取他的建议而发挥的工程效益，举不胜举。

从22岁加入治黄队伍到1982年去世，于佐堂与黄河打了60年交道，经历了晚清、民国、新中国三个历史时期。他由怨恨黄河到热爱黄河，把毕生的精力和聪明才智全都献给了伟大的人民治黄事业。

王兰斋 〉

王兰斋

王兰斋（1924—2001），利津县明集乡马镇广村人，出身于一个上中农家庭，自幼聪慧，入本村私塾就读八年。王兰斋学习刻苦勤奋，成绩优良，其师苟仲甫为其入党介绍人。1947年随军南下，后任福州军区守备三师政委、后勤部政治部副主任（正师级）。

烽火岁月中宣誓入党

1942年春，抗日战争进入最艰苦的战略相持阶段。为壮大抗日力量，扩大游击区，清河区党委成立沾、利、滨工作委员会，发动群众抗粮、抗税、抗捐，争取、改造伪乡、村政权，执行抗日民族统一战线，秘密发展党员，壮大抗日力量。1940年入党的中望参村中共党员张兆义（又名张风先）奉命回乡开展工作，他以行医作掩护，在马镇广、西望参和北张村秘密发展了苟仲甫、马兰田、马岱云（文祥）、王兰斋、马廷秀、崔光东等6人为中共党员，并于10月建立了党支部。那年，王兰斋刚满18岁。

在新成立的党支部内，王兰斋与他的老师苟仲甫都有一定的文化基础，群众关系很好，在宣传抗日、传递情报、发动群众中发挥了重要作用。他在日记中写道："入党后，任党内小组长，三个月期满后被选为党支部副书记。当时我县尚未解放，大部是日寇占领区，一部分还是国民党游击（部）队占领，我党仍是地下组织。当时的任务是，发展组织，扩大队伍，了解县区乡敌、伪、顽的活动情况，掩护我区工作的同志。在执行任务中，我表现得勇敢、积极，很负责任。保存武器、传送情报、散发报纸和党的宣传品，带领上级派来的同志到过国民党游击队，去过敌占区，利用迷信组织（大刀会）开展抗日活动。"

王兰斋他们的行动，很快引起了汉奸的注意，时时处在被逮捕的危险之中。

几年后，他在他们一张合影的背面写道："触景生情，见像思事，记我们四个人。由于从1942年，即在本村做地方党的工作，因此惹起汉奸分子（注意），于1944年对我们要进行逮捕。我们于1944年4月一起进到四地委学习……"

1942年5月，利西区中望参党员张兆义（张凤先）以行医作掩护，在马振广村、西望参门村秘密发展了马廷秀等6人为中共党员并成立了支部。图为马振广村党支部成员，自左至右：王兰斋、苟仲甫、马廷秀（书记）、马岱云（图片摄于1946年夏）

1944年4月，王兰斋与苟仲甫、马廷秀、马岱云（文祥）被区委派往四地委党训班学习，历时7个月。主要学习减租减息政策，同时深入农村进行实践，先后在沾化县的西花蓝子和流口开展减租减息与组织农民开展生产互助活动。10月，因日寇对我根据地开始"扫荡"，党训班提前结束，王兰斋他们回到利津分配工作。这时利津虽然全境解放，但周边依然是敌占区，形势不容乐观。11月，王兰斋被县委组织部派到五区（今明集乡）任宣传干事。不到半年，升任区委宣传科副科长。年仅20岁的王兰斋，全身心地投入火热的解放斗争中，充分发挥熟悉地方情况这一优势，在减租减息、反特、反霸斗争中表现得积极勇敢，工作主动，多次受到县委表扬。

1945年9月，日本宣布投降后，王兰斋被调到城关区任区委委员、宣传科长，工作任务除减租减息、反特、反霸外，还组织成立农会、组织生产互助活动。

1946年3月，王兰斋调任县委秘书。由于一直在基层工作，机关工作没经验，加上县委人少，事多，一时很难适应。9月，调任三区（今盐窝镇）任区委副书记。这一时期，国民党掀起反共高潮，内战风云密布，解放区形势紧张而又复杂。我党由减租减息改为全面的土地改革，实行"耕者有其田"。熟悉基层工作的王兰斋如鱼得水，积极落实土改政策，组织农民反霸、反特、生产互助，动员青年参军支前，工作开展得有声有色。对这一时期的工作，他在日记中写道："工作很活跃，有成绩。"

战斗中成长，百炼成钢

1947年4月，解放战争全面展开。县里组织支援前线民兵担架队轮战营，王兰斋被任命为营副教导员兼一连指导员，带领民兵深入火线抢救伤员、为部队运送弹药。从4月至10月，跟随部队7个月，先后参加了泰安战役、掩护刘邓部队南下的阻击战役等战斗、战役近20次，行程近万里。其中从汶上到梁山就阻击敌人7天。他所在的一连在完成工作任务中表现优秀，组织工作严密，民工情绪饱满，骨干作用发挥得好，王兰斋被评为二等功。他回忆说："打仗时抢救伤员；行军时携带部分弹药，紧跟部队一步不离。我们这期轮战营，时间之长，经战之多，困难之大，是我县几次轮战营中少有的。"

1947年10月，鲁西郓城战斗结束后，王兰斋留军队工作，从此开始了真正的部队生涯。

进入军队工作后，王兰斋被分配到华东野战军第十队二十八师八十二团政治部任民运股副股长。两三个月后民运股与联络股合并为民联股，王兰斋为第一副股长，直到1949年1月淮海战役结束。

对这段时期的工作，王兰斋记忆尤为深刻，说："这一时期，形势紧张，战斗频繁，任务繁重，我得到的锻炼也最大。"在一年多的时间里，他先后参加了三次破袭陇海路战斗，为了配合刘邓部队挺进大别山进行中原出击，他所在部队参加了打邛县、老河口战斗。在参加开封战役中，为了阻击敌十一师，一昼夜行军180里。紧接着参加了杞睢、济南及淮海战役。他在日记中写道："（我的）具体任务是白天负责借粮，晚上跟部队行军，有时几天几夜不能睡觉。打起仗来，负责组织民工担架到火线去抢救伤员。有时去前线开展对敌政治攻势，负责战场喊话，战后参加管理俘兵。由于我执行政策好，能及时完成任务，淮海战役结束后荣立三等功。"

1949年1月，王兰斋任二四四团民运股长。2月，任团直机关政治协理员（注：1949年2月华东野战军第十纵队奉命改编为陆军第二十八军，二十八师改编为八十二师，八十二团改编为二四四团）。4月，调任八十二师政治部秘书。10月，二四四团在攻打金门战役失利后，11月调回二四四团任宣传股长。

解放军八十二师二四四团秘书处全体同志欢送王兰斋（前排右一）临别留影（1949年12月4日于福建莆田涵江）

　　新中国成立后，王兰斋先后任八十二师政治部秘书科长、政治部宣教科长。这一时期部队的主要任务是战备训练，同时抓好文化教育。王兰斋主管文教办工作，在对战士进行文化教育的同时，总结战时政工工作经验，编写团史大事记。由于轮训文化教育抓得较好，部队干部、战士的文化学习效果明显，荣立三等功。

享福休想在军队

　　1952年7月，28岁的王兰斋与同在宣传科任文化教员的赵琼瑶喜结连理。在此后的数十年岁月里，相濡以沫不离不弃，共育三女一男，四个孩子各有所成。

　　1956年9月，王兰斋调到二十八军政治部宣传处任副处长，负责文化教育工作。他于1961年写下了一首题为《勉己》的小诗：

一身不爱，

终生不懈。

只因忠于革命，

哪怕赴汤蹈海。

> 荣誉首推别人，
> 困难自己顶戴。
> 享福休想在军队，
> 利己莫参革命军。

　　37岁的王兰斋正值年富力强，他以一首小诗，表达了自己参加革命的初心和矢志不渝的理想信念。这也是对他20年戎马生涯的真实写照。

　　1962年，退据台湾的蒋介石集团叫嚣反攻大陆，全军开始了紧急备战。形势缓和后，王兰斋于12月调任八十三师炮兵三六三团任政治委员。他在日记中写道："这段时间虽短，我受到锻炼不小，因为我初当主官，工作积极、谨慎，很注意团结工作，军、师领导比较满意。"

　　1965年至1969年，王兰斋先后任步兵二四七团政委、福州军区守备八师副政委。"文革"开始后，1967年起，到福建泉州地方"支左"5年多，曾在德化县工作7个月，曾任德化地区南安革委会副主任、党领导小组副组长，兼任过晋江县委书记、革委会主任。他曾在日记中写道："经受了一场特殊的锻炼。"

　　1966年，人民的好书记焦裕禄事迹传遍神州大地。3月，时任八十三师二四七团政委的王兰斋率领学习组赴兰考学习考察。在兰考县，他们参观了焦裕禄生前带领社员栽种的泡桐树并参与了植树活动；沿着焦裕禄的足迹，与社员同吃同住，倾听基层群众发自内心地对书记焦裕禄的赞扬，对焦书记感人事迹的传颂，数天下来，王兰斋学习组以这种求真务实的学习方式让同志们受到了非常深刻的教育。

　　1972年10月，王兰斋调任守备三师（原守备八师）政治委员，这才又回到部队工作。当时部队的主要任务是战备、训练、"支左"和营房建设。这些工作做得比较顺利，但也有困难，他在日记中写道："由于受'文革'的原因，部队内部、部队与地方之间的关系比较复杂，难以处理。"

　　1976年5月，王兰斋被调到福建省军区"五七"干校任政治委员。1978年下半年，为加强"文革"后军队文化建设，撤销"五七"干校，成立了中国人民解放军干部文化学校，他任该校政治委员。该校培养了大批当时部队急需的文化教员，解决了部队战士文化补习的急需。该校对军队医院短学制毕业的工农兵大学生军医进行文化补习，促进军队医院的建设。截至1981年培训学员千人左右，这段时间，他干得很有成就感，认为"效果比'五七'干校好"。

生者岂能只顾己

在"五七"干校，他与同乡牛振邦成为搭档。牛振邦任副校长，王兰斋任政委。

对这位老乡，王兰斋十分钦佩，他在日记中写道："牛（振邦）为人耿直，简朴、勤劳，办事稳重，很能联系群众。"老乡、战友，他们之间的友谊纯洁又透明，他一直把这位老乡视为自己的学习榜样和良师益友。工作中相互尊重，配合默契，在组织领导部队开展生产建设活动中，他们事事身先士卒，晴天一身汗，雨天一身泥，埋头苦干。

孰料天不假年，1978年5月10日牛振邦因心脏病突发与世长辞，年仅53岁。王兰斋一度处于悲痛之中。他曾以一篇《祭牛振邦文》抒发战友离去无以言传的痛惜之情。

1981年5月，王兰斋调福州军区任后勤部政治部副主任。1983年12月奉命离职休养。惬意而又舒适的退休生活并没有消磨他对新生活的向往，对战友的怀念，对党的一片赤诚之心。他在一首《古稀述感》中这样写道：

......

抗日入党求解放，

打蒋从军为统一。

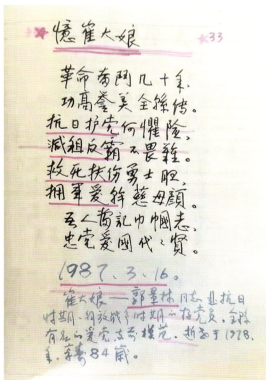

王兰斋手稿《忆崔大娘》，崔大娘即利津北张村"革命妈妈"郭景林

鲁苏豫皖战斗地，
福厦漳泉工作区。
工作平，经验少，
成绩微，贡献低。
聪明常被虚荣盖，
和善已为众人知。
老有所养组织好，
关怀优厚言不虚。
散步同行有好友，
操持家务靠贤妻。
战友牺牲为革命，
生者岂能只顾己。
离休老兵雄心在，
忠党爱国志不移。

王兰斋与战友合影。第二排右二为王兰斋，左一
为王兰斋爱人赵琼瑶

　　这首写于1994年中秋节的诗，是王兰斋70岁时对自己戎马生涯的回顾。他曾不无感慨地和孩子们说，参加共产党，走上革命道路，这条路走对了。不管多么艰难，遇上多大困难，从未后悔过。想想早就故去的父母兄嫂，想想那些牺牲的战友，我能看到人民生活日益提高，国家越来越繁荣富强，我是多么幸运。

　　王兰斋从1942年参加革命，1983年离职休养，从地方到军队，从机关到部队，共经历42个春秋，不论是战争年代，还是和平时期，一贯工作认真、办事严谨、注重团结、正派老实，对名对利很少考虑，他真正做到了"忠于革命，赴汤蹈火。荣誉首推别人，困难自己顶戴。享福休想在军队，利己莫参革命军"的铮铮誓言，实践了"生者岂能只顾己，忠党爱国志不移"的初心。他是一名优秀的共产党员，是利津人民的骄傲。

王同俊

王同俊（1903—1968），利津县利津街道崔林村人，山东省农业劳动模范。

王同俊

王同俊出身贫苦农民家庭，自幼务农。抗战胜利前后，任崔林村农救会会长。其间，他积极组织带领群众参加"双减"（减租减息）增资和锄奸反霸斗争。1946年加入中国共产党，1948年担任村党支部书记。解放战争时期，王同俊带领群众搞土地改革、参军支前、反蒋治黄和大生产运动。

新中国成立后，王同俊先后担任崔林村党支部书记、庄科乡党总支书记、中共城关区委委员、王庄乡养猪场场长。1953年至1957年，崔林村农业连年增产，5年内向国家交售余粮50多万公斤，受到县、区党委、政府表彰。1960年经济困难时期，他回村担任党支部书记，以身示范，带头参加农业生产劳动，密切联系群众，积极组织带领广大党员和群众，办互助组、办农业生产合作社，艰苦奋斗，发展生产，坚定走社会主义道路，被群众誉为"好带头人"。1963年，崔林村向国家交售粮食5.4万公斤。

王同俊于1957年和1963年两次出席全省劳模大会，被山东省人民政府授予农业劳动模范。1963年，被县委表彰为"模范党支部书记"，并号召全县农村基层党员干部向他学习。县文化馆还举办了王同俊先进事迹展览。

1968年1月27日，王同俊病逝，终年65岁。

王秀英

王秀英（1910—1988），利津县明集乡北张村人，因丈夫姓张，人称"张大娘"。1943年春，经当时中共利西区委书记崔辉五介绍，加入中国共产党。

抗日战争时期，王秀英是抗日积极分子，也是利西区委重点发展的对象。当

王秀英

时她家房屋较多，日子比较富裕，但她深明大义，有较高的思想觉悟。有一天，一位八路军战士被敌人追到村里，情急之中跑到张大娘家里。张大娘急中生智，把这位八路军战士推到油坊里，给他换上雇工的衣服，用油渣往脸上抹了几把，就这样骗过了追到院子里的敌人。此后，她的家成了八路军的家，成了开辟抗日根据地的联络点，八路军战士们到这里吃住，她都用心照顾、十分周到。她把家里的夹道堵起来，并在墙上掏了个洞，与炕洞连通，建了个秘密安全通道，掩护来这里开展地下工作的干部。

平时，她积极宣传党的政策，发动群众，做抗日工作，被评为"抗日积极分子"。同志们的衣服破了，张大娘给缝；脏了，张大娘给洗；鞋、袜烂了，张大娘给补。她拿着战士当亲儿子一样对待，被群众誉为"子弟兵的好母亲"。

1943年11月18日至12月8日，日军纠集了2.6万人，对清河区抗日根据地进行了规模空前的大"扫荡"，史称"二十一天大扫荡"。清河军区垦区军分区独立团二营六连，在反"扫荡"中迂回转移北张村，被敌人包围在村西，展开了一场浴血奋战。六连有72名干部战士壮烈牺牲。战斗一结束，王秀英随村妇女救国会一起，爬到围墙上抢救伤员，抢着把伤员抬到自己家中。一连抬了10多个，满满地躺了一屋子，炕上地上都是血。她把衣服和被子撕成条条当绷带，给伤员包扎伤口，把棉花烧成灰为伤员止血。有的伤员伤势过重、流血过多，死在张大娘的炕上，她就张罗来白布，抬出去掩埋。后来人们问王秀英抬了多少伤员到自己家里，她哭着说："炕上地下都是，满满的，我忙着给他们喂水喂饭、包扎伤口，忙也忙不过来。到底多少，也没数清楚。现在，我眼睛一闭上，还看见他们躺在炕上。我心里很难受啊！"

1942年至1943年，利西区各救会主任兼妇救会主任张林一直活动在北张村一带。那时她才十七八岁。当时利西区情况复杂，日伪政权控制严重，土匪、国民党游杂七股八岔，百姓怨声载道。张林扎根百姓之中，宣传共产党的抗日救国主张，组织发动群众建立抗日团体。她时而住在北张村郭景林家中，时而住在王秀英家中，为便于开展工作，王秀英将她认作"干女儿"。这期间，张林夜以继日地辗转在北张、马镇广、望参门、郑家、鞠家、大张、小赵家等村，发展党员、培养抗日积极分子、建立妇救会组织，与当地群众建立了血肉相连的关系。

王秀英始终保持革命的工作热情，不顾个人安危。1944年11月，利津县城解放不久，斗争形势依然严峻复杂。中共利津县委在利西区西坡村成立后，仍在农村辗转，没有固定的办公场所。张大娘家就是县委副书记王节亭驻留的放心户。这年12月，日军不甘心失败，发出最后的疯狂，进犯利津城，妄图重新占领。我抗日军民积极组织反"扫荡"。渤海区四地委派出工作队的崔云溪、盖鸿振等4名同志，到农村去发动群众。初冬时节，来到北张村，在王秀英家找到了县委副书记王节亭，交了党的组织关系介绍信，听取了敌人扫荡情况的介绍，也住在了王秀英的西屋里。住下后，王秀英烧水做饭，给予了很好的照顾，热情支持工作队的抗日工作。工作队员住在王秀英家里，没有后顾之忧，都全身心地投入工作中去，在县委、区委的组织领导下，积极开展破袭公路的反"扫荡"，粉碎了敌人的梦想。

1986年5月下旬，张林与她的爱人刘竹溪又踏上利津老区这方热土，不辞辛劳走村串户，到北张、马镇广、望参门、田家、郑家等老抗日基点村看望了那些曾经同甘共苦的老党员和当年的抗日积极分子。当她看到北张村年逾八旬的老党员王秀英大娘时，连声叫着"娘，娘……"扑到王秀英怀里，一霎时热泪盈眶。王秀英还像40多年前一样，抚摸着张林的头动情地说："林啊，抬起头来，让娘仔细看看……"此情此景，使在场的人无不为之动容。

1988年3月，王秀英去世，终年88岁。

1986年5月，张林（后排右四）在利津革命老区北张村与乡亲们合影。前排中为王秀英（张大娘）；后排左二为崔辉五，曾任利西区区委书记；左三为王建新，曾任县妇联主任

王余音

王余音

王余音（1915—2010），利津县陈庄镇王家崖子村人，出身于贫苦农民家庭。8岁入读私塾。后因黄河决口，家乡被淹，全家逃荒到了沾化县东北部农村，租了地主家几亩荒地耕种。王余音也同父亲一起去打短工、做月工，勉强维持全家生计。17岁时，在父亲的支持下，到寿光县外祖父家一个新式学堂又继续读书，后来考入山东省立青州中学。

1937年7月卢沟桥事变爆发，不久，日军入侵山东。这时，县城的国民党地方政府机关、部队和学校都纷纷关门逃散。王余音从寿光县外祖父家回到利津家乡。他怀着对日寇侵略者的满腔仇恨，投笔从戎，走上抗日救国道路。

他到利津县城和沾化县的一些地方调查了解，听说冀鲁边区有八路军肖华的部队，寿光县也有了八路军，他们都是共产党领导的抗日救国的队伍。因寿光县离家较近，王余音组织了程克钧、高育民等8名爱国青年去寿光县寻找八路军。在寻找途中，因遭到伪顽张景月部的鸣枪阻截，他们8人被冲散。1938年8月，王余音、程克钧、高育民在寿光县丰城一带找到了八路军鲁东抗日游击队第八支队，支队领导人是马保三。经说明来意后，支队领导把他们三人留在八支队工作。王余音和高育民被分配到政治部秘书科文印股，程克钧被分配到连队任宣传员。1938年10月，王余音加入中国共产党。同年冬，鲁东抗日游击队八支队奉山东省军区命令开赴鲁南创建抗日根据地。部队从临淄县苇子河一带农村出发，于夜晚突破胶济铁路南下，穿过日伪封锁区，抵达山东沂水县，在南麻、鲁村、悦庄一带开展抗日活动。一年多来，王余音随部队参加对日伪顽战斗30余次。

1939年冬，山东省军区组织八支队及其他部队攻打盘踞在沂水县东里店的国民党顽固派，经激烈战斗，攻克并收复了东里店及周围地区，使抗日根据地扩大了。战后，八支队在沂水县牛沐镇稍事休整。1940年春节之夜，王余音又参加了八支队突袭安丘县城日伪的战斗。

1940年春，八路军第一纵队政治部谢有发同志到八支队视察，决定调王余音到一纵政治部秘书处工作。

1941年8月，王余音、杨信等一批鲁南军队干部，奉命调往山东清河区工作。不久，八路军山东纵队三旅解放了利津、沾化北部和东北部黄河入海口一带广大地区，建立了抗日根据地。翌年8月，建立八路军清河军区垦区独立团，杨信任副团长，张辑光任政委，王余音担任团政治处民运股长兼沾化县武委会主任。当时的主要任务是广泛宣传党的抗日民族统一战线；组织发动群众，建立基层抗日民主政权；发展地方抗日武装；发展党员，建立党的基层组织；积极开展反"扫荡"、反"蚕食"斗争。1944年起，王余音先后担任渤海军区第四军分区政治部宣传科长、沾化县大队政委等职。

1945年抗战胜利后，王余音先后担任渤海军区第四军分区宣传科长、渤海区第二十四团政委、渤海军区警备九团政委等职。

在抗日战争中，王余音出生入死，转战南北，身经百战，在鲁东、鲁南山区和渤海平原创建农村抗日根据地，同日伪顽进行了艰苦卓绝的斗争。而后又驰骋于解放战争的沙场，为人民的解放事业作出了应有的贡献。

1949年10月，王余音率渤海军区警备九团升级转为铁道兵，先后任北京铁道兵政治部宣传部副部长、组织部副部长，铁道兵司政后直属机关党委副书记等职。1951年至1953年，参加抗美援朝战争。归国后，被调往广西和福建，领导修建了黎塘至湛江、鹰潭至厦门、南坪至福州的铁路。

1958年，铁道兵在黑龙江北大荒成立农垦局，王余音被任命为局党委副书记兼政治部主任、总工会主席。是年，出席全国工会第八次代表大会，并当选中华全国总工会候补执行委员。这期间，他领导所属14个总厂和1所农业大学，发扬延安时代三五九旅自力更生、艰苦奋斗的精神，边开荒，边生产，边建设。

1959年以来，王余音先后担任中共牡丹江地委秘书长、中共中央东北局政策研究室领导小组成员、东北局农村工作委员会农场处处长、大连外国语学院副院长等职。1983年离休。离休后，仍积极发挥余热，做了许多有益的工作。2010年7月23日，王余音病逝于大连，享年95岁。

王 林

王 林

王　林（1919—1990），曾用名王淑孔、王景明，山东省广饶县稻庄镇城坞村人。1937年，毕业于济南惠商职业专科学校。1938年5月，参加革命。1938年9月，加入中国共产党。先后任八路军山东抗日游击第三支队十团政治处锄奸干事，中共广饶县委青年部长、组织部部长，清河区青救分会组织部部长，清东地委民运部部长，清东各界抗日救国分会会长，清东军分区政治部主任兼独立团政治处主任。1943年3月，任中共垦利县委书记兼县独立营政治委员。1944年9月，任中共利津县委书记兼县独立营政委。1945年8月，调离利津县，任中共滨县县委书记兼县独立团政委。王林是一位善于打开新局面，具备丰富斗争经验的年轻干部。

　　1944年8月，利津县全境解放，中共利津县委、利津县抗日民主政府相继成立。年仅25岁的王林作为利津县第一任县委书记，是在战火纷飞的岁月里走马上任的。当时侵华日军垂死挣扎，国共两党关系扑朔迷离，战争形势十分严峻。在利津任职一年多的时间里，王林紧紧依靠上级党委，率领一班人狠抓政权巩固，加强对敌斗争，充分发动群众开展各项工作，为抗日战争的最后胜利创造了良好局面。

　　王林在回忆录中说，利津县在抗日战争时期是战略要地，是清河区、渤海区对敌斗争的前哨。抗战初期，由于我党地下工作薄弱，利津县成了敌、伪、顽盘踞的中心，广大人民群众遭受了极大的苦难。直到1941年春，我中共清河区党委为了开辟黄河北抗日根据地，打通与冀鲁边区的联系，山东八路军部队经过与敌、伪、顽的激烈战斗北进八大组，8、9月杨国夫司令员又率领部队从八大组北进左家庄，渡过黄河解放了罗镇、宋家庄、义和庄等垦区的大片土地，形势才有了根本转变。根据革命斗争形势的需要，清河区党委决定建立中共垦区工作委员会。这时利津东部、北部地区才得到解放。

王林回忆道，1942年，为了全面开展敌占区工作，相继在敌伪统治薄弱的边缘地带，先后成立了两个"三边"工委（即沾化、利津、滨县工委；蒲台、利津、滨县工委）和垦利县委（前为垦区工委）党的领导机构。在党的正确领导下，以武装斗争为主，宣传动员组织广大群众粉碎敌人"封锁""蚕食""扫荡"，巩固扩大抗日根据地，坚持了"渤海平原"的游击战争，为配合全国的全面反攻，战胜日寇创造了条件。上级党委为了便于集中统一领导，加强对敌斗争，迅速开展新解放区的工作，1944年9月初，清河区党委、行署决定建立中共利津县委员会和利津县抗日民主政府。20日，四地委副书记李文在利津三区西坡村小学主持召开了第一次会议，正式宣布建立中共利津县委员会，并宣读了县委成员名单。王林任县委书记，王节亭任县委副书记兼组织部部长，牛瑞卿任组织部副部长，崔大田任宣传部部长，邢钧任各救会主任，后又增补县独立营营长张伯令、公安局长王梅亭为县委委员。县政府由县长王雪亭、公安局长王梅亭、工商局长许子教等人组成。

利津县委建立后，军区决定将原垦利县独立营改为利津县独立营。营长张伯令，政委由王林兼任，下辖三个连队。共300余人。各区也相继组建了区中队。10月，县人民代表会议在三区西双井召开，选举了利津县抗日民主政府，选出了人民代表大会的7位常务委员。邢钧、张鹤亭当选为正副主任，王雪亭任县长，因其在鲁南大学学习未回，暂由公安局长王梅亭代理县长并宣誓就职。

王林说，县委成立后，抗日战争仍处于胜利的前夜，日寇在我军强大的军事与政治攻势下虽然节节败退，但困兽犹斗，仍作最后的挣扎。日伪军除大规模的"扫荡"外，还经常组织"三角"部队对我后方机关进行"远途奔袭"。"三角"部队是日寇为"远途奔袭"我后方领导机关而设立的特殊武装，他们的武器主要是96式带瞄准器、有枪架的步枪和轻机枪。蒲台三中队和滨县独立营，在1944年至1945年间，曾分别遭遇"三角"部队的突袭，损失重大。1945年6月，山东分局发出了《关于山东目前战争形势与我们紧急动员》的指示。8月，四地委在利津专门召开了县委书记会议进行部署，指出：山东战略地位空前重要，敌我斗争的紧张局势即将到来，下一步必将发展到以我为主的反攻局面。面对这样的

王林与向旭（右）1986年5月于利津张滩险工

形势，中共利津县委建立后迅速开展了以下几项工作。

一是建立和健全了县党、政、群领导机构。渤海区党委、四地委从垦利及其他地区抽调干部充实健全县和6个区的党、政、群领导机构，发展了党、群组织。这一时期全县已有党员300余人，各群众组织成员有5000余人。

二是加强了对敌斗争。群众踊跃参军支前。这时利津县境内已无敌伪据点，但蒲台、滨县的敌伪还经常出动、"扫荡"和"蚕食"利津周边地区。利津县独立营开赴前沿地区，配合军区、军分区主力部队，于1945年6、7月间相继解放了蒲台、滨县县城，并在春季掀起了大参军运动，有2000多名青年光荣入伍。

三是进行了锄奸反霸和减租减息，改选了伪政权。中共利津县委、利津县政府建立后，立即领导全县人民展开了打土豪、斗恶霸的反奸诉苦和"双减"（减租、减息）、增加雇主工资的群众运动，提高了大家的阶级觉悟。对罪大恶极的反动分子进行了镇压，如枪毙张窝村伪村长，斗争明集村地主郭同林，砸了鞠家村大地主鞠鹤园家的牌匾，大大增强了群众的斗争热情。

四是恢复发展生产，改善了人民生活。同时在全县开展文化教育运动，恢复和建立了农村小学，举办了识字班、农民夜校等。这些工作，为迎接抗日战争的全面胜利，为后来的解放战争，打下了良好的群众基础，巩固、发挥了老解放区应有的作用。

抗日战争胜利后，王林历任渤海军区教导二团政治委员、华东军区随营学校政治部组织部副部长等职。新中国成立后，王林长期从事装甲兵部队的政治思想工作和组织、教育工作，先后任华东军区军政大学二总队七团政治委员、总队副政治委员，军区装甲兵教导团政治委员、第二战车编练基地政治部主任，中央军委装甲兵政治部组织部长、第五坦克学校政治委员、装甲兵学院政治部主任。1975年9月，任中央军委装甲兵政治部副主任（正军职）。1988年，荣获独立功勋荣誉章。

1986年5月，中共利津县委特邀在利津工作过的老领导、老干部对《中共利津县地方党史大事记》进行审阅。王林在审稿会议上发表了热情洋溢的讲话，他说，回顾往事，畅谈党史，我们感到无比的高兴，搞好党史征集工作，是一项紧迫的政治任务，有重大的历史和现实意义。因为总结党的历史本身就是党建的一部分，我们用它来教育党员、干部和下一代，使他们永远不要忘记，今天的成就和幸福来之不易；永远不要忘记，我们党领导广大人民在长期艰苦的斗争中，作出巨大牺牲和贡献。认真总结党的历史经验和教训，继续发扬党的光荣传统，树立共产主义的远大理想，加强组织纪律性，是建设社会主义精神文明的重要组成部分。王林一再叮嘱："我们写党史的时候，千万不要忘记那些为党的事业光荣牺牲的烈士们，是他们的鲜血灌溉了我们这块英雄的土地，是他们的生命换来了今天胜利的果实……"

在这次审稿见面会上，王林即兴赋诗一首，表达了当时的心情：

战友分别四十年，利城相聚人不全。
双鬓增霜容颜改，故地重游今非前。
英雄业绩后人颂，光辉诗篇代代传。
同心同德齐努力，龙腾虎跃宏图展。

王 恺

王　恺（1929—2018），原名王华峰，利津县盐窝镇新台村人，他天资聪慧，勤奋好学，记忆力过人，7岁入利津县立第二高级小学读书。七七事变后因学校停办入私塾就读7年，打下了坚实的古文、书法基础。

初登文坛

王 恺

1944年8月，利津县全境解放。他与同学陈汇泉（陈戈）一起赴垦利县杨家嘴报考了耀南中学，受到了革命教育，参加了"青年剧社"。

1944年初冬，王恺、陈戈在家乡台子庄组织部分爱国知识青年成立了"双拥剧社"。"双拥"即"拥军拥政"。剧社由建立初期的十几人，后来发展到30余人。编演了话剧《一个班》，吕剧《双寻夫》《全家乐》，小歌剧《捉汉奸》，杂耍剧《砸砂锅》以及快板书《八里庄战斗》《金不换》等，紧密配合了当时的抗战形势和党的政治任务。

王恺与陈戈既是"双拥"剧社的创始人、组织者和领导者，又是主要演员。在乡亲们的热心帮助下，剧社越办越好，节目越来越精彩。剧社宣传了党的政治任务，活跃了群众文化生活，在利津县北部农村产生了广泛而深刻的影响。

1945年初，在渤海解放区掀起了大参军运动。王恺与陈戈向双拥剧社的青年们提出了集体参军的倡议，得到了大家的支持。当时渤海军区第四军分区正拟建文艺宣传队，剧社中挑选一部分人入伍，王恺等八人于1945年2月参加渤海军区第四军分区宣传队。

王恺在第四军分区宣传队工作了一年多，并于1946年3月加入中国共产党。1947年，在渤海军区政治部耀南剧团工作期间，王恺深入乡村参加了土地改革工作，他根据自己的感受，写了一首反映土改的长诗《一面墙》。开头的序诗是："进了田家集，绿树丛丛密，迎头有面墙，墙上写大字：'拥护共产党，跟着毛主席'。说起这面墙，这墙有历史，涂过多次泥，改过多次字，每换一回字，都有新故事。老汉田俊芳，世居田家集，望着墙上字，一本血泪史。……"作品通过墙上字的变化，形象地描绘了广大农民从被压榨和屈辱中翻身解放的历史变革。

对这篇诗文，王恺并没想到发表，只在同志们中间传阅。不料竟博得大家的好评。当时从华北联大文学系来了几位同志，他们看了也觉得很好。这大大鼓舞了王恺的信心。由此，他被调出音乐队，专门为剧团编写演出剧目。后来他陆续创作诗歌和小说，发表在军内外报刊上。1950年他出版了诗集《周槐亭》，开始在诗坛上崭露头角。同年还出版了秧歌剧本《郭洪山》和歌曲集《生产联唱》（李广宗等作曲）。翌年，又出版诗集《一面墙》和小说集《群妮离婚记》。从此，王恺被激发的创作激情一发而不可收。

王恺书法

1950年5月，王恺被调入山东省军区政治部文工团，任创作股副股长兼戏剧创作组组长。其间于1951年秋，华东军区、第三野战军慰问团赴东北慰问志愿军伤病员，王恺任创作组组长。在长达三个多月的慰问活动中，王恺访问了不少伤员，创作了抗美援朝题材的一个长诗和两个歌剧《雪山烽火》《送英雄》。后一个剧本演出了多场，长诗在《人民诗歌》杂志发表。同时他还组织创作了快书《一车高粱米》《三只鸡》，并荣立三等功。

深入生活

20世纪50年代以来，王恺除了完成必要的行政工作外，把大量心血和精力倾注到文学创作上。他经常深入部队基层，深入舰艇、岛屿、场站，观察体验生活，深刻发掘素材，纵深把握人物，以饱满的政治热情和高度革命责任心，创作了大量反映海军生活、塑造海军形象的文学作品。

生活是创作的源泉。王恺全身心地投入火热的斗争生活中，他参加土改、"四清"，深入连队、舰艇，与群众、官兵打成一片，真正做到同吃同住同劳动，交知心朋友，做群众的贴心人。20世纪60年代初，王恺两次参加工作组到潜艇部队检查工作，一般规定，工作组住招待所，但他都积极要求上艇，参加潜艇下潜、航行、训练。他看到艇员们在这与世隔绝的日子里，坚守岗位，埋头勤奋工作。王恺在一篇回忆文章说："艇内十分窄狭，转个身都很费劲，不是碰了头就是撞了脚，而艇员们在这种艰苦条件下服役，至少五年。只这一点就需要多大的勇气啊！热爱祖国，保卫海防，在这里不是挂在口头上或写在书面上，而是体现在具体行动中。……我觉得，潜艇不仅是一个战斗集体，也是一个温馨的家，一个长知识出人才的学校和熔炉。"1962年，王恺在鱼雷艇部队代职，为了打击蒋军的小股武装特务的侵犯，他随同部队从浙江航行到福建，因保密和为减少鱼雷艇机械的磨损，鱼雷艇都由护卫艇拖带而行。在长达72小时的远航中，其间一度由于海涌太强，鱼雷艇摇摆得像扭秧歌一样，连一些老水兵都眩晕、呕吐不止，王恺自然也眩晕、呕吐，但他都始终与艇员们一起坚持到底，而且吟诗："云从龙，虎从风，狂风恶浪服从人民的水兵！"他在部队交了很多朋友，很多艇员都乐意向他交心，他的长篇小说《水下阳光》《碧雾港》，就是在这一时酝酿形成的。

1956年，王恺出版了第三本诗集《水兵的歌》和短篇小说集《夜航》。在他出版的文学作品中，从浙东海战、"八六"海战、崇武以东海战到西沙海战，都有一定的反映。同时，他还为海军的英模人物麦贤得、卜凤刚写了长篇传记。《麦贤得》一书，1966年由中国青年出版社出版；《卜凤刚传》一书，1987年由解放军文艺出版社出版。尤其是他描写潜艇部队战斗、训练生活的长篇小说《水下阳光》《碧雾港》，以及与人合写的电影文学剧本《无名岛》等，在军内外都产生过广泛的社会影响。

王恺的小说、散文和诗作以文字优美、描写细腻、文风朴实、结构严谨而得到了军内外广泛的好评。《文艺报》《文学评论》《光明日报》等报刊，对王恺的作品都发表过评介文章。著名诗人沙鸥认为他的诗作《鱼雷快艇》"形象非常鲜明、非常奇丽。奇丽的形象传达了英雄豪迈的感情"。评论家于萌说他的长篇小说《水下阳光》"在描写部队生活方面又开拓了一个新的领域。它的富有现实意义的主题和新颖的题材，都不能不使我们感到莫大的兴趣"。评论家凌云在1965年第三期《文学评论》的一篇文章中也指出："《水下阳光》是我国第一部描写潜艇生活的小说，它所展示的生活景色，是读者过去很少见到的，因此倍觉新鲜奇丽。写大海的壮观，常常令人胸怀壮阔，甚为向往，因为其中渗透着作者的革命豪情。"1959年，王恺加入中国作家协会。

1971年至1974年间，他参加"三支两军"，任海军驻北京市燕山情艺术团军宣队政委，后被结合，任革委会主任，同时被选为文化系统党委成员和剧团的党委书记。后又调任北京市创作评论组组长、党支部书记。创作评论组即"文革"前的文联，其间对《北京文学》和不少作家、编辑尽力扶持，受到普遍欢迎。

王恺举止洒脱，思维敏捷，眉宇间透着灵气和坚毅。每天黎明即起，一直忙到夜阑人静，常常废寝忘食。无论是隆冬雪夜，还是酷暑盛夏，他一直伏案疾书，奋力拼搏，勤恳耕耘在文学园地里。他笔尖蘸着激情，文思泉涌，一篇篇作品相继问世。多年来，他出版的文学作品有近20种300余万字。其中有长篇小说《碧雾港》，散文《川江纪行》等7篇作品获奖。

1989年离休后又相继出版了长篇小说《麦贤得的故事》，散文集《翠微堂笔记》，译作《丽莉》等著作。鉴于他在文学艺术事业中作出的突出贡献，国务院于1993年给予特殊津贴。《中国文学家辞典》《中国当代文艺界名人录》《跨世纪中国专家学者名录》都载有他的传略。

寄情翰墨

王恺童年在家乡读私塾时，攻书临帖八载，而对书写疾速的草书情有独钟。抗战末期王恺参加革命后，虽环境艰苦，工作驻地多变，没有条件写字，但部队每到一地，他总是提个铁桶，用笤帚疙瘩蘸着白粉，在老乡的墙上涂写标语，开大会时，标语和会标非他莫属。王恺曾写过一篇《四海书林》的散文，记载了我国沿海的有关墨迹和摩崖刻石。20世纪70年代初，已逾不惑之年的王恺参观了西安碑林，又一次点燃了他藏于心中的书法之梦。回京后他悉心研究历代书法，重操笔墨旧业。但他不急于创作，而是埋头耕耘，锲而不舍，潜心临帖。从1979年以来，他倾注了大量的精力和心血，临怀素《自叙帖》《小草千字文》等达16年之久，有时顾不得吃饭，在书案前一站就是几个小时，细心研究揣摩，凝神挥笔泼墨，写下的宣纸有万张之多。功夫不负苦心人，王恺的书法颇得怀素神韵，临书与原作形神兼似，笔力飘逸飞动，古朴典雅，犹如松风流水，浑然天成，具有一种超凡脱俗之美。他的书法有坚实的传统功力和高雅的个人风格。王恺在他《桃花园里好耕田》一文中谈道："我临帖十数年而不倦。""我临帖多花了些时间，这都使我受益匪浅；至今仍经常读帖。"

王恺书法

著名作家、文艺评论家、《文艺报》副主编钟艺兵在评价王恺书法艺术的文章中写道："王恺书法作品的艺术性堪称精美。他的草书多用中锋，笔势磅礴，颇有叱咤风云之势。其小草出规入矩、境深意远，蕴藏着一种韵味。他痴迷草书，尤爱狂草，是与其长期的军旅生涯、四海为家、视野广博、胸襟旷达的阅历、气质及深受中国古代文学经典的熏陶，特别是与他豁达大度、举重若轻、文思奔涌、狂放不羁的性格分不开的。可以说他的草书注入了作为诗人深沉思考的识见，也为抒发他的思想、情感和厚望找到了一种最佳的表达方式，是他内心情感世界的一种外化。"

王恺很重视书法作品的内容。从20世纪90年代中期以来，他常以草书直抒胸臆，边创边临，厚积薄发。在他的书法作品中，有不少是自撰诗词。这些书法作品极其动人地折射出一位老战士、老作家、老书法家所具有的一颗热爱祖国、关注现实、弘扬中华民族自强不息精神的赤子之心。

王恺被国家人事部艺术委员会和中国书画家协会等单位评为"翰墨名家""著名书法艺术家"等。但他却始终保持着不为名利所动的大家风范。在1978年至1996年书法热期间，他始终默默笔耕，从未参加过书坛的活动。年逾花甲才办书展，出版书法作品，参加中国书协。从1996年以来，王恺先后在北京、烟台等地举办过三次书法展览，其书法作品博得很高的评价。许多同志热情地来信、来电、赠诗、赠字表示祝贺，还获得办展单位若干奖项，授予多项荣誉称号。

多年来，很多人慕名求他的墨宝，凡是诚心喜爱的他都免费相送，使来者欣喜而归，对他的人品、德行非常推崇。王恺出版的书法作品有《草书毛泽东诗词》《历代名家论书画》《中国当代书画名家作品精选——王恺专辑》等四种。他曾是中国书法家协会会员、中国书画家协会常务理事、王铎故里书画院名誉院长。

王恺对家乡一往情深。2007年10月，在山东利津家乡举办的"王恺和当代竹兰画家王烈等人的书画作品展"开幕式上，他深情地说："我永远感谢家乡人民的养育之恩，使我能在军队文化部门走到了今天。我没有辜负家乡父老兄弟姐妹，我今后还要为家乡人民作出更多的贡献。"2016年，他还将自己书写的50余件书法珍品，捐献给利津县博物馆。

2018年3月18日，王恺病逝于北京，享年89岁。

王峰崝

王峰崝（1906—1983），原名王仪文，曾用名王风池，利津县北岭乡老台一村人。出身农民，中学肄业。1949年11月加入中国共产党。王峰崝自幼聪颖，勤奋好学，有"半部辞源""辞源先生"之称。9岁入私塾，后入济南高级小学

王峰峙

和掖县教会中学就读。曾在本村小学、城镇女子小学、县立第一高小、第二高小任教。新中国成立后，王峰峙曾当选垦利县党代会、人代会代表及利津县一至二届党代会代表。1953年起，先后任垦利中学副校长、校长兼党支部书记，利津一中校长兼党支部书记等职。

慷慨赴国难

1937年7月，卢沟桥事变发生，华北相继沦陷。王峰峙在新台高级小学的课堂上陈述了日寇侵华罪行，慷慨陈辞，声泪俱下，学生无不动容，学校旋即停办。是年冬，日军侵占利津城，王峰峙反对敌伪推行的奴化教育，拒绝任教，隐居家中务农。闲暇刻苦攻读中医，为群众治病。他行医时不吃请，不收礼，精心诊治，受到群众的好评。

1942年，王峰峙同我党抗日工作人员有了接触。不久，受垦利县抗日民主政府委托，在本村任小学教师。他以教师的身份为掩护，一边应付敌伪，一边在教学中灌输爱国主义思想，向学生们讲述岳飞、文天祥等历史故事。他所在的学校，成了我党的地下联络站并多次掩护抗日干部脱险。当时的垦利县委书记李树春等领导同志常在他家开碰头会。1943年的一天，我武工队长王强在袭击陈庄据点时受到敌人追捕，情急之下，王强翻身跳进了王峰峙任教的学校藏了起来。王峰峙不动声色，照常上课，躲过了日寇的追捕。

1944年春天，陈庄据点的敌伪被迫撤离，垦利四区解放。王峰峙信心满满地回到了自己心爱的教育事业中来，先后在县高级小学和县文教科任职。其间，他积极参加了当地的"双减"（减租减息）增资、动员参军和民主建政工作。并当选为垦利县参议会议员、行政委员会委员兼参议会秘书，工作勤恳努力，尽职尽责。

1948年6月，他受县文教科委托，赴青州出席全省教育研究会，会后，他以极大的热情投入兴办和发展解放区教育事业。不久，任垦利西双河完小教导主任，继任新台完小教导主任、校长。

心血洒教坛

1953年，垦利县委筹建垦利县中学，作为筹建负责者，他和工人们一起运送砖瓦石料，常常弄得满身泥土。学校建成后，上级宣布校长任命，人们才知道这位在工地上搬砖的工人就是新上任的王副校长。从此以后，"搬砖校长"的美名不胫而走。

王峰峙在垦利中学任职期间，以身作则，言传身教，春风化雨般地化解教职工思想上的疙瘩。当时，有一位俄语教师因为认识上的问题撂了挑子。王校长一边做他的思想工作，一边亲自兼了班上的俄语课。王校长没有学过俄语，他只是凭自己超群的智力和刻苦，利用晚上的时间在留声机上反复听反复学。他晚上学白天给学生上课，一连几天，那位俄语教师不相信王校长能教俄语，可听了几天，发现王校长不仅能教，而且讲得中规中矩，一点也没有教错。这位教师深受感动，回心转意，重新回到了课堂。

在对待学生的错误上，王校长也非常讲究方法，既保护了学生的自尊心，又使学生受到深刻教育。县文化馆画家于汝仁曾是利津县一中的学生，放暑假的前一天，于汝仁在黑板报上写放暑假的通知，把"暑"写成了"署"。王校长看到后，没有当场

王峰峙

指出来，而是和蔼地问道："为什么要放暑假？"于汝仁想了想说："因为天太热。"王校长又进一步问："天为什么会热？"于汝仁说："太阳热力强。"王校长借势引导说："这就对了。日者，为暑，表示天热，四者为署，是四方部署，安排工作。"于汝仁一听恍然大悟，这才意识到自己把字写错了，当即改了过来。

"半部辞源"不虚传

王峰峙不但是教育界的名流，他对于汉语言文字和中医均有很深的造诣，坊间传为"半部辞源""辞源先生"。他利用业余时间系统研究了《二十四史》《绣像西厢记》等著作，并做了非常详细的批注，从中寻找中国汉字的脉络和走向。1977年，滨州师范受省里委托编纂现代汉语大词典，王峰峙承担了其中一大部分条目的编写。当时，他已患病，可仍然一丝不苟地进行校正，直至满意为止。

王峰峙还是相当出色的中医。他潜心学习了《黄帝内经》《验方新编》《伤寒论》等经典医书。针对中医拘泥于传统的情况，他早在1936年就在批注中说，中医要与时代共同进步，不能墨守成规。日伪占领利津时，他罢教务农勤勉行医，周边村庄百姓对他的医术医道赞不绝口。20世纪50年代，当时的惠民地区医疗卫生部门组织对利津全县中医进行考核。在考核中，只有王峰峙对中医知识和各种验方对答如流，受到了考核小组专家的高度评价。

"文化大革命"中，他身心受到极大摧残，但他对党一片忠心。粉碎"四人帮"后，他得以平反昭雪，获得新生，并抱病承担了汉语大辞典条目的编修工作。

王雪亭

王雪亭

王雪亭（1912—1979），原名王松梅，东营市东营区王家村（原属蒲台县、博兴县）人。王雪亭出身于一个较为富裕的农民家庭，父亲王喜庆粗通文字，勤于农耕。王雪亭自8岁入学，自私塾入本村小学堂读书。1928年高级小学毕业后考入鲁北名校鸿文中学，1929年又考入山东省立第一中学就读，后因时局动乱而辍学。1930年夏考取山东陆军士官教导团，毕业后被分配到国民党鲁北民团指挥部任副中队长，自此后步入军界。

坚决跟着共产党

年轻的王雪亭富有正义感，对封建反动势力疾恶如仇。1931年春节，19岁的王雪亭带领士兵抓捕了一批赌博、吸大烟、卖鸦片不务正业的人并游街示众，这些人里头不乏纨绔子弟，因而得罪了地方豪绅，结下了不解之仇。他们联名诬告王雪亭"通匪"。王雪亭含冤坐牢年余，后经朋友保释出狱，到广饶县大队任中尉副队长。一年后因病回家，与友人经营轧棉花生意。1937年，黄河在蒲台县麻湾（今属东营区）正觉寺决口，王家庄遭灭顶之灾。王雪亭家产被冲没。他带着母亲、妻、子一家五口投奔他乡，经同学帮助到蒲台县警备大队当训练新兵的教官。所训新兵被编为国民党军八十一师教导团，王雪亭任一营营长。同年10月，国民党当局命令他们师向晋西撤退。王雪亭认为大敌当前不战而退，是军人的奇耻大辱，于是他带领部分部队回家乡蒲台县坚持乡土抗战。

王雪亭率全营官兵回到蒲台县后，和国民党县大队、公安局合编为抗日混成团，王雪亭任副团长。1938年初，王雪亭与团长牛长庆指挥全团在蒲台城郊一次对日作战中，牛长庆阵亡，王雪亭率部退到乡间。不久，国民党山东省政府迁驻利津，沈鸿烈、何思源将王雪亭的部队整编为山东省鲁北保安九团，王雪亭任团长。其间，他幸遇省立一中同学、山东第五区保安司令部政训处长、中共地下党员李毓祯，经多次秘密接触和促膝交谈，王雪亭思想发生了一次质的飞跃。

王雪亭虽然混迹于旧军队、旧官府中，但强烈的民

拍摄时间为1946年，前排中为利津县抗日民主政府首任县长王雪亭，前面小孩为王雪亭之子。当时所穿的大衣为缴获的战利品。（张忠提供）

王雪亭（中排左一）与利津、沾化两县河工干部成绩优良者合影。中排右一为渤海区修治黄河工程总指挥部总指挥李人凤

族意识和爱国心却始终未泯。1938年，清河区八路军三支队后方司令部司令马千里派人带信给王雪亭，并把他介绍给三支队司令杨国夫，双方建立了联系。1939年，日寇对我后方疯狂"扫荡"，八路军的营长郑大林带着几个伤员转移到蒲台时，王雪亭主动与郑大林联系，妥善安排了伤员的治疗和生活。

不料上述活动却被国民党保安司令薛儒华（后成为投降派）探知，其间又截获了王雪亭与八路军联系的信件，薛儒华下令通缉王雪亭，并将其母亲和孩子抓去做人质。因此，薛和王的部队公开发生了冲突。三支队司令员杨国夫闻讯后，派一个骑兵连突袭薛部，将薛儒华的好友、国民党顽军滨县五区头面人物周杰三的家属抢了出来，作为人质，换回了王雪亭的家属，使王感激涕零。1940年春，王雪亭率其所属部队宣布起义，公开与国民党决裂。并主动要求改编为八路军，接受共产党领导。成为抗战时期山东境内第一个起义的国民党团级军官。

王雪亭是国民党上层社会有影响的人物，他抗日救国的正义行为，使国民党大为震惊，在群众中引起强烈的反响，人民群众深受鼓舞，增加了抗战胜利的信心。为了统战需要，我方仍让王雪亭部保留原番号。又派政治部主任陈楚、民运部长齐仲华，成立了蒲台县抗日民主政府，任命王雪亭为县长。1941年，皖南事变后，国民党发动了反共高潮。王雪亭毅然要求将部队改编为八路军山东纵队三旅独立团，以表示坚决跟共产党走，誓不动摇的决心。1942年，王雪亭调任垦区行政委员会主任、垦利县抗日民主政府县长。1944年，利津全境解放后被选为利津县抗日民主政府第一任县长。

王雪亭崇敬共产党人。1943年春，王雪亭了解到一位名叫王云生（后任山东省高级法院院长）的"一战"时期的老党员在垦区尚家屋子养病，王雪亭与他的老战友刘之申说，你和云生是同乡，又在一起工作过，陪我去看看这位老前辈吧！当王雪亭见到王云生时，被眼前的情景感动得流下了眼泪。王云生正在坡里锄地，住处在尚家屋子村南，用高粱秸搭架，抹上泥巴搭了两间草房，王云生和老母亲就住在这里。做饭、烧水都是用土锅、泥壶，烧水时砖倒壶破，水也未喝成。但王云生艰苦奋斗、风趣乐观的精神，使王雪亭深受感动，当他得知王云生的职务当时是山东纵队民运部副部长时，对刘之申说："一个20世纪20年代中期的老党员，高级首长，竟如此艰苦，共产党人真了不起！"事后，王雪亭立即派人给王云生同志送去衣服和粮食等生活用品。而且经常探望，按时供应，使王云生安然度过了养病生活，身体很快得到了康复。后来，每当王云生谈及此事，便油然而生感激之情，称赞王雪亭是一个"情深义厚"的人。

人民县长为人民

1944年冬，王雪亭从山东分局党校学习回来到利津县就职县长。利津县城解放不久，敌伪残余、土匪、地方封建势力错综复杂，局势很不稳定，斗争非常紧张。王雪亭以其特有的社会地位和上层工作经验，全力开展统战工作。他通过各条战线，争取群众，团结各个阶层，很快取得了显著成效。当时的知识界、教育界是统战工作的重点。在一次开明士绅名流座谈会上，王雪亭亲自作报告，以他自身的经历和体会，揭露国民党军队的腐败无能，盛赞共产党的英明领导，并强调只有跟着共产党、八路军抗战才有光明前途。士绅们受到深刻教育，会议开得非常活跃而成功，气氛融洽，一直到深夜才散。士绅们纷纷表示：一定听政府的话，按共产党的政策办事。王雪亭嘱托带队的区领导说："咱不能光听其言，更重要的是观其行。对开明进步的要团结；对反动的、耍两面派的要打击……对离鬼子据点近的村镇，要开展政治攻势，教育争取一些上层人士，为发动群众创造条件。"名流士绅座谈会结束后，有的士绅带头献田献产，表示"坚决跟共产党走！"孟家坦一位孟老先生，接到县长要他参加会的通知后惴惴不安，带着一件新长衫，带上钱，准备应酬县长，但到了会上见到王雪亭衣着朴素平易近人，没有一点县长架子，便无拘无束地发言，讲出了心里话，表示一定按照抗日民主政府的政策办。

为宣传革命烈士的光辉业绩，向广大干部群众进行爱国主义和革命传统教育，王雪亭于1945年10月主持召开了县政府政务会议，作出了修建烈士祠的决定，并成立了建祠委员会，王雪亭任主任委员。在建祠过程中，他亲自主持确定规划布局，设计方案，集中群众智慧，研究烈士亭、烈士碑和烈士馆的建造。并邀请县参议长张鹤亭先生为烈士碑撰写了碑文。在烈士祠落成典礼大会上，王雪亭以本县早期共产党人李竹如烈士的革命事迹，向广大干部群众进行了爱国主义和革命传统教育。

王雪亭重视工商业的发展。为繁荣县城经济，发展利津的工商业，王雪亭多次邀集工商界人士开会，反复阐明人民政府对发展工商业的政策。新的商会组织建立后，每次定期会议，他都亲临参加，讲述党的经济政策，鼓励发展工商业，粉碎敌人的经济封锁，在经济战线上开展对敌斗争。由此，利津县的工商业很快由战前的59家发展到347家，商会会员迅速发展到1700多人，全县工商业出现了空前繁荣景象。

由于连年干旱，垦利、利津一带蝗灾严重。王雪亭无论是在垦利还是利津，一直把灭蝗工作作为重中之重来抓，因为关系到人民生活和根据地的生存。1945年，他领导的灭蝗工作成绩显著，受到渤海行署的通令表扬。其间，《渤海日报》连续报道了利津县的灭蝗工作成绩，并发表了以县长王雪亭署名的捕蝗、治蝗经验总结。

"劳苦功高" 王县长

1946年，蒋介石集团突然作出了堵复花园口引黄归故的决定，而后又违约提前放水，妄图以水代兵，水淹解放区。为了粉碎蒋介石的阴谋计划，中共渤海区党委、渤海行署号召全区人民"一手拿枪，一手拿锨，反蒋治黄，图存自救"，在黄河归故前后展开大规模修堤运动。当时的临黄大堤，在荒废九年之后已如残垣断壁，当务之急是加高补宽，恢复原状。为此，1946年5月建立利津县治黄工程指挥部，王雪亭兼任指挥。全县动员万余名民工上堤，历时月余，将县境内南岭以上两岸临黄大堤普遍加高一米左右。王雪亭身为县长，率先垂范，一面组织工程队和广大民工抢修险工，一面带领县直机关干部，拆除县城城墙，车推肩挑向险工堤段运送砖石料物。连续几个月，吃住在工地上，和民工同甘共苦。按上级当时的规定：县长的待遇是两匹马，警卫员一人，伙夫一人，吃小灶。王雪亭却只吃一般伙食，并将马匹减掉。他和县府的同志一起，砸石运料，亲自推木制独轮车从城东门装车，经豆腐巷子，运到张家滩，运程五华里，半天往返两趟，肩红了，手肿了，仍坚持着，不让人替换。7月22日，《渤海日报》报道称："利津县长亲自扒砖抬土，与民夫同甘共苦，大大鼓舞了沾、阳、棣、惠二万五千民工。"

1947年3月15日，河南花园口堵口合龙，黄河复归山东故道。入汛后，黄河水势上涨，淤塞断流的河道，河水滚滚溢槽迫岸，弃守九年的黄河大堤处处生险，应急而成的各处险工埽坝相继吃紧。全县数万名民工和数百名县、区干部及黄河工程人员奋战在抗洪抢险第一线。中共利津县委书记向旭在綦家嘴险工堤段坐镇指挥，县长王雪亭率2000余名防汛员工负责在王家庄险工防守。

王家庄险工是黄河由南北流向再折转东流的迎流险工，坐弯顶冲，怀抱全河，地势十分险要，是黄河下游著名险工之一。进入8月，黄河连续发生洪峰，王雪亭县长带领全体防汛员工冒着敌机轰炸，昼夜奋力抢险，使洪峰安然度过。9月上旬，秋汛接踵而至，洪峰连续出现，王家庄堤段险情严重，10余段埽坝相继掉蛰入水。正在紧急抢护之时，10余架国民党飞机低空盘旋，轮番轰炸扫射达5小时之久。防汛料垛起火，民工王子明中弹牺牲，王增科、王文佑负重伤。在这严峻时刻，王雪亭临危不惧，在县修防段工程队长于佐堂的配合下，指挥1000多名民工连续作战，经七昼夜抢护，耗用砖石4000余立方米，秸料30多万斤。9月11日，河水大溜突然下延，24—28号埽坝漂没，险工存料也已烧光用尽。新筑成的5段埽坝，因无足够砖石抛护根基，不到一天便与堤身脱离。19日夜，诸埽漂走，堤身溃塌不止，大堤难以坚守。据此，县委、县政府当即决定放弃主坝，退守套堤，保住二线。

临黄大堤溃决后，洪水扑向套坝。在洪水猛烈冲击下，堤身渗水，险情不断出现，王雪亭县长指挥大家奋力抢堵。突然在堤脚处出现漏洞，水喷如注，黄河套堤面临决口危险。在这千钧一发之际，于佐堂率先跳入水中，王雪亭县长与工程队人员紧随其后，奋不顾身，在洪水中手拉手组成人墙探摸洞口，很快洞口找到，经奋力抢堵，套堤险情转危为安。

王雪亭"反蒋治黄"、抗洪抢险的功绩，受到华东局的通报表扬和记功奖励。山东《渤海日报》刊发了"向王雪亭县长致敬"的通栏标题和有关文章。广大干部群众称赞他是利津人民的好县长。左王区村民敬送他"劳苦功高"匾额，并敲锣打鼓送至县政府。

严于律己 矢志不渝

1947年秋后，王雪亭调任渤海四地委兵站站长。1948年随军南下支前，在济南、淮海战役中做粮食供应工作。后任江淮地委粮食部部长、苏南支前司命部财粮部副部长。1949年以后任重庆市委行政处长。此后的历次运动中，由于在旧军队待过的经历，多次受到不公正的对待。1957年被错划为"右派"分子，"文革"中受隔离审查达四年之久。虽屡受不白之冤，身心受到严重摧残，但他不灰心、不气馁，不计个人恩怨得失，从不揽功诿过，依然努力为党工作。这从他的经历和秉性中就可看出。

1941年，他任蒲台县长期间，李庆生团长牺牲后，部队哗然，群众情绪波动很大。他为了安定人心，顾全大局，便发布《告蒲台同胞书》，感激共产党的领导并引咎自责。布告中写道："整编之后，经三旅训勉有嘉，雪亭即遵所示，努力工作。但我才能浅薄，领导无方。部队又于3月20日前后分崩离析，自相瓦解，歧途彷徨，无法收拾。查此一而再、再而三的事变，我为负责人，实不能稍辞其咎。事变发生之后，雪亭彷徨十字路口，迷失方向，手足无措，后经三旅再三训示，雪亭始猛然醒悟，方知当以抗战为重，以教民为先。我乃负荆请罪，将所带武装交上级整训。雪亭深夜三思，过去本职所带部队，对抗战卫民无显著功绩，对地方不无扰乱之处，实乃惭愧之至。乃追上级对我栽培宽大，准予另行分配工作。望过去部队、家属、父老兄弟，勿听奸人造谣，本以往抗战意旨，与敌伪汉奸及投降派奋斗到底……"

从以上字里行间可以看到王雪亭顾全大局、严于律己的宽大胸怀。1978年6

月，在他重病缠身的时候，仍以诚挚的心情向组织写了"晚年的请求"，剖析了自己近50年的经历，把党作为生身母亲，恳切地提出重新回到党的怀抱的要求。1979年3月2日，中共重庆市委撤销了对王雪亭的原错误处分，恢复其党籍。病中的王雪亭同志百感交集，热泪盈眶。3月5日，王雪亭病逝于上海龙华医院。

1984年4月15日，重庆市城建局为王雪亭举行了追悼会。悼词中说："……雪亭同志的逝世是我们党的损失，我们为失去这样一位老同志感到悲痛。雪亭同志立场坚定，努力工作，为中国人民的解放事业作出了贡献。他工作中勤勤恳恳，深入实际，任劳任怨，经常带病工作。坚持原则、敢于斗争、顾全大局、团结同志，保持了革命者的本色……"同年5月初，中共惠民地委又为王雪亭举行了骨灰安葬仪式。地委、行署、军分区等负责同志以及其生前友好，参加了安葬仪式。悼词中写道："雪亭同志是一位忠于马克思主义、毛泽东思想的革命战士，为人民的解放事业作出了巨大贡献，是党的一位优秀的战士，是人民的好儿子。20世纪30年代末期，在日本帝国主义侵华战争正极为疯狂，国民党军队不战而逃，形势极为严重的时候，雪亭同志毅然率全团官兵与国民党军阀、投降派断绝关系，庄严宣布起义，投向党和人民的怀抱，走上了光明大道……"

王象观

王象观（1926—2016），自号潜石，利津县盐窝镇新台村人。出身书香门第，是清末翰林王会英的后人。他自幼读书，1945年考入济南大华日报社，从此走上了职业报人的生涯。

谆谆提携古龙成大家

1949年1月初，王象观来到台湾，参与创办《联合报》，并为三版主编，与著名武侠小说家"台湾三剑客"的司马翎、伴霞楼主、卧龙生结拜，合称"武林四友"，一时传为佳话。王象观在三版编发

王象观

连载的武侠小说，轰动台港澳，被誉为"天下第一名编"，《联合报》销量大增，一时"洛阳纸贵"。他还联合司马翎、伴霞楼主、卧龙生合办了台湾第一本大型武侠杂志《艺与文》。

报刊文学编辑生涯，使王象观与台湾一些小说作家高阳、林海音等结为好友，古龙亦是他的朋友。王象观对古龙评价甚高，说他是"武侠世界的一颗彗星，一直隐藏在辽阔的夜空。直到他要坠落的时候，忽然大发光华，照亮暗夜。似一道长虹，瞬息在天幕上湮灭，使人们在眼花缭乱之后，发出长久的喟叹"。

知名武侠小说家古龙的成长与王象观有着密不可分的关系。古龙本名熊耀华，从香港到台湾，毕业于台湾淡江英语专科学校。他的父亲在台北，却不相往来。他没有身份证，也无任何合法证件，等于台北市的一个流浪儿。20世纪60年代卧龙生武侠小说正红，他常混在台北公园路卧龙生居处，偶尔替卧龙生代写小说，每逢王象观到卧龙生处，他便借故离开。有一次古龙见到王象观又想走开，被王象观叫住，说："你不要走，每个人只要不犯法，都有其生存条件，生活方式尽管不同，我行我素，与人何干？故人不下流，毋须自惭。"以后他们常常在一起，王象观对古龙的帮助可称无微不至。台北警方每次临检，都宣告戒严，到时公共场所有可疑人物以及夜游者常被抓入警局讯问，每次临检，被捉者总有古龙，因为他酗酒，又徜徉于花街，加以没有身份证，再辩解也没人相信。遇到这种情况，古龙只有打电话到报馆找王象观。每次，都是王象观持戒严通行证到警察分局签字担保，古龙便可获释。

古龙文笔流畅，叙事跌宕起伏，能出奇峰。当时王象观在《民族晚报》任总编辑兼采访主任，有时

王象观在美国纽约

所派人手不够，王象观便口授新闻，拉古龙写稿，他也能按照原意，很快完成任务。古龙行文沙明水净，几乎不须修改，王象观曾一度推荐他为报馆记者，因为他没有身份证，谁也不敢任用。

1998年，王象观（右）回乡探亲，与亲属留影

王象观以大报名编的眼光，发现了古龙的才气，可是他当时的写作能力仅限于传统武侠小说，王象观对他说："武侠小说，现在正在开创一新世纪，诸子百家，众芳齐放。台港两地，应以金庸为此中翘楚，他以现代笔法，呼应历史，夹叙边陲干戈，种族冲突，再凸显中原帮派，奇技人物，交织成侠骨柔情，诡异故事，所以能吸引读者，自成家数。"古龙听后说道："我从小读武侠小说，郑证因、还珠楼主等都看得滚瓜烂熟。"古龙最初是写纯文学小说的，写武侠小说始于1960年，自己的武侠处女作《苍穹神剑》，形式是传统的对仗回目，内容是还珠楼主式的神怪荒诞、"胡编乱造"。

王象观看出古龙糟就糟在受还珠楼主之毒太深，觉得应该给他指出来，帮助他走上一条新路。王象观诚恳地告诉他："古龙，你读的是外语外文，应曾窥探西洋文学的门墙，汲取他们的营养，做你自己的饲料。至少，侠盗罗宾汉的洒脱，可作为参考，大、小仲马的风格，也可化为己用。我想你会善用个人智慧，会走出一条新路的。"

听了王象观的真知灼见和肺腑之言，古龙深受感动和启发。此后古龙隐居芳镇三年，潜心悟道，求新求变，写作有了明显变化。他以超凡的想象力、深厚的文学底蕴和锐意变革的创新意识，突破前人窠臼，赋予武侠小说新的生命，使之以全新的面貌出现在世上。他创作的《多情剑客无情剑》《楚留香》《陆小凤》

《绝代双骄》《欢乐英雄》等多部脍炙人口的经典小说，非但征服了亿万读者，深远地影响到后来者的武侠创作，同时也引发了持续不断的影视改编热潮，长时间风靡中国乃至东南亚各地，历久不衰。

古龙非常感谢王象观的指教与提携，在台湾也跟着卧龙生、司马翎等尊王象观为大哥。不知有意还是无意，古龙在他的《欢乐英雄》中塑造了一位可爱可敬的父亲形象，就叫王潜石。谈起对古龙的帮助，王象观十分谦虚，他说："古龙的写作有了显著变化，我想，我的刍荛之见，对他也许有点关系。"

对武侠小说写作，王象观在20世纪60年代就有如此精湛认识，堪称高屋建瓴，真知灼见。他对武侠作家古龙的关爱指导，能于徘徊彷徨时准确指出路径，实为雪中送炭，拨云见天，可见这"天下第一名编"，绝非浪得虚名。

华文园地的一泓清泉

1974年9月下旬的一天，《联合报》董事长王惕吾告诉王象观，要在北美办报，希望他到纽约负责编务。当时王象观很惶惑，对董事长说："我学历不高，英文极差，本报人才济济，怎轮到我这'土法炼钢'的出国工作呀？"王惕吾说："我也不擅外语，照样走遍天下，我们办的是中文报，传播中华文化，你不必顾虑太多，主要是我相信你具备联合报精神，有'开拓'能力。"最后，他意味深长地说："古人云：'筚路蓝缕，以启山林'，我们这是去拓荒，需要一些穿草鞋的弟兄！"

一句话让王象观感彻肺腑，回家告诉妻儿，决定暂时只身赴美。王象观与曾任《经济日报》总编辑的刘洁承担全部编辑事务，加上编译采访及后勤共有20余人形成了一个"开荒"团队，经过短短旬日的"克难"筹备，对开两大张，震铄华人小区的《世界日报》，于1976的2月12日在纽约、旧金山同步出版，立即散布于美、加两国通都大邑。《世界日报》的诞生，使侨界耳目一新，确曾引起一番震动，华人艺文社团的一位负责人道："华埠虽已有几份报刊，但世报之出，不啻为荒漠的华文园地加注了一泓清泉！"

那年王象观刚过知天命之年。他说，"在编辑台上，原本已是解甲老兵，可到了美国又披挂上阵"。《世界日报》创刊后，王象观夙兴夜寐，早晨5点多起床，转两次地铁，报馆在曼哈坦下城，宿舍在皇后区木港，中午吃两美元"便当"，在那栋冬缺暖气，夏无空调的百年老屋里工作至下午五六点钟。某次深夜一时许正分稿、核稿手忙脚乱时，三版主编林某来电话说，在纽泽西途中汽车抛锚，无法上班，王象观只好亲自编一大版。不管溽暑大停电，还是浸腰大风雪，只要轮到他值班，总是冒寒暑亲自到报社坐镇。

从台北《联合报》出来的、被王惕吾戏呼为"三十六天罡"的王象观等30余人，"赤膊上阵"，像是负弩前驱的斥堠部队，不断地冲锋陷阵打硬仗，致洛杉矶、多伦多、温哥华相继独立编印，汇成五家《世界日报》，遍峙美、加东西两岸。王象观亦如此感怀："看今日千岩竞秀，万壑奔流，昔时的穷山恶水，变为一片如画江山；初来时披荆斩棘的30余人，也成了'吹箫引凤'的乐手，招徕翩翩秀士……"

21世纪之初，王象观"退居幕后"做《世界日报》编辑部顾问，报社诸事常向之垂询求教，他自道："我像某要人卸职讲演所说：'觉得既渺小，又骄傲。渺小，是因为很多人的功业都远远超越了我，骄傲，则由于我曾是这个光辉团队的一员'。"

少小离家老大回

王象观性情中人，他虽自言"又有何怨何悔"，实为庆幸自己未勉力做官为宦。但身在海外的他却无时无刻不在思念故乡亲人。

黄河尾间淳美质朴的民俗风情，故乡村头春雨秋露中那一片柳荫，是他永久寻觅的生命原色，故乡永远是魂萦梦绕的精神家园，此情难忘，且愈老愈炽。他思念年迈的母亲，惦念着他的两个弟弟，多年来一直想方设法与亲人取得联系，直到1978年有亲戚自渥太华赴大陆讲学，秉王象观之殷殷请托，费尽周折，终于找到了他的亲人。

当得知老母健在，两个弟弟安好，王象观喜极而泣，恨不能立即飞回家乡，飞到母亲身旁。恰此年发生南航空难事件，他母亲深恐出意外之事，执意不允儿子坐飞机回家。

自此雪笺鸿飞，殷殷问询，天涯游子辗转凄怆。1998年8月，王象观终于回到了故乡。可惜时光延宕，天不假年，等王象观回到故乡时，他的母亲已奄然故去，成为王象观终生之憾。原东营市文联主席李建华曾有诗赠王象观先生："欲说家世仰天怅，百年往事尘飞扬。兄弟跂望圆缺月，母子泪洒太平洋。应愧人生逐名利，最苦亲情牵肚肠。归来匆惶寻故旧，荒冢累累心茫茫。"

此次归国返乡，圆了王象观半世纪梦想，也了却了他平生心愿，半月的旅行，他实感精神振奋，获得心灵抚慰。王象观将此行称为"悲喜之旅"，行前原拟悄声敛迹，回家扫墓会亲，不想惊动地方首长及桑梓父老。没想到去中国驻纽约总领事馆签证时，他以美国公民护照申请，总领事馆向之索阅他自台到美旧照，即知道了他的身份，并通知了东营方面，一下飞机，就受到各方的热情接待。

回到故乡，年逾70的王象观泣拜母亲之墓，肝肠摧折，哀哀不已。然得见故园，中心甚慰，尤其见到两位弟弟，生活虽不富裕，但温饱无虞，更是喜不自胜，他嘱咐二弟，要放宽心胸，勿多思虑，眼光多往前瞻，少作回顾，时至今日，不要老是沉湎于过去的回忆里。他深情地对二弟王象焕说，我为中外两家庭兴衰所系，你对三弟及侄辈也有安定责任，所以我兄弟必须为亲人珍重，不作任何消极、逃避之想，此次返乡接触地方人士，均盛称吾弟多才艺、有见识，为各方所重视，且身为政协常委，亦晋位地方名流之林，故勿自菲薄，须不骄不馁，磊落处事。

返回美国，王象观写就一份谢函分致市、县首长，函曰："象观去国半纪，还乡数天，诸蒙政府领导热诚接待，地方父老盛情欢迎。桑梓温馨，热我肝肠，而政绩展示，启我聋聩。欣见昔日之穷乡僻壤，一变而为物阜民丰之珂里。油田广袤，沃野无际，且海市蜃楼平地起，竟成我东营区之现实景观，凡此宏观开发，奇迹建设，惊叹之余，疑为梦幻。归来心中激荡，欢洽莫名。谨述观感，向富国利民之各级政府致敬；至于侨民侨眷多年来所受之爱护照。谁知三十年日夜祈盼游子归拂，如沐春风化雨，尤不胜其铭感之至也！"

2008年冬，中国京剧四大名旦传人等京剧名家齐聚纽约，这是王象观参与的"纽约梨园社"精心组织的一次演出活动，旨在向美国主流社会努力推介中国国粹，让西方观众共同分享这一人类共有的文化遗产。演出结束后，王象观上台动情地说："很多年没有在纽约欣赏到如此高水准的京剧表演了，这令我大开眼界，大饱耳福。听那熟悉而亲切的京腔京韵、绕梁三日的唱腔、沁人肺腑的京胡琴声，看名家的举手投足，感觉是那么过瘾，那么酣畅。"

2016 年 1 月，王象观在美国病逝，终年 91 岁。

牛振邦

牛振邦（1925—1978），利津县利津街道韩大庄人。自幼家境贫困生活坎坷，寄居外祖母家度生。14 岁被日伪军抓去修崔家庄据点，目睹日寇暴行，自此怀有抗日救国寻求解放之志向，于 1944 年 4 月参军入伍，1947 年 3 月加入中国共产党。先后担任过班长、排长、连长、营长、团长、副师长、福州军区"五七"干校副校长等职。曾荣获特等功 1 次，一、二、三等功各 1 次。

1944 年，牛振邦参加垦利县独立营后，经常活动于利津县二区、三区、四区的敌占区和游击区，侦察敌情，进行破袭，埋地雷、割电线、平毁日伪封锁沟，利津县城解放前夕，他参加了攻克盐窝日伪据点、解放崔家庄等战斗。在艰苦卓绝的抗日斗争中，牛振邦经受了革命的锻炼和战争的考验。

抗战胜利后，牛振邦奔赴解放战争前线，在烽火连天、硝烟弥漫的战场上，整整拼杀了四个年头，参加战斗 200 多次。

1947 年 3 月，牛振邦在华东野战军第十纵队二十九师八十五团一营二连任班长。这年初夏，泰安战役打响，他们班担任爆破敌碉堡的任务。战斗中，他布置战友打接应，自己率先抱起炸药包冲了上去。在敌人的轻重机枪疯狂扫射下，牛振邦不幸中弹身负重伤。但他并没有停下来，忍着伤痛，匍匐前进，在战友们的掩护下，机敏地迂回到敌碉堡跟前，左手托着炸药包，右手拉开导火线，迅速把炸药包塞进敌碉堡的枪眼里，随即顺势滚出三四米远，只听见"轰"的一声巨响，敌碉堡被炸毁了，为部队的前进打开了通道。战后，牛振邦荣获一等功。

1947 年 12 月中旬，国民党军暂编第二十四师五旅奉命进驻柳河，以增强商丘外围的兵力。华东野战军西线兵团得悉五旅进驻柳河，命第十纵队突袭该旅。当时，柳河距十纵驻地百余里，纵队接到命令即以急行军直趋柳河，趁五旅正在入驻布防，打它立足未稳。十纵二十九师八十五团负责攻打柳河车站。

12月20日凌晨，八十五团根据柳河车站的地形特点，决定先攻取车站，然后再攻击其他据点。21日夜幕降临后，八十五团对柳河车站发起攻击。一营担任主攻，以二连为突击队，二连以三排为连突击队，三排以八班为突击班，牛振邦担任突击班班长。九班为投弹班，七班为梯子班，机枪班为火力班。战前，牛振邦向首长表示决心说："只要我们突击班在，柳河车站一定要攻下！"

一营二连三排部署得当，各班协同密切，迅速前进。在九班掩护下，牛振邦带领八班战士很快进入外壕，七班将梯子送进外壕。此时，机枪班展开了强大火力，掩护八班行动。牛振邦带领突击班，以迅猛的动作，凌厉的攻势，连续突破敌人的六道障碍，打退敌人的四次反击，攻入车站内，与机枪班相互配合，消灭了站房里的敌人。当晚，牛振邦又带领全班参加了攻克柳河集的战斗。全班战士敢打硬拼，以少胜多，激战半小时，歼敌1个连。战后，牛振邦荣立特等功，他们班获特等功班荣誉称号。

1948年6月16日，华东野战军外线兵团发起开封战役。战役打响后，坐镇九江指挥所的国民党国防部长白崇禧命令整编第十八军（胡琏兵团）火速北上增援。

6月16日下午，华野十纵二十九师八十五团接到师部的电话指示后，召集营连干部开了一个简短的动员会，全团立即出发。其任务是：必须在17日上午赶到上蔡县城以北地区布防，把胡琏部队阻止在洪河以南。当时十纵驻地距上蔡180里，命令给行军的时间仅限20小时。部队为了加快行军速度，有一半以上时间是在小跑。因行动紧急，战士的干粮都带的不足，最让人难以忍受的是喝不上水。

16日夜，十纵获悉胡琏兵团已进入上蔡地区，胡琏的指挥机关已到上蔡县城，所属部队正在向北开进，一部已渡过洪河。十纵已经不能在洪河北岸预设阵地阻击胡琏兵团。在这种情况下，华野十纵司令员宋时轮当机立断，决心佯攻胡琏指挥机关，迫使其部队回援，使其不能增援开封。17日拂晓前，十纵八十五团进至上蔡正北，其他各团也已进入预定阵地。面对上蔡县城，八十五团三个营大致上呈前三角，一营居中，二营在左翼，三营在右翼。当时，牛振邦在一营二连任排长。各营进入阵地后，立即抢修防御工事，做战前的紧张准备。由于连续半天一夜急行军，战士们已经疲惫不堪，一边挖工事一边打瞌睡。

胡琏获悉我军已进至上蔡城北和西北，对上蔡形成兵临城下之势。他唯恐十纵断其后路，捣毁其指挥机关，立即下令驰援开封的先头部队迅速返渡洪河，回师救援。这样，敌人硬是被我军拖了回来。这预示着一场鏖战将要在上蔡展开。

6月18日上午8时左右，在我军阻击阵地上传来密集的枪声，紧接着敌人的炮火也呼啸着飞来。霎时，整个阵地就如同火山口一样，地动山摇，一片火海。战斗很快打到白热化程度。在激战中，牛振邦带领一个排阻击敌军一个连的兵力，而且敌人全部是美式装备。面对号称国民党军五大主力之一的强敌，我英雄的战士，敢打硬拼，英勇顽强，用机枪、步枪和手榴弹连续打退敌人七八次进攻，歼敌数十人，阵地寸土未失，胜利完成阻击任务。

1948年冬，牛振邦参加淮海战役负伤住院，伤未痊愈，求战心切，经领导批准出院后，他立即奔赴前线，参加渡江战役和淞沪战役。战斗中英勇顽强，屡建战功。1949年6月，在江苏孙果山战斗中，他带领全排，乘敌不备，深夜突袭，像一把尖刀插入敌人心脏，经一小时激战，歼敌1个连，缴枪80余支。在太仓桥战斗中，他带领全排战士，以少胜多，连续打退敌人数次反扑，歼敌80余人，缴获轻重机枪4挺，迫击炮2门。进军福建，他带病行军，日夜兼程，并积极参加了大、小练岛和平潭战役。

新中国成立后，牛振邦4次荣获嘉奖，为部队的革命化、正规化、现代化建设作出了贡献。

牛振邦是在革命战争年代成长起来的特等战斗功臣，他具有高度的政治思想觉悟和革命英雄主义精神，在战场上像猛虎，生产建设中似黄牛。1970年以来，他先后在福建生产建设兵团和福州军区"五七"干校任职。其间，他积极组织领导部队进行生产建设，在开荒、种稻、种菜、植树、建水库、办养猪场等生产建设活动中，他身先士卒，带头苦干，晴天一身汗，雨天一身泥。生产教学，他在课堂上给战士授课，不看书本就能讲得头头是道。为搞好部队生产建设，他呕心沥血，常彻夜不眠，被大家誉为革命的"老黄牛"。

与牛振邦同时南下的老乡王兰斋与牛振邦既是战友又是亲密搭档，牛振邦任副校长，王兰斋任政委。对这位老乡，王兰斋十分钦佩，他在日记中写道："牛

（振邦）为人耿直，简朴，勤劳，办事稳重，很能联系群众。"老乡、战友，他们之间的友谊纯洁又透明，王兰斋一直把这位老乡视为自己的学习榜样和良师益友。1978年5月10日，牛振邦因心脏病突发与世长辞，年仅53岁。王兰斋一度处于悲痛之中。10天后，他以一篇《祭牛振邦文》抒发战友离去无以言传的痛惜之情：

> 呜呼振邦，突发病终。
>
> 痛失战友，全校悲痛。
>
> 难怪乎，昨夜愁云四起，苦雾浓兴。
>
> 黄牛力尽，良柱折倾。
>
> 呜呼振邦，光荣一生。
>
> 出身孤贫，少年从戎。
>
> 秉性耿直，立场鲜明。
>
> 跟党革命，北战南征。
>
> 想当年，战场上是歼敌勇士；
>
> 解放后，建设中又立新功。
>
> 黄土高产，矿井煤增。
>
> 鄱阳粮多，荒山变宝，
>
> 靠党率众，所干多成。
>
> ……

这首诗，可谓是句句真情，字字泣血，对牛振邦光明磊落的一生作了诠释。

邢 钧

邢 钧（1914—1978），原名邢玉椿，山东寿光市邢家茅坨人，青州师范肄业。1938年12月在本村参加共产党，翌年11月参加革命工作。历任中共清河特委民运部秘书，渤海区四地委工会主任，利津县各救会主任，县委副书记、县长，惠民专署副专员，山东省鲁北水利工程局副局长，山东省南四湖流域工程局副局长，山东省治淮南四湖流域工程指挥部党委副书记、副指挥等职。

邢 钧

投身革命

邢钧在师范读书时，就接受了爱国主义教育。九一八事变东北沦陷、"一·二八"淞沪抗战反对日军入侵上海、"一二·九"学生爱国运动等都激起了他的民族义愤，增强了抗战御侮的爱国主义思想，为他后来投身革命，参加抗日救国斗争奠定了良好的思想基础。

邢钧父亲病逝后，他挑起了家庭重担。师范没有毕业就回村当了小学老师。当时他村所处的周围环境比较特殊，南面有国民党的第十五旅张景月部队，该部到处催粮要款，搞得民不聊生；北面有共产党领导、马保三指挥的八路军部队，深受人民群众的拥护和欢迎。本村中共地下党员赵寄舟经常秘密组织抗日救国宣传教育，时任小学教师的邢钧也主动和赵寄舟等人接近，深受其影响，他进一步认识到，只有抗日救国，只有参加共产党，才是唯一正确的道路。

经过党组织的培养教育和考察，邢钧于1938年11月加入中国共产党。入党后，他积极参加党组织的各项活动，并担任了党小组长、村自卫团指导员等职，还秘密参加了抗日交通站的联络工作。

1939年春，组织上指定他参加了中共清河特委举办的党员培训班，学习了党的基本知识、党的抗日民族统一战线的方针、政策等。同年秋，经组织推荐，邢钧又到鲁南党校学习两个月。这年11月，他被分配到中共清河地委民运部工作。从1940年春起，邢钧先后担任清河地委农委宣传部部长、清河区各救总会秘书等职。其间，他经常活动在广饶、博兴一带农村，组织发动群众开展抗日工作。后来他常对人说："我参加了抗战，参加了革命，觉得找到了真正的出路。那时，环境再恶劣，生活再艰苦，每天冒着生命危险，也不觉苦，不觉累，不怕死。"

在海上工委

1941年冬，邢钧调任中共海上工委委员、海防办事处秘书、渔盐民抗日救国会主任。当时，中共清河区党委、清河行署在这里建立了海上工委、海防办事处和海防大队，在东至寿光的羊角沟，西至天津塘沽的广阔斜长的渤海湾海面上，同敌人进行了经济斗争、政治斗争和武装斗争。并通过海上税收和客商交易，为清河区抗日根据地提供了军事物资和必要的财政经费。这片广阔斜长的沿海地带，当时被称为清河区的"北大荒"，人烟稀少，非常荒凉，到处是芦苇、红荆及其他野生植物，生活环境极其艰苦。当时，邢钧负责领导海上渔民盐户工作，他深入群众宣传党的方针政策和抗日主张，很快同渔民盐户成为知心朋友。平时除开会和有事回机关外，经常跟随渔民出海，同盐民在盐滩劳动。组织发动群众，建立海上渔盐民抗日救国联合会，领导渔盐民中的雇工要求资方增加工资，解决渔盐民生产中的供销困难等问题。他还组织渔民集股，成立渔盐民生产供销合作社，这些工作，深得渔盐民的欢迎。同时，他也在渔盐民中发现并培养抗日积极分子，发展新党员。

从各救会主任到县长

1944年8月，利津县全境解放。9月，中共利津县委及县各界抗日救国联合会相继成立。邢钧调任利津县委委员、县各救会主任兼农救会主任。同年10月中旬，在利津县临时人民代表大会上，邢钧当选为县临时人民代表大会常务委员会主任委员、渤海区参议会参议员。1947年10月，邢钧担任利津县委副书记、县长。直到1950年5月调往惠民专署，他在利津县工作长达六年之久。

1944年冬，邢钧按照县委的部署，以城关区和东街、南街为试点，组织发动群众，深入走访串联，培养骨干和积极分子，建立农救会、青救会、妇救会等抗日群众组织，摸索与创造经验，指导全面工作。尔后，他又带领工作队，先后在县城附近的农村和一区，组织发动群众，开展反奸诉苦、清匪反霸、"双减"增资和建立新的村政权的工作。他每天都工作到深夜，有时饭也忘了吃。邢钧注重调查研究，能够密切联系群众，工作卓有成效，而且为人朴实诚恳有担当，人们评价说："邢钧同志对革命事业热情负责，领导作风深入踏实，工作大胆泼辣，雷厉风行，有魄力，有办法，并善于组织使用干部，每到一个

利津县参议会驻会议员合影，前排右二为邢钧

地方，都很快打开工作局面，做出成效。"

在抗日斗争取得伟大胜利的新形势下，解放区的农村群众运动一个接着一个，斗争也逐步复杂。邢钧服从革命需要，勇挑革命重担，哪里工作任务艰巨、有困难，就到哪里。1946年，中央"五四指示"传达贯彻以后，邢钧带领工作组到三区前邢、后邢、南洼、后洼一带农村进行土地改革工作。当时这里匪特横行，反动势力猖獗，群众基础很差，生产、生活困难，是全县有名的落后地区。在邢钧的领导和帮助下，经过一段艰苦细致的工作，群众很快被发动起来，孤立和打击了反动分子，大长了群众志气，顺利完成了土改任务。

1946年冬，邢钧又带领工作组到利津四区坨家庄（今属垦利县）开展土地改革工作。这个大村镇在土改之初，由于群众教育发动不够，加之反动势力谣言惑众，部分群众存在着严重的怕"变天"思想，曾出现了给地主留地过多等错误。再加上有些地主分子匿报土地、虚报人口等原因，致使阶级成分搞得有些混乱，存在着漏划地主的问题。邢钧带领工作组进村后，在深入了解情况、充分发动群众、揭露反动势力造谣惑众的基础上，对各阶级占有土地情况进行了全面调查摸底。新查出地主19户，清算出土地1010亩，房子74间。为20户贫农补分土地288亩。全村做到了"填平补齐"，贫下中农人心大快，为全县土改复查工作提供了有益的经验。

利津解放后，在县委的统一领导下，由于各救会的努力工作，全县农救会、青救会、妇救会等抗日群众组织发展很快。到1945年7月，全县已发展各救会员40000余人，其中农救会员23000余人，妇救会员12000余人，青救会员5000多人。并首次召开了利津县各界救国联合会代表会议，民主选举成立了县各救会领导机构。作为县委领导成员之一、县各救会主任兼农救会主任的邢钧，对于全县各级各救会组织的建立发展，作出了不可磨灭的贡献。

根据上级党委对建党工作的指示精神，在开展各项群众运动的同时，邢钧注重党的工作。他经常把经过运动考验具备入党条件的农救会干部和积极分子发展入党。当时城关区东街党支部是利津解放后邢钧帮助建立的比较早的党支部。除农村以外，他还在利津工作的干部和脱产人员中培养发展了不少党员，如高会三、李连庚、董汉三等许多同志都是邢钧同志介绍入党的。据当年在利津工作过的老同志讲，邢钧在利津工作的六年中，是培养发展党员最多的党政领导干部之一，对抗日战争、解放战争时期利津的建党工作是有一定贡献的。

1947年10月，邢钧担任中共利津县委副书记、县长。1948年昌潍战役之前，我军个别部队中有的利津籍新战士，曾一度思想不够稳定，归家心切。为巩固部队，安定战士思想，邢钧带领利津慰问团，徒步百多里，赶赴渤海纵队二十三团三营九连慰问。傍晚到达部队驻地时，邢钧他们个个脚上磨起了血泡，而且饿着肚子，连午饭也没顾得吃。部队领导劝他们先吃饭，再去看望战士。但是，邢钧再三提出先看望战士，后吃饭，于是，邢钧先听取了部队领导关于战士思想情况的介绍，然后不辞劳苦，深入战士中间，向连队战士讲了话。他说："我代表利津县委、县政府来看望大家。希望你们在部队安心工作，好好学习军事本领，英勇杀敌，保卫我们的翻身胜利果实，为部队争光，为家乡人民争光。你们家里的事不要担心，有困难政府保证给你们解决，并且常去看望你们的家属。请同志们放心吧……"邢钧一席话，战士们的情绪顿时活跃起来，都表示在部队要杀敌立功，为家乡人民争光！

1949年秋，黄河出现特大洪峰，利津县汛情严重。县长邢钧带领数千名防汛员工，坚守黄河抢险第一线，奋战十几个昼夜，带病指挥抗洪斗争，直到黄河洪水安全入海。

奋斗在水利战线

1950年5月，邢钧调任惠民专署民政科长，后相继担任惠民专署秘书室主任、惠民地委民运部副部长、统战部副部长等。1955年初，任惠民专署副专员，其间，兼任打渔张工程指挥部副指挥，参与领导了打渔张引黄灌溉工程。从此，他在水利战线一干就是十几年，先后任山东省鲁北水利工程局副局长，山东省小清河工程局局长，山东省南四湖流域工程局副局长，山东省治淮南四湖流域工程指挥部党委副书记、副指挥等。1956年，邢钧在打渔张工程工作期间，患了风湿性腿痛。他一边喝虎骨药酒治疗，一边坚持领导施工，从没休息一天。盛夏季节，他还穿着狗皮裤，后来腿痛得厉害，坐也坐不住，他就坚持靠墙蹲着研究工作。直到病情恶化，到省立医院检查治疗，西医大夫坚持把腿锯掉。邢钧再三考虑，要求大夫还是不锯。当时他想："锯了腿，不能走路了，也无法工作了。"后来很幸运，让一位老中医用中药治疗逐渐好转。

1956年11月，打渔张渠首引黄闸工程竣工。山东省委书记舒同题词纪念，水利部与山东省人民政府的主要负责同志莅会祝贺。剪彩后，启闸放水，群情高昂，一位农民诗人赋诗赞颂："巨闸成功笑颜开，全凭群力与群才，从此田间长流水，喜庆明年丰收来。"邢钧整日不知疲倦地紧张工作着，春节、假日也是他研究工作的好机会，多年来已经养成了这个习惯。1963年底，他调鲁北工程局后，为了同地方搞好关系，配合施工，春节这天，他将禹城县的领导同志请到家中设宴招待，借此机会研究工作。

在水建工程的施工过程中，邢钧非常注重从实践中摸索总结经验，摸清问题，及时解决，加快工程进度，提高工程质量。除此之外，他还经常深入各施工地段，同民工一起参加挖土、下水劳动。后来工地上的人知道他就是鲁北工程局的邢局长、解放战争时期利津县的老县长，都深受教育、感动和鼓舞，给参加鲁北水建工程的干部和民工留下了难忘的印象。

1978年5月18日，邢钧病逝于泰安。

毕鸣岐

毕鸣岐

毕鸣岐（1902—1971），利津县汀罗镇毕家嘴村人，我国著名爱国民族工商企业家。

毕家嘴村与著名的铁门关毗邻，处退海之地，土地碱薄。毕家祖祖辈辈都是老实巴交的庄稼人。毕鸣岐的父亲毕克俊育有6男3女，种田为主，农闲时间则为盐商推盐，维持全家生活，母亲刘氏勤俭持家。然光绪二十年（1894），黄河改道，永阜场盐滩全部淤没，利津沿海被迫停止盐业生产。此后一段时间，利津盐业处于萧条状态。毕鸣岐家的收入锐减，难以维持生计。幸赖毕克俊青少年时代学过医道，在亲友的资助下，在村里开了一个小药铺，兼做医生，才勉强维持生计。

初露峥嵘

毕鸣岐天资聪慧、勤奋好学。在本村读私塾时，先生讲课，他认真听讲，把每一个知识点都弄懂弄通。每每遇到大家有争论的问题，毕鸣岐都有着独到的见解和体会，因此他功课一直名列榜首，倍受老师喜爱。

1900年8月14日凌晨，八国联军对北京发动总攻，腐朽无能的清政府割地赔款，山东成为德国的势力范围。德国在济南、青岛、济宁等地广设教堂，创办学校，宣传和灌输西方文化。天主教的神父还时常深入农村宣传教义，并招收一些学生进教会学校读书。这一时期大量的西方文化知识传入，对当时的中国影响非常广泛。

1917年，济南洪家楼天主教堂的神职人员到利津县乡间进行传教活动。他们看到年仅15岁的毕鸣岐年少俊朗，聪颖过人，便极力劝说毕家将毕鸣岐送到了济南天主教会所办的德育师范学校就读。由于学业所需费用远远超过了全家生活费支出，毕鸣岐家的生活重陷困境。父亲迫于无奈，只得让两个年龄稍大的儿子给当地的财主扛活，挣点工钱，以弥补家庭经济的不足。在全家人的支持下，毕鸣岐才得以在学校安心读书。

毕鸣岐倍加珍惜这来之不易的学习机会，在德育师范学习勤奋，成绩一直名列前茅。然而，当时的北洋政府腐败无能，爱国学生运动风起云涌，热血沸腾的毕鸣岐自然也投身其中。他的行为激怒了教会。他与学校的神父发生冲突，未及毕业就被学校开除。之后，他转入济宁中西中学当了插班生。这所学校以学德文为主，除语文一门为中文讲授外，其他课程都用德语讲授，教师均为德国神父。当时德国人到中国开办洋行的很多，这所学校的目的就是专门培养为德资企业服务的翻译、司账和营业员等。经过两个冬春如饥似渴地学习，毕鸣岐有了扎实的德语基础，这为他后来跻身洋行买办和自营进出口外贸生意创造了有利条件。

实业救国

毕鸣岐在中西中学毕业后，到济南德商德孚洋行当了一名小职员，他头脑灵活、颇有心计，处处留心，细心观察学习商贸企业的经营之道。日久天长，他开阔了眼界，增长了才干。在以后的几年中，他又先后受聘于沈阳挪威洋行、北京德孚洋行和沈阳礼和洋行，担任德文翻译和文书等职。这期间，他精湛的德语翻译才能和从事外贸生意的才华得到充分发挥。

1927年冬，他被挪威商凯利洋行聘为华人经理，开始了他的买办生涯。这期间，他主要推销进口货物和为东北地区代销土特产，很快为洋行打开了贸易新局面。后来，毕鸣岐又应聘到哈尔滨德商德茂洋行任华人经理。德茂洋行主要经营大小五金制品。时值国内军阀混乱，战事连年不断，奉系军阀在沈阳大力兴办军工厂，成为德茂洋行的大主顾。同时，该行还以德产机器和五金产品供给松花江造船厂和东北地区铁路局，因此德茂洋行的生意出现了空前繁荣的局面，毕鸣岐的声誉和地位也随之提高。

震惊中外的九一八事变爆发后，日本侵略军铁蹄践踏了我国东北各省。在日本帝国主义的高压政策下，欧洲外商同样也受到了打击。德茂洋行业务萧条，一蹶不振。于是，毕鸣岐辞去了职务。在日寇铁蹄的蹂躏下，老百姓处于水深火热之中，挣扎在饥饿死亡线上，过着人间地狱般的生活。当毕鸣岐目睹了日寇的侵略暴行后，在哈尔滨参加了一些抗日活动，受到日本特务的注意，处境非常危险。有一次，他幸得一位山东老乡的密报，才得以逃脱敌人的抓捕。1931年一个大雪纷飞的冬夜，他化装离开哈尔滨，秘密回到关内，然后辗转到了张家口。

不久，毕鸣岐应聘于张家口德商德华洋行任华人经理。1932年间，他利用德华洋行运输汽车之便，掩护中国共产党的高级干部进入苏联，为革命事业作出了贡献。

1933年春，日寇攻占热河，向察哈尔、河北进犯。是年5月26日，冯玉祥在中国共产党的影响与支持下，在张家口发起成立察哈尔民众抗日同盟军，冯玉祥任总司令，并自任察哈尔省主席，暗中吸收大批共产党员进入同盟军，宣布将与日寇独立作战。

冯玉祥的参谋长石敬亭是毕鸣岐的利津老乡，两人从小一起长大，情同手足。于是，石敬亭介绍毕鸣岐认识了冯玉祥。冯玉祥非常赏识毕鸣岐的才能，曾偕同夫人李德全到德华参观，并亲笔书写条幅赠他作为纪念。德华业务停办后，冯玉祥约毕鸣岐参加抗日同盟军，毕鸣岐婉言谢绝。

冯玉祥说："你是个人才，你可在经济方面搞工作。"毕鸣岐同意了。冯玉祥领导的人民抗日同盟军司令部成立，毕鸣岐被任命为少将谘议，积极进行募捐活动。他本人也慷慨解囊，一次就捐赠了两万元，支援抗日救国斗争。不久，抗日同盟军遭到蒋介石的破坏，蒋介石派其嫡系军队包围了张家口，逼走了冯玉祥。这时，毕鸣岐感到再住在张家口没有保障，便返回济南。三个月后赴上海德商孔士洋行任职。

1934年，毕鸣岐任机构相当庞大的天津孔士洋行华人经理。孔士洋行经营大小五金、化工原料，并代销美国美孚石油公司的汽油、煤油和润滑油等，毕鸣岐有多年从事经贸的丰富经验，在不太长的时间内就把生意办得红红火火，他个人也获得丰厚收益。多年来，身为洋行买办的毕鸣岐逐渐积累了足够的资金，他梦寐以求的是尽快摆脱外商羁绊，结束依附洋行、寄人篱下的生活，自营经贸实业。也就是那时，毕鸣岐萌生了发展民族工商业，以实业挽救国家于危亡的想法。

1945年抗战胜利后，赖于日本帝国主义庇护的天津德商孔士洋行宣告倒闭，毕鸣岐富有前瞻性地收购全部存货。1946年，他独家出资10余万元创办了华牲贸易行，他的愿望终于变成了现实。华姓贸易行主要是与德国和美国做生意，经营方式和品类范围基本上与孔士洋行雷同，并沿袭了其国外业务渠道。为做到业务上的连续性，他雇佣了原孔士洋行的外籍副总经理高瑞夫和外籍高级职员普斯与哈夫曼，利用他们的特长为己所用。

毕鸣岐曾自豪地说："过去我们被外国人雇佣，今天我们同样也可以雇佣外国人嘛！"这三名外籍职员直到1953年才先后离开天津回国。

面对复杂的形势，有头脑的毕鸣岐绝地而起，转战经营进出口土特产品，尔后换回工业原料，使得贸易行的生意获得了极高的利润。

1948年，毕鸣岐当选为天津市进出口同业公会理事长。同年4月当选为天津市商会会长。

坚定信念

1948年冬，辽沈战役胜利之后，平津解放指日可待，解放军乘胜进攻，国民党政权摇摇欲坠。有些资本家听信国民党的反动宣传，不了解共产党的政策，因而畏惧共产党，纷纷携资出走香港、台湾和国外。当时的毕鸣岐也在徘徊与恐慌之中。

毕家当时在平津等地已有多处企业，资产雄厚。加之他在天津市商会和同业公会任职，并与国民党天津市警备司令陈长捷、天津市市长杜建时、国民党政府军役部鹿钟麟等人交往甚密，故此他犹豫不决。

此时，毕鸣岐幼时的同窗、中共地下党员王华庭叩响了他的家门。经过多次促膝谈心，王华庭向他阐明了解放战争的形势、共产党保护民族工商业的政策和主张，毕鸣岐深受启发，从而消除了顾虑，坚定了等待解放的信心。

毕鸣岐将王华庭安置在自己家里居住，并为其在贸易行谋得一个职员的身份，保证了王华庭的安全，同时，也便于为其地下革命工作作掩护。

与此同时，毕鸣岐还以自己的亲身感受，劝说陈合增、陈毓增等天津工商界朋友，放弃去香港和国外，等待解放。天津解放前夕，担任天津市商会会长的毕鸣岐，偕同工商界名流李烛尘、朱继圣、杨亦周等人，代表天津市各界人士去杨柳青前线，慰问解放军指战员和欢迎解放军进城。天津解放后，他又写信动员已去香港的多名天津工商界朋友返回大陆。

1949年1月15日，天津解放。没过两个月，一艘美国商船停在了天津大沽口外，船上满载着天津多家贸易商行订购的进口货物，但货主们都不敢提货。面对这种情况，毕鸣岐挺身而出，主动向军管会请示，这艘美国商船才最终得以进港。由此，天津港恢复了进出口业务。改变了当时全国的对外贸易都处于停摆的现状，为天津的外贸业务率先行动赢得了先机。一时间出现了空前的繁荣景象，香港华资公司纷纷派员来津成立分公司，上海的进出口商也抢着在天津设立分支机构，天津的外贸业务空前繁荣，毕鸣岐的义举也在天津进出口行业中传为佳话。

1951年，轰轰烈烈的抗美援朝战争开始了。是年6月1日，中国人民抗美援朝总会发出了捐献武器运动的号召，要求全国各界爱国同胞，不分男女老少，都开展增加生产、增加收入的爱国运动，用新增加收入的一部分或全部，购买飞机、大炮等武器，捐献给志愿军。

为了支援前线，全国人民积极响应号召，踊跃投身于捐献武器运动，涌现出了许多感人至深的事迹。

毕鸣岐率先捐献飞机1架，动员天津市民主建国会和工商业联合会的会员捐献飞机5架，激发了社会各界爱国的热情。

毕鸣岐以饱满的政治热情，积极参加各项社会活动。在20世纪50年代认购公债时，他每次认购的金额皆为全市之首。他本人及其所经营的企业，累计认购公债高达20多万元。其认购公债金额之大，引起中国人民银行关注，银行派人专程访问，并创办了公债保管业务，当场将20万元公债券委托银行保管。这在天津工商界中起到了很大的引领与推动作用，他的这种爱国热情和无私奉献的精神，受到当时天津市市长黄敬的称赞，《天津日报》对此进行了多次报道。

1953年，毕鸣岐代表天津市工商界参加了以贺龙元帅为首的华北人民赴朝慰问团，并担任副团长，到朝鲜慰问中国人民志愿军。回国后，他不顾数日奔波的疲惫，连夜将赴朝的所见所闻，详细整理成一本厚厚的材料，向天津市工商界做了长达3个小时的传达报告，进行爱国主义和国际主义教育，宣传抗美援朝的胜利。

奉献社会

在当时复杂的历史背景下，为了向国人、干部和资本家阐明中共七届二中全会确定下来的城市政策，澄清工人中的模糊认识，消除资本家的疑惧心理，毛主席委托刘少奇同志去天津视察。

1949年4月，刘少奇同志到天津视察工作。在天津期间，他专门邀集李烛尘、毕鸣岐、资耀华、孙冰如、朱继圣等著名资本家进行座谈，并向他们转述了不久前毛主席与上海资本家的谈话，使与会者心里一块沉重的石头落地。毕鸣岐备受鼓舞，实业救国的念头在他的心里生根发芽。于是从1949年初夏开始，他变卖了家中的部分黄金、房产、汽车，又从自己经营的进出口商贸企业中抽出部分资金，投到工业生产中去。到1950年底，他先后创办了新民化工厂、新大电锯厂、新成造纸厂等企业。其中新民化工厂的创办，化解了以美国为首对我国进行经济封锁，解决了我国印染工业染料奇缺的问题。

为了办好企业，毕鸣岐通过各种渠道，广揽人才，先后从京津沪等地聘请了14位高科技人才，担任高级工程师和企业专项管理负责人。在专家的指导下，这个厂研制生产了坚固硫化蓝等一些新产品，不仅解决了国家当时在染料工业上的急需，而且还填补了我国染料工业的空白。

1954年周恩来总理访问缅甸时，赠给缅甸政府的20吨直接棕G染料，就是新民化工厂生产的。

1953年，在国民经济恢复的基础上，时任全国工商联副主席、天津市政协副主席的毕鸣岐，带领全市工商业者自觉接受社会主义改造。1954年，毕鸣岐率先申请将他独资经营的新民化工厂实行公私合营。这个厂当时是国内为数不多的生产硫化蓝染料的专业厂，在天津乃至全国工商界的影响很大。

1956年全行业公私合营时，毕鸣岐代表天津市工商界赴京向毛主席、党中央报喜，对推动工商界接受社会主义改造起到积极作用，并受到毛泽东、刘少奇、周恩来等党和国家领导人的接见。他还多次率天津市工商界代表团赴西北、上海等地访问，沟通贸易往来，促进城乡和地区之间的物资交流。同时，毕鸣岐夫人戴翩英也代表天津市工商界家属向毛主席呈递了决心书，受到毛主席及其他党和国家领导人的亲切接见。

这年，毕鸣岐当选为全国人民代表大会代表和天津市副市长。

毕鸣岐心怀大爱，他关心公益事业，勇于担当社会责任，持续致力于社会福利与教育事业。

毕鸣岐心里装着故乡，新中国成立前，他曾捐助过母校山东济宁中西中学，新中国成立后，他捐资山东省同乡会医院，使之扩建成为红十字会医院。

他联合进出口同行捐资创建天津市实验小学，将天津市自己的一所房产捐献给社会开办幼儿园，把数以百万的款项捐献给灾区人民。

除此之外，毕鸣岐还在生前准备为儿童福利基金会捐资，因十年浩劫未得实现，后来由其夫人捐款6万元，代他实现夙愿。

然而，在1957年毕鸣岐被扣上"右派"的帽子，从精神到肉体饱受折磨。1971年5月15日，毕鸣岐含冤离开人世。1978年党组织为毕鸣岐平反昭雪，恢复名誉。1981年9月17日，天津市政府、天津市委统战部为他举行了隆重的追悼会和骨灰安放仪式，由天津市副市长李中垣主祭，副市长、市民建主委、市工商联副主委王光英致悼词。他的骨灰被安放到天津市烈士陵园，供人瞻仰、纪念。

纵观毕鸣岐的一生，从寒门子弟，到买办，再到著名的爱国民族工商企业家，为国家、为社会奉献了自己的一生。

向 旭

向 旭（1920—2014），原名向德昌，曾用名李德昌，出生于山东省淄博市张店区中埠镇大寨村。1937年12月，参加黑铁山抗日武装起义。1938年11月，加入中国共产党。曾任中共桓台县委宣传部部长，中共垦利县委副书记、宣传部部长等。1947年5月，调任中共利津县委书记兼县大队政委。任利津县委书记时，正值"反蒋治黄"、确保黄河安

向 旭

澜支援解放战争最艰苦的时期，他坚守防洪第一线，带领、动员全县人民献砖献石、修筑堤防、抗洪抢险并取得阶段性胜利。

"反蒋治黄"拉开帷幕

1947年5月，向旭由垦利调利津任县委书记，至1948年3月调离，历时10个月。除去参加土改整党会议4个多月外，实际在利津工作仅5个月左右。在这短短的5个多月中，向旭经历了惊心动魄的黄河归故后的第一次大洪水，以及支前、土改复查、清匪反霸等种种棘手任务。他在回忆录中说："这一年蒋介石重点进攻山东解放区，反蒋自卫战争开始；国民党引黄归故迎来第一个汛期，必须确保黄河汛期安全，做到万无一失，才能保证支前、土改复查、清匪反霸任务的完成。"

黄河决了口，是难以弥补的大祸。是年27岁的向旭深知自己肩上的担子有多重。利津境内黄河两岸长达100多华里，险工有10多处，新修的工程还没有经过大水的考验，不少堤段相当薄弱。何况对岸还是蒋管区，尚处于对峙状态。

向旭到利津后参加的第一个会议，就是县治黄委员会会议。上级确定沿河11县以治黄为主，支前为副，由县治黄委员会统一调配全县的人力、物力。向旭通过这次会议了解了治黄情况，一起研究了治黄措施，立即组织民工上堤抓紧进行大堤修复、加固工作。

发动群众献砖献料，拆除城墙大砖，运往险工备防；治黄办事处物色老河工，组织专责的河工技术队伍，加强各险工的检查防护工作；制定治黄立功条例，规定区、乡、个人立功条件，如献砖1500块记一等功等。县治黄指挥部由县长王雪亭同志任指挥，黄河办事处的张汝淮为副指挥，向旭任政委。

黄河大堤修复工程除本县民工外，还有阳信、沾化县的七八千民工上堤，浩浩荡荡的治黄大军，在"反蒋治黄"的口号下，群情高涨，如火如荼，不到一个月如期完成了修复工程。

防汛准备紧张而有秩序，治黄办事处组织部分河工、民工沿堤检查，整理秸料垛，加筑"土牛"堆，材料准备来自各区开展的拆砖献石立功运动。有许多村拆除旧庙，砸断石碑送上险工，驻利城的县区机关、部队、学校、企事业单位等军民齐上阵，不顾敌机的骚扰扫射，拆扒城砖运至大堤。渤海银行开出利津城唯一的一辆大汽车，冒着敌机扫射抢运城砖。驻扎在利津城北的两广纵队官兵也积极参加拆砖运砖。向旭回忆说，这些南方兵在拆城墙砖时，常捉到大老鼠和大蛇，他们都拿到伙房做来吃。向旭受邀品尝，食后才知道，叫作"龙虎斗"。

万分紧张的抗洪抢险

8月间，阴雨连绵，黄河水位猛涨，大马家、綦家嘴、王家庄三处险工告急，防汛抢险进入紧急状态。向旭召开县治黄委员会会议，排兵布阵部署任务。从利津城南的大马家险工到王家庄险工，防汛战线长达40多华里，这是利津境内60华里"窄胡同"最险要的一段。经研究确定，黄河办事处驻守大马家险工，并与行署河务局上游各县加强联系，王雪亭县长到王家庄险工，向旭负责綦家嘴险工。料少不能平均使用，只能"先上后下"，先保上游大马家险工，兼顾綦家嘴、王家庄二处险工。向旭回忆道："三处险工同样重要，但相比之下，大马家更为重要，如果大马家险工决口，将造成滨县、惠民、阳信、沾化、利津一片汪洋，它给人民和战争造成的损失远比綦家嘴、王家庄险工决口要大。"

大雨下个不停，道路泥泞，不能车运，就动员群众，男女老少用手搬、人背、肩挑、二人抬，把拆除的城墙砖料送往大马家险工。

向旭负责的綦家嘴险工，原有的石料护岸已被洪水冲刷殆尽，强烈的东南风卷着巨浪急流直冲綦家嘴拐角处大堤，来一个急浪，大堤就坍塌一批，长达200多公尺的险工，先后下柳枕做秸埽多个，但都无济于事。大雨下了五六天，取土更加困难，别的工具用不上，只能靠两只手像燕子衔泥一样，一筐一筐地向大堤上传送。几百名民工日夜战斗了五六天，秸埽做了十几个，结果一个个都被湍急的河水吞没了。向旭看到大家信心不足，就集中民工作战地动员，反复说明綦家嘴险工关系到利津、沾化、垦利等广大地区人民生命财产和自己家乡的安全，必须用上各种力量，想尽一切办法抢住险情，确保安全。后来从大马家运来了铁丝笼、麻袋，又动员运来了一批砖料，大家把希望寄托在新的措施上，冒着大雨打桩。用粗绳缆吊了铁丝笼，塞满砖头放下去，一放到水下，就被巨浪冲击得漂来荡去，最后还是把缆绳绞断，铁丝笼被河水冲走。

向旭在他的回忆录中写道："已经近十天了，老天爷还是不睁眼（晴天），淫雨一个劲地下，蒋介石的飞机还时常来干扰扫射，敌机一来，民工就四散奔逃，

向旭（后排左三）与王林（后排右二）于1986年5月在利津东关护滩

只有少数河工在坚守岗位，东南风不停地吹，卷着黄水巨浪冲刷险工，眼看着堤身泥土一批批地不住地塌入水中，原来20多公尺宽的坝顶，只剩下3公尺左右宽了。既无天时，又无地利，人心也散了，有的民工已逃回去搬家了，就连老河工苏峻岭同志也信心不足而动摇了。"

利津治黄办事处工务股长苏峻岭是位有着几十年抢险经验的老河工，在黄河上摸爬滚打了一辈子，这样的大险情，放在过去，十有八九要开的。他两眼红红的，低声地对向旭说："政委啊！看来难抢住了！大伙也尽了力了，就准备放炮吧！"这是黄河上的老规矩，黄河决口前，先放炮报警，通知各村搬家避险，这也是减少损失的唯一办法。向旭有些犹豫，他想老苏是老河工，有经验，是否就按他说的办？但一转念，想到如果黄河决口，对人民、对当前的各项工作，就会造成严重后果。他也意识到，此时此刻一句"放炮"的话，责任重大。如果綦家嘴决口，就将成为历史的罪人！向旭转身向苏峻岭说，"不能放炮！还是坚守！就是剩下一尺坝一个人也要坚守！决口的后果实在不堪设想啊！"苏峻岭只好说："那就再抢吧！只能再做秸埽护堤，也没有别的好法子。"向旭回忆道："老苏同意坚守，我就再作动员。先稳住抢险的河工民工，向大家说明还有两公尺左右的坝顶，还不是绝望的时候，而是还有希望，可以再增调民工，砍运鲜秸料、

鲜树桩，继续守住险工！"

增加了支援的民工，运来了新料，也带来了一批扁担、挑筐新工具，靠近险工处的民工有的回家扛来了自家的木箱子装泥土。一昼夜后，风向突然倒转了，由东南风向变成了西北风。西北风顶着冲向险工的水浪，水势渐缓，不那么凶了。这首先是苏峻岭发现的，凭他多年治河的经验判断，风向转了，就快晴天了，有希望了！这个话一传开，大家干得更起劲了，虽然坝顶只剩下不到两米宽，但做的秸埽能稳住，起到迎水护堤的作用了。在场的河工、民工也随着险工的好转，转忧为喜，把埋怨老天爷转而为感激老天爷（转风向），大家都为綦家嘴险工抢住了而高兴。在关键时刻，坚持就是胜利！

在抢险战斗中，向旭对大马家险工还有些放心不下，下雨路不好走，借了老百姓的小毛驴去过两趟。与他们共同商议办法，帮他们做民工动员工作，黄河办事处的王砚农等领导带领四五百民工在大马家日夜奋战，省河务局主任江衍坤同志也亲临指挥抢险。这里工程力量较强，料物较多，但工程不得手做，也是眼看着坝顶一块块地坍塌下去，原来20多米宽的坝顶，差不多已有15米塌到河里去了。

在向旭的回忆录中，也有对王家庄险工抢险情况的描述，他说："王家庄险工有王县长坐镇，我是比较放心的。王雪亭同志和三区的同志们带领上千名民工，冒着狂风暴雨战斗，中间有一天傍晚有数架美制蒋机盘旋到险工上空，阻止抢险，飞机反复低空扫射近一小时，当时有一民工中弹牺牲，两名民工受伤，秸料垛亦中弹起火。蒋机的这种暴行，更加激起了民工们'反蒋抢险'的决心。"

王家庄险工套堤漏洞抢护是整个汛期抢险最后一场战斗，漏洞堵住了，利津全县汛期抢险胜利了，黄河在利津没有决口，大家高兴极了！

向旭在回忆录中写道："黄河归故第一年的防汛抢险考验了利津干部、黄河的多处险工，胜利的取得是经广大干部、群众全力支援，干部、民工坚持抢险战斗，才得以化险为夷，转危为安。"

向旭说，当时的《渤海日报》头版报道了这一胜利消息，表扬了县长王雪亭同志及所有抢险的河工同志们，应该说，受到这种表扬是当之无愧的。1979年3月，王雪亭同志因患癌症，经上海中医学院的郝晋卿同志介绍住进龙华医院，我得悉后曾赶去看望过雪亭同志，那时，他已不能讲话，只是睁睁眼睛向我点点头示意，似乎表示还相识，但不久，他医治无效，不幸逝世。我向雪亭同志的家属和他单位的陪同人员，讲述了雪亭同志在利津"反蒋治黄"的这段战斗故事。

战争笼罩下的根据地工作

土改复查是当时根据地工作的中心任务。但参军、支前、修治黄河也是当务之急。同时，农村基层组织亟须整顿、民兵轮战营担架队、运输队诸项工作都不能拖延。但是，在战争阴云笼罩下，各项工作的开展充满着惊险与变数。

在一次研究适当集中力量，开展土改复查运动的会议时，向旭回忆道："当时县委机关住在城里西街，因蒋军飞机常来城区上空和小街黄河渡口盘旋扫射，为了防空起见，会议转移到北关的北坦去开。记得会议结束时，我做会议总结报告，先在树林里开会，蒋军飞机又来利城骚扰，在渡口扫射渡船，于是会议移至北坦小学教室里继续进行。这时，蒋军两架喷气式飞机在利城上空反复低空飞行扫射。机声呼啸怪叫，灌耳欲聋，加上噼噼啪啪的扫射，使人震惊不安。我的报告只好停停讲讲。敌机在孟家坦投下了两颗重型炸弹，轰隆巨响，屋顶上尘土下落，接着又在北关低空扫射。会议实在开不下去了，只好暂停，待空袭警报解除，才陆续开完会议。这次敌机对利城的轰炸扫射，我县的银行受到严重损失，还有几个同志牺牲了。"

这次会议以后，为了防止敌人飞机空袭，县委及各机关迁出县城，县委机关移住大李家夹河，县政府住庄科，县大队住城西，只有银行、邮局留在北关。

7月间，华东局、华东军区机关人员经小街渡口转移至渤海区，华东军区政治部主任舒同同志带领一批机关人员，也经小街渡口过河，因此，保卫小街渡口，确保人员、物资运输畅通，又是一项重要工作。

向旭回忆道："小街黄河渡口（东津渡），部队转移，北撤的军政机关后勤单位及家属人员络绎不绝，战争物资运输繁忙。各区都有大批人员驻扎，各村供应给养都是碾磨一起转动，有的还是做熟了再送。蔬菜、柴草供应亦十分紧张，每个驻村还须每天拨给几名民工服务。黄河汛期结束后，8月底、9月初，蒋军十二军进犯黄河以南大片地区，我军大部渡过黄河向西转移，形势十分紧急。这时县大队接到军分区命令，要县大队派一个连到河东保卫小街渡口，要确保小街渡口畅通。县大队原有三个连队，已有一个连升级去主力部队，当时只有两个连队。经大队部研究，贺副大队长年龄大了留河西，由我带一个连去河东执行保卫小街渡口的任务。我们住在小街以南黄河堤上的一个小村庄，并与蒲台道旭渡口取得了联系。仅几天时间，东线蒋军占据了羊角口、广饶城，不久蒲台的道旭黄河渡口也被蒋军抢占了。这时，道旭以上所有黄河渡口皆已被蒋军占领，只剩利津小街一个黄河渡口。且只有一只装了马达的机船摆渡，运输任务日夜不停，为了赶运物资，有时敌机来扫射，摆渡也不停。现在想想当时的船工真好，他们日夜不停地干，眼睛熬得红红的，喉咙都喊沙哑了，无人叫苦。有时，船上东西装多了，人上多了，船舷几乎与水面相齐，他们照样开动，船载超重靠不了岸，他们就下水推船。他们那种冒着敌机，不怕牺牲，不怕苦不怕累，坚守岗位，履行职责，为人民为支前服务的精神令人钦佩。"

这段经历，向旭这样评价说："现在回忆这段战斗历史，当时的形势，似乎像是一出'空城计'的戏情。蒋介石大军压境，占据了黄河以南大片地区，抢占了道旭以上所有黄河渡口，蒋机天天沿黄河至河北地区疯狂地袭扰、扫射、轰炸，而我大军西下，只有军政机关稳坐惠民一带，敌人只是隔河观望，却不敢渡河北犯。"

接下来的工作，便是清剿蒋军武装匪特，保卫土改复查正常进行。利津三区、五区一带，先后发现蒋军武装匪特活动，对这片地区各村土改复查工作曾有一定影响，县、区武装民兵配合邻县组织过几次清剿，保证了这片地区土改复查工作的正常进行。其间，向旭回忆了这样一段往事："当时有一个华东俘虏军官团，随着我华东大军的转移来到利津，驻五区内的几个村庄。虽有部队昼夜看管，并专门对他们施以教育，但这些被俘虏军官中，常有少数人闹事，有时借伙食、医疗卫生工作不周而寻衅捣乱，也多次发现有个别人夜间逃跑的现象，结果都是被周围村庄民兵抓住扭送回俘虏团。9月末一天雨后的下午，我正在机关写东西，突然，通信班的同志报告说，有群众来反映在綦家嘴以下，离刘家夹河不很远的河滩里，发现一个园屋子里有两三个可疑的人。得知这一信息后，起初认为可能有蒋匪武装特务潜入，只有几个人，也无须通知县大队。

我即带县委通信班的六七个青年同志一起赶去侦剿。到达坝下刘家夹河村，经再三摸清情况、地形，弄清楚有四个人钻进朝南的一个小园屋内已经半天，于是我们又找上村里几个民兵分成三组，三面包围进攻，只留临黄河一面缺口。待接近后，先用手榴弹打响封锁园屋子门口，决心捉活的。通信班长小张为主攻，我担任右翼，任务是阻击敌人向黄河方向逃窜。其实，这些家伙也都是胆小鬼，听到手榴弹在园屋门前爆炸，都吓呆了，四个人偎缩在园屋子里的一个角落里不敢动，没有敢向外逃窜，乖乖地等我们把他们一个一个揪出来上绑带走，经审问，知道他们是夜间从俘房军官团偷逃出来，打算白天潜伏在这里，等待夜间泅水渡黄河南逃。"

任利津县委书记虽然时间不长，但给向旭留下了不可磨灭的印象。在他于10月间参加区党委土改整党会议后，调离利津，踏上了新的革命征程。新中国成立后，向旭先后任山东工学院党委副书记、中共济南市委教育部部长、农委书记，中共泰安地委书记处书记，中共中央华东局宣传部办公室主任，上海电机厂党委书记兼革委会主任，上海市文化局党委副书记，上海市高等教育局副书记等。1984年4月离休。2014年9月逝世。

刘曰昇

刘曰昇（1916—1981），利津县汀罗镇牛家村人，出身于农家。少年时对机械修理产生了浓厚兴趣，20岁时在亲友的帮助下，开了个车行，以农机具修理为主，由于他好学肯钻研，渐渐有了些名气。20世纪40年代初，正是抗日战争最残酷的时候，驻扎在利津城、盐窝、陈庄一带的日伪军不断对渤海区抗日根据地进行封锁、清剿、"扫荡"，地处敌占区与八路军根据地交界的罗镇一带，成为敌我角力之重地。而地处该地的牛家村小伙刘曰昇开的车行，则在这或明或暗的斗争中扮演了重要的角色。

刘曰昇

修枪械义胆侠肝

1940年隆冬的一个深夜，刘日昇被"啪啪"的敲门声惊醒。他穿衣起身打开院门，见是毕家嘴村郭学勤，后面还跟着几个陌生人。他们都背着枪，其中一辆独轮小车上还装着一车东西。郭学勤说，日昇别害怕，这是咱队伍上的人，找你帮忙来了。

原来，我八路军组织攻打陈庄据点，缴获了不少武器，但是大多损坏，有缺枪托的，也有缺零件的。到根据地兵工厂修理需要突破敌人重重封锁，凶多吉少。郭学勤推荐了罗镇牛家村开车行的刘日昇，并趁夜色带领八路军找到了他的家。

见到八路军，刘日昇有说不出的亲切。就在这年的8月13日晚，牛家村第一次进驻了八路军的队伍。在这兵荒马乱的年头，乡亲们让日伪军和国民党的杂牌军给吓怕了，他们对老百姓非打即骂，见东西就抢，年轻力壮的被强行带去做苦力。所以，见有队伍来老百姓就吓得往野外跑，顾不得逃走的就紧紧地关起房门，不敢出去。可是这次奇怪，这支队伍来到后并没有惊动老百姓，而是在村中打谷场集合住下，然后派战士到各家宣传："我们是共产党领导的八路军，是打鬼子、保护咱老百姓的。"这支队伍不论官兵，待人和气，见了老人叫大爷大娘。第二天一大早，战士们就帮老百姓打扫庭院，挑水推磨干家务。他们不拿群众一针一线，需要东西按市价购买。不几天，乡亲们就接受了这支队伍。

刘日昇自幼爱琢磨，勤于动手，尤其是对机械制造情有独钟。当时农村能见到的或使用的机械，他都想法弄到，拆了装，装了拆，非把原理弄明白不可。他还会制造猎枪，虽然只有二十出头，但在当地已经小有名气了。听罢郭学勤和八路军战士的介绍，刘日昇二话不说就把活接了下来。

几天后，八路军送来的枪支一一修好，很快运回了部队。从此，为八路军部队修枪成了刘日昇的主要业务。枪有基干独立团的，也有海防大队的。有缺零件的，也有损坏严重的，但有一条，刘日昇修枪一律不要报酬，而且还管来人的吃住。那时部队每个人每天粮食只有旧秤2.4斤、菜金3分钱。有时等着提枪，好几个战士吃住在他家等候，临行给他生活费、修理费他一概拒绝。他说："国难当头，匹夫有责，我会这点技术就得用上，你们在前线杀敌报国，不怕牺牲，我做这点事是应该的。"

1942年，刘曰昇带头报名并且组织30多名青年参加了海防大队。刘曰昇任海防大队第三中队队长。一年后，海防大队领导决定发挥他的技术特长，批准他复转后方，筹备兵工厂。

1943年，日军的"扫荡"一次比一次惨烈。受形势和条件限制，兵工厂没有成立起来。在当时敌特横行，战争风云变幻莫测的形势下，为了不耽误给八路军修理枪械，刘曰昇在家收了3个徒弟，并让他年幼的大儿子参与其中。白天在外摆出修车的架势，晚上隐蔽的房间内则是修枪的战场。

是年7月，八路军垦区独立团一部在八里庄附近伏击歼灭陈庄据点日军一个小队10余人及数十名伪军，缴获轻机枪1挺、小炮1门、枪支30余支。可惜的是，那挺轻机枪在鬼子溃败时故意进行了破坏，不能使用。当时，一挺机枪对缺少武器弹药的八路军部队来说是多么的重要啊。但是，送上级兵工厂需要辗转周折，啥时候能修理好，能否领回来也是一个未知数。于是，独立团张营长亲自把这挺机枪送到刘曰昇家里。刘曰昇看到这挺从来没有见过的机枪，掩饰不住内心的兴奋，他说："张营长放心，不管遇到多大困难，无论如何我也要让这挺机枪叫唤起来。"

说了就干。他首先向张营长请教机枪的原理，然后进行拆卸，组装，再拆再装，寻找问题的症结。三天后，终于修理好了这挺机枪，并在村北进行试验，五发子弹接连发出，清脆的枪声响彻晴空。

随着日军最后的疯狂反扑，根据地形势更加严峻。刘曰昇处变不惊，继续以"车行"为掩护，秘密地为八路军渤海军区部队修理枪械。当时活动在垦区一带的基干营是杨国夫司令员直属的队伍，这支部队当年缴获的枪支和自己使用的枪支也时常送到刘曰昇这里来修。刘曰昇的家同时还承担着我军联络站的任务，转送情报，输送人员，成了八路军的"中转站"。

刘曰昇不但修枪修炮，他还琢磨着造子弹、手榴弹。那时候子弹奇缺，他对来修枪的人说，你们在战场上多捡些弹壳来，我帮你们造子弹。为感谢刘曰昇，部队的文工团和军区医院的文艺队在春节期间专程来到牛家村刘曰昇家进行慰问演出。

展才智无愧新社会

1944年8月，利津全境解放，翌年日本投降，抗日战争结束。刘曰昇继续发挥他的技术优势，开起家庭工厂，制造和翻砂生产生活用品，锅具、锄头、铁锨，没他不能做的。

1955年成立初级社，那时牛家村虽然是重点社，但种地仍是老牛拉犁。刘曰昇想，村里土地多劳力少，机械化是捷径。但当时受条件限制，唯一办法是对现有农具进行改良。功夫不负有心人，他在老式耘锄的基础上，研究制造出新型农具三钩耘锄，一张耘锄每天灭荒20多亩，效率提高好几倍。当年这种农具供不应求，他无偿给本村初级社两张耘锄，使牛家初级社节省了劳力，荒碱地有了好收成。那年牛家初级社收入每个工日达到2.65元，在全地区首屈一指。受到地、县、区三级表彰奖励。社员们说咱牛家社生产搞得好，取得丰收，多亏了刘曰昇。1957年高级社成立，由10个自然村组成，取名"灯塔社"。党和政府号召手工业公私联营，刘曰昇积极响应，个人的全部资产设备、工人也都带入联营合作社，成为集体经济的基础，生产的30多张耘锄也无偿捐献给高级社。毛泽东主席提出农业"八字宪法"后，刘曰昇认真学习，深有体会地说："毛主席提的'八字宪法'，水是第一位的，这是千真万确的，水利机械化必须跟上。"当时农村提水工具大多用桶、梢、戽斗子，肩挑人抬费工费力。于是，他开始研制马拉木制龙骨水车，但这种水车费力且效率低。他又开始研制三管水车，虽然成功了，但还是用畜力拉，效率提不上去。他想，如果有一台柴油机当动力，那就如虎添翼了。这期间，他听说北镇新华铁厂有台报废的旧柴油机，他想如果下功夫修理好，说不定能用上。当年县委副书记陈光桐和区委干部李全照在灯塔高级社蹲点，刘曰昇就把自己的想法提了出来，并得到县区领导的支持。

1960年，刘曰昇所在的车间全体职工为感念刘曰昇对他们的培养，特赠送"毫无保守，细心教导"锦旗

刘曰昇带人风尘仆仆赶到北镇，新华铁厂的负责人听完他们的来意，不屑地说："你们要这废物干啥，卖废铁吗？我们都修理不好的废机器，你们能修好？"刘曰昇好说歹说，最后花了100块钱，办理了交接手续，才把

刘曰昇与家人合影，后排左一为其三子刘绍明，摄于1960年

这台报废的机器买了回来。

机器弄来后，刘曰昇和他的长子刘绍文、徒弟牛兴元三人整天靠在这个事儿上，拆卸、装配、翻砂、铸造，一直忙活了10多天，终于大功告成，试机良好。当年在农村有一台柴油机可是一件大事，工作组下通知，召集区里干部、党员、团员来观摩，十里八村的人也都竞相来看热闹。但是，人到齐了，发动机怎么也点不了火，急得师徒三人衣衫湿透，仍然没有成功。刘曰昇虽然感到窝火，但他不气馁，带领儿子、徒弟细找原因。连续两个昼夜，终于修好。这次试验直接将机器拉到水库边，抽水浇麦子。当机器轰鸣，水管里突突冒出湍急的水流时，现场欢呼声一片。刘曰昇也成了人们心目中的英雄。

这台机器为闫家村试种10多亩水稻发挥了大作用，当年水稻亩产达到六七百斤，获得巨大成功。他的事迹在《大众日报》进行了报道，并受到地、县、区三级表彰。他研制的三管水车也参加全省先进产品展览会，在趵突泉公园展出，展示牌上面写着"利津县罗镇区牛家村刘曰昇创制"。

1958年春，利津县成立农机具修配厂，把刘曰昇调去带徒弟，培养技术人才。秋后，公社化进入高潮，罗镇公社在联营社基础上成立铁木社，把刘曰昇召回，任工程师兼车间主任。

遭变故不改初心

1965年，他被调到县直铁厂——陈庄铁厂，开始研制空气锤、弹簧锤、夹板锤和制砖机。此时他13岁的小女儿小满病重住进陈庄医院，五天后不治身亡。这期间，刘日昇忙着他的技术革新创造，没有顾上去医院一趟，直到心爱的女儿去世也没在身边，成为纠结他一生的痛楚。可以宽慰的是，"三锤一机"研制成功，震动了惠民地区工业界，全地区工业战线都派代表到陈庄铁厂参观学习。

1966年，"文化大革命"开始，刘日昇成了"白专道路""技术权威"的典型，屡屡遭受批斗。刘日昇脾气急，对儿子、徒弟严厉，稍有差错就不留情面的训斥，甚至动手。有一次一个青年徒工贪玩致使机器出了故障并酿成事故，他气愤地打了徒弟两个耳光。他常说，工人爱机器、农民爱土地、士兵爱武器，这是天职，不懂这个道理怎么会成器？但他心里却是望弟子成龙，希望自己的徒弟、儿子早日成才。

他脾气倔，认死理，因此不断遭受批斗。他的研制工作受到阻碍，精神受到摧残。就连子女也受到株连，招不上工，提不了干，当不上兵，子女的婚姻都受到了影响。

刘日昇一生经历坎坷，接连遭遇家庭变故和不幸。可爱的女儿夭折，他的父亲刘俊三，在给农业社铡草时意外受伤死亡；1958年，他17岁的次子刘绍武支援四宝山炼钢厂，遭遇车祸去世；他竭力培养的长子刘绍文在技术革新中卓有成就，在一次加班中遭遇机械事故，砂轮飞出击中头部死亡，年仅32岁，撇下六个未成年的孩子；刘绍文的妻子经受不住打击，精神分裂；刘日昇的老伴也经受不住失女丧子之痛，成了疯人。

家庭的不幸，生活的困境，浩劫的摧残，终使要强的刘日昇积劳成疾。1981年秋，自知不久于人世的刘日昇将三儿子刘绍亮、四儿子刘绍明叫到身旁，动情地说："我这一生无所愧疚，就是没有照顾好家庭。我最大的遗憾，就是做了一辈子共产党的事，没能加入党组织。你们要继承我的事业，只要有信心，就没有克服不了的困难。你们要奋斗啊！"

这年10月，刘日昇带着他的遗憾和不舍，离开了这个他奋斗一生的世界。享年65岁。

刘凤岗

刘凤岗（1901—1970），利津城西街村人，他于20世纪20年代中期掌作专营水煎包的"茂盛馆"，对水煎包制作工艺进行了一系列改良，使其成为独具特色的地方名吃。2007年8月，"利津水煎包"传统制作技艺列入东营市第一批非物质文化遗产名录；2014年，荣获山东省商务厅举办的"美食山东十大特色家常菜大赛"金奖；2015年获"齐鲁名吃"；2016年，"利津水煎包"的传统手工技艺被评为山东省非物质文化遗产项目。

刘凤岗

水煎包里有"名堂"

利津水煎包始于清代，扬名于民国，历经百载而盛名不衰。"利津煎包、蒲台面，滨县名吃锅子饼。"山东鲁北一带，利津水煎包首屈一指。它最早出现在利津县城西南八里之遥的半壁店子，有刘姓人家引进经营。至清末民初，已普及利津县城及各大乡镇，盐窝镇尚乐安的水煎包最有名气。

民国五年（1916），刘明远、刘凤岗父子的"茂盛馆"开张。颇有经营头脑的刘明远请来了盐窝镇尚乐安，合作经营主打面食水煎包。这生意一开张就颇有人缘。

"茂盛馆"坐落于利津县城西街庠门首路南，门前正对文庙"万世宗师"木牌坊，周围酒肆茶馆店堂林立，车、轿往来络绎不绝。逢集日、庙会更是人流如潮，因此这一带也叫"金盆底"。刘氏父子与尚乐安在这"金盆底"联营几年，尚乐安年老回乡。时刘凤岗年已18岁，高高的个子，相貌堂堂，已不再是打杂烧火的小工了，聪明好学的他已掌握了水煎包整个工艺流程。

至新中国成立前夕，"茂盛馆"在兵荒马乱中艰难生存。为了养活一大家人，不管时局多么艰难，刘凤岗总舍不得丢掉这一谋生的手艺。他本着扩大影响，薄利多销这一简单朴素的理念，穷其一生去钻研、去琢磨。

刘凤岗掌作"茂盛馆"没几年，就试着用发酵的面做包子皮，"死面"变"发面"，竟然一试成功。接着又改良面的发酵技术，由酵母发面改成"面接面"，老面接新面，既快又省事。但这"省事"中也有奥妙：只要心中有数，就能恰到好处。接好的面，一拍一听，中空有度；一削一看，孔小细密均匀；一闻一嗅，香甜浓郁，不用说，这面便可做包子皮了。

"打面水"的发明纯属偶然。一天，他不小心用加了面粉的水浇到锅里，待起锅时，饸饹连成一片，因浇入面水而形成的油面翅透明薄脆，桔红中透着金黄。而且包子的个头明显大了许多。这一发明让他大喜过望，更激发了他改良技艺的兴趣。

水煎包的卓越品质表现在多个方面。它形体完美，圆润丰满。油面翅色泽金黄又透着桔红，中间有铜钱式样的锅底印记，如一面浑圆的白色玉鼓，顶着一个金色红亮的平盖；它鲜香味美，沁人心脾。面皮香软蓬松，油面翅脆香生津。肉香、菜香、酱香、油香、作料香，绵绵不绝，回环盈口；它的更特别之处还在于一个鲜。肉、菜、面、汁，无一不鲜，个体的香，混合的香，都能涌出一个"鲜"来。

至20世纪40年代，"茂盛馆"刘凤岗的水煎包渐渐形成了自己独特的风味。选料精细：猪要当年的，面粉是自家磨的，白菜、韭菜要黄河滩的，烧柴一定要高粱秫秸。水煎包馅的主料是三肥七瘦的新鲜猪肉，夏秋配以韭菜，冬春配以白菜、韭黄。他的拌馅也与众不同：用特制的老汤、炒面酱来拌肉馅。老汤来源于"打煮锅"。"打煮锅"主料是猪骨头和猪皮，放入的佐料有桂枝、桂皮、花椒、八角、丁香、豆蔻、大茴香等。细火炖好的老汤香味浓郁沁人心脾，然后再与烘炒好的面酱拌入切好的肉丁，同时放入的还有"三油"，即菜油为主，适量香油和猪油。这道工序谓之"喂馅"。但"喂馅"也得讲究"度"，不能腌透，刘凤岗说："料之香不夺材质之鲜美。"

包之前，水煎包馅的肉、菜是分离的。先把菜放入面皮，再放入肉馅，叫作"拨馅"，其味与混合馅又是不同，个中奥妙只有亲自品尝对比方能解得一二。

包好的包子封口朝下，一圈圈摆进平底锅，每锅76个不多不少。此时锅下面秫秸火渐旺，一面将"搭面水"浇注，一面用起子从里到外进行翻个儿。尔后盖严锅盖，大火猛攻。待锅中面浆剩三分之一，改用文火煎蒸。等面浆水全部收尽，再沿包子缝隙淋入食油或麻油，再细火烧煎片刻，总共15分钟，即可出锅食用。刚出锅的水煎包，色泽金黄，一面酥脆，三面嫩软，香酥可口，妙不可言。

刘凤岗"打包子""打"出了"名堂"。"刘凤岗，开了张，别处的包子不吃香"，大凡进城的人，吃不到刘凤岗的水煎包那将是说不出的遗憾。茂盛馆前排队买包子的景象，成了利城西大街庠门首前的一道新的景观。

经营的是人心

刘凤岗的经营理念简单而又朴素。他说，人们的需求，就是咱的追求。经营的是人心。人们要的不就是物美价廉吗？为了达到人们的需求，为了在面食业有一席之地，刘凤岗从精心挑选食材、严格工艺操作和注重全面管理三个方面倾注了毕生的心血。

选对食材是前提。黄河滩头，长堤以里，黄河淤积的滩地产出的小麦、韭菜、大白菜、鸡腿葱、西葫芦、韭黄、香菜等，品质上乘，是做水煎包的绝佳原料，刘凤岗深谙此理。从刘凤岗父亲经营水煎包起，就把黄河滩作为他们做水煎包的原料基地；刘凤岗在选择猪肉时近于苛刻，必须是当天现杀的。病猪、死猪、种猪、老母猪的肉一律不要，刘凤岗仅从肉皮和肉质上就能看得出来。他说，不能贪便宜毁了我几十年的名声；酱料用的是利津最有名的成昆酱园的面酱。这里生产的面酱以小麦为原料，人工踩曲，天然发酵，经数十道工序酿制而成。费时、费工、费力自不必说，炒出来的味道醇厚而不浓烈，"喂馅"用酱非此莫属；小麦须得籽粒饱满，黄盈盈白生生，这样的小麦麦香浓郁。家中的石磨整天呜呜地响，小毛驴拉，人工推，脚打罗，手工罗，四遍下来搅匀晾透，百斤小麦80斤面，这就是做包子皮的原料了。

接下来便是打煮锅熬制老汤，大豆油加鸡腿葱花炒面酱备用。以及切肉、喂肉、切菜、晾菜、和面、醒面、拌馅、擀皮、包包子、填馅子等每一道工序都有定规，马虎不得。如包包子填馅子，需要一定技巧，要求是速度快、外形圆，包子皮薄厚均匀，撮口小且没有面疙瘩。看锅子、打包子、搭面水、翻转，调整火势，此时的刘凤岗，手、眼、耳并用，全神贯注，熟戏当作生戏唱。

刘凤岗常说："一分利钱吃饱饭，十分利钱饿煞人。不是人叫人，而是货叫人，人叫人千声不语，货叫人一点就到。"他视产品质量如生命，他对自己的名声也十分珍爱，他对孩子们说："我打的包子，已有名气，不能坏了。今后咱家的包子要保证三条：一是要好看，二是要好吃，三是要又大又肥，要八个顶十个。"这八个又怎么能顶十个呢？家人们不理解，常有抱怨：这辛苦劳累不说，这利钱也实在微薄。每日里推磨打杂，披星戴月，忙前忙后，只落得些红面麸子。虽是整日里打包子卖包子，多少天家人也难得吃上一个……刘凤岗便说："不舍九分利，难得一分利，和别人家的买卖比起来，咱这就算好的了。"家人看到门前排着队来等包子的景象，便也理解了老人家的初衷，经营的是人心啊。

水煎包义赠孝顺人

一日，一位乡下农民打扮、30多岁的男子来到茂盛馆，对着刘凤岗喊道："掌柜的，俺买十个包子，给俺娘解解馋。"刘凤岗道："你再说一遍，你买包子给谁吃？""给俺娘吃。俺娘这几天吃不下饭，想买十个包子给俺老娘解解馋。"这位庄稼汉老老实实地回答。刘凤岗不由得伸出了大拇指："就冲着你老兄台这份孝心，我再给你搭上十个。这十个包子是你买的，另外这十个不要钱，是我孝敬你老娘的，让她老人家多吃两顿。"说罢，取一张荷叶另外又包上十个水煎包，递到这位庄稼人手里。在场的顾客交口称赞，异口同声地说刘掌柜乐善好施为人仗义，刘凤岗则道："我卖了这么多年包子，光听说捎几个给孩子吃，给孩子解馋，今天还是第一次听说买包子给老娘吃……"其实，像这样义舍包子的事是经常有的。特别是他看到母亲领着孩子路过包子铺门口，孩子见了包子不肯走，而大人又没钱打骂孩子时，他就赶紧过来包上几个包子递到孩子手里，说："小孩子不懂事，不要打他，没钱不要紧……"仗义、乐善好施、从不计较得失，街坊们这样评价他。

性格豁达，注重宣传推销自己，他以热情感染周围的环境，以周到的服务影响顾客。他说："做买卖，和气生财，让人不算痴，过后得便宜。"他那豁达开朗的性格，做起宣传来极具感染力。尤其是逢集日，人流如潮，熙来攘往，他兴之所致便唱了起来："拾的麦子，鬼推的磨，大风刮来的秫秸垛，贱了！贱了！这又大又肥的包子，一个赶俩！"人们闻之涌来，门庭若市。

20世纪50年代初，利津县城北20里的明家集举办物资交流大会，附近各县名吃汇聚于此。刘凤岗自不甘示弱，早早来到会场，占了个地方，扎起了席棚，盘起了锅灶。他想，凭我这名气，还不打多少卖多少？第一天起了早，一连气打了四五锅。盘子里的包子叠了半尺高，可就是没人光顾。原来，刘凤岗出名不假，可那年月乡下人进城很少，能吃到他的包子的更少，没几人能认出他刘凤岗。眼看接近晌午，想象中的"轰动效应"始终没出现。刘凤岗急中生智，一只脚踏在凳子上，用筷子击打着托盘，现编现唱："哎，哎，赶会的，你别慌，听我说段咚咚锵。庠门首，木牌坊，卖包的，刘凤岗……"这才是刘凤岗啊？见过的闻风而来，没见过的趋之若鹜，一霎时，出锅的包子一扫而光。1970年，一代水煎包改良传承者刘凤岗积劳成疾，于7月15日在他的旧宅——昔日的"金盆底"，庠门首路南只有一间铺面的狭窄小院里与世长辞。这位历经晚清、民国、新中国三个朝代，中年丧妻，历经坎坷，但始终乐观豁达、乐善好施的利津水煎包传人，走完了他传奇的一生。享年69岁。

刘竹溪

刘竹溪（1920—2010），原名刘庆濂，山东省滨州市滨城区刘六村人。1937年春，加入中共领导的中华民族解放先锋队，投身革命活动。1938年3月，参加八路军，同年4月加入中国共产党。自此后出生入死，浴血奋战，同日本侵略军和国民党反动派打了许许多多硬仗和恶仗，参加战斗300余次，从山东渤海之滨一直打到福建的武夷山下，战斗中他四次负伤，被定为二等甲级伤残。为中华民族的独立和人民的解放事业作出了应有的贡献。

刘竹溪

刘竹溪是位英俊潇洒而英勇善战的革命军人，在艰苦卓绝的抗日战争中，他始终战斗在清河（渤海）平原上。与他的爱人张林一起，一度活动在利津西部一带，与当地村民抗日积极分子结下了深厚的战斗友谊。

刘竹溪19岁担任八路军山东清河区主力部队的连指导员，21岁升任营教导员。1940年9月，在高青县魏家堡伏击战中，时任八路军山东纵队三支队基干一营一连指导员的刘竹溪与连长金书禹，指挥和带领全连战士全歼日军永田文部洒见小队30多人，俘虏日军上等兵卫生员大喜正滨和一名朝鲜翻译。战斗中，一连指战员打出了军威，震慑了敌人，受到三支队领导的表彰。此役刘竹溪右臂负伤，但仍坚持战斗，直至全胜。

1942年8月12日，日寇纠集日伪军6000多人，分东西两路向利津、沾化"扫荡"。西路之敌，从富国据点向义和庄推进；东路之敌，由盐窝向罗家镇进犯，妄图蚕食利津、沾化抗日根据地。为粉碎敌人的"蚕食""扫荡"，八路军清河军区司令员杨国夫指挥部队采用"先打西路，后打东路，先打伪军，后打日军"的战略方针。

军区直属团四营刘竹溪部，在直属团二营的配合下，先在沾化徐家坝伏击粉碎西路之敌，歼灭日伪军700余人。8月18日，东路之敌进犯利津陈家庄、五庄和罗家一线，并在五庄、罗家加筑工事，安设临时据点。清河军区直属团二、四营，先在陈家庄据点外围重创敌军，后由二营、一营从南北围歼五庄、罗家之敌；四营在教导员刘竹溪的指挥下，急赴汀河一带追歼逃敌并断敌退路。该营十一连在汀河村西的坟地里，与几十名鬼子展开白刃肉搏，硬是把日本兵拼输了，鬼子死伤20多人，其余仓皇逃窜。刘竹溪率部在汀河西部张家草场一带歼敌数十人，其余溃逃。

张家草场战斗结束不久，刘竹溪奉命以沾利滨大队大队长兼政委的身份，率部在沾（化）利（津）滨（县）三县边区开辟敌占区工作，扩大抗日游击区，建立抗日根据地。谱写了一曲"四进沾、利、滨"的英雄史话。

开辟沾、利、滨新的抗日游击区意义重大：一是孤立利津、沾化之敌，有利于垦区根据地的巩固发展；二是沟通黄河南北根据地联系；三是打破敌人对清河军区和冀鲁边军区封锁分割。组织上让刘竹溪带队进入沾利滨地区，也是进行了通盘考虑的，刘竹溪的家乡刘六村属滨县三区，父亲刘树勋是当地有名望的开明士绅，社会关系广泛。刘竹溪参加八路军，对父亲及全家影响很大，家庭成员的政治态度都倾向于共产党，胞弟刘庆泗、叔弟刘庆溥、族兄刘俊峰、族弟刘庆芬等在他的带动下都参加了八路军。抗战前，刘竹溪在滨县中学求学期间的老师和同学多留在家乡。刘竹溪在滨县人地两熟，是开展工作的有利条件。但也面临着诸多困难，当时沾南区尚有十几个党支部在活动，利西的马镇广等村也有个别支部和党员，滨北区只有个别党员和少数积极分子在起作用，这两个地区的工作基础都比较薄弱。

刘竹溪克服种种困难，在他的指挥和带领下，在地方党政干部的配合下，经过三年艰苦工作和对敌斗争，抗日根据地农村由点到面、由少到多，逐步发展扩大到几十个、上百个，直到300余个村庄；他所带领的部队也从60多人发展到1000多人；组织了多次战斗，毙、伤、俘日伪军1100余人，沉重打击了日伪军及地方反动势力的嚣张气焰，受到当地人民群众的交口称赞。

1945年抗战胜利后，刘竹溪先后担任渤海军区特务二团

左起：刘庆泗、王林、刘俊峰、刘竹溪、刘庆溥。1946年摄于滨县

副团长、华东野战军第十纵队八十五团副团长。1948年9月济南战役时，他们团奉命担任攻城西集团左路纵队左翼师突击团的任务。他率一个营的兵力，作为全团的先头部队，像一把锐利的尖刀向里猛插。在连续攻破济南守敌外围数道防御阵地后，他们迅速穿插至普利门，逼近敌绥靖公署司令部。然而正值刘竹溪到阵地上查看进攻路线时，突然被数十米外楼房上的守敌扔下的手榴弹炸伤，他的脸部右下颌骨和7颗牙齿当即被打掉，血肉和碎骨渣堵住了喉咙，很快昏死过去。他身上的弹片多数就是因这次重伤而留在体内的。在团部包扎所，他因失血过多昏迷不醒，当时棺木都给他准备好了。在华野第十纵队医院做手术时，他再次休克，纵队卫生部副部长兼后方医院院长的左英亲自为他清理伤口、动手术，并做人工呼吸，吸出了堵塞在他咽喉的脓和血。刘竹溪昏迷几天后终于奇迹般地苏醒过来。

两个月后，刘竹溪又带着尚未痊愈的身体奔赴淮海战役前线，继续指挥全团作战。不久，华东野战军第十纵队改编为第三野战军二十八军，刘竹溪任二十八军八十三师二四七团团长。他率部参加了渡江战役、淞沪战役和福建境内的诸战役。在突破长江天险中，他们团担当了全军突击团的重任；在鏖战淞沪中，他们团破太仓、战刘行、强攻上海国际无线电台，出色地完成了作战任务；在解放大、小练岛和平潭岛战斗中，他们团英勇顽强，所向披靡，连战皆捷，受到军部领导的表彰。

强将手下无弱兵。从抗日战争到解放战争时期，刘竹溪与利津这方热土一直有很深的缘分。抗战时期，刘竹溪在清河军区直属团和沾利滨大队任职时，曾多次战斗在利津县境内。解放战争时期，利津籍的中国人民解放军官兵中共出了四位战斗英雄和一位特等战斗功臣，他们竟然都是在刘竹溪任华野十纵和三野二十八军团长时的部下，并与其在共同的战斗中建立了很深的革命感情。这几位基层官兵是华东野战军二级人民英雄李毓田、李振华、张炳炎，三级人民英雄高绪德，特级战斗功臣牛振邦，其中有三位军级干部、一位师级干部。

新中国成立后，刘竹溪长期从事炮兵的训练和组建工作。先后担任二十八军炮兵主任、炮兵司令、炮兵副军长和南京军区一级炮兵射击场主任等职。

戎马一生的革命军人刘竹溪，被人们誉为"铁打的英雄汉"。2010年3月

25日，刘竹溪走完了他的人生之路，病逝于南京。这位戎马一生、身经百战的二等甲级伤残的八路军老战士遗体火化后，子女们在骨灰里用吸铁石找出了28粒弹片。大的如花生，小的如米粒，有的深嵌在骨头上。这些弹片见证了刘竹溪铁骨硬汉的革命生涯。

安克平

安克平（1918—2004），原名安运昌，字达生，利城后北街人，高中文化。1937年9月，投身革命。1938年9月，加入中国共产党。历任新四军五师连政治指导员、团政治处主任、团政治委员，中共桐柏县委书记，山东渤海军区直属政治处主任，渤海军区卫生部党委书记兼第一副政委，惠民军分区政治部主任，济南军区后勤部政治部副主任，济南军区总医院政治委员，副军职。1966年4月，病休，后离休。1947年，荣获渤海军区二等功奖章；1955年，荣获中华人民共和国二级独立自由勋章和二级解放勋章；1988年，荣获中央军委颁发的功勋荣誉章。

安克平

安克平出生于城北枣园村，后因黄河决口枣园被淹迁至城内后北街。9岁入读私塾，12岁入利津县城第一高级小学就读。功课一直名列前茅。虽家境生活拮据，但学业未曾中断，安克平以优异的成绩考入山东省立（惠民）第四中学。

安克平自幼酷爱国文，初中二年级时，曾在上海《中学生》《青年》杂志和济南《新亚日报》（中共地下党员李竹如主编）等报刊发表过《黄河岸上》《吊唁》等诗文，备受学校师生青睐，并任校刊《新轮》编辑主任。安克平经常阅读鲁迅、茅盾、丁玲、郁达夫等进步作家的作品，思想上也受到很大影响。1936年夏，安克平毕业。这时，正值国民党山东省政府主席韩复榘开办军事教育团，招收高中文化以上学生，培养下级军官。安克平赴济南报考并被录取。初被编入步兵科第四中队，后转工炮科第五中队，受到了艰苦和严格的军事训练。

1937年7月卢沟桥事变后，山东军阀韩复榘率部不战而逃，所属军事教育团也随部队先后自济南移防兖州、济宁和曹县。11月下旬，安克平在兖州偶遇惠民四中同学宋登华，经他介绍，参加了中华民族解放先锋队（简称民先），并初次看到"毛主席同英国记者贝特兰的谈话"油印小册子。在兖州大街上，安克平还看到了平津南下流亡学生演出的街头剧《放下你的鞭子》及"流亡三部曲"等抗日文艺节目，进一步激起了强烈的抗日救国热情。同时，他还听宋登华说共产党中央在延安，那是代表全国人民利益的革命党，于是安克平决心投奔延安参加革命。

1938年1月，因韩复榘在开封被蒋介石扣押，时在曹县的军事教育团成员闻讯立即哗变，各奔前程。安克平与同窗好友李悍夫（原名李鑫元）一起离开曹县，辗转开封、郑州后又南下武汉找到八路军驻武汉办事处。接见他们的是我党做统战工作的宣侠父。之后，安克平与李悍夫随邱士长、邓中林，并持冯玉祥将军的交际科长尹心田给延安抗大王志涛的入学介绍信，奔赴延安。

安克平等四人先从武汉到西安，徒步到达延安。但因种种原因，安克平和李悍夫未能入延安抗大学习。于是，他们两人又从延安返回武汉，找到八路军驻武汉办事处的宣侠夫。经他介绍，安克平与李悍夫持八路军办事处的介绍信于1938年4月到了陕北安吴堡战时青年培训班（简称青训班）。班主任是冯文彬，副主任胡乔木。安克平被编到普通班四连。主要课程是学习毛主席的论持久战、抗日游击的战略战术等。一个多月后结束了普通班的学习，又到高级班二连学习青年运动。7月下旬，安克平和李悍夫在青训班结业，被介绍到八路军驻西安办事处分配工作。这时，国民党七十七军一位叫邱静山的秘书正来西安八路军办事处要干部，安克平和李悍夫便被分配到七十七军做友军工作。当时七十七军军部驻河南信阳，安克平和李悍夫被分配到七十七军青训团第十二中队。不久，安克平又被调到七十七军工作团第一中队任分队长。这个团有不少共产党员和民先队员，1938年10月，经团政治教官崔济民介绍，安克平加入中国共产党。

入党后，安克平先后担任七十七军政治处民运干事、抗日救国第八联队军事教官等职，其间，他除了在军队宣传党的抗日民族统一战线政策及毛主席的

《论持久战》外，大部分时间是进行军事训练、讲解抗日游击战略战术等。后不久，他又被派往毛集至龙高一带从事党的地下工作。至翌年4月底，安克平被重新调回七十七军工作团团部，改任一大队二中队政治指导员。当时，该团团长是朱大鹏，政委由中共河南省委派任质斌同志担任，文敏生任团政治处主任。

1939年6月，日军沿信阳唐河公路、襄樊公路向豫南、鄂北进犯，安克平曾奉命率二中队在朱家店东北阻击敌人，战斗异常激烈，这是他参加革命后第一次与日军作战。也就在这时，七十七军工作团被正式改编为新四军，并与肖远久同志带来的五团合并，仍为五团，肖为团长，刘子厚任政委。安克平在五团五中队任政治指导员。1939年冬，他又任新四军三团政治指导员。这期间，他奉命南下安陆、云梦一带，开展抗日游击战争。

有一天夜里，安克平带领手枪队趁敌人熟睡之际，突然发起进攻，共毙伤俘敌30余名，并缴获轻机枪1挺、步枪10余支。后来，他又被调往新四军豫鄂挺进纵队第九团任八连指导员。安克平在新四军基层部队担任指导员的近两年中，除认真做好连队的思想政治工作外，打起仗来也非常勇猛，冲锋在前，顽强拼杀，果断指挥，随机应变，先后参加对敌作战60余次，共毙伤俘日伪军及国民党顽军700多人。

1940年10月后，安克平先后担任新四军第五师十五旅四十四团宣传股长、新四军第十五旅政治部宣传科长、团政治处主任、团政治委员等职。其间，他率部与日伪军打过多次硬仗恶仗，打出了我军的军威。

1945年初，确山、沁汤、桐柏三县土顽势力加国民党一个营共3000余人，向我抗日根据地郭山冲发起进攻。时任新四军豫南军分区挺进一团政委的安克平临危不惧、镇定自若，率两个连顽强抗击数倍于己的敌人，在他的指挥下，以两挺重机枪把守龙头寨，并安排一定兵力从两侧加大火力袭击敌人，激战半日，终于等到援军新四军第十三旅三十九团赶到，迅速将敌击溃，杀伤敌人百余名，我军大获全胜。

1945年6月，安克平调任中共桐柏县委书记、县长兼桐柏总队政委。任职不到一年，就同土顽及国民党顽军作战20多次，其中最著名的是回龙寺保卫战。

这年秋天，唐（河）泌（汤）桐（柏）三县土顽加国民党军一个营共计3500多人，突袭我回龙寺防地，安克平率一个连百余人与敌激战半日，连续打退敌人三次进攻，后在我主力部队增援下，组织猛烈反击，夜袭敌人，取得毙伤俘敌200余名的战果。

1946年3月后，安克平因病疗养数月。至同年8月，调任山东渤海军区直属政治处主任。任职不久，肺病复发，又住院治疗。到1949年2月，调任渤海军区卫生部党委书记兼第一副政委。以后几年，依然是病魔缠身，时而坚持工作，时而住院治病。从20世纪50年代中期到1965年11月，安克平先后担任济南军区后勤部政治部副主任、济南军区总医院政委等职。

祁青若

祁青若

祁青若（1917—2006），女，原名綦馥，利津县利津街道綦家夹河村人，出身于书香世家。童年丧父，跟随伯父綦际霖在济南读书。高中时，即受中共地下党员的影响，广泛涉猎进步书籍，萌生革命思想，于1936年初参加革命工作，同年加入中国共产党。为山东省妇女救国会的创始人之一。先后担任八路军第一纵队司令部机关党总支书记、教导员，山东省战时工作推行委员会委员，山东省妇女救国总会副会长，中共辽东铁路管理局党委秘书长，中共辽东省委妇委书记，中共阜新市委秘书长，山西省煤炭设计院党委书记、院长等职，享受副省级待遇。

1936年5月，祁青若由济南奔赴上海，在白色恐怖下，她同几位中共地下党员、革命知识分子在上海萨坡赛路兴业里办起了《文化报》，宣传抗日救国思想，揭露国民党的独裁专制和黑暗腐败，针砭社会弊端。

1937年7月卢沟桥事变，抗日战争全面爆发。日本侵略军进攻上海后，《文化报》停刊。祁青若随文化报社的几位中共地下党员离开上海奔赴延安。当时铁路、公路交通中断，他们只能步行。在北进的路上，祁青若一行把中共中央关于抗日救国的主张油印成传单沿途散发，向群众进行抗日救国宣传。他们经过江苏、安徽、河南，1937年10月10日到达山西侯马村时，恰遇刘伯承率领的八路军一二九师的先遣队，祁青若即留一二九师政治部教导队工作，主要随军从事战地对农民群众的宣传发动和组织工作。不久，调晋冀鲁豫区党委秘书处工作，任群众工作队党总支书记、副队长，参加了一二九师创建晋冀鲁豫抗日根据地的艰苦卓绝的斗争。

1939年5月，组织决定祁青若跟随八路军第一纵队司令员徐向前、政委朱瑞到山东开辟抗日根据地。当时她的儿子不满两岁，为了革命工作，她毅然把儿子寄养在山西长治紫坊村唐仁海家，含着热泪踏上了征程。1939年夏，祁青若在新泰县盘车沟村房东陈仁友家又生下第二个男孩。当时日本侵略军在鲁中南大"扫荡"，她只好将儿子寄养在陈仁友家。新中国成立后，这两个失散的孩子再也没有找回来。

进入鲁南抗日根据地后，1940年3月当选为山东省战时工作推行委员会（省政府前身）委员，同时被选为山东省抗日总动委会65位执行委员之一。这年7月，山东省妇女救国总会在沂南县青驼寺成立，祁青若当选为副会长（主持全面工作）。同时被选为山东省临时参议会参议员，这年她23岁。1941年10月，祁青若又兼任中共山东分局群众工作委员会委员。抗战时期，祁青若为山东抗日根据地的创建和发展，为山东妇救会组织的建立发展和妇女解放事业作出了贡献。

1945年8月15日，日本宣布无条件投降后，祁青若随罗荣桓、肖华等率领的山东部队和干部近10万人分散由海上进入东北。在东北，我军与国民党军战斗最惨烈的1946年和1947年，祁青若奉东北民主联军、辽东军区的命令，从日寇手中接管了安奉铁路，并担任安奉铁路委员会秘书长。后来上级将安奉铁路和通化铁路合并，成立了中共辽东铁路局委员会、辽东铁路管理局，祁青若担任党委成员、秘书长。在东北"三下江南，四保临江"的战役中，祁青若勇挑重担，历尽艰险，克服重重困难，从丹东到通化，赴临江，后又奉命经朝鲜将铁路转移的军用物资安全转往北满我军，为战役的最后胜利，作出了重要的贡献。

1939年5月，中共六届六中全会后，以徐向前任司令员、朱瑞任政治委员的八路军第一纵队，奉中央军委和八路军总部的命令开赴山东，统一指挥山东和苏北八路军各部队。祁青若奉调随八路军第一纵队开赴山东抗日前线。当时组织上给祁青若配备的坐骑是一匹白骡子。在她出发前整理行装时，把毛毯、衣服等行装都送给老乡，但把《联共党史》《资本论》《列宁选集》等数十斤重的革命书籍都装进了行李袋。为此事，在祁青若身边工作的一位小同志曾建议她把书籍扔掉，多带些行装。她微笑着说："小鬼，你不懂，这些革命的书是重要的精神力量，只有用这些书武装头脑才能干革命呀！"她在从延安刚进入山东时，在数千里的长途跋涉中，携带的物品一再精简，急行军，过封锁线，毛衣毛裤都被扔掉了，但唯有携带的书籍一本也没丢。

曾在祁青若身边工作的刘德文回忆说："在抗战时期，无论环境多么艰苦，祁青若每天都要挤出两个小时坚持学习马列书籍，从不间断。"1940年7月，山东省妇女救国总会在沂南县青驼寺成立，史秀云任会长，祁青若任副会长。不久，史秀云调往延安，祁青若主持省妇女救国总会的全面工作。在她的示范带动下，山东省妇女救国总会都自觉地坚持学习马列书籍，并经常检查和督促下级妇救会组织工作人员的学习。

学以致用，将学到的马列主义理论，联系实际指导工作，是祁青若学习的目的。1938年，她担任晋冀豫区党委机关报《中国人报》机关党总支书记兼教导员时，负责给报社机关党员讲党课，她理论联系实际，深入浅出，讲解生动，条理分明，感染力很强，博得全体党员的欢迎。

1940年下半年祁青若主持山东妇女救国总会的工作后，她经常利用晚上的时间，指导全省妇女工作的开展。她写的《对山东妇女救国总会的几点工作意见》《对妇女干部的几点希望》《怎样才是好的妇女干部》《怎样成立妇救会》等，先后发表在《大众日报》上。

在抗日斗争的艰苦岁月里，祁青若经常深入基层，调查研究，抓点带面。1940年岁末，在鲁南地区县、区、乡、村普遍建立了妇救会组织，为做好妇女工作奠定了良好的基础。鲁南、鲁中、清河（渤海）、滨海等地区的妇救会组织为支援抗日战争作出了重要贡献。闻名全国的"红嫂"以及许多红嫂式的英模人物就出在这些地区。

1942年1月，祁青若在赣榆县胶龙旺村开展妇女工作。时值春节临近，却传来了日军要"扫荡"的消息。全村的妇女、老人和孩子都往北山沟转移，村妇救会会长与祁青若混在群众里面。当大家转移到北山坡时，天已经亮了。数十名妇女在坡地上挤在一起，其中有一位姓徐的老大娘对祁青若说："你的脚大，容易引起注意，把你的脚放在我的腿下，如果鬼子汉奸来检查你，你就说是从东北回来的。"不一会儿，几个汉奸走过来盘问她，这位老大娘抢着回答说："这是俺闺女，刚从东北回来。"有个汉奸想检查她的头发（祁青若梳成一个发髻，装扮成农村妇女）是不是假的，大娘拦着不让动。汉奸没有发现有妇女干部，便撤走了。

村妇救会会长把拥挤在一起的数十名妇女，划分成若干个小组，各自分散转移。这时，那位老大娘又给祁青若一个盛着食品的篮子，让她带着两个几岁的孩子做掩护，与村妇救会会长一同北去。她们走了不远，到了公路边便遇上鬼子兵，祁青若领着两个孩子藏在一条小河边低洼处，躲过了鬼子们的搜捕。

1943年冬，祁青若去临沭县检查妇女工作，由于路上积雪很深，她跌进了一个深坑，怀孕的孩子也流产了。县里的几名妇女干部和民兵一起把她用椅子抬进了一个存放粮食的地窖。这天正遇日伪军"扫荡"，他们扬言要抓八路老婆。在群众的周密掩护下，祁青若躲过了敌人的搜查。刚刚流产的祁青若身体十分虚弱，这里的妇女干部都像亲姐妹一样爱护她，照料她，送饭送药，无微不至。有一位老中医冒着敌人搜查的危险给她看病，她吃了十几服中药，经过半个多月的调养终于痊愈。后来，祁青若经常感慨地说："八路军和群众是鱼水关系呀，在那血与火的年代，我能幸存下来，靠的是人民群众。"

孙守增

孙守增（1922—1998），利津县陈庄镇临河村人。1942年，投身党的地下工作，3月加入中国共产党。1943年春，柳行村党支部建立，孙守增任支部书记。

孙守增

1944年2月参军，先后任渤海四军分区战士、班长、排长、副连长。1948年回地方工作，先后任大盖区武装部部长、徐王区公所区长、县人武部股长、五区（明集区）党委书记等职。

1948年2月，利津县组织约500人的轮战营，下设三个连队，由孙守增任教导员，历时13个月，先后参加莱芜、陈屯、台儿庄、淮海等战役。战斗最残酷时一副担架一天一夜要运送300多名伤员。1949年3月，孙守增任利津县二区区长（现垦利区董集乡一带）。1950年至1954年，先后任东堤区委副书记、书记，其间击毙顽匪苟云成被传为佳话。

苟云成是20世纪三四十年代活动于沾化、滨县、利津一带的土匪头目，原籍利津县苟王庄，1911年迁居马镇广村。他兄弟五人横行乡里，欺压百姓，人们对其恨之入骨。后来，在当地碰了几次钉子待不下去了，便举家去了天津。苟云成在天津与当地土匪狼狈为奸、沆瀣一气，绑票、抢劫、拐骗无恶不作。几年后暴富，添置枪支，靠上了当时国民政府的水上六团，苟云成自称连长，在天津东南部胡作非为，恣意妄行。

1931年，苟匪迁回马镇广，在沾化、利津、阳信、无棣、滨县和惠民等地拦路抢劫、奸污妇女、草菅人命，罪恶累累。

1939年秋后的一天，沾化县一个20岁左右的年轻人去马镇广三村马某家要账，马因无钱还账就去祈求苟云成，要他帮助解决此事。苟当场说："不要紧，让他人死账清吧！"之后苟匪到该村找到那个要账人，二话没说，拖到村西头将其活活打死。1940年冬的一天，苟匪在滨县二十里堡村一农户霸占良家妇女，并强行逼迫这名妇人的丈夫给他打酒买烟。喝酒间，一句话惹了他，苟匪当即把脸一沉，奸笑了两声，抽枪连毙六口人。出门时正碰上孩子买烟回来，苟匪又是一笑，说："让你一同上西天吧！"一枪把他打死，其手段无比残忍恶毒。这样，一家七口人无一生还。1943年，苟云成在无棣县城东的一个村庄，领着一群土匪活埋八路军和干部群众32人，制造了一起罕见的惨案。

1949年，随着剿匪反特斗争的深入，苟匪在外混不下去了，又潜回马镇广村躲藏起来。1950年春节，他提起枪要去给时任村党支部书记的张玉亭"拜年"，其母吓得声泪俱下，跪地祈求："你要是杀了书记张玉亭，我也不活了！"苟这才没有下手。

1951年农历腊月二十二，东堤区委接到马镇广二村党支部的报信，得知苟匪躲在家中。时任区委书记孙守增紧急召开区委会议，研究决定逮捕苟匪为民除害。与会人员中除孙守增在部队打过几年仗外，余者皆未用过枪。孙守增便勇挑重担，决定亲自出马，完成这次艰巨的任务。傍晚，他带领通讯员小刘来到马王乡政府，向乡支部书记高法说明来意，后又到马镇广二村党支部书记张玉亭家讲明任务和组织纪律，做了周密部署。由区乡村干部带队，组织32名青年骨干组成三个民兵基干班，第一班是包围组，任务是包围院子，堵道口，以防苟匪逃跑；第二班是预备组，进院协助第三班逮捕苟匪；第三班为攻坚组，由孙守增亲自带领，直接进屋以迅雷不及掩耳战术捕获苟匪。全体人员佩戴白布袖标，以利辨认。

苟匪住院系篱笆院墙、木栅栏大门，二间小北屋，炕在东间，苟匪夜间头朝门，持枪卧睡。深夜11点钟把苟匪住院围了个水泄不通。区委书记孙守增事先对参加人员进行了思想教育和枪支弹药的检查，讲明这次行动既要小心谨慎，又要大胆迅速，不能蛮干。还嘱托通讯员："我若牺牲，立即报告区委，抓紧把苟匪除掉。否则，苟匪还会给同志们带来更大的威胁。"是夜，参加特别行动的人员个个精神百倍，摩拳擦掌，严阵以待。下半夜四点钟攻坚组、预备组进院。孙守增一脚将门踹开，破门而进，侧身持枪在门口橱子旁站定。乡党支部书记高法带领民兵小李迅速进屋，伏卧于锅灶口下，将手灯一亮，苟匪惊起连发三枪。枪声停后，手灯又亮。这时苟匪正在装子弹，在这千钧一发之际，孙守增抓住时机瞄准苟匪前胸就是一枪，苟匪当场毙命。

战斗结束了，缴获三八匣子枪一把、子弹40发。天亮后，人们奔走相告："罪大恶极的土匪苟云成被共产党除掉了，咱们可以安居乐业了。"噼噼啪啪的鞭炮声在村里此起彼伏。

在互助组合作社爱国增产运动中，孙守增带领东堤区实施查田定产，改革农业税制。合作化运动中，孙守增冲破种种阻力，组织农民创办初级农业生产合作社，率先建立了全县第一个由23户农民组成的初级农业生产合作社，走在全县农业合作社工作的前列。全区率先使用化学肥料（硝酸铵），引进新式步犁，推广喷雾器，推广195小麦良种、斯字棉二比良种、胜利百号地瓜良种。改变了农业生产条件落后、农作物种植单一，影响着农业发展的被动局面，五区农业取得了丰产效果。

孙守增后任县农林局、水利局、农机局局长，离休后享受正县级待遇。

1998年9月，病逝，终年76岁。

李岫文

李岫文

李岫文（1910—1990），女，利津县利津街道大北街人。重庆第三十七中学校长，教育界知名人士。

李岫文出身于一个农民家庭，1927年在利津县立女子小学毕业后，留校任教两年。其间，她参加学校的妇女促进委员会，利用课余时间，走上街头，深入家庭，宣传破除迷信，提倡妇女放足、上学识字。从1929年起，先后在北平大学附属高中部、北平师范大学就读。

李岫文在北师大读书期间，由于经常接触进步师生，阅读革命书刊，受到革命思想的熏陶，爱国主义觉悟大为提高。1935年，她参加了北平"一二·九"学生爱国运动。1936年，参加了共产党的外围组织"中华民族解放先锋队"。1937年3月，加入中国共产党。其间，她团结进步同学，宣传抗日救国，反对国民党"攘外必先安内"的反动政策和独裁专制，倡导民主自由，为党组织做了许多有益的工作。

1937年夏，李岫文在北师大毕业后，到山东滋阳教书。因抗战南下与党组织失去联系。此后，她辗转去了重庆，先后在重庆牛角坨戏剧学校、南溪第二社会教育团、巴县、江津等地从事抗日救亡工作。其间，李岫文曾一度恢复过党的组织关系，但因频繁变动，复又失去了与党组织的联系。1946年到1951年，李岫文任重庆沙坪坝儒英小学副校长。

1951年起，先后任重庆市教育工会副主席、重庆市第20中学校长、37中学校长等职。李岫文一生从事教育工作，忠诚于党的教育事业。她有较高的学识和较丰富的教学经验，勤恳敬业，奋力进取，为党的教育事业倾注了毕生精力和心血，作出了一定的贡献。1956年12月，李岫文重新加入中国共产党。是年被评为重庆市优秀校长。1957年，在中国教育工会第二次全国代表大会上当选为教育工会全委会委员，并先后被选为重庆市一至六届人民代表大会代表。"文化大革命"中，李岫文受到不公正对待。

1978年，党组织为她恢复名誉，同年5月离休。1990年8月10日，病逝于重庆，终年80岁。

李宗纲

李宗纲（1885—1963），字叶三，利津县陈庄镇韩中村人。为利津县新中国成立初期四大名中医之一。李宗纲少年时家境贫寒，迫于生计，到河东三佛店（现属垦利区）开染房谋生。19岁那年，其母染病，延请一位郎中诊治，孰料服药仅一剂，母亲竟撒手人寰。李宗纲深受庸医杀人、祸不旋踵的沉痛刺激，立志学医救民。

母亲去世后的10年间，他边染布谋生，边苦读医书，遇有医生为他人把脉诊病，他在一旁眼观耳记，悉心领会。医学经典如《医宗金鉴》《伤寒杂病论》《本草纲目》《竹林女科》等书更是烂熟于心。从30岁开始，义医于世，诊病从不受谢，成为当地有名的"赶先生"，深受群众拥戴。有一年，黄河河务局丁保祯之母患病，多方延医无效，后经李宗纲治疗很快痊愈。丁保祯大喜，便倡导20多个村赶制匾额一块，上书"妙手回春"四个大字，各村40余名代表署名，抬着匾额，一路鸣炮奏乐，由三佛店送到陈庄镇韩中村。

1932年夏，利津霍乱流行，李宗纲身挎药匣走遍村村户户，不顾饥饿劳累，昼夜诊治，救活了好多人。1943年，他由三佛店搬到利津城，开始边开染房边行医。后在利津城前北街开设中药店"仁和堂"。1950年，被选为利津县第二届各界人民代表大会医界代表、第三届各界人民代表大会特邀代表。1952年，为利津县人民代表大会代表。1957年，响应党的号召，带股参加联合诊所。同时兼任利津县一区医学会主任。

李宗纲一生共带徒弟3人，俱已业医。他在50年的医疗生涯中，不衔虚名，不计其功，不谋其利，不论贫富，一律施治。对病人医治细心，和蔼相待，有求必应，从不受谢于人，具有高尚的医德。他医术精湛，擅长内科，凡经诊治者，多取良效。

李焕昌

李焕昌

李焕昌（1926—2003），利津县北宋镇碾李村人。1945年加入中国共产党，1946年参军，1950年考入中国人民大学，毕业后留校工作，历任校团委组织部长、系党总支书记、校党委委员，校党委副书记、纪委书记、党委代理书记等职。

从青救会员到革命战士

1944年6月，李焕昌到渤海区抗日根据地参加了庆祝中国共产党建党二十三周年和七七事变七周年纪念大会。同年8月，他和部分县区抗日工作干部一起参加了渤海区各界抗日救国会训练班，结业后被分配到利津县大盖区任青救会主任、各救会副主任，县青救会委员。参加了"双减"增资、反奸锄霸和大参军运动。

1946年末，李焕昌调入部队工作，历任县大队四连指导员、渤海军区七师三团三营连副指导员、第三野战军二九零团连指导员等职。先后参加了周（村）张（店）战役、昌潍战役、济南战役及淮海、渡江、淞沪等战役，经历战斗百余次。

大学中脱颖而出

1950年经上海警备区推荐，李焕昌考入中国人民大学，拿枪的手开始握起了笔，人生掀开了崭新的一页。初到大学，他以一股在战场上不服输的精神，克服了文化基础差这一不足，争分夺秒刻苦自学，寒暑假进行文化科学知识补习，在身兼系党总支委员、团总支书记、班长等几项职务的情况下，每学期的学业考试均取得了优异成绩，教师、学生都对这个"土包子"出身的学生开始刮目相看。由于表现突出，1952年9月，李焕昌调到校团委工作，先后担任校团委组织部长、团委副书记、中国人民大学党委委员等职。

1955年，毕业留校后的李焕昌调任马列主义研究班党总支书记。任职期间，他的经常性工作是抓研究班学生的专业思想教育。他根据该班的性质和任务，教育学生要相信马列主义是科学、是真理，学习马列主义必须刻苦钻研，掌握精神实质，坚持理论联系实际，用马列主义的立场、观点、方法改造自己的思想和世界观。观察和分析实际问题，立志做一个光荣的马列主义宣传员、合格的人类灵魂工程师。这个班的毕业生，很快成为各高等院校政治理论科的教学骨干。

运动中实事求是不跟风

1958年8月，李焕昌调任马列主义基础系主任、党总支副书记。在这一期间，他参加领导了该系的"反右倾"和"反修"教学检查运动。在这两次运动中，面对大量揭发材料，他顶住各方面的压力，坚持实事求是的原则，主张必须核实情况，搞清事情发生的原委，通过细致的工作，发现有些人讲话事出有因，并不是出于对社会主义的攻击；有的事情是上面交办的，有的属于学术问题。就这样，在马列主义基础系，未定一个右倾机会主义分子。

1963年到1966年6月，李焕昌任历史系副主任、党总支书记，协助何干之抓系的全面工作。他按照校党委的统一部署，切实贯彻高教六十条，全面恢复教学秩序，保证教师备课和科研时间，号召教师走上教学第一线，既教书又育人。强化了辅导员制度，组织全系学生学习《毛泽东选集》，开展了学习雷锋活动。

工作中，他身体力行，以身作则，成为全系师生的表率。

1966年"文革"开始后，李焕昌被错误批斗，隔离审查并下放到江西省余江县中国人民大学"五七"干校劳动。

"三无"信念贯始终

1978年4月中国人民大学复校后，李焕昌于同年6月回到中国人民大学任法律系主任、系党总支书记。复校之初的法律系百废待兴，李焕昌首先抓了教师队伍的建设，先是到教师家里走访，动员分散在各校各单位的教师回校任教，并注意从外单位调进从事法学业务的人员。对在运动中受到错误对待的甄别平反、恢复名誉，在政治上工作上给予信任，在老教师中发展党员和评定职称，团结了教师干部，调动了大家的积极性。与此同时，发动全体教师和教辅人员，用两三年的时间，集中力量编写、出版了各门课程的教材和教学参考资料，满足了教学需要。在主持法律系的五年中，人大法律系招收了五届本科生，设立了硕士点和博士点。他对法律系的恢复、巩固、提高作出了积极贡献，并为法律系的进一步发展打下了良好的基础。

从1983年6月起，李焕昌调到校部工作，历任党委副书记、纪委书记、代理书记等，在加强党的建设和思想工作方面做了大量工作。其间，李焕昌抓了党委班子建设，凡学校大事都要经过党委会集体讨论，坚持实行民主集中制，少数服从多数，决定的事情分工去做，执行情况要向党委会做出汇报。对中层干部实现了革命化、年轻化、知识化和专业化。建立了党委各部门联席会议制度，沟通了各部门工作，做到了互相通气，互相配合，提高了工作质量，节约了时间，减少了矛盾。加强了党的组织发展工作，严肃了党的纪律，维护了党和学校纪律的严肃性，维护了干部在群众中的威信。加强了对整党工作的领导，提高了党员及党员干部的思想认识水平。在李焕昌的组织领导下，人大在加强民主管理、民主办学方面，开展了许多卓有成效的工作。

在40多年的工作和政治生涯中，李焕昌党性很强，刚直不阿，对错误敢于斗争，善于斗争，但不搞无原则的斗争；珍视团结，努力搞好团结，但不搞无原则的团结。他工作积极负责，兢兢业业，工作计划性强，在抓好中心工作的前提下做好一般工作。他处世为人的原则是无所保（保自己），无所求（追求个人利益），无所惧。

老骥伏枥献余热

离休以后，李焕昌继续关心人大的发展和各项工作，1991年5月，由他任主任的中国人民大学关心下一代工作委员会成立。关工委和教务处一起聘请了一批老教授、著名学者担任学校大学生修养课顾问和授课教师。在日常工作中，注意围绕社会热点和青年学生关注的焦点问题，开展爱国主义教育，激发他们的民族自豪感，引导青年学生树立正确的世界观、人生观和价值观，紧扣时代主题，使人大学子时刻关注社会，始终走在时代最前列。充分发挥老教授的传帮带作用，由这些资深教授为本科生授课。在法学院、档案学院等单位，至少一个本科生班由一位名师担任青年导师，这些老教授都是在其学科领域名声显赫的老专家，他们和大学生的交流加深了学生对学科的感情，培养了大学生的理性思维，对当代大学生树立奋发成才、报效祖国人民的远大理想起到了非常重要的作用。

在40多年的工作和政治生活中，李焕昌党性坚强，团结同志，相信群众，依靠群众，努力发挥群众的积极性，他在工作面前从不考虑个人得失。用自己的实际行动实现了他"无所保、无所求、无所惧"的人生信条。

李维民

李维民（1933—2015），曾用名李季，利津县利津街道庄科村人，是山东省杰出革命宣传家，著名烈士李竹如的长子。1945年抗战胜利后，李维民随母亲季华到了当时山东渤海区革命根据地党政领导机关所在地惠民县。他先在渤海公学烈士子弟班学习，1946年2月参加革命，1947年参加中国人民解放军，1950年2月加入中国共产党。历任渤海

李维民

军区政治部《前锋》报社新闻报道员，第三野战军三十三军政治部《进军报》社、警备区政治部《警卫报》社、华东军区防空政治部《华东防空》报社编辑、记者、编辑组长，《人民前线》报社记者、编辑，《解放军报》社记者，《基建工程兵》报社副总编辑、编辑科长，解放军总政治部百科编研室、干部编研室副主任、主任，军事科学院军史部副部长、部党委副书记。1990年，被授予少将军衔。曾任中国年鉴研究会副会长、北京志鉴书刊研究院院长，《中国人物年鉴》主编。

在新闻战线勤奋耕耘

1947年7月，在烽火连天的解放战争中，李维民参加了中国人民解放军。入伍后，先在渤海军区政治部新闻学校学习数月，后被分配到渤海军区《前锋报》社工作。在战火弥漫的硝烟中，他真切感受到了战争的残酷和胜利的喜悦。淮海战役结束后，李维民随第三野战军三十三军南下，参加渡江战役的新闻报道工作，他采写的有关三十三军已做好渡江后勤保障的报道，刊登在前线出版的《进军报》上。1949年5月上海解放后，《进军报》改为上海警备区《警卫报》，李维民任报社记者、编辑。其间，李维民在《警卫报》《解放日报》《文汇报》《大公报》《新闻日报》等多家报纸发表了大量通讯等新闻稿件。

1951年，李维民任华东军区防空军《华东防空》报社编辑组长。当时，他还不满18岁。在没有总编辑的情况下，由他主持报社的业务工作。为办好《华东防空》报创刊号，他请当时的上海市市长陈毅题写了报头和"把上海的天空保护起来"的题词。这一年，他写了数万字的社论、评论和通讯。因工作突出，荣立二等功，并出席了华东军区防空军第一届英模代表大会。第二年春天，李维民在整理行装准备随防空军某部去抗美援朝时，上级来了调令，调他去华东军区《人民前线》报社工作。为了办好《人民前线》报，报社从各军的报社中抽调了一批骨干，李维民又以饱满的热情投入新的工作中。李维民不光热爱新闻事业，还具有新闻工作者独有的敏锐思维。1953年，国民党窜犯福建东山岛，李维民赶赴前线采访，很快写出了东山岛战斗通讯，在《人民日报》发表。1952年至

1955年，李维民在《人民日报》《光明日报》《工人日报》《解放日报》《大公报》《文汇报》等十几家报刊发表新闻、评论、散文100多篇。他撰写的《上海天空的保卫者》向全国播发后，受到了新华通讯总社的表扬。与人合著的《带伤的人》，1955年获南京军区首届文艺作品二等奖。部分作品收入中国青年出版社、三联书店、人民出版社出版的文集中。

1955年4月，李维民调到解放军政治部，参与筹办《解放军报》，他是彭德怀元帅任命的《解放军报》首批记者之一，先后任首都记者和驻济南军区记者组负责人。这一年，他采写的稿件数量大、质量高，年终评比时在全社记者中名列前两名，受到通令嘉奖。除了新闻写作外，他还在《解放军文艺》《新观察》上发表过《1956年春延安巡礼》《大渡河英雄话今昔》等报告文学。还在苏联《海军报》《俄文友好报》上发表过文章。

天有不测风云。正当李维民在新闻事业上大展宏图的时候，"文化大革命"中他受到不公正的批斗。才华出众、年轻有为的他，从1958年至1978年，从25岁到45岁，耽搁了人生最美好的时光，为了追回失去的岁月，李维民在1978年平反复职后，以满腔的革命热情，夜以继日、废寝忘食，急起直追，奋笔编著。

成为党史军史研究专家

改革开放以后，李维民以满腔的革命热情，废寝忘食地工作。1979年，人民解放军创办《基建工程兵报》，李维民被调去任副总编辑、编辑科长。1980年，他参加了解放军总政治部罗荣桓元帅传记写作组，参与编写《罗荣桓传》，并与人合著了《罗荣桓在山东》一书。1982年，李维民调到解放军总政治部，先后任编研室副主任、主任，《中国大百科书·军事》副主编，主持编写了199位军事家和高级将领的小传。同时担任《中国共产党历史大辞典》编委，《军事大辞典》编委，还组织编写了《解放战争纪事》，获解放军出版社建社四十周年图书奖。1988年10月，李维民调任解放军军事科学院军事历史研究部副部长、党委副书记。1990年被授予少将军衔。这期间，他还担任了《军事历史》杂志编委会副主任、《中国军事史略》副主编、军事科学院第一届学位委员会委员等职。参与了《刘伯承传》《彭德怀传》《贺龙传》等元帅传记的审定工作，主编了《元帅珍闻实录》等。

1988年，李维民发起创办了《中国人物年鉴》。1989年开始每年一卷，每卷100万字，把每年涌现出的我国各界先进人物和知名人士的活动、事迹、贡献及生平汇编成书。这样做，既有现实的教育意义，又有保存史料的价值。《中国人物年鉴》出版后，受到读者的热烈欢迎和专家的肯定。至今，已出版18卷，1800多万字，介绍我国先进人物和知名人士2万余人，刊载先进人物名录近8万人。

1988年至1993年，李维民兼任《中国人物年鉴》的主编。他白天从事历史研究部的工作，晚上、星期天和节假日做年鉴的编辑工作。1994年离休后，把主要精力放在了年鉴的编辑上。经过努力，使《中国人物年鉴》成为新闻出版总署正式批准出版的大型年刊。1992年至2001年，李维民参加了中国年鉴研究会，先后担任了顾问、学术委员会主任、副会长，其中有6年还担任了我国年鉴界唯一的学术刊物《年鉴信息与研究》杂志的主编。此外，他还主编了《中国年鉴研究丛书》，在深入的研究中，发现了我国年鉴事业的创始人卢靖，中国新闻出版报报道了这一研究成果。李维民还把近百年我国出版的2280种年鉴的介绍汇编成《中国年鉴概览》《中国年鉴史料》等书。

李维民的主要研究领域一直在中国现代史，特别是在党史、军史方面。早在20世纪50年代，他当《解放军报》记者时，就发表过关于南昌起义和大渡河英雄的访问记。从20世纪80年代开始，他对现代史及其人物的研究一直没有中断。离休后，他主编了介绍我国现代史著名人物的《中华名人丛书》20卷。主编了《少年军事百科全书》12卷、《齐鲁风火》5期。他还先后发表了有关现代史的研究论文数十篇，用新的视角提出了新的论点，得到了读者的认可。

李维民始终保持着自强不息、锲而不舍的精神。60多年来，无论是普通的战士，还是成为将军，无论是年富力强的中青年时期，还是年逾古稀的暮年，他潜心钻研，勤奋耕耘，取得了丰硕的成果。

李毓田

李毓田（1925—1987），利津县盐窝镇十六户
南村人。幼年失学务农，以租种土地为生。1943年
参加八路军，1945年加入中国共产党。先后任通讯
员、班长、排长、连长、营长、团长、师长、副军
长等职。曾荣获华东二级、三级人民英雄称号，并
两次荣立一等功，两次荣获战斗模范称号。

李毓田

1937年7月卢沟桥事变爆发，时局混乱，百姓
朝不保夕，无法生活。为寻求生计，李毓田全家于
1942年迁居黄河南岸利津二区章丘屋子（今属垦利
区），当时章丘屋子一带地区属垦区抗日根据地，
人民生活安宁。1942年至1943年，八路军地方抗日武装垦区大队的一个连队经
常活动在这一带农村。李毓田与部队的一些干部战士多有接触，不断受到抗日救
国教育，对共产党八路军逐渐有了认识。1943年10月，李毓田参加了区中队，
翌年初加入垦利县独立营。

1943年冬，日寇纠集2.6万余名日伪军对清河区抗日军民进行了为时21天
的"大扫荡"。在这次"大扫荡"中，李毓田的父亲被日寇烧死，李毓田化悲痛
为力量，以更加坚强的革命斗志和战斗精神，投身到抗日斗争中。

在抗日斗争的艰苦年代，李毓田经常活动在利津三区敌占区（今盐窝镇和王
庄等乡）。他们连队白天拉到抗日根据地休整，夜晚出击，深入敌占区和盐窝据
点附近，割电线、埋地雷、平毁敌人的封锁沟，张贴散发抗日传单，打击日伪，
惩罚汉奸恶霸。每日行军七八十里，有时工作任务紧张的时候，一天只吃一顿饭。
当时年仅十七八岁的李毓田，经受了革命斗争的锻炼和艰苦环境的考验。在抗日
斗争中，他不怕吃苦，不怕牺牲，机智勇敢，无所畏惧，多次受到部队领导的表
扬。1945年12月，李毓田加入了中国共产党。

1946年夏，德州战役打响，李毓田所在班担任扫清外围和攻击任务。他在

战斗中机智勇敢，一人歼敌1个班，缴获轻机枪1挺，战后被评为战斗模范。

1947年4月，泰安战役开始。李毓田所在的八十五团一营二连一班，奉命执行攻坚任务。战斗打响后，班长负伤，由他代理班长。李毓田带领全班战士浴血奋战，顽强冲杀，保证了后续部队的顺利推进。激战中，他腿部负伤，血流不止。但他坚持不下火线，直至胜利完成战斗任务。战后李毓田住进鲁中医院，但他身在医院，心在连队，心在战场，住了不几日，伤口尚未完全愈合，他就向部队首长恳求坚持出院，参加战斗。经批准出院后，李毓田返回部队，在十纵二十九师八十五团一营二连任班长。当时正值国民党新五军进攻山东，李毓田所在的连队担负打阻击战。在汶上、梁山一带数次阻击战中，李毓田带领全班战士以少胜多，打退敌人的多次反扑，出色地完成了阻击任务。在一次夜战中，李毓田带领的一个班被敌包围，他带领战士们反复冲杀，奇迹般地突围脱险，回到部队。

1948年6月，李毓田升任华野十纵二十九师八十五团一营二连排长。时开封战役打响，为保障战役顺利进行，李毓田所在八十五团奉命急赴上蔡阻击敌人。在不到20个小时的时间里，冒着炎炎烈日，乘着茫茫的夜色，昼夜兼程，快速疾进。时已初夏，部队还穿着棉衣（外线出击时，长时间连续作战，物资供应不上），他们急行军180多华里，个个挥汗如雨。行至午夜后，部队侦察得知，敌胡琏兵团的指挥机关已占领上蔡县城，其主力一部北渡洪河，军情万分紧急。李毓田同全团战士一样，忘记了疲劳，忘记了饥饿，同敌人抢时间，争速度，于17日早7时许像神兵天降般地突然出现在上蔡城北。稍做战斗准备，随即向上蔡城郊的敌人发起进攻，迅速攻占了上蔡县城以北的李庄、刘园、张庄等村，对上蔡形成了兵临城下之势。敌人在遭到突然袭击后，胡琏唯恐我军断其后路，捣其巢穴，急令其驰援开封的先头部队迅速反渡洪河，回师救援。这样，敌人硬是被我军拖了回来。

阻击战斗很快打到白热化的程度。在残酷的激战中，李毓田带领一个排阻击敌军一个营的兵力，而且敌人全部是美式装备。面对强敌，李毓田身先士卒，率领战士用轻重机枪、步枪和手榴弹，连续打退敌人10余次进攻，歼敌数十名，阵地寸土未失，胜利完成阻击任务。战斗中李毓田左臂负伤，全排有半数战士壮烈牺牲。战后，李毓田荣获华东三级人民英雄称号。

1949年1月，淮海战役第三阶段，时任副连长的李毓田接受了攻占金寺庙的任务。战斗打响后，连指导员身负重伤，副指导员英勇牺牲，连长负伤住院尚未归队，他自己挑起了组织指挥全连战斗的重担。在李毓田的率领和指挥下，全连战士经过反复冲杀，白刃肉搏，激战半日，全歼金寺庙守敌500余人，完成了攻占和守卫金寺庙的任务，李毓田荣立一等功。4月，我军开始了渡江战役，当时李毓田在二十八军八十三师二四七团一营二连任连长，他们连被确定为全团渡江第一突击队。李毓田率队渡江登陆后，突破敌人的一道道防线，打退敌人的一次次反扑，一直打到顺荣山附近的北部村庄，这时敌人的一个加强营600余人，凭借有利的防御工事，负隅顽抗，妄图阻止我军前进。李毓田率领这个英雄的连队，猛打猛冲，无坚不摧，炸毁敌防御工事，歼敌一部，突破敌人防线。6月，李毓田率部参加了平潭战斗，胜利完成了解放平潭的攻坚任务。

由于李毓田所率连队在数次作战中英勇顽强，战绩辉煌，李毓田荣获华东二级战斗英雄称号。

新中国成立后，李毓田历任中国人民解放军二十八军八十四师二五一团团长、福建省军区独立一师师长、二十八军副军长等职。多年来，他呕心沥血，日夜操劳，不知疲倦地工作，为部队的革命化、现代化、正规化建设作出了应有的贡献。

杨立德

杨立德（1923—1994），著名山东快书杨派创始人。利津县利津街道西南街村人。清朝末年，祖父杨吉业携全家迁至济南谋生。其父杨凤山，叔父杨凤岐，皆为演唱"武老二"之名家，是山东快书创始人傅汉章的第三代传人。尤其杨凤山（1888—1923），系当时"济南书坛苟（春盛）、杨（凤山）、黄（春源）三大将"之一，惜盛年早殁。在其去世三个月后，即1923年8月14日，杨立德出生于济南。

杨立德

坎坷悲苦从艺路

杨立德的从艺道路坎坷不平。出生后不久，生母即带他被人拐跑，后经叔父、婶母打官司交涉，才将他争回杨家。在他四五岁时，叔父杨凤岐就带他上地摊卖艺，学会了相声《训徒》《大上寿》等小段。与此同时，杨凤岐也开始了对他快书艺术的初步培养，教授他《大闹马家店》《石家庄》（即《武松装媳妇》）等中篇唱段和一些小段。叔父对年幼的杨立德要求极为严格，在杨立德晚年撰写的《我和山东快书》一文中回忆道："……那年我才五岁，学不会就被一脚踹老远。年小学活不多，却是实授……"在这种极其艰苦的条件下，杨立德顽强地成长着。

6岁那年，不幸又一次降临，叔父染病身亡。6岁的杨立德过早地挑起了养家糊口的重担。每天早起，去南岗子（济南的杂把地）等处抢早撂地，在别人演出的间隙"抢板凳头"，替人垫场，由婶母帮着敛钱。靠着长辈的人缘，加上自己年幼可爱，虽然表演尚显稚嫩，挣的钱倒尚能糊口。这期间，很多父亲生前的熟人、好友都给予过杨立德不同程度的指点帮助，如当时的名艺人于传宾（绰号"于小辫儿"）、邱永春（绰号"活武松"）等，均传授过他演唱快书的技巧。父亲生前的一位在铁路上工作的张姓徒弟更是对这个小兄弟照顾有加，教给了杨立德《石家庄》《十字坡》的全部唱词。但是，并不是所有的艺人都能提供给他这样的学习机会，"宁给十吊钱，不把艺来传"，在当时的艺人圈如规则一般存在。多数时间里，他只能背地里去听书"偷艺"，尔后自己去揣摩、体味。他说："……生活逼迫我非得认真学艺不可，不然就没有饭吃。所以自小用心，不只是模仿，主要是用脑子。我生性腼腆，干这个本不够材料儿，简直就是逼出来的……"

1935年，快书艺人高福来（绰号"一鞭扫"）来到杨家，说动婶母允许杨立德随自己下乡卖艺。开始时，高对杨还不错，但时间一久，高福来便露出了本来面目。杨立德回忆道："……开始为他当兄弟，后来又说是他徒弟，最后又变成了他的奴隶……"高福来在乡下有个姘头，本人又有抽大烟的恶习，开销极大。为了多挣些钱，高带杨立德走遍了平阴、东阿、高唐、夏津、武城、茌平等地的大小村镇，不论酷暑严冬，赶集赶会为高垫场。杨立德稍有不顺，高张口就骂，举手就打，对杨百般虐待。当地群众实在看不过去，商量要揍高福来，高吓得连夜推车逃走，将杨遗弃。

12岁的杨立德只好独自在乡间流浪，准备挣些路费返回济南。这期间曾跟一个叫辛三和的人学做擦床工，又跟药贩子杨会文卖过眼药，唱快书为杨招揽顾客。哪想挣到钱后，狠心的药贩子居然连杨立德的行李一并拐跑，气得杨立德在曲阜大病一场，幸被房东老妇所救。

病愈后，杨立德辗转泗水、兖州、徐州等地说书卖艺，直到1939年夏方回到济南。这四年时间里，杨立德虽然遭受了不少罪，堪言九死一生，但这正是他结合实践演出、习学艺业的关键年头。在高福来等人的教授指导下，杨立德改唱竹板快书，又学到了部分《武松传》唱段，还有《东岳庙》《闹南监》等。应当说，与高福来长达四年的共同演出对杨艺术上的成长发展之影响是巨大的。但杨立德始终不齿高的为人，不愿过多提及自己在艺术上同高的渊源。也是在这四年里，杨立德与憨厚的农民结下了深厚的情谊，确立了他敬善如亲、疾恶如仇的信念与人格。终其一生，他都是用这种情感来表演山东快书的。

博采众长创"清口"

回到济南后，16岁的杨立德先是与快书艺人吴平江"合穴"演出，后来又独自到西市场、劝业场撂地说书，并得到相声艺人崔金林、吴景春的指点和快书前辈周同宾、傅永昌等人的切磋传授。在乡下流浪卖艺的阶段，为了更好地在赶集时招徕观众，杨立德随高福来学会了用"四页瓦"伴奏演出。回到城市的他，感到竹板打得太响不文明，而且观众经常因竹板声音过大而听不清唱词，妨碍了演出效果。在西市场演出时，杨立德尝试改回鸳鸯板伴奏，将竹板的打法巧妙地化用在鸳鸯板中，并且改变了自"武老二"诞生以来演员"半拉光脊梁"的不雅造型，演出时着大褂或小褂，努力塑造排场、帅气的形象。这期间，他结识了后来成为一代山东快书艺术大家的高元钧，又与傅永昌结为兄弟。与这些同行一起，杨立德开始了对山东快书中"荤口"内容的改革。对于这次改革的"动力"，杨立德本人是这样描述的："……在大城市演出跟在乡下田间地头、集市会场确实不同，观众情况复杂，而且文化层次高得多。有一次，一个老太太指着鼻子说我："小孩儿唱得不孬，就是不说人话。"这对我的刺激太大啦，咱一个大活人怎么不说人话呢？再使"荤口"就觉得不对味儿，矮人一等……"杨立德与高元钧等人一起，试着在表演中剔除粗野、色情部分的唱词，改"荤口"为"清口"演出，这样一来，书场里逐渐增加了女座与"长衫阶层"，观众队伍明显扩大，收入亦有所增加，改革取得了成功。后来他说："咱是说书的，不是玩猴的，不能用低级庸俗的东西去换取廉价的笑声。"这艰难的一步，为后来杨立德艺术的健康发展奠定了重要的基础。也就在那时，杨立德与高元钧结下了深厚的友谊，在当时济南的小报上，就登出过"高大鼻子和杨小麻子合说相声"的消息。在之后的日子里，杨立德一直珍视这份情谊，凡称高元钧都是说"俺哥"，对于门户之见的传言，一概不理或斥为挑拨关系。1993年，高元钧先生与世长辞，时已年迈的杨立德亲去灵堂痛哭哀悼，并写下了《含泪忆元钧》一文，悼念这位同自己肝胆相交半个世纪的兄长。

1943年，20岁的杨立德离开济南，在徐州、开封等地作短暂献艺后，又回到本省德州、聊城等地乡间演唱。1945年，经潍县到达青岛，以后数年一直在青岛西镇、劈柴院、储水山公园等处演出，并先后在两家电台定时演播快书，影响颇大，直至1949年6月参加胶东文协曲艺队。

1952年，杨立德调入山东省歌剧团（省吕剧院前身）工作，饱经苦难的杨立德终于找到了施展才能的机会，以饱满的热情参加了华东文艺界赴朝慰问团。至1953年间，曾两次到朝鲜为志愿军战士演出。1955年2月，他被调往济南市筹建曲艺工作队，翌年，成立济南市曲艺队，杨立德被选为首任队长。作为一队之长和主要演员，杨立德抓创作、抓排练，团结艺人扩大队伍，积极培养曲艺学员，为建立一个与号称"书山曲海"的曲艺大省相适应的综合性演出团体而日夜操劳。1956年，杨立德当选为省先进工作者。这一时期，杨立德试演了由张军整理的传统山东快书《大闹马家店》《李逵夺鱼》，取得了巨大的影响，并在整理改编传统山东快书唱段的同时开始编演新的快书曲目。在新中国成立初期，他就创作了《粪变金》《孔二小姐要嫁妆》等具有浓郁的民间色彩和喜剧风格的反映现实生活的一些作品，是山东快书反映新生活中早期出现的佳作。20世纪

50年代中期创作的《打钟》《调房》等新作也受到观众的赞许。另外，他还将曲艺作家王允平创作的河南坠子《大搬家》移植为快书，与他演唱中火爆俏皮的风格相结合，成为杨立德的保留节目。为了满足业余演唱辅导需要，杨立德与张军合作出版了《如何表演山东快书》一书。1957年6月，山东省举行第一届曲艺会演，杨立德演出了传统书目《闹南监》，并在"争鸣专场"上内部演出《大转房》《秃媳妇》等传统小段，荣获演唱一等奖。会演期间成立了山东省曲艺协会，杨立德当选为副主席。

1958年，心怀坦荡敢于直言的他被错划为"右派"。然而他并未灰心丧气，"摘帽"后不久，他与刘同武、傅永昌等山东快书艺人一起赴北京参加了全国第一届曲艺会演，获得演唱及曲目整理大奖。又为上海唱片社灌制《大闹马家店》《大搬家》《石家庄》等唱片，还同相声演员李忠诚合作发表了革命历史题材的快书作品《取枪记》。"文革"期间，他也没放弃对艺术的追求。为了事业，他冒着危险奔走于知心的老艺人家，去做些曲艺的挽救工作，他收留了朋友、亲戚家的孩子，更多的是那些喜爱山东快书的年轻人，有二三十人之多。在空旷的料场里，杨立德继续着自己视如生命的艺术教学工作。

艺坛杨派赋新声

十一届三中全会以后，杨立德重新焕发了艺术青春。1980年7月，他当选中国曲协山东分会副主席。1981年济南市曲艺团恢复，杨立德出任副团长。其时，年近花甲的他在演出频繁的情况下仍笔耕不辍。1982年12月，他与刘礼合作整理出版了"杨（立德）派"山东快书《武松传》。杨立德虽然受过委屈，经历过不少挫折，但他对党和人民的感情益发深厚，1988年7月，杨立德加入了中国共产党，同年被邀任为中华山东快书研究会名誉会长。1989年5月，中国曲协山东分会、济南市文化局联合举办了"杨立德艺术生活六十周年纪念会"，来自北京及全国各地的有关专家及曲艺演员前来祝贺发来贺电、贺信。加拿大著名汉学家石清照为杨立德题词道："巧俏两得，声情并茂。"中国曲协名誉主席陶钝欣然作诗曰："快书出自我山东，抱打不平颂武松，赶会引人营旧业，赴朝慰问立新功。长篇接说当年事，短段新编亦畅通，不弄丝弦不学戏，这家曲艺最时兴！"而高元钧与杨立德的再次联袂演出，成就了山东快书史上一段佳话。会上，大家认为"杨派"山东快书继承山东民间说书传统，强调以说为主，力求亲切感人；演唱注重板稳口俏，多用俏口、贯口等嘴皮子功夫，"喷口脆、发音准、咬字清、行腔俏"十二字诀，生动地概括了"杨派"的说唱特点；动作强调刚劲洗练，与语言的连贯性保持一致，以求整个演出节奏浑然一体；强调"包袱"的幽默感，少用"炸包袱儿"，尽量保持说书艺术内蕴与情感表达的细腻。

数十年来，杨立德在培养曲艺新人方面也付出了大量心血。不论是组织分配的学员，还是业余爱好者登门求教，无不悉心传授。曾先后在山东师范大学、文化干校、山东戏校曲艺科以及济南、青岛等地的文化馆、文化宫讲课辅导，培养了大批人才。无论在地方还是部队，都有他培养的山东快书专业、业余演员，可称桃李满天下。其中成就较大的有金双成、侯金杰、赵连甲、高绍清、姜晋欣等。虽然大家将他的艺术风格树立为"杨派"，但他心中从未曾有过门户之见，曾多次恳切地谈道："俺跟元钧哥是一派"，高派弟子刘洪滨、李燕平等上门求教，他都是倾囊而赠，毫无保留。他为人和蔼谦逊，对老一代的演员如周同宾、刘同武等人，都是夸赞他们如何的好，至于没有成名，则归咎于时代。

杨立德于1990年离休。晚年的他仍坚持在济南趵突泉公园演出并参加辅导教学活动。不少人高价邀请他"走穴"，都被他拒绝了。他说："我已经干了一辈子了，老了就别变了，把这点心劲儿放到团里吧。"1994年11月8日，杨立德先生病逝于济南，享年71岁。

宋锡斋

宋锡斋（1908—1987），利津县北宋镇单家村人，幼读私塾，头脑灵活，为人豪爽仗义，有绿林好汉之风，人称"单二爷"。抗日战争初期因组织"铁板大刀会"抗匪保家而名播乡里。

抗战初期，蒲、利、滨三边地区社会环境复杂，匪患四起，日伪横行，老百姓处于水深火热之中。许多村庄纷纷组建自卫组织来保护家园，以图生活生产安宁。其中影响力比较大的是以宋锡斋为首的"铁板大刀会"，后简称为"铁板会"。1940年，刚过而立之年的宋锡斋成为利津县一区、滨县二区一带有名的"铁板会"的大师兄。"铁板会"的宗旨是入会会员团结一致，像铁板一块，共同对外，抵御匪患，确保一方平安。但又带有相当浓厚的迷信色彩。宋锡斋自称为"关公附体"，所供奉的神像为汉代关羽，即民间所崇奉的关公。不需要磕头烧香跪拜，就可以代表关公讲话。宋锡斋是一个有领袖欲望，亦有组织才能和鼓动才能的人，能言善辩，思维敏捷。每到各村"巡查"铁板会时，除了从单家带几名会友保镖，自己摆着关公的神态以外，还要借着他扎实的武功给会友们舞一遍大刀看看。他演讲内容主要是阐述他提出的"除恶魔、救黎民"这一口号的含义，表示坚决保护老百姓切身利益。他的演讲确实鼓动性很强，一时间从者甚众。特别是利津县北部、滨州东北部比较大的村庄，派人手持画有虎头的请柬，特邀"单二爷"去他们村演讲，帮助成立本村的"铁板会"。因此，"铁板会"组织在周边地区遍地开花，人员迅速增加，总数逾千人。

宋锡斋为了巩固"铁板会"组织，扩大其影响，除了加强同其他村的师兄弟密切联系，搞相互支持的"统一行动"外，还通过拜"把兄弟"，以形成一个组织核心。单家村的单国栋、鉴马庄的鉴子明、小刘家庄的刘凤楼就是这个核心的成员，后来他们三人都加入共产党，走上了革命道路。以宋锡斋为首的核心成员，经常商讨铁板会的事务，对一些时局问题交换看法。"把兄弟"们一些好的想法和建议，也对宋锡斋产生着影响。

铁板会的迅速发展，引起了日伪政权的注意。他们除大力推行所谓"王道乐土"，建立什么"东亚共荣圈"外，还在其占领区的城乡一连搞了三次"强化治安运动"，当时的伪县政府发布命令：凡有"铁板会"组织的地方，所有的乡长、村长都要分别担任本乡本村"铁板会"的会长，所有"铁板会"的师兄、会友都要听从"会长"的调遣。

命令一发布，"铁板会"的"宗旨"以及他们所奉行的"神权"立即同"会长"尖锐对立起来。日伪人员利用到各村催税催捐等机会，同伪乡长、伪村长相互勾结，对农民进行盘剥。而"铁板会"的会友们则在师兄的率领下进行抵制，以保护农民的利益。当然，"铁板会"个别首领也有被伪乡长、伪村长收买、拉拢，充当其鹰犬的。但以"大师兄"宋锡斋为首的"铁板会"始终不受蛊惑，坚持初衷。

中共清河区党委也注意到了滨、蒲、利、沾一带"铁板会"所产生的影响，认为，就其"铁板会"这一迷信组织来说，不如没有好；既然有了，能够争取、团结、利用，又比与之对立好。为了团结一切抗日力量共同抗战，扩大解放区，缩小敌占区，争取早日打败日本帝国主义，因此，团结"铁板会"的师兄和会友们共同进行抗日救国斗争，使其成为抗日力量，势在必行。

1942年初冬，中共清河区党委派阎川任队长，崔大田任副队长，带领由10名班以上干部组成的武装工作队，深入蒲（台）、利（津）、滨（县）三边敌后地区发动群众，打击敌人，把钢刀插进敌人心脏。同时崔大田还有一项具体工作，就是把活动在三边一带的宋锡斋"铁板会"拉过来，搞好统战。

崔大田去见宋锡斋之前，曾在王雪亭部队当过警卫排长的韩紫升向他介绍了一些宋锡斋的情况。一是宋锡斋对八路军有好感。有一次宋锡斋从青州买了一些香烟回利津卖，当他用小车子推着路过博兴县城附近（敌占区）时，被"清乡"的汉奸队抢去了。八路军博兴县三区区中队发现后，把汉奸队打跑，缴获了被抢去的香烟，并把香烟还给了宋锡斋，护送他离开了敌占区。二是宋锡斋的父亲曾因吃官司在济南坐过监牢，在狱中接触过共产党员，受过同狱中的共产党员的教育，看到过共产党员临上刑场时的英雄气概。他认为共产党员是最好最有骨气的人。这一点，对宋锡斋也有间接的影响。三是他的父亲在1941年、1942年曾到垦利县开荒种过地，对共产党抗日民主政府的土地、税收政策非常拥护，并偷偷地向乡亲们宣传过共产党八路军的好处。四是他本人虽有封建迷信思想，有想当领袖的个人欲望，但不愿当亡国奴，抗日保家乡的爱国主义觉悟还是比较高的。同时他也看到了国民党领导的"游击队""除奸队"不但不抗日，反而欺压老百姓这一事实，所以拒绝了国民党利津县党部书记鞠鹤园多次封官许愿的引诱、拉拢。

1942年11月，崔大田根据了解到的情况和对宋锡斋本人的分析，化名"王学文"，以八路军清河军区杨国夫司令员私人秘书的名义，带着杨国夫、景晓村两位首长给宋锡斋的公函，秘密来到单家村对宋锡斋进行争取工作。

当宋锡斋看了杨司令、景政委给他的信以后，他是既高兴又害怕。高兴的是，共产党八路军那么大的"官长"也看得起他，还邀他跟共产党、八路军一起抗日救国保家乡，这是对他的重视；怕的是跟着共产党走，日本鬼子、汉奸和国民党顽固派会对他和他的全家老小暗下毒手。带着这样的顾虑，他提出只要杨司令派队伍来，他一定带领"铁板会"的会友同共产党、八路军一起抗日救国。宋锡斋当时持这一态度，是对我党和八路军的实力以及胜利前途尚存疑虑。针对他的思想实际，崔大田除了对他本人进行教育，指明前途以外，还对单国栋、鉴子明同志和宋的父亲、母亲等人也做了些工作。当时，单国栋、鉴子明年轻，顾虑少，对我党的抗日救国方针、政策接受得快，政治觉悟提高得快，很快成了崔大田对宋锡斋进行争取工作的助手。

崔大田他们的统战工作取得了显著成效，宋锡斋表示愿意接受共产党的领导，和八路军共同进行抗日救国斗争。其间，他让崔大田留在他的身边，作为同八路军联系的"联络员"。为了保密和崔大田的"安全"，他把他戴的"盔甲"（即一个蓝布包头）、"宝扇"和他用的"单手带"（鬼头刀）送给崔大田，成为去其他村庄开展工作时的化装用品。

宋锡斋虽同我们党和八路军建立了联系，但他的迷信思想和领袖欲望的存在，以及他缺少同敌人进行武装斗争的经验，加之没有听从崔大田他们的极力劝阻，致使他在1942年12月对日寇在滨县二区小马家村安设据点的阻击战中伤亡多人，受到了严重挫折。但这一行动却是对敌人的一次很大打击。

这次事件之后，崔大田与武工队队长阎川帮助宋锡斋处理了善后事宜，出资安抚了死去会员的家属。此后，由"蒲利滨"武工队长阎川陪同宋锡斋等人到了清河区党委驻地，见到了景晓村政委。景政委在与之谈话中肯定了他和他领导"铁板会"的爱国行为。同时，向他指出不要搞迷信活动，要依靠人民群众，同敌人进行各种形式的斗争。并强调：只有接受共产党的领导，才能取得抗日救国斗争的胜利。景政委与他谈话之后，还送给他一支手枪。

在党的政策感召下，宋锡斋等人摒弃了封建迷信思想，主动解散了"铁板会"组织。1943年4月，宋锡斋带领"铁板会"骨干100余人编入"蒲利滨"武工队三中队，正式投入了抗日战争。

新中国成立后，宋锡斋告别硝烟弥漫的战场，回到老家过上了安适的田园生活。他腰板挺直，身体健硕，积极参加集体生产活动，从来不提当年的会道生涯。1982年，已经从领导岗位退下来的崔大田重回他当年战斗过的土地，到单家村见到宋锡斋，他正领着小孙子在街上玩，当问到他的生活情况时，宋锡斋朗声笑道："我生活得很好，不愁吃不愁穿，一个儿子当农民，供我吃粮食；一个儿子当工人，供我花钱，我含饴弄孙，真正地在欢度晚年啊。"

1987年，宋锡斋病故，终年79岁。中共利津县委统战部、县老干部局、北宋乡党委派员参加送别仪式，并献上花圈，对宋锡斋一生给予高度评价。

张兰亭

张兰亭

张兰亭（1925—1967），利津县利津街道东街村人。幼年随母亲靠乞讨度日。9岁到利津河东二区大清户村给地主当了放牛娃。15岁被日军招劳工去吉林省西安县（今辽源地区）一个煤矿做苦力。1945年9月抗战胜利后，参加八路军一一五师部队。1946年1月，加入中国共产党。历任侦察员、侦察班长、排长、连长、副营长、团参谋长等职。1959年，转业地方工作后，任锦州市文化局科长、锦西化工厂人武部部长，保卫科科长等职。

张兰亭多次荣立战功和受到部队嘉奖。1950年10月赴朝作战，在三十八军一一四师先后任侦察排长、连长、队长。在抗美援朝第一、三、四次战役中，他带领侦察人员，经常深入虎穴，侦察敌情，机智勇敢地抓捕"活舌头"，多次取得重要军事情报。1951年1月，张兰亭带领侦察排，以出奇制胜的战术和大无畏精神，捣毁美军第十九联队的大队指挥机关，歼敌一个营，保证后续部队顺利前进，取得了战役的胜利。多次并出色地完成侦察任务，1952年11月被记特等功，同时援予"二级英雄"称号。朝鲜民主主义人民共和国最高人民会议常任委员会先后授予他一级战士荣誉勋章和军功章。

有勇更需有智

1945年，日本投降西安县解放。20岁的张兰亭，成为一名八路军。与刚刚进入东北的八路军相比，在东北呆了5年的张兰亭，更加熟悉附近的环境，再加上大胆机敏的个性，让他很快在一群新兵中脱颖而出。

经过短暂的训练，张兰亭就被分到了侦察连，新的环境让张兰亭眼界大开。这里的老兵人人都有绝活，有人枪法奇准，长枪短枪都玩得精熟；有人拳脚过硬，空手对付三五个人不在话下。身处在这样的团队里，争强好胜的张兰亭自然不肯落后。只要没有战斗任务，他总是缠着这些老兵，向他们学习各种各样的技能，短短几年下来，张兰亭便练出一副好身手。

1950年11月，三十八军一一四师位于大同江北岸、德川一线的几支穿插分队需要紧急插入敌腹地执行任务，但缺乏对当面之敌布署情况的掌握。张兰亭接到命令，必须于当天24时前抵达3公里外的青龙里村捕捉俘虏探听情报。于是，他带领一个班借夜色掩护摸到青龙里村外围，命令支援组在外围掩护，自己率领捕俘组进村。张兰亭等人悄悄摸了几个房间，却发现没人，搜索后终于在村子西南角发现两个敌人正在构筑工事。张兰亭迅速出手，开枪击毙1人，同时一脚踹飞另一名敌人的步枪，并来了个锁喉摔，岂料敌人膀大腰圆竟反手掐住张兰亭的脖子。关键时刻捕俘组其他人赶到，制服俘虏后在支援组掩护下迅速后撤。顺利回到阵地后，大家才发现俘虏是一名美国兵，而青龙里村的美军还不知所以地胡乱开着枪。此时距规定任务完成时限还有近6小时。

张兰亭一出手便抓了个"洋俘虏"的消息，很快在部队里传开了。在之后的几天里，战友们一看到张兰亭，总会佩服地伸出大拇指。面对战友的称赞，张兰亭却高兴不起来。自打回来后，张兰亭一遍遍地回想了当时的情况：如果战友没有及时赶到怎么办？如果敌人敢大胆追击怎么办？如果附近有敌人的大部队怎么办？张兰亭越想越后怕，他深深地感到，作为一个侦察兵，不仅要有胆量和身手，更要有清楚的头脑、正确的判断，唯有如此，才能保证自己和战友的安全，才能更好地完成任务。想通了这一点，张兰亭在之后的战斗中，一改从前猛打硬拼的风格，开始与敌人玩起了"智斗"。

欲擒故纵端敌窝

1951年1月的一天，张兰亭与几名战士一起，来到部队驻地附近的集市，想要打听一下附近敌军的情况。正当他们在集市上转悠时，张兰亭敏锐地发现，不远处有一个挎着菜篮子、村民打扮的年轻人，一见到他们就低下头，远远地避开了。张兰亭不动声色，对身后的战士们打了个手势，几个人分散开去，在集市的角落里，把这个年轻人给堵住。张兰亭让一名会说朝鲜语的战士盘问这个年轻人，可这个年轻人要么支支吾吾、要么装傻充愣，就是不说实话。张兰亭习惯性地歪着头，上下打量了这个年轻人几眼，一挥手："抓了！"战士们一动手，这个年轻人立马叫起屈来，大呼小叫、又蹦又跳，引得旁边的朝鲜老百姓纷纷侧目，搞不清楚发生了什么事。

见周围的百姓们议论纷纷，一名小战士担心地问张兰亭："排长，这么抓人，不合适吧？咱们可别犯纪律！"张兰亭笑了笑，从地上捡起这个年轻人的菜篮子，说道："看看，这是什么？"

小战士翻了翻菜篮子，里面除了一些蔬菜之外，竟然还有几个美国罐头。

看着小战士一脸迷惑不解的表情，张兰亭说道："你看看这集市上，有卖美国罐头的吗？这肯定是他拿出来换东西的，照我看，这附近一定有敌人！"紧接着，他小声嘱咐小战士："回去跟哨兵打个招呼，对这个人晚上看管要松一点。"

不出张兰亭所料——这天晚上，见哨兵看管松懈，这个年轻人果然悄悄逃了出去。只是他没有发现，就在自己离开志愿军驻地的时候，身后多出了十几条黑影。尾随着这个年轻人，张兰亭带着侦察排里的精干战士，一路摸进了几公里之外的一个隐蔽的山谷里。在山谷的空地上，散落着十几顶美军帐篷。

见到这个情况，战士们都激动起来，聚到张兰亭身边，纷纷说道："排长，上吧！""打他们个措手不及！"

战士们虽然激动，张兰亭却异常冷静，他琢磨了一会儿，点了几个战士的名："硬攻不是办法，你们几个回去，弄些手榴弹和炸药包来，能带多少带多少！咱们来放个大炮仗！"

等到这几名战士回来时，已经是后半夜了。张兰亭一边安排战士，将手榴弹

4个一捆地绑好，并将引线拧在一起，接出了长长的拉火绳；一边带着两名战士，摸到帐篷附近，悄无声息地干掉了值班的哨兵。

清理掉哨兵后，张兰亭安排战士，将炸药包和集束手榴弹分别布设在各个帐篷旁边。等到战士们全部撤到远处后，张兰亭发出了命令："拉！"几名战士迅速拽动了火绳，紧接着，就是一连串震耳欲聋的巨响，十几顶美军帐篷，统统飞到了天上。

待到硝烟散去后，张兰亭和战友们迅速展开了搜索，得到的结果让他们喜出望外——除了一名幸存的伤兵外，其余的30余名美军全部报销！

事后经过审讯得知，张兰亭这次端掉的，竟然是美军第十九联队下属的一个大队指挥部。

猛穿插巧迂回，夜袭敌营

1951年2月14日，张兰亭奉命带领侦察班穿插至敌后广州里进行侦察。双方阵地相距不到3千米，但敌人正面防守极其严密，想找一条穿插路线几乎不可能。张兰亭分析后认为，敌人已连续进攻多日，晚上必因疲惫而休息，警戒松懈，且敌拥有制空权和坦克等优势，绝不会想到我侦察分队敢走大路。于是，张兰亭一行人借着月色，光明正大地从汉利公路插到敌后。之后的过程，又一次印证了张兰亭的判断——在公路上，除了几个固定哨卡外，英军没有部署额外的防御措施。张兰亭带着这支小队伍，轻松地绕过了哨卡，顺利抵达了敌军后方的一个村子里。

摸进村子后，张兰亭在一个院子里，发现了十几个挤在一起的朝鲜老百姓。他由此判断，这个村子里肯定有敌人，而且居住相对集中，想要展开偷袭，难度很大。思来想去，张兰亭灵光一闪：按照他之前的观察，英军在受到袭击后，为了确保安全，往往要对附近区域进行搜索，而根据估算，这股英军能派出的搜索人数肯定不会太多。张兰亭琢磨了一会儿，打算利用这一点，给英军"下个套"。张兰亭和战士们耐着性子，等到村子里的灯火都熄灭之后，张兰亭发出了攻击的命令，一时间，村子周围枪声大作，还掺杂着手榴弹的爆炸声，在深夜里，显得声势尤为惊人。枪声惊醒了沉睡中的英军，他们纷纷跑出屋来，拿起武器，开始盲目地射击起来。见到英军出动，张兰亭得意地笑了。他悄悄地带领着战士们，转移到附近的另一面山坡上，布置下了一个小小的伏击战。

第二天一早，被张兰亭搅了好梦的英国人，果然怒气冲冲地派出了几支小队，对村子周围的山包进行地毯式的搜索。冲着张兰亭他们这里来的，是由12名英军组成的小队，其中4人在前为尖兵，其余8人在后方展开搜索。见到这种情况，张兰亭当即对伏击计划进行了调整：他选出了两名枪法最好的战士来对付尖兵，同时带领几名战士做好抓俘虏的准备，而其余的战士则集中火力压制后面的敌人。

等到英军进入伏击圈后，两名神枪手扣动了扳机，走在前方的两名英军一头栽在地上，其余英军吓得连忙卧倒，开始还击。就在剩余的两名英军尖兵进退不得的时候，张兰亭带着战士从侧面猛扑过来，没费多大功夫，这两个人就成了志愿军的俘虏，从这两名俘虏的口中，一一四师得到了重要的情报——在他们后方，美军正在集结大量地面部队，准备对志愿军发动猛烈反扑。这一消息很快被送到了三十八军军部，为志愿军下一阶段作战提供了重要参考。

孤胆英雄出奇谋

1951年夏，张兰亭接到命令，要在半天内捕捉一名俘虏。时间紧、任务重，张兰亭换上南朝鲜军军服，只带一名侦察员便出发了。两人潜伏在道路拐弯处的草丛里等待目标。约1小时后，一个美军车队开了过来。张兰亭迅速撕破衣服，将准备好的猪血洒上去，伪装成伤兵，在另一名侦察员的搀扶下拦住车队最后一辆卡车。车上两名美军见车被拦，便下车试图交流，张兰亭跟着胡乱比画，拒不让路，见前面车队已经走远，突然抽出匕首刺死一名美军，在战友配合下俘虏另一名美军，而车上运载的正是部队急需的弹药。

张兰亭在与敌人斗智斗勇多次完成侦察任务的故事在部队中不胫而走，化装侦察、敌后捕俘、长途穿插……侦察兵的"十八般武艺"让他在军中名声大振。他的事迹，后来被改编成电影《奇袭》，受到了全国观众的喜爱并广为流传。

张兰亭于1959年从部队转业地方工作后，仍保持革命军人的本色，继续发扬艰苦奋斗的光荣传统，努力为党工作。1967年9月去世，时年41岁。

张兆义

张兆义（1905—1960），又名张凤先，利津县明集乡中望参村人。全县农村入党最早的中共党员。出身于农民家庭。8岁入读私塾，一直读完"四书"和《诗经》。闲暇常看中医中药方面的书籍。为谋生计，他下学后先是学做木工，后又与明集村的王子美、王子汉等人合伙开办中药铺。1935年，张兆义抵押了2亩家地做本钱，靠亲朋关系，自己单独到沾化县马营村开起了中药铺，他边行医，边卖药。其间，张兆义热心为病人服务，有请必到，精心诊治，对家庭贫寒的农民免费就医，深受群众欢迎。

张兆义

1936年，张兆义被沾化匪首李树栋抓去折磨数日，后由其父变卖家产将他赎回。1937年，张兆义妻子病故，本就贫困的家境雪上加霜，他携二老三小继续行医卖药，维持全家生计。不久，随着抗战形势的发展，沾化县北部农村开始有了党的地下活动。张兆义在行医中接触了中共地下工作干部，受到教育影响，参加抗日活动，并于1940年在沾化县义和庄一带秘密加入中国共产党。入党后，他以行医作掩护，积极开展抗日宣传和从事地下革命工作。

1942年春，张兆义在马镇广和西望参村秘密发展苟仲甫、马文祥、王兰斋、马廷秀等6人为中共党员，并建立党支部。此后于同年夏秋间，中共清河区党委派出的以李杰为团长的沾利滨工作团进驻利西地区后，经过对这批党员的考察确认，于1942年10月正式建立马镇广党支部，苟仲甫任书记。这是利津西部地区建立最早的农村党支部，也是利津县早期的农村党支部之一。尔后，张兆义又在望参门、北张等村发展党员多人，并担任了中共利西区委组织委员。

在抗日战争的峥嵘岁月里，张兆义积极配合利西区委和中共沾利滨工委的抗日工作干部，开展革命活动。他家开设的中药铺成为党的地下活动联络站，他还冒着生命危险，掩护过利西区委书记崔辉武和于涌泉等抗日工作干部，脱离险境，转危为安。张兆义的女儿张俊卿在他的教育影响下，也努力追求政治进步，积极参加革命活动，在抗战时期加入中国共产党，并担任了村妇救会会长。1944年8月，利津县解放后，张兆义被调到利津县独立营当军医。1946年，因病回家休养。1960年病逝，时年55岁。

张汝淮

张汝淮

张汝淮（1922—2009），山东青州市何官乡李马庄村人。自幼天资聪明，渴望读书，先是在本村读了6年私塾，后来考入益都县立第四小学，成绩名列前茅，深得老师的喜爱。小学毕业后考中学时，被寿光和益都两所县立中学录取。1937年七七事变，日本全面发动侵华战争，正在寿光县城读中学的张汝淮被迫辍学。张汝淮回家后，基于"国家兴亡，匹夫有责"的民族义愤，在本村参加了抗日青年救国会，进行抗日宣传活动。1940年7月的一天，正在开会的青救会成员遭日伪军围捕，张汝淮凭借熟悉地形，甩掉敌人得以脱险。从此离开了家乡，投身抗日救亡运动，并于同年10月加入中国共产党。

千里送公粮

张汝淮参加革命后，曾先后任当时的四边县寿五区财粮会计、寿光县人民政府敌情统计员、清东专员公署统计股长、渤海行政公署工作队组长、垦利县人民政府财粮科副科长。1944年，年仅22岁的张汝淮被任命为利津县第一任财粮科科长兼金库主任。

1947年春，国民党向解放区展开了疯狂的进攻，我中国人民解放军华东野战军被迫于当年5月在山东省蒙阴县东南地区对国民党军发起攻击，孟良崮战役打响。解放区军民为了保卫胜利果实，广泛发动群众，在人力、物力、财力上全力以赴地支援解放战争。利津县成立了支前运粮大队，所属各区均成立了中队。

县委任命张汝淮为支前运粮大队长，率领200多辆运粮马车，满载100多吨公粮，奔赴沂蒙前线。总车队首尾相距10多华里，每五辆车编为一个小组，指定一名组长。为便于管理，张汝淮严格要求各中队、小组的车辆按编好的顺序运行，并及时传递信息，达到首尾相顾、令行禁止。为预防敌人空袭，他令车队夜晚行军，白天隐蔽休息。就这样，辗转千余里，冒着枪林弹雨，克服重重困难，终于将粮食运抵前线。这次支前运粮任务往返十几天，去时如履薄冰，迂回前行；返回时避开敌军封锁，以每晚150华里的速度急行军。回到利津后经检查，全大队的人员、牲畜、车辆均无病、伤、损等情况，受到县委的表扬。

迎战大洪水

1946年，国民党政府不顾解放区人民的死活，堵复黄河花园口口门，强行放黄河水回归故道。由于连年战争的破坏和风雨侵蚀，黄河故道的堤防早已沟壑纵横、残破不堪，为确保解放区人民的生命财产和胜利果实，渤海区首先拉开了人民治黄的序幕。1948年2月，人民治黄正值艰苦卓绝之时，张汝淮奉命到山东黄河驻利津治河办事处任职，这时的办事处主任是由垦利县县长李伯衡兼任，张汝淮任副主任；10月李伯衡调外地工作，张汝淮接任主任。当时的形势是，上有国民党飞机轰炸、下有军警特务的骚扰破坏，张汝淮和他的战友们在党和政府的领导下不畏艰难险阻，"一手拿枪，一手拿锹"与"蒋""黄"展开了殊死搏斗，他们昼夜巡堤查水，抢堵漏洞，处理着各种黄河险情，连续战胜了1948、1949年的大洪水，以庆安澜的伟大胜利迎来了新中国的诞生。自此以后，张汝淮把他的一生毫不保留地献给了伟大的人民治黄事业。

新中国成立初期，张汝淮参与筹建地区级黄河治理机构的工作，随着地区的区划不断变更、调整，他分别在垦利地区、惠垦地区、惠民地区黄河河务部门任副职。1954年2月，水利部部长傅作义亲自签署命令，任命张汝淮为济南黄河修防处主任，1955年10月调任惠民黄河修防处主任。

是非分明不含糊

张汝淮性情豪爽，是一个很讲原则的人，在是非面前毫不含糊，但在政治运动中却受到了不公正对待。1958年"大跃进"运动期间，张汝淮深入基层，接近群众，听到了不少百姓的怨言，看到了许多真实情况，就与同志们交谈并在会上作为农村出现的问题提了出来。1959年在全国开展的"反右倾"运动中，他受到批判，中共惠民地委决定给予他行政撤职和留党察看三年的处分，工资从行政13级降为16级，调到王旺庄黄河水利枢纽工程指挥部担任科级工程处主任。张汝淮对此不议论，毫无消极情绪地投入到新的工作。1962年甄别平反后，张汝淮的老上级、时任水利部党组书记、副部长钱正英找他谈话，想让他改变一下环境到部里去工作，而他却固执地要求"在哪里跌倒，还要在哪里爬起来"。他恢复原职级回到单位后，着力整顿"五风"和三年困难时期所造成的问题，调动干部群众治理黄河的积极性。

前排中为利津抗日民主政府首任县长王雪亭，中排右为张汝淮，时任县财粮科科长兼金库主任

张汝淮多谋善策。黄河上修、防、管重大项目的实施，特别是防汛防凌工作，他都及时地向地委、行署提出实施意见和防守方案，尽早部署。尤其在历年的防洪和抗洪斗争中，亲自掌握洪水情况，了解防守动态，协助书记、专员有力地指挥两岸抗洪斗争，确保了人民群众生命和财产的安全。由于工作出色、业绩卓著，1965年被任命为惠民地区专员公署副专员，仍兼地区黄河河务部门负责人和地区灌溉局局长。

张汝淮做事丁是丁，卯是卯，公私分得清清楚楚。1964

年汛期大水时，原山东省委书记处书记、副省长栗再温由惠民地委书记王成旺等陪同去利津县检查黄河防守工作。正值大雨，防汛队伍因缺雨具巡堤查险比较困难。在研究工作时，栗再温同志提出要每人发一身蓑衣防雨。王成旺书记当即要张汝淮表态。张汝淮诙谐地予以拒绝，说："我倒赞同栗副省长的意见，就是李先念（时任财政部长）的财务开支标准上没有，我开支了要犯错误。"栗再温同志听后说："无标准那就不能开支，还是发动群众自力更生解决吧。"如果说当时正处在计划经济时代，张汝淮的做法是正确的话，那么，张汝淮一辈子没有去过青岛，这对于一个始终在山东工作的"文革"前的厅级干部来说，就很难令人相信了。而张汝淮却有着他的理由："青岛又没有黄河，我去那里干什么！"尽管他的儿子从1974年就已经是青岛的女婿了，青岛的亲家曾数次对他发出过邀请，但是他至终也未能成行。这就是张汝淮，自觉而倔强。

　　"文革"中张汝淮经历了又一次沉浮。张汝淮看不惯形式主义的东西，对于"文革"时期盛行的在文字材料中盲目地、穿靴戴帽式地引用主席语录的做法不以为然，他对负责文秘工作的同志说："主席语录是有权威性，但要有针对性地引用，如果引用不当，就显得庸俗，反而会影响领袖的威信。"然而，在有些文件的草稿中仍会出现不适当的引用段落，张汝淮在审阅时便毫不犹豫地删去。这便成了张汝淮的一大罪状，"造反派"硬要他承认反对毛主席，说他妄想砍掉毛泽东思想伟大红旗，把他打成"死不改悔的走资本主义道路当权派"，多次进行大会批斗，后罢官管制劳动。张汝淮在被"打倒"期间，记不清他反反复复写了多少遍"检查"，但就是通不过，原因就在于：一是他从内心就想不通，为什么抓治黄业务就是走资本主义道路；二是他的良心使他没有按照某些人的意图去诬陷他的老领导、老战友。他恢复工作重新走上领导岗位后，却一反当时的政治风气，坚持对事不对人，使"文革"中的许多问题在宽松的环境中得以改正。"文革"后期，省里任张汝淮为惠民地区革命委员会生产指挥部党的核心组副组长、中共惠民地委委员，要他到地区分管农、林、水工作，不再兼任部门职务，地区并为他准备好了办公室和宿舍；水利部则任命他为山东黄河河务局副局长。最终，浓厚的黄河情结促使他于1973年8月再次到省城赴任。

既能干，又会算

张汝淮求真务实，真抓实干，讲求实效。他从事治黄事业近40年，在黄河系统是出了名的"既能干，又会算"的领导者。尤其在惠民地区黄河河务部门担任领导期间，面对地处黄河最下游、战线长（管辖范围包括现在的淄博、滨州、东营三市）、任务重、条件差、防洪防凌任务艰巨、工程险点多的特点，他倾尽全力工作，对各项工作组织得相当严密，安排得井井有条。他不怕苦、不怕累，黄河上许多重大工程都留有他的汗水，如罗家屋子截流改道工程、河口东大堤工程、南岸展宽工程等都是他亲任指挥、具体组织实施的；黄河上出现的重大险情处置，大都会看到他忙碌的身影。1951年利津王庄凌汛决口、1964年黄河改道从刁口河入海、战胜1973年凌汛、1976年春黄河上第一次人工改道清水沟入海、同年汛期滨县赵寺勿护滩抗洪抢险、1982年8月东平湖分洪等，都是他直接或组织智囊团协助上级领导决策指挥的。

深入一线调查研究是张汝淮的一贯作风。黄河下游两岸险工堤防、护滩涵闸遍布了张汝淮的足迹，第一手资料翔实于胸。张汝淮有很强的记忆力，这在山东黄河系统是出了名的。他讲话、作报告凡涉及所管辖的大堤桩号、险工及护滩长度、坝岸数量、汛屋编号等都能说得毫无差错。1999年4月，已是78岁高龄的张汝淮在去滨州的途中路过兰家黄河险工下车察看时，不假思索地说出这里险工长4600米，坝岸118段，事实正是如此。凡是他经历的工程，多年后他都能说出准确的工程量、规模以及施工中的细节与经验。在工作汇报会上，他时常打断工程技术人员的发言，纠正他们在数字上的差错。同志们都知道张汝淮熟悉业务、了解基层，脑子又好用，所以在他面前丝毫不敢掺水分。

身心常在基层

张汝淮作风朴实，联系群众，一身正气。他始终保持着党的优良传统和作风，有强烈的平民意识，身居领导岗位从不搞特殊。在惠民地区工作时，所住宿舍成了危房，仍坚持修修补补继续居住；下基层坚持与职工一道在食堂排队买饭；出差骑自行车是常用交通工具。有一次他带领工程技术人员进行汛后实地工程勘估，在路过滩区串沟时，他带头扛着自行车蹚水，并帮助体弱的同志扛车涉水。进入济南后，仍保持着老八路的作风，严格执行各项规章制度。他下去检查工作轻车简从，广泛接近群众，尤其是险工控导工程守险房的看守员和水位站的看水员，他们工作条件艰苦，住在极少有人到的荒洼野坡。张汝淮说：越是这样的地方越是需要我们当干部的经常去看一看。他身体力行，坚持只要有工人住的地方，必须亲自去看望。有一年汛期，张汝淮带领有关人员到滨县赵寺勿查看控导工程，结束后，大家都在喝水休息，当准备上路时却找不到张汝淮，原来他在守险房和工人老赵他们正聊得起劲，他幽默的言谈引得大伙捧腹大笑。他很有兴致与基层干部、老工人谈工作、拉家常，基层同志也特别愿意和他聊心里话。他对职工的姓名、年龄、属相等随口即来，准确无误。有的基层老工人说："张局长不仅没有官架子，而且记性好，我和他只见过一次面，就记在心里，几年过去了他还能叫出我的名字。"

张汝淮一般不用秘书写讲稿，习惯于自己动手。1958年战胜黄河大洪水后，他对秘书说："总结由我来写，你只给我统计一下有关数字就行。"然而，万万没有想到，次日早6点多，张汝淮的宿舍兼办公室外屋的两间屋梁断塌，平常他们一家人围坐吃饭的餐桌被砸得稀烂。当时张汝淮到室外活动，爱人和孩子去食堂提水，两个小孩子在里间屋尚未起床，恰在此时屋梁断塌，如早或晚几分钟，其后果将不堪设想。大家都为他们一家的安全捏把汗。可是张汝淮却淡定坦然地说："这是不幸中之大幸，屋塌了可以修，人无恙这不很好吗？"秘书看到这个情况后说："总结的事我就先起个草您再修改吧。""只好如此了"。对此，张汝淮十分内疚。这是张汝淮那次没有亲自写讲稿的原因。

张汝淮生活俭朴。在他受到错误处理降低工资待遇期间，正值三年困难时期，家里的经济状况异常艰难，他与爱人两人的工资除供全家七口人的生活以及孩子们上学外，还要赡养他的父母和供家中小弟上大学等。那时，全家靠胡萝卜缨子、地瓜干、米糠充饥，张汝淮夫妇都患上了水肿病。后来生活好了，他仍然教育下一代一定要勤俭持家。他常说："能吃得不能倒掉，能穿得不能扔掉。"他平时粗茶淡饭，节衣缩食，既不请人吃饭，也不接受宴请。进入晚年后，他不让家人给他添置衣服，硬给他买了也不穿，出出进进就是那几身陈旧的中山装，内衣补了又补。这身体力行的家风，使他的朴素显得自然而真实，毫无作秀之嫌。

清廉风骨留人间

张汝淮对孩子日常生活的关心体贴是细致入微的，常为他们取得的每一点进步而高兴，却从不为他们的工作或升迁打招呼，不希望孩子们依靠他的职权和影响得到任何特殊照顾。这即是他原则性的表现，也寄托着对孩子们自强自立的热切期望。1957年，他将7岁的三子从滨州送到青州老家父母身边，并将其城镇户口也随迁往原籍改为农村户口，就地上学，后来就在当地从事农业生产劳动。20世纪70年代，山东黄河曾有数次面向社会招工的机会，他的三子到黄河单位工作只是张汝淮一句话的事，但他就是不开这个口；四子所在的企业破产后，四处打工，家庭生活拮据，张汝淮也始终没有为他的事找过人。1979年他的女婿大学毕业后返回单位，向时任山东黄河河务局党组副书记、副局长的张汝淮提出希望安排到省河务局机关工作的要求，被一口回绝，他说："你是我的女婿，给你安排了影响不好，只要我在这里负责，你还是不要进机关。"张汝淮的五个孩子相继结婚，他始终没有为孩子们摆过一桌酒席，也未曾收过任何人的礼品礼金。

1981年春，张汝淮夫妇同时患病，省委领导来看望时得知他的四个子女均在外地，便向陪同的有关负责人提出予以适当照顾的建议，张汝淮这才勉强同意将一个孩子由邹城调进济南工作，但坚持把他们安排在最基层。他对孩子们说："黄河单位和你们原来的石油单位大不一样，你们要从零做起，努力学习治黄业务，尊敬领导，团结同志，不要搞特殊……"数年后，孩子们得知，由于张汝淮的"权力干预"，曾经有两次关于孩子提职的请示上报到省局后都被搁浅了。

解放战争时期，张汝淮的两个孩子先后出生在渤海解放区，由于夫妻忙于工作，便把他们分别寄养在利津当地农村两户老乡家中，直到全国解放后才将他们陆续接回城里，随后入托、上学，均是全托和住校，接着就是离家参加工作，偶尔回家，也与忙碌的张汝淮说不上几句话。对张汝淮的做法，难免由不理解而产生埋怨。后来，随着与张汝淮接触的增多，他们才逐渐认识到张汝淮对孩子们的爱是深沉的，他是用自己的言行教他们做人，他的教诲给他们的人生奠定了基础。

2009年，张汝淮逝世于济南。遵照他的遗嘱，骨灰撒向了他为之奋斗了一生的黄河。

坦荡磊落个性强，清廉求实不张扬。

栉风沐雨捐春秋，治黄甘苦几回肠。

这，正是张汝淮一生的写照。

张秀梅

张秀梅（1894—1979），艺名酸石头，利津县盐窝镇南洼村人。15岁开始学艺，初学秧歌腔，17岁跟老艺人王元学河北梆子，20岁拜广饶县著名吕剧艺人郭福田为师，学唱吕剧（化妆扬琴）。张秀梅嗓音很好，身段颇佳，扮相俊秀，主要饰演花旦、青衣，善演丑旦，兼演彩旦。到20世纪二三十年代已有较深造诣。他嗓音委婉细润，扮相俊雅，表演潇洒飘逸，演出的剧目有《刘公案》《井台会》《秦雪梅吊孝》《金镯玉环记》《巧莲珠》《鸿湾喜》现代剧《后娘打孩子》等。1919年后开始组班演出

张秀梅

化妆洋琴（吕剧），主要活动在济南、天津、河北及本地周围县区。后跟班到东北、又到山东胶东一带演出多年。1951年回村后，组织了业余剧团演出吕剧，以演出传统剧目为主，也演出现代内容的新吕剧。主要活动在沾化、滨县、垦利和本县农村。1951年至1957年，曾组织他的弟子和戏剧爱好者成立业余吕剧团，经常活动于沾化、滨县、惠民及天津市，他的弟子遍布山东各地，南洼村弟子有程甚祥、程月明、杨福堂、李卫东、李建章、张居河等。

解放初期，张秀梅回乡后演出现代戏，在《后娘打孩子》中扮演的后娘，凶狠狡诈、形象狰狞可恶，虐待丈夫前妻的孩子，由于演的投入和逼真，曾被观众上台暴打并扔下戏台。

张秀梅弟子程甚祥，1924年出生，艺名"小腊月"，因师徒感情甚好又拜

原惠民地区文化局采访人员与吕剧艺人张秀梅（前中）合影

师为义父。他工于青衣、花旦，表演的剧目有《白蛇传》《观灯》《观花》等很多剧目，唱腔清脆、悦耳，表演如行云流水。往往节目演完，仍有观众不舍得走，看他一眼、再看一眼。有的更为夸张，在往锅里贴饼子时听到小腊月唱戏声，把饼子贴到门框上就往外跑：听见小腊月唱，饼子贴到门框上。程甚祥不但会唱戏，还画得一手好画。村里有结婚的就请他画墙画。他擅长画山水、花鸟，注目一看水好像在墙上流动，花在草中摇，鸟在天上飞。2020年，村里一户危房拆除时，还发现有他的画作在墙上。

张秀梅一生从事吕剧演出，对发展利津吕剧事业有一定贡献。在当地及周围地区颇有名声。"南有鲜樱桃（五音戏著名旦角邓洪山，艺名鲜樱桃），北有酸石头"，即是对他的赞誉。曾被选为利津县人大代表。

1962年5月，惠民地区文化局组织有关人员赴利津南洼村对张秀梅进行采访，挖掘整理吕剧艺人张秀梅的传统剧目和唱腔，时间达一月有余。主要挖掘整理的吕剧剧目及其唱腔有《金玉奴》《秦雪梅吊孝》等。

张 昕

张　昕（1914—1968），原名张云祥，从事党的地下工作时，曾用名张文华、张雨村，利津县城西南街村人。山东平原乡师毕业。1939年3月加入中国共产党，同年6月参加新四军。历任省委组织部秘书、汝南中心区委书记、新蔡县委书记、新四军五师政治部民运科长、西南军区直属政治部副主任、西南军区后勤生产部和财务部副政委、总后武汉后勤学校政治委员、长春兽医大学政治委员等职。

张 昕

张昕自幼聪颖，勤奋好学，虽家境贫寒，父母仍含辛茹苦供他上学。8岁入利津县城书院街小学就读，毕业后考入利津师范讲习所。1934年靠亲朋资助，考入山东平原第五乡村师范学校。在这里，他受在该校任教的中共地下党员李竹如等人的教育影响，开始阅读进步书刊，接触进步思想，并积极参加学校地下党组织领导的读书会和抗日民族先锋队的组织活动，还参加了支援绥远抗战募捐活动及一二·九运动后的学校罢课斗争。通过参加这些活动，张昕的政治思想觉悟得到了迅速提高。张昕在1953年写的《自传》中说："……家境贫寒，幼时又遭黄河水灾，过着流离失所的生活，因此，我是体会了穷人之苦处的。如有一次父亲害伤寒，家中断炊，到街上赊米不给，因此，全家挨饿一天多。又有一次，我穿了一双较好的富人孩子穿过不要了的棉鞋，因而被富人孩子追问，你家哪里来的这样的棉鞋？这件事对我刺激很大，我感到了富人对穷人的歧视和压迫。在师范讲习所时，曾看到了蒋光慈著的《少年漂泊者》《坟》等小说，增加了我对富人的仇恨和社会的不满。听说共产党杀富济贫，就感到共产党好。在学校时，多有国耻教育，激起了对帝国主义的仇恨。在乡村师范时，多亏了李竹如、马霄鹏二同志的教育，经常介绍进步书籍，组织参加读书会，学过《资本论》及救亡七君子的书报，因而思想趋向革命，民族意识提高，所以参加了抗日募捐及学生运动，而后参加了党，参加了革命队伍……"

1937年6月，张昕在山东平原第五乡师毕业。不久受聘于本县三区刘村小学任教。任教期间，他组织了几位爱国青年教师，成立"教育促进会"，以学校为阵地，积极向农村群众进行反帝反封建的宣传教育。同年秋，张昕考入山东济宁乡村建设行政人员训练处。在训练处，他经常与同在训练处学习的中共地下党员李光材等进步青年，学习研究中国共产党提出的"抗日救国十大纲领"，积蓄和扩大力量，准备开展抗日游击战争。

1937年岁末，日军向山东各地侵犯，形势告急，张昕、李光材等人随乡村建设行政人员训练处转移。当转移到河南省南阳后，张昕、李光材等人在训练处军事班里，组建了一个抗日武装小分队，共20余人，张昕被选为队长。当时，张昕等人想把这个武装小分队拉回山东进行抗日游击斗争，不料被人告密。次日武装小分队的枪弹全部被训练处没收。张昕在其《自传》中写道："当时因韩复榘被捕，当局者对我们处理怕引起变动，只得（草草）了事。失败后，我们借故请假到陕北，被阻止。随该处到镇平后，我们即议定分散逃了出来，原想去延安，因路远无路费，我即在方城参加了山东流亡学校，积极参加了救亡运动，并想借此找到党的关系。"1938年初的一天晚上，张昕等离开乡村建设训练处，到方城（河南省）参加了山东流亡学校。1938年6月，到湖北找到第五战区文化工作委员会内的党组织。经组织分配，张昕去湖北均县参加抗日工作。之后，他又随鄂北中共党组织负责人郑楚云去河南确山竹沟镇新四军第五师八团留守处工作。1939年3月，张昕加入了中国共产党。

1939年5月，张昕在河南省竹沟镇参加新四军党校学习。在党校，他学习了党的建设、社会科学和游击战术，听取了刘少奇同志关于形势与任务的报告，受到了深刻教育。经过3个多月的学习，结业后被分配到河南省委组织部任秘书，不久，又相继担任河南省汝南县中心区委书记和新蔡县委书记等职。11月，河南确山县的国民党顽固势力，对驻竹沟镇的新四军留守处进行了突然袭击，制造了"竹沟惨案"。"竹沟惨案"后形势日趋恶化，日伪顽势力十分猖獗，敌人在汝南、新蔡地区大肆破坏党的组织，逮捕和屠杀共产党员与革命者。在这险恶的形势下，身为地下党组织主要领导人的张昕，以家庭教师为掩护，隐蔽和活动在人民群众中，积极组织领导党的基层组织和广大群众，开展对敌斗争，发展党的组织，建立地方武装，开辟抗日根据地。经过一年多的艰苦努力，在汝南县中心区和新蔡县建立了30多个党支部，成立了40余个基层抗日民主政权，组织发展了县区地方抗日武装500多人。

1941年7月，张昕调往豫鄂边区，被分配到新四军五师政治部任动员科长。由于国民党顽固派发动反共高潮和日伪频繁"扫荡"，豫鄂边区形势恶化，根据地缩小，边区机关人员化整为零，分散坚持活动。这期间，张昕带领一支20余人的武装工作队，一边帮助地方抗日民主政府加强动参扩军工作，一边同日伪顽开展艰苦的斗争。白天，他和队员们隐蔽在村内，夜晚，他们深入群众中开展抗日工作。对于那些坚持反共立场顽固不化的恶霸地主、伪乡保长和汉奸特务，坚决予以镇压。

1945年，张昕调任新四军五师十三旅政治部民运科长。他随部队在河南枣阳（今属湖北省）、桐柏一带活动。1946年夏，部队在湖北省的宣化店突遭国民党军队的重兵包围，张昕参加了著名的"中原突围"战。在突围战中，他机智勇敢，带领数十名突击队员，在漆黑的夜晚杀出一条血路，冲破敌人的包围圈。突围胜利后，张昕和队员们徒步跋涉，昼夜兼程，冲破了敌人的沿途追击和堵截，按照预期计划，胜利到达陕南新四军五师十三旅旅部，受到部队党委的表彰。不久，他又奉命同十八团政委陈震率一个营的部队，在鄂豫陕边区的镇安、郧西、旬阳一带创建革命根据地，以镇安、茅坪为重点，组建党的工作委员会和三县办事处，由陈震任书记，张昕任副书记兼三县办事处主任。他们经过几个月的艰苦工作，组建了600多人的地方武装，建立了30多处基层民主政权，壮大了革命力量。

1947年初，张昕调任鄂豫陕边区第一军分区政治部民运科长。不久，国民党派重兵向第一军分区围攻，陕南形势恶化，部队拟撤黄河以北，军分区机关缩小，部队领导决定张昕暂留地方军队谭道鹏部，在陕南敌占区开展对敌斗争。这年春，在一次敌众我寡的激烈战斗中张昕等人与谭道鹏部队失掉了联系，只得在商县（今陕西省）的山沟里帮人做工维持生活，寻找机会北上找部队。后来，他们化装沿途乞讨，辗转回到豫皖苏边区，终于找到了日夜思念的部队和党组织。

1948年，张昕参加中原干部支队，随陈毅司令员到濮阳进行整党，接着又随张际春主任参加了郑州解放后的接管工作。

1949年9月，张昕随第二野战军的前梯队进军西南。重庆解放后，我党组织获悉爱国将领杨虎城及被国民党关押在渣滓洞的中共党员惨遭杀害的消息。为了及时向全国人民和世界人民揭露美帝国主义及国民党反动派的这一滔天罪行，教育和激发民众的爱国主义热情，悼念死难烈士，上级党组织调张昕去筹备"重庆市各界人民悼念杨虎城将军及死难烈士"的追悼大会。张昕接受这一任务后，遵照上级指示，团结、联合工商学等各界人士，夜以继日地把敌人在渣滓洞犯下的滔天罪行汇编成册，筹备了揭露敌人罪行的大型展览，随后又具体组织了全市各界群众的悼念活动。这次活动，经过张昕的精心领导、组织和同志们的努力，搞得有声有色，使新解放区的群众受到了一次极其深刻的教育。

新中国成立后，1950年至1952年，张昕服从组织分配，执行过许多重要的临时性任务：修建成渝铁路；接收、集训新入伍的战士；筹备召开西南军区英模大会；参加川南土地改革等。1952年，张昕调任西南军区后勤军需生产部副政委。为了尽快熟悉军需生产业务，张昕刻苦学习，埋头钻研，立志三年不进城。他患有较重的胃病，但以坚强的毅力坚持工作和学习。几年来，他带病跑遍了设在江津、成都和云南的军需工厂，为做好军队的后勤工作作出了应有的贡献。

他身居要职，工作繁忙，但多年来一直坚持业余自学，坚持写读书心得体会，写日记，从不间断。十几年来，他写了数十万字的读书笔记和日记。

1961年至1966年，张昕先后任中国人民解放军总后勤部武汉后勤学校政治委员、总后勤部军需大学政治委员。长期以来，他刻苦自学马列主义理论和文化专业知识，为做好政治思想工作奠定了基础，为军队培养了大批专业后勤人才。1962年，张昕在解放军总后武汉后勤学校任政委时，认真组织政治教育，亲自任课，并不断总结经验，提高教学质量，他的教学经验曾在全军推广。1962年12月21日的《解放军报》曾作过这样报道："张昕政委在给指挥一队讲'第二次国内革命战争'一课时，先调查学员的认识水平，征求学员的意见，然后召集党史教研组一起进行研究，指导教员备课，还亲自听教员试讲。在张昕政委亲自讲课和组织备课中，贯彻了我党我军艰苦奋斗、全心全意为人民服务的光荣传统，使学员逐步树立了热爱后勤专业的思想，提高了学习专业技术的积极性，从而保证了教学任务的顺利完成"。

在"文化大革命"中，张昕坚持真理，没说一句违心话，表现出了一个共产党员的浩然正气。1968年5月15日，张昕含冤而死，时年54岁。1978年，中国人民解放军总后勤部党委为张昕平反昭雪，并批准他为革命烈士。

张炳炎

张炳炎（1927—2006），利津县凤凰街道柏茂张村人。1944年5月投身革命，小学文化。1947年5月加入中国共产党。抗日战争时期，任渤海军区三边武工队队员，后编入野战部队。解放战争时期，先后任十纵二十九师八十五团二连战士、副班长、班长、副排长、排长；解放战争后，历任二十八军八十三师二四七团排长、副连长、连长、参谋长、营长。1958年转业后历任福建省建瓯市林业局上栏伐木厂厂长等职。1964年4月调回利津，先后任县拖拉机站副站长、县手工业局副局长。

张炳炎

张炳炎自17岁投身革命，在枪林弹雨中度过了14年军旅生涯，先后参加济南、淮海、渡江、上海等多次战役，共参加大小战斗20余次，身体多处负伤。1948年参加济南老河口战斗中，腿部受伤，弹片至终仍留体内。

长期的革命战争锻炼和考验，练就了胆大心细、头脑灵活、身手敏捷的战斗作风。为刺探敌情，经常化装成商贩混入敌人据点内部。1944年6月，他同一武工队员去滨县城与联络员取得联系得到情报返回时，因叛徒出卖，被20名搜城敌人围追堵截，二人随即掏出双枪，左右开弓，前排敌人应声倒地，随之巧妙周旋，甩掉敌人，从丈余城墙上纵身跃下，将情报安然带回。8月，渤海军区为迎接全面反攻，配合正面战场作战，挥师北进，准备解放利津县城。张炳炎受命摸清城内敌人兵力部署及火力情况，一周之内，先后3次化装成卖草、送水、走街串巷小贩潜入城内，侦察敌情。部队首长凭借张炳炎可靠情报，制定攻城计划。

1948年解放济南战役中，他担任攻城爆破队长，为表明视死如归的革命意志和对共产主义事业的赤胆忠心，他在左右手臂分别刺上"张炳炎""革命"五个蓝色大字。战斗中，连续击退敌人装甲车3次进攻，在负伤情况下，带领全班冲过敌人封锁线，占领制高点，缴获敌人重机枪1挺、冲锋枪2支、步枪6

支。为减少我军伤亡，夺取最后战斗胜利扫清了障碍，获得"济南战斗英雄"称号。

1949年上海战役中，时任排长的张炳炎，带领全排冲锋陷阵，冒着生命危险通过250米平原区，突近敌碉堡，致敌措手不及，全歼敌守军。在追击太仓退敌时，其带领全排战士围追堵截，一次歼敌3个班，俘虏敌军20余人，缴获小炮1门、步枪20余支。因其作战机智勇敢，1949年6月获得"华东二级人民英雄"奖章，陈毅司令员兼政委亲自为其颁奖。

1946年5月，在德州战役中荣立二等功；6月，在讨李战役中荣立三等功；8月，在凤庄战役中荣立三等功。1947年3月，在禹城战役中荣立二等功；4月，在泰安战役中荣立一等功；5月，在开封战役中荣立三等功；12月，在邹平战役中荣立一等功。1948年2月，在柳河战役中荣立二等功；5月，在徐东鲁楼战役中荣立二等功；7月，在济南老河口战役中荣立三等功；9月，在济南战役中荣立一等功；12月，在舜果山、长顺战役中荣立一等功。

1947年至1956年，先后获得华东野战军二级人民英雄奖章，华东野战军人民英雄奖章，济南战役英雄奖章，淮海战役纪念章，渡江胜利纪念章，解放华中南纪念章，二十八军第四、五届英雄大会纪念章，全国人民慰问解放军代表团纪念章。1953年，他作为战斗英雄代表参加五一节天安门观礼，并受到毛泽东主席和朱德副主席的亲切接见。1955年，被授予上尉军衔。1956年5月，被国防部授予解放奖章。1959年1月25日，被福建省三明县政府授予社会主义建设二等积极分子称号。

1990年，年逾63岁的张炳炎离职休养。当组织与其谈话时仍坚定地说："离职休养只能说明我的岗位变了，但为共产主义事业奋斗终生的决心没有变，我还是一名共产党员，只要活着一天，就要为党的事业奋斗一天，我在党旗下是这样宣誓的，就要说到做到。"张炳炎离休不离岗，怀着对党忠诚的坚定信念，投入关心下一代工作中。他用春风化雨润无声的实际行动，诠释着一名共产党员的赤胆忠心。他不顾年老体弱，伤残病痛折磨，冒严寒，顶酷暑，风雨无阻地坚持义务为学校、社区、机关的青少年宣讲抗战故事。每逢国庆节、抗战纪念日，张炳炎用亲身经历讲述抗日、解放战争时期革命先烈抛头颅洒热血、艰苦创业、吃苦耐劳的英勇事迹。他将镌刻在记忆中的战斗岁月和生动故事化为涓涓细雨，滋润年轻人的心田，净化青少年的心灵。张炳炎还经常到周边社区演讲，有一年夏天，社区邀请他去讲党史，主持人担心他身体吃不消，特约定讲15分钟，可每当回忆起战争年代的艰苦岁月，就控制不住激动的心情，滔滔不绝地讲了60余分钟。主持人不停地用毛巾给他擦去脸颊的汗水，台下听众眼里也噙满了泪花。张炳炎铿锵有力的演讲让听众近距离地感受到一名老党员、老军人的革命情怀。1998年7月15日，《东营日报》以《手臂上刺字引出的故事》刊载了他的英雄事迹。

张炳炎生命不息，奋斗不止。离休16年，不在家里享清福，以保家卫国、珍惜幸福生活为荣耀，怀着对党无比忠诚的信念，默默地为关心教育下一代发挥着余热，直至生命最后一息。

张鹤亭

张鹤亭（1895—1981），又名张汝乐，利津县盐窝镇前左村人，一生致力于教育，是县内知名民主人士。先后当选为利津县各界人民代表会议代表、常务委员会副主席，利津县一至八届人民代表大会代表。曾任县人民政府文教科副科长、教育局副局长等职。

张鹤亭

任教桑梓

张鹤亭少年时读私塾9年，打下了坚实的古文基础并写一手漂亮的毛笔字。1914年在本村任教，治学严谨，尤为关注贫苦子弟入学而受到乡亲称赞。1922年，入利津师范讲习所学习，在名师的指导培训下，接受了新的乡村教育理念，为后来创办学校施展教育才华打下了基础。

利津县前左村紧靠黄河，土地碱薄，群众生活相当困难，村里的农民虽然愿意让子女上学，但拿不起学费，张鹤亭深知农民之苦，提倡"学校门大开，有钱无钱都能来"。在张鹤亭的热心倡导下，前左、后左两村绝大多数适龄儿童都到他教学的学堂就读。其他村也有不少人慕名把子弟送到学校。张鹤亭在村里任教9年，一些远路走读的学生，每逢雨雪天气，都在他家食宿，张鹤亭的老母亲也很支持他教学，不辞劳苦地为学生热饭和准备住宿。

1931年，张鹤亭应聘到利津第一高等小学任教务主任兼教师，他的勤奋与成绩，获得国民政府山东教育厅的嘉奖。其间还被选举为三区区长和董张乡乡长，但他拒绝从政，仍留在县城第一高等小学任教。

1935年，日趋败坏的教育界风气让他愤然辞去县第一高小教员一职，回乡自办学校。他在本乡刘庄教初级小学，之后又与本县热心教育的一些仁人志士集资筹料，创办了第三区刘庄完小，聘请有爱国思想的教师任教。后来走向革命道路、利城西南街人张昕，曾应张鹤亭聘请在刘庄完小当过教师。彼时，刘庄完小办的有声有色，深受群众欢迎。

参加抗日

1937年冬，日军侵占利津城，打破了张鹤亭的教育梦，刘庄完小被迫停办。张鹤亭隐居家中，刻苦学习医术，为周边群众解除病痛。1942年，张鹤亭应邀参加垦区行政委员会召开的地方开明士绅、进步人士座谈会。会上，他听取了垦区行政委员会主任王雪亭的抗日工作报告，听取了日本反战同盟清河分支部成员铃木、木村关于日本国内危机和反战斗争形势的介绍，从此后他开始接触党的抗日工作人员，明晓党的抗日救国政策和主张，以行医作掩护，积极从事抗日活动。

1943年夏，垦利县党政领导人及垦利独立营一个连队进入利三区开辟敌占区工作，张鹤亭的家中成为党政军干部的秘密活动场所和联络点。垦利县委书记王林、独立营营长张伯龄等领导曾多次在他家中召开会议，研究部署抗日工作。但他家也成为日伪人员经常光顾的地方，往往是我方人员前脚刚走，日伪清乡队就进了门。张鹤亭为做好掩护工作，用秫秸在住房的东西南三面扎上长长的篱笆墙，形成一道秫秸屏障。他从篱笆墙缝隙里，向南可以看到日伪军经常通行的黄河大堤，向北朝东也可以望到敌人经常行走的大路。为防止日伪军的突然袭击，张鹤亭还做了两个梯子，登梯远眺，四周的情况一目了然。细心周密的防范措施，让他多次掩护抗日工作人员化险为夷。1943年初秋的一天，赵景、张玉等几

1946年4月5日，利津县参议会成立。图为参议会驻会议员合影。前排右三为张鹤亭

名抗日干部正在他家开会，突然发现日伪"清乡队"向他家走来。撤退已来不及了，他让同志们躲到西屋隐蔽，自己在北屋应付敌人。张鹤亭面不改色从容不迫，像往常一样招待应付。张鹤亭以他的大智大勇骗过了敌人，掩护了革命同志。

参政议政

1944年8月，利津县全境解放。10月，张鹤亭当选为渤海区参议会会员。1946年4月，当选为利津县参议会副议长，并任城关完小校长。张鹤亭认真履行工作职责，不遗余力地从事共产党领导的各项政治活动。县参议会成立时，正值国民政府意欲堵复花园口，我解放区面临抗洪危局。4月16日，国民政府黄委会和联合国救济总署开始对黄河下游我渤海区黄河故道损毁情况进行查勘，在抵达利津城时，邢钧、张鹤亭等县参议会代表向视察团面陈复堤修河意见书，提出了"先修堤而后改道"等5项要求，表达了利津全县人民的要求和愿望。

抗战胜利后，张鹤亭积极动员自己的两个侄子及邻村的多名青年参军参政，并带病为新修建的烈士祠书写碑文。土地改革中，他带头献地献产，支援前线，反蒋保田。同年冬天，在前左召开的胜利庆祝大会上，张鹤亭倡导和支持家乡土地改革，在会上当众烧了旧土地契，重立了新契约，使全村工作焕然一新。

数十年来，张鹤亭积极响应党的号召，他积极参加土地改革、镇压反革命运动。他带头捐款支援抗美援朝、认购国家建设公债，动员亲属加入农业生产合作社，在全县各种重大集会活动时，他发表过许多热情洋溢的讲话，集中地代表了全县各界人民的意志，对政府工作提出了许多合理的建议。张鹤亭晚年多病，卧床不起，双目失明，仍关心国家大事，坚持天天收听新闻广播。粉碎"四人帮"反革命集团后，他欣喜之余赋诗庆贺。1981年12月15日，张鹤亭病逝。根据他生前的愿望和要求，中共利津县委追认他为中共正式党员。

陈 戈

陈 戈

陈 戈（1925—2016），原名陈汇泉，利津县盐窝镇盖东村人。1944年考入耀南中学并参加"青年剧社"，1946年入党，自此走上革命道路并在军旅生涯中绽放艺术才华。曾任渤海军区政治部耀南剧团戏剧股股长，山东省军区政治部文工团戏剧队队长、副团长，济南军区政治部文工团政治协理员、副政委，济南军区前卫话剧团副团长、团长，正师职。系中国戏剧家协会会员，山东省戏剧家协会常务理事、特邀顾问。作为当代戏剧表演艺术家，在半个多世纪的军旅文艺生涯中，他曾在30多个大型剧目中担任主演和饰演过重要角色，执导和参与导演了10多个大中型剧目，为观众塑造了众多鲜活的艺术形象。

演艺天赋露头角

陈戈8岁入读县立第二高等小学，即台子镇小学。这是一处完全新式的学堂，老师多是在济南、青州、惠民等地受过师范教育和中等教育的爱国青年。在这所新式学校，名师出高徒，少年陈戈受到良好教育，打下坚实文化基础。

他是文艺活动积极分子。学校宣传队开展的宣传抗日救亡，发动募捐救国活动总少不了他。小洋鼓、腰鼓打得潇洒又神气；合唱中他是领唱，清脆的童音时常在校园回荡。陈戈在戏剧表演方面的天赋崭露头角。再加他少年英俊，与新台村才貌出众的王象观（即后来成为美洲《世界日报》社总编，现名王潜石）成为校内两个引人瞩目的学生。

1937年7月至1943年，少年陈戈经历了日军入侵、学校解散和求学无着的困惑岁月。陈戈、王象观等一些原台子镇小学的高年级学生，曾到名师王燕亭办的私塾就读，学习古文和历史知识，几度寒暑，受益匪浅，后来还赴北镇鸿文中学学了半年。

1941年夏秋间，党的地方抗日工作干部开始秘密深入敌占区和游击区开辟抗日工作。陈弋在抗日工作干部的教育鼓励下，萌生了投身革命、参加抗日救国的思想。1944年春，他联合王恺等10余名知识青年，报考了清河抗日根据地创办的"耀南中学"。耀南中学是中共清河区党委、行署在垦区创办的一处培养抗日干部的学校。录取条件严格，学校只留下陈戈和王恺。在这所抗日干部学校里，陈戈参加了"青年剧社"，在《谁养活谁》《减租减息》等剧目中扮演了重要角色。

1944年冬，由陈戈、王恺牵头成立了一个演出队，根据新台中心小学王峰峙老师的提议，以"拥军拥政"为宗旨，取名为"双拥剧社"。剧社排演了一批现代剧目，如反映动员参军的杂耍剧《砸砂锅》，反映军民鱼水情的小话剧《一个班》等。后来又编写了《双寻夫》《全家乐》等。节目中陈戈创作的快板书《八里庄战斗》倍受欢迎。1943年7月4日，八路军清河军区垦区独立团采取诱敌出巢的战术，将陈庄据点的日伪军引到八里庄附近，打了一个漂亮的伏击战，这次战斗家喻户晓，节目演出时群众倍感亲切。节目越演越多，后来又增加了京剧《打渔杀家》等。剧社的人员也由十几人迅速发展到30多人，部分民间艺人、青年教师和村干部也参加到演出队伍中。

陈戈既是"双拥剧社"的创始人、组织者和领导者，又是主要演员。在陈戈演出的许多剧目中，充分崭露了他艺术表演的天赋和才华。在演出《砸砂锅》一剧时，扮演卖砂锅的陈戈一上场，一段广告式的快板说得又脆又甜，就博得观众的好评。他表演生动逼真，惟妙惟肖，每次演出，都给观众留下深刻的印象。

1944年冬，垦利县委、县政府在十六户村召开动员参军大会，县领导调"双拥剧社"去演出了两天。不久，垦利县在陈庄镇召开欢送新军大会，又调"双拥剧社"去演了三天。双拥剧社的演出，得到了县里党政领导的充分肯定。"双拥剧社"的活动虽只有短短的四个月，但它启迪了人民群众的抗日觉悟，有力地推动了"大参军"运动，宣传了党的政策和任务，活跃了群众文化生活，在利津北部农村产生了广泛而深刻的影响。

战斗青春别样红

1945年2月，陈戈、王恺等人参加了渤海军区第四军分区政治部宣传队，开始了他半个多世纪的军旅文艺生涯。

渤海军区第四军分区政治部宣传队除戏剧演出外，还配合抗日斗争开展宣传活动。这期间，陈戈除主演过《曲线救国的末路》等剧目外，还参加街头集市政治宣传，书写张贴抗日标语，配合滨蒲战役向据点的敌人进行喊话等。

1946年6月，陈戈调往渤海军区政治部耀南剧团，这年他21岁，正值青春年华，浑身充满蓬勃的朝气和活力。陈戈面庞俊秀，性格开朗，一身戎装更显得英俊潇洒，天生就是一位饰演工农兵正面人物形象的最佳人选。在渤海军区政治部耀南剧团的数年间，陈戈先后在大型歌剧《白毛女》《血泪仇》《刘胡兰》《周子山》《钢铁战士》，话剧《地震》《杀鸡》等剧目中，担任过主演和饰演过重要角色，成功地塑造了许多鲜活的、栩栩如生的艺术形象，给人们留下了极为深刻的印象。

1946年冬，耀南剧团选定最强演员阵容，组织排演了大型歌剧《白毛女》。陈戈在剧中饰演王大春。1947年春，莱芜战役刚刚结束后，耀南剧团立即奔赴胶济铁路以南演出《白毛女》，慰问参战部队。并在张店、周村的大剧院进行公演。之后，又在桓台索镇一带为渤海军区第三军分区部队机关及当地群众连演数场。与此同时，耀南剧团又在桓台夜以继日地赶排了大型歌剧《血泪仇》，在该剧中陈戈饰演了重要角色。不久，耀南剧团又奉命返回渤海区党委驻地惠民，为华东军区首长及参加渤海区土改整党会议的同志连演数场《白毛女》。1947年"八一"建军节的晚上，结合动员土改复查，会议开到12点多，接着演出《白毛女》，4个小时的剧情一直演到天亮。当最后一幕合唱"太阳出来了"的时候，举目远眺，一轮红日真的从东方喷薄而出。群众情绪高涨，"为喜儿报仇"的口号响彻云霄。由此可见，当时耀南剧团的演职员工作的艰苦程度。

1948年春季的昌潍战役中，耀南剧团奉命参加战地服务和伤员护理。陈戈等10余名同志担负带领支前民工担架队转运伤员的任务。从前线将部队伤员转运到包扎所，再运回后方医院。每天紧急行军，昼夜兼程，有时为了防止敌机轰炸扫射造成人员伤亡，夜行晓宿。其间，陈戈还在转运伤员的路途中搞宣传鼓动，教唱歌曲，活跃民工情绪。历时两月有余。

陈戈在渤海军区政治部耀南剧团期间，先后任戏剧组长、戏剧股长，又经常担任主演，因此，他非常注重戏剧理论知识的学习和钻研，不断从书本中汲取艺术营养。1949年，陈戈首次导演了大型歌剧《活捉周叶槐》，后来他调到济南军区政治部文工团，又导演了许多剧目。

1950年春，渤海军区文工团（即原来的"耀南剧团"）在渤海区党政军领导机关驻地惠民县城大寺广场演出大型歌剧《钢铁战士》，陈戈饰演剧中主要角色八路军英雄排长张志坚。陈戈在剧中把这位钢骨铁筋的八路军战士张志坚的英雄形象表现得栩栩如生，淋漓尽致。他面对凶狠残忍的敌人，忍受着各种酷刑的折磨，坚贞不屈，大义凛然，怒斥敌人，以大无畏的英雄气概，以钢铁般的铮铮誓言，以压倒敌人的威武气势，在戏剧舞台上做了极为充分和生动的展示。演出结束后，全场观众报以长时间热烈的掌声，陈戈等主要演员多次进行谢幕。

艺术之巅攀高峰

1950年5月，渤海军区政治部文工团（即原来的耀南剧团）合并于山东省军区政治部文工团。其间，陈戈先后担任戏剧队队长、副团长等职。在话剧《杀鸡》《子弟兵和老百姓》《东海前线》《战斗中成长》，歌剧《让战魔发抖吧》等戏剧中担任过主演和饰演过重要角色。他在话剧《杀鸡》中饰演主要角色老炊事班长，该剧参加华东军区文艺会演时荣获二等奖。不久，他相继加入了山东省戏剧家协会和中国戏剧家协会，并任山东剧协常务理事。

1951年秋冬季节，山东省军区政治部文工团奉命代表山东省军区和华东军区赴东北地区慰问中国人民志愿军伤员。当时全团百余人，分为两个演出单位。他们从沈阳、长春、嫩江、双城一带至哈尔滨，对所有铁路沿线驻有志愿军伤员的军队医院和卫生所（志愿军伤员均驻铁路沿线部队院所），普遍进行了慰问演出。全团人员顶风雪，冒严寒，废寝忘食，克服困难，历时百余天，共演出200余场，受到志愿军伤员、驻地部队机关及群众的热烈欢迎。

在慰问演出期间，时任军区文工团戏剧队长的陈戈，还在不影响整体演出的情况下，夜以继日，不辞辛劳，时常带领一个小型演出队，深入重伤员病房和伤员较少的院所，为他们演出，把华东军区、山东省军区的慰问及短小精悍的文艺节目送到每一处病房和每一位志愿军伤员中。有的卧床不能行动的重伤员被感动得流下了眼泪。

山东省军区政治部文工团这次慰问演出，受到华东军区通令嘉奖，陈戈荣立三等功。

1953年，陈戈晋升为山东省军区政治部文工团副团长。这年夏季，该团奉命代表华东军区和山东省军区赴朝慰问中国人民志愿军。当时，全团百余人，分两个演出团体，陈戈和团政治协助员负责带领一个演出团。从盛夏到寒冬，历时近半年，每团演出一百几十场，把华东军区、山东省军区的慰问和温暖，把精彩的文艺节目，送到中国人民志愿军指战员的心坎上。这次赴朝慰问演出，受到华东军区通令嘉奖。

1955年，山东省军区政治部文工团改编为济南军区政治部文工团。陈戈先后担任过政治协理员、副政委；当过副团长、团长。多年来，他以旺盛的革命精神和饱满的工作热情，不断在一些大型剧目中担任主演和重要角色，并参与导演工作，如话剧《子弟兵老百姓》《霓虹灯下的哨兵》《哥俩好》等。

老骥伏枥谱新篇

1984年，陈戈从济南军区前卫话剧团团长的领导岗位上离职休养。但对于这位人老心红德高望重的文艺老战士来说，是退而不休，老有所为，永葆革命青春，依然在艺术领域内，纵横驰骋，大展宏图。20世纪90年代，已年届古稀的陈戈，依然精神矍铄，满面红润，不减当年风采，曾在《古城青史》《血染长路》

《济南战役》《蒙山之子》《戚继光》等多部电视剧中饰演过角色。1997年岁末，中国戏剧家协会向陈戈颁发了荣誉证书。在证书上写着两行闪光的文字："陈戈同志从事话剧事业逾50年，为中国话剧事业作出了历史性贡献。"

陈戈（右）在电视剧《戚继光》中饰演的角色

与此同时，陈戈还参加了济南军区老年艺术团，在合唱、领唱、独唱以及戏剧小品演出等方面，赢得了许多荣誉。2005年，在陈戈80寿辰之际，参加了济南市委组织部、宣传部、老干部局、人事局等联合举办的济南市离退休干部纪念抗日战争胜利60周年银色世纪杯歌咏比赛，荣获个人风采奖。"年高德劭，艺术常青"的题词生动地概括了他70多年的艺术人生。

尚兰亭

尚兰亭（1902—1984），原名尚芝泉，利津县盐窝镇盐东村人。幼年在本村读私塾小学堂，1937—1948年济南解放时，任济南市同兴油房经理、同业公会理事长。新中国成立后，历任济南市商会代理理事长、济南市各界人民代表大会协商委员会副主席、政协山东省一至五届常务委员、山东省工商联合会一至五届副主席、政协济南市一至七届委员会副主席、民建济南市委员会一至六届副主任委员、济南市工商联合会一至七届副主任委员、

尚兰亭

主任委员等职。

1921年，尚兰亭在山东潍县"太生源"银号当店员。他虚心好学，勤奋刻苦，很快在从事经贸活动方面入门和崭露头角。从1926年起，他先后当上了周村货物税局章丘明水镇分卡卡长、潍县福增义民号副经理、青岛合记土产庄经理、济南同兴油坊经理。多年来的业务经营，使他逐步积累了资金，丰富了经验，增长了才干。由尚兰亭在济南创办的同兴油坊，是一个生产棉籽油的厂子，由于生产设备先进，经营得法，油品销售情况颇佳，使他获得了较高的利润。因此，他的同兴油坊一直办了近20年。1943年日本侵略者统治济南时期，日商"三菱洋行"曾看中了同兴油坊，他们竭力想把这个油坊改为"中日合办"，尚兰亭拒不同意，因此还曾招引一场大祸。一天夜里，他被抓进日本宪兵队，被一个叫神谷伍长的日本军官指挥着他的爪牙，将尚兰亭打得遍体鳞伤。

抗战胜利后，伴随着尚兰亭经营业务的发展，他的声誉和地位也日益提高。1946年他被选为济南市油业同业公会理事长、济南市商会常务理事。

1948年9月济南解放。中共济南市委、市政府负责人徐冰找到尚兰亭，向他阐明了共产党的城市政策和保护民族工商业的政策。徐冰向他解释说："你不要害怕共产党，咱们还要交朋友哪！社会秩序很快就要安定下来。你是济南市商会常务理事（商会理事长马伯声已离开济南），请你赶快出来协助政府开展工作，帮助工商界消除疑虑，复工复业，发展生产。"尚兰亭愉快地接受了在工商界开展工作的任务。不久在市工商部的帮助下，尚兰亭主持召开了济南市商会理监事联席会议。会上，他传达了市党政领导人对工商工作的指示和捐赠款项支援前线的事宜。会议决定，立即以商会名义向各行业同业公会发出通知，督促各厂店复工复业。会上选举尚兰亭为济南市商会代理理事长。会后很短时间内，全市绝大多数厂店都相继开门营业和恢复生产，当时对于稳定社会秩序、安定人民生活，起了很大作用。同时，工商界的捐款支援前线的任务也顺利完成。全市有1185户捐款，共捐献金额8100余万元（北海币）。

新中国成立后，尚兰亭先后担任济南市各界人民代表会议协商委员会副主席、山东省人民代表大会代表、省政协常委、省工商联副主委、市政协副主席、市民建副主委、市工商联副主委、主委等职。党和人民的信任，激励和鞭策着尚兰亭更加积极忘我地做好工商业的工作。

1950年，尚兰亭积极响应党和政府的号召，认真组织私营工商业户，走联合经营的道路。他们首先在印刷、机制卷烟等行业组织试建了6个联营机构，经取得经验后，又逐步推开，这为后来对私营工商业实行社会主义改造创造了条件。与此同时，他们还根据"劳资两利"的政策，先在茶叶、火柴业订立劳资集体合同，继而在澡堂、印刷、铁工、国药、机器卷烟、医院等行业，订立了劳资集体合同，当时对私营企业的发展起了很大的推动作用。在抗美援朝捐献飞机大炮运动和认购国家公债中，尚兰亭率先垂范和积极组织发动全市工商界，开展捐献和认购活动。全市私营工商业户，共捐款230余万元（折新币），可购飞机14架多。推销人民胜利折实公债的任务，也顺利超额完成。此后在1954年到1958年的认购国家经济建设公债中，全市工商界也以支援国家建设的饱满政治热情，完成1070万元（分担认购870万元）受到市党政领导的表扬。

1953年，在国民经济恢复的基础上，党和国家提出了过渡时期的总路线和总任务，提出了逐步实现国家对资本主义工商业的社会主义改造。当时，作为市工商联、市民建的负责人尚兰亭，遵照上级党委的部署和要求，认真学习、宣传贯彻过渡时期的总路线以及党对资本主义工商业改造的方针政策，并身体力行，以自己的模范行动，宣传和带动全市工商业者接受党的领导，接受社会主义改造。他经常以自己的亲感实受，向工商业者讲述新中国成立后党对民族工商业的大力扶持；讲述党对私营工商业实行利用、限制、改造政策的正确性；反复进行爱国守法的教育。从1954年河南市实行公私合营试点到1956年1月实行全行业公私合营期间，在实现对私营工商业的社会主义改造中，尚兰亭以饱满的政治热情，为党做了大量艰苦细致的工作。他常深有感触地说："党对私营工商业实行社会主义改造的过程中，营业未受影响，企业未受损失，相反，企业的经营更加完善，更加兴旺，整个国民经济有了很大的发展，这是一个奇迹。"又说："党和国家对民族资产阶级的'赎买'政策，是马克思列宁主义的发展，是完全符合我国情况的，不但减少了民族工商业者对社会主义改造的阻力，而且有利于逐步把他们改造成为自食其力的劳动者。"几十年来，尚兰亭积极响应党的号召，忠实执行党的统一战线政策，在各个不同时期都能与党亲密合作，充分体现了"肝胆相照，荣辱与共"的精神.

"文化大革命"中，尚兰亭受到不公正的待遇。粉碎"江青反革命集团"后，他获得新生。晚年体弱多病，仍积极参加各项政治活动，不遗余力地工作。常即兴赋诗赞颂党的十一届三中全会以来的大好形势和路线、方针、政策。1982年9月，中国共产党第十二次代表大会闭会期间，已经80岁高龄的市政协副主席尚兰亭即席作诗："千锤百炼出深山，风里雨里若等闲。老年坚持传帮带，胸怀万里让新贤。"热情称赞老一辈无产阶级革命家的高尚情操和革命精神。

1984年9月4日，尚兰亭病逝于济南，终年82岁。

岳荣昌

岳荣昌

岳荣昌（1893—1980），字文源，利津县盐窝镇北岭村人。自幼聪敏好学，跟随在利城天德堂坐堂行医的叔父岳庭芳攻读诗书并对医学产生兴趣。1917年在村塾任教，闲暇时仍以研习医术为乐。1928年弃教行医，后又开办中药铺，惠及乡里。

1945年，利津解放，日军投降，如火如荼的解放区生活让岳荣昌在中医事业中大展身手。1949年7月在王俊老先生的协助下，办起了中药铺并坐堂行医。

岳荣昌医术高超，诊治细心，治好了不少人的病，很多疑难杂症经他诊治都能取得良好效果，甚至起死回生。乡里岳元荣之妻病情垂危，他一服药使病人转危为安，后经治疗，不久而愈。岳荣昌医德高尚，有求必应，从不受谢，慕名求医者络绎不绝。

在2004年编撰出版的《利津县卫生志》中，选载了岳荣昌中医验案42例，多是疑难杂症。如1959年沾利合并期间，岳荣昌在沾化县医院工作，正值生活困难时期。一陈姓妻子及二子一女食苍耳子炒面中毒，当即死亡一女孩。其他三人送至县医院抢救。岳荣昌见这三名中毒者抓床拉席、指心挠舌，情势可危，急处一方：双花二两，连翘、甘草各一两，水煎之，遂后徐徐灌之。两小时后，中毒者安稳了下来，接着用绿豆汤加少许食盐饮服，静养几日后便痊愈了。此事传为佳话，一剂妙方救了三条人命。验案中有一例说的是风温病，其实是感冒的一种，可作伤风治之。有一年夏天，岳荣昌被邀为一名40多岁的孀居妇女诊病，见其舌干、口渴、面赤、身热，不欲饮食已三日，便诊断为"风温"症。处方后服之，患者拥被而卧，神志昏迷，仅能呼吸。一家人惊慌失色，大有哭叫之势。岳荣昌安慰说，脉未绝，危从何来？少安毋躁，等待转机。两小时后，患者汗出，醒来自语说，身上清爽多了，我的病好了。把脉知之，果然脉净、身凉，原先的症状没有了。岳荣昌说，辨症施治，此病以甘寒生津之药治之，我处之方为：生地四钱，知母、花粉、石斛、甘草各三钱。连服了两剂，康复如常。

中医"望、闻、问、切"是诊病的重要前提，但不可拘泥于成法。在岳荣昌的验案中有这样一例。有一次县医院来了一位患者，头痛、昏迷、张着口却不能言语，两眼直视，小便无知觉，舌苔黄燥，已三天没进食了。会诊时诊断为湿温症（肠伤寒）。岳荣昌切脉时，感觉脉象似有似无，他向其他医生说，该病由于湿气化热，热毒郁闭，根据脉象已无从下手，必须舍脉从症，大胆放手进行抢救。于是岳荣昌提笔处方：石羔八钱，知母五钱，黄芩、黄连、黄柏各三钱，水煎服。后经三次调方，病已去大半，五剂后患者痊愈出院。在他所著述的数万字的《医案录》中，这样的验案比比皆是。岳荣昌认为，不拘成法，辨症施治，活学活用，深入了解患者，甚至包括生活习惯、家庭关系等，只有这样，才能准确全面地辨识病症，对症下药。

岳荣昌目睹了日军侵占利津，山河破碎百姓遭殃的惨痛现实，就连行医治病也不得安宁。他在同窗好友张鹤亭介绍下，以职业作掩护，暗中参加了抗日工作。成了党的地下情报员。从1940年到日寇投降，岳荣昌利用医生的身份多次进出利津、盐窝、陈庄等日伪据点，为八路军提供了大量情报，起到了别人不可替代的作用。1943年深秋的一天，岳荣昌走进了岳家木匠铺，将盐窝据点日伪军到八里庄一带扫荡的情报传递给了木匠铺的工人邢钧（地下党，后任利津县各救会主任）和宋立源。鬼子刚来到八里庄，就遭到了八路军游击队的迎头痛击。

1954年，他响应政府号召，带头组织联合诊所，并把药铺的设备、药材和个人存款全部投入集体。

1957年春，诊所面临资金严重不足，岳荣昌提出不要工资，回家就餐，同事均予以响应，此举巩固了诊所正常营业。1956年，他被评为全县卫生系统先进工作者。1957年，被评为全省先进工作者，出席省先进工作者代表大会，受到省爱国卫生运动委员会和省卫生厅的表彰与奖励。

1959年后，岳荣昌先后在沾化、利津县人民医院中医科工作。1962年，被选为利津县人民代表大会代表、惠民专区医药卫生协会会员。

岳荣昌在县医院工作期间，不计个人得失，不讲工作条件，恪尽职守，团结同事，昼夜为群众的健康操劳，有求必应，有请必到，年届古稀，还步行出诊，慕名求治者应接不暇。晚年在坚持诊治工作的同时，挤时间孜孜不倦地从事医学著述和培养徒弟。

岳荣昌对于内科、妇科造诣颇深。他在医术上，不尊古，善于独创，喜探讨，有独特之处。为总结实践经验，他从1956年开始医学著述，先后著有《医学原理》《验方集解上下集》《医案录》及十一种传染病的辨证施治，并试创了避孕、绝育、流产等九个方剂。

1955年，山东省中医药学会出版发行的《山东省中医验方汇编》第二辑，收录岳荣昌验方27个，遍及全书各篇章。他所著述的《医案录》长达数万字。1963年10月，惠民专区中医学会筹备委员会编辑出版的《中医医案编》第一集，共选印医案126例，其中采用岳荣昌医案47例，内科、外科、妇科、传染病、解毒等各章节都有。岳荣昌《医学原理》十一种传染病的《辨证论治》等论文均长达万言，有一定的学术理论价值。所试创的避孕、绝育、流产等节制生育的九个方剂，在惠民专区节育会议上曾做过专题介绍并予以推行。由于岳荣昌医术高明，医德高尚，成为惠民地区北部各县的名医之一。

岳荣昌生前常说，我这点医术是党培养的结果，只有传授给下一代，才对得起党。1956年，他带徒三人，均先后出徒行医。1962年又带徒7人。1963年，组织上给他配上了中专毕业生孙建华。岳荣昌以诲人不倦、百问不烦的态度热心传授医术，培养徒弟，从医学三字经、药性赋、汤头歌、脉诀歌等基础知识的讲解，到结合实践传授巨著《伤寒论》等，都毫无保留地把自己的临床经验传给下一代，并指导其高徒孙建华写出了《针灸》《痹症》两篇论文。岳荣昌所带徒弟均学业良好，达到领导、教者、学者三满意。孙建华说："岳大夫在业务上是我们的老师，在政治思想上、工作作风上、服务态度上更是我们学习的榜样。"

1979年，已有85岁高龄的岳荣昌大夫因精神、体力衰退而退休。退休后，对于登门求治者仍然精心诊治。

单国栋

单国栋（1922—2022），利津县北宋镇单家村人。曾任甘肃省原顾问委员会常委（副省级）、甘肃省建设委员会原党组书记、主任。1942年6月参加革命，1943年8月加入中国共产党。先后任利津县区委组织干事、宣传科长、区委书记、县公安局长等职。

单国栋

单国栋出身于农民家庭。但他见过世面的祖父却力主让单国栋进私塾学习了三年，由此打下了扎实的文化基础，还写得一手好毛笔字。他的家书几乎全是用毛笔所写。

单国栋一米八五的大个子，身材高挑，长相英俊，很有人缘。他自小有胆识。12岁那年，他去亲戚家时被土匪绑票掠走，土匪得知他家很穷，没什么油水，再说单国栋也不是他们要绑的目标，就问单国栋是否认识他们，他说不认识，土匪就把他放了。其实单国栋认识那个土匪头目，也知道他是哪个村的，但他如果说认识，那伙土匪肯定不会放过他。

抗战初期，宋锡斋在单家村组织起了"铁板会"，保护家园抵抗土匪的袭扰。单国栋练习过拳脚，尤其摔跤功夫在十里八村相当有名气，他有文化又有胆有识，被一致推举为二师兄，在他的影响下，他的弟弟单国胜也参加了"铁板会"并成为骨干。后来受"蒲利滨"工委书记阎川、副书记崔大田教育和影响，单国栋懂得了革命道理，接受了共产主义思想，毅然决然地投身革命，加入了中国共产党，积极参加抗日救亡运动。也就是在这个时候，单国栋的家成了地下党组织的秘密联络点。受党的抗日主张影响，"铁板会"成立了"锄奸队"，作为二师兄，单国栋始终冲在前面，斗争最坚决，周围十里八乡的汉奸闻风丧胆，对他和"铁板会"既恨又怕。当时有个汉奸叫吴小孚，扬言非要除掉单国栋不可。有一晚吴小孚纠集了几个同伙埋伏在单国栋家门口不远的枣树林里，下半夜时，单国栋完成任务刚进村口，吴小孚冲出来想对单国栋下手。时时处于高度警惕的单国栋见他人多不好对付，身手敏捷地爬墙上房逃脱而去。在新中国成立后的公审大会上，汉奸吴小孚说他最大的遗憾就是没有抓到单国栋。后来吴小孚被就地枪决。

1942年初冬，时任中共"蒲利滨"武装工作队副队长的崔大田受组织委派，化名王学文，以清河军区杨国夫司令员的秘书名义到单家村"铁板会"做统战工作，他发现单国栋虽然只有20岁，却为人正派处事稳重，有文化，头脑清醒，在铁板会里有极高的威信，就与他谈心，了解他的思想和想法，最终秘密发展其成为中共党员，协助自己做宋锡斋的工作。其间，只要崔大田来单家村，单国栋就不离左右，陪他到其他村做抗日宣传工作，介绍宋锡斋以及"铁板会"会众的思想变化和掌握的日伪活动情况。一年多后，宋锡斋带"铁板会"骨干100余人编入抗日队伍，走上革命道路，单国栋起了重要作用。

1949年春，单国栋作为首批南下干部渡江，投入新解放区建设，一路艰辛，单国栋凭着他超人的胆略和智慧，化解了一个个危机。先是渡江时一枚炮弹落在了他们乘坐的船上，幸亏是一枚哑弹，否则后果不堪设想。渡江后南进行军途中遇到一伙国民党的残余部队，约有上百人。而他们这支南下干部小分队只有十几人，大多没有携带武器，情况万分危急。这时，单国栋挺身而出，自告奋勇跟领队说，我去和他们谈谈。约莫谈了一袋烟的工夫，敌人主动过来上缴武器投降了。原来，这是国民党部队的一个团部外加一个警卫连。人们对单国栋临危不惧，胆略过人，敢于任事无不赞赏，他却冷静地说，并非是我个人有多大能耐，而是当时国民党军大部队全面溃败，大局已定。我只是向他们的指挥官讲明了我党的政策，给他们指了一条明路，他们很自然就接受了。

单国栋身材魁梧高大，英气勃勃。从小喜欢练武摔跤一类的活动，加入"铁板会"更是如此，而且摔跤鲜有对手。他在担任浙江省文成县县长、县委书记时正是而立之年，血气方刚极富个性，却又很接地气。摔跤是他非常喜爱的运动，他每次开会前都先问问有没有挑战者，如果有挑战者，先来一场摔跤比赛，然后再开会。这件事在今天看来有些不可思议，但在那个年月也是常有的事，名将许世友就是常下连队切磋武功的。

自1949年渡江南下，分配到温州地区工作后，他曾任永嘉县委宣传部部长，文成县副县长、县长、县委书记，温州地委秘书长等职。1954年，调西北地区工作，曾任甘肃省机械工业局党的核心小组副组长，甘肃省建设委员会副主任、主任、党组书记。后任甘肃省顾问委员会委员、常委。1956年、1964年两次当选为陕西省党代会代表。1985年离休。

从战争年代走过来的老干部，坚持原则是他们的共性。他做事扎实，为人低调，对家人要求严格，不允许自己的家人子女过问自己工作的事。谈起自己波澜起伏的人生经历，他只是淡淡微笑，从不夸夸其谈，更不允许宣传。他对老家人从不透露自己的工作单位，更不会透露他担任什么职务。老家的亲人只知道他在外当了大官，可他的具体任职和工作经历，还是从他去世后的讣告中了解到的。单国栋兄弟姐妹六人，有四人在家务农。父亲去世早，他提出我在外面领工资，条件比你们好些，老母亲就由我负责赡养。兄弟姐妹各家过各家的日子，谁也不要再期盼他给予帮助。他识拔的一名老部下后来成了大领导，大领导到兰州看望时曾给他留下一个电话号码，说有事好联系，这个号码他从来都没有用过。老家的侄子外甥共有十几人，至今大都在家务农，他没有为一人安排工作。他一直信守着承诺，准时给母亲寄生活费，直到1993年97岁的母亲去世。20世纪六七十年代老家很穷，尤其是两个妹妹家各有四个男孩，家里穷的那叫一个叮当响。每当遇上旱涝灾年，或是哪家盖房子，孩子订婚、结婚，求援信就寄到了兰州。虽说是有约法三章，但老家人遇到困难，钱还是会给的。就这样，单国栋工资中的相当一部分就成了老家人的"救命稻草"。

2009年秋天，单国栋最后一次回到家乡北宋镇单家村。他跪在父母的坟前久久不肯离去，没有任何言语，脸上也没有一丝波澜，只是默默地跪在那里。生于斯长于斯洒过汗水流过热血的这方土地，对于这位耄耋老人来说，怎不思绪如潮！他走遍了村里的大街小巷、田间路口、村西边的大湾还有西北角他曾遇险的枣树林。虽然几十年不见，但遇到年岁大的乡亲他一般都能直呼其名，热情交谈，遇到年岁小的，只要稍一提醒，他就能说出那家大人的名字。

单国栋豁达大度、心胸开阔，从来不会因生活琐事而烦恼。他生活简朴，从来不吃保健品，98岁时还能到老年活动室下棋打牌。后人对他这样评价：爱国爱党、勇往直前，坚持原则、无私奉献，敢于担当、与时俱进，乐观豁达、忠孝两全。

2022年11月，单国栋因病去世，享年100岁。

赵 凯

赵凯

赵　凯（1916—1986），原名赵毓遂，利津县利津街道赵家夹河人。1937年10月参加革命，1938年6月加入中国共产党。赵凯出身在一个富裕农民家庭里，自幼聪颖爱学，富有进取精神。从7岁起在本村读私塾五载。13岁入利津县立高级小学上学，后又转山东济南第一师范附小就读。九一八事变爆发时，赵凯积极参加了校内外的学生爱国救亡运动。1932年夏，他考入山东惠民第四中学，翌年转济南正谊中学。1934年2月，赵凯以优异的成绩考入北平市山东中学高中部。赵凯在中学读书期间，由于经常接触一些进步师生和阅读进步书刊，受到革命思想的熏陶，他的爱国主义觉悟大为提高。

1935年，亡国的阴霾笼罩着祖国半壁河山，而国民党反动当局却采取不抵抗政策，激起了全国人民极大的愤慨，抗日爱国运动开始了新的高涨。1935年8月1日，中国共产党发表了《为抗日救国告全体同胞书》，赵凯深受教育鼓舞，他怀着对日本帝国主义侵略罪行的无比仇恨，对国民党卖国行径的万分愤慨，对中国共产党领导全国人民抗日的无限希望，积极投入抗日救国的行列。12月9日，他在北平积极参加了著名的爱国学生运动。当时，北平近万名爱国学生从各个大学冲出来，走上街头，进行抗日救国大请愿。正在北平读书的赵凯，积极加入浩浩荡荡的示威游行队伍的行列。而参加示威游行的爱国学生，却遭到国民党武装军警的镇压。面对反动派的暴行，赵凯没有被吓倒，他更加积极地投身于这场革命的洪流。第二天北平各校学生实行总罢课，赵凯和同学们一起，走上街头，发表讲演，揭露国民党反动当局的卖国罪行。

1936年2月，在北平参加一二·九运动的进步青年成立了"中华民族解放先锋队"（简称"民先"），他积极参加了"民先"的组织和活动。1936年12月，赵凯在北平山东中学毕业后，考入北平辅仁大学。1937年7月，卢沟桥事变爆发。赵凯在北平耳闻目睹日寇的侵略暴行，进一步激发了民族义愤，深深感到民族危亡的痛苦，毅然投笔从戎，走上抗日救国的道路。9月，赵凯参加了平津流亡同学会。与同学们一起乘轮船来到青岛，不久又赴济南。当时聚会在济南的平津流亡学生有数百人，他们在各界人士的援助下，以自己在沦陷区耳闻目睹日本侵略军的野蛮罪行及沦陷区人民的悲惨情景，采用演讲、唱救亡歌曲和演活报剧等形式，在济南向广大群众进行抗日救国的宣传教育。

1937年10月，日本侵略军沿津浦路南下，攻占德州，逼近禹城，济南告急。当时，赵凯等一大批平津学生曾向同学会的负责人孟英要求去陕北参加抗日工作，未批准。10月下旬，由中共地方组织分配他们到国民党七十七军一八一师石友三部做友军工作。当时在石友三部队中有许多共产党员，也有秘密进行工作的中共地下组织。赵凯在党组织的教育帮助下，于1938年6月在山东莱芜土门村由何志静介绍加入中国共产党。不久，他在石友三部被分配到手枪营一连任政治指导员。当时的主要任务是坚持党的抗日民族统一战线政策，加强部队抗日救国教育。

1938年冬，由于石友三顽固坚持反共立场，因此在该部中的整个党组织撤出，赵凯等共产党人和革命者离开石友三部，奉命到中共中央北方局。经党组织决定，他和部分共产党员共20余人被分配到晋冀豫区党委党校学习，赵凯在党校敌工班接受培训，当时主要学习党的基本知识、统一战线、群众工作及敌区工作方式方法等。学习时间为半年。

1939年8月，赵凯在党校学习结业后，被分配到山东工作。他们一行10余人，化装成商人，徒步跋涉，穿过敌占区，由河北省秘密南下到鲁南沂水县孙祖村（当时为中共中央山东分局驻地）。经组织分配，赵凯到《大众日报》社编辑室工作。不久，又调军队工作。

从1939年12月到1943年3月，他先后在八路军山东纵队二支队政治部、山东纵队二旅政治部任教育、宣传干事、宣传队长等职。1941年至1943年是抗日斗争最艰苦的时期，日本侵略军推行"强化治安"，实行"三光"（杀光、烧光、抢光）政策，频繁"扫荡""蚕食"，妄图扑灭抗日的烈火。与此同时，国民党顽固势力，消极抗日，积极反共，蓄意同共产党八路军制造摩擦。在这三年多的严峻斗争时期，赵凯随所在部队，化整为零，组成武装小分队，采取机动灵活的战略战术，辗转活动在敌占区和游击区，进行艰苦卓绝的抗日斗争。他在鲁南山区的农村中，一边组织发动群众参军参战，发展地方抗日武装，建立抗日群众组织，建立和建设基层抗日民主政权，开辟敌后抗日根据地；一边同日伪顽开展针锋相对、短兵相接的斗争，并寻机打击和歼灭敌人。三年来，他共参加大小战斗60多次，战斗中，英勇顽强，无所畏惧，多次受到部队领导机关的表彰。

1943年春至1944年底，赵凯先后任莒南、日照县抗日民主政府科长、代理县长等职。其间，他经常深入农村，蹲点跑面，组织发动群众开展"双减"（减租减息）反霸斗争和大生产运动，组织发动群众参军参战，巩固和建设抗日根据地。

1944年冬，遵照上级指示，为培训干部加强地方政权建设工作，在滨海区党委、行署领导下，成立滨海区建国学院，负责对县区政权干部的培训。赵凯被分配该院先后担任行政队长、教育科长等职。该院培训了全区几百名县、区地方政权干部，为巩固和建设新的革命政权作出了重要贡献。在建国学院培训干部的工作中，赵凯倾注了大量心血，付出了极大的努力，博得上级领导和全体师生的好评。1946年冬，根据形势和任务的需要，赵凯又被调回军队，先后担任滨海军分区教导大队副政委、政委。

1948年，新浦、海州、连云港解放，滨海军分区所属部队进驻这一地区。1949年初，原国民党黄安军舰在青岛起义，投奔新（浦）海（州）连（云港）地区，这是在解放战争时期国民党第一支起义的军舰。为加强对黄安军舰的领导，赵凯于1949年3月奉命调黄安军舰任军代表、政治委员。当时，黄安军舰隶属华东军区警备三旅。黄安军舰起义后，国民党当局曾派飞机四处搜索，掷弹恫吓，妄图炸毁黄安军舰，但是它的罪恶计划未能得逞。黄安军舰的起义是由其中层领导和部分官兵在中共青岛地下党组织的领导和发动下取得成功的。但舰艇的人员中有部分原国民党官兵是被迫起义的。这部分官兵，有些是台湾籍人，他们向往返回家乡，加之他们受国民党的反共教育较深，对共产党不了解，因此思想波动较大。还有极少数人员暗地策划组织"反起义"，企图将舰艇开回国民党辖区。事情被发现后，舰艇党委立即将部分为首的人员调离黄安军舰，集中进行教育。根据上级党委的指示，赵凯对黄安军舰起义的官兵，尤其对那些参加"反起义"的官兵，反复进行了党的方针、政策及解放战争形势、革命前途的教育，使他们提高了对共产党的认识，稳定了思想。策划"反起义"被集中进行教育的人员，在经过教育有所转变之后，全部返回黄安军舰。在党的政策的感召下，使全体起义官兵的政治思想觉悟有了很大提高，对共产党的认识有了进一步转变。因此，他们团结一心，积极投入保护好黄安军舰的安全、挫败国民党飞机对舰艇的狂轰滥炸的战斗中。在这次特殊战斗和艰巨任务中，作为担任舰艇部队政治委员的赵凯，对保护好黄安军舰起了极为重要的作用。此后不久，赵凯又率黄安军舰与当地陆军配合，赴连云港以南八十余华里的奶奶山，胜利执行了剿匪任务，荣立二等功。

赵凯是一位党性很强、组织纪律观念很强的党员干部。在新中国成立前十几年短暂的革命历程中，他经历了从军队到地方、从地方到军队多次的工作变动，但他从不计较个人得失，始终以党和人民的利益为重。每一次都愉快地服从组织分配，而且干一行，爱一行，干好一行，表现了一个共产党员的高风亮节。在抗日战争和解放战争时期，赵凯曾三次荣立战功，并多次受到部队领导机关的嘉奖。

新中国成立后，赵凯长期从事海军院校和海军部队的政治思想工作。他先后担任华东海军学校政训大队政治委员、海军第一预备学校政治委员、海军高级专科学校政治部主任、海军通讯学校政治委员、海军东海舰队后勤部政治委员等职。在工作中，他深入实际，联系群众，言传身教，为人师表，注重调查研究，注重理论联系实际，讲求工作实效。多年来，赵凯呕心沥血，日夜操劳，不知疲倦地工作，为海军培养了大批的专业人才，为海军部队的革命化、现代化、正规化建设献出了毕生的精力。

赵凯既有将领的气质和风度，又和蔼可亲，平易近人，热情待人，深受海军广大官兵所敬重。他的许多老战友都称赞他是一位党性强、有魄力、正直无私、作风干练好的政工干部、政治委员。1955年，赵凯被授予上校军衔。1961年，晋升为大校。1957年，被授予三级独立自由勋章和二级解放勋章。1980年，被任命为海军东海舰队政治部军职顾问。

1986年4月28日，病逝于上海，终年70岁。

赵景增

赵景增（1883—1975），字心仿，利津县利津街道北街人，清末秀才。自幼勤奋好学，刻苦用功，1904年21岁时开始教书兼攻医学，通经典而授学有方。1913年30岁时开始义医于世。民国二十一年（1932）利津县霍乱流行，赵景增不避疫险，走街串户不分白天黑夜救治患者，群众十分感激。商会会长盖尔倬倡导受益者集资，为其树"慈善家声"匾额一块以表其德。民国二十三年（1934）被"同文堂"聘为坐堂医生；1938年被聘为"信德堂"堂医。1942年被聘为"天德堂"堂医。新中国成立后，1958年调惠民地区人民医院工作，因年事已高（75岁），生活不便，要求调回"天德堂"药店工作。

1950年后，被选为利津县第一、二、三届各界人民代表会议医界代表，第一届各届人民代表会议委员会委员，利津县医学研究会领导成员。1962年在利津县中医座谈会上作了"医疗经验"介绍。是年8月被惠民专区医药卫生协会吸收为会员。1963年8月，实行名医配高徒时，给他配中医中专毕业生一名，言传身带，精授医技。1964年，为表彰其带徒有功，利津县人民政府颁发了奖状。

赵心仿知识渊博，熟读清代名医陈修园四十八种，特别对《时方妙用》了如指掌，运用自如。中医内、儿、妇等各科俱精，尤善妇科。1965年由其高徒张忠良协助对其多年积累的中医妇科经、带、胎、产、崩、漏等病案进行了系统的整理，编写成《心仿妇科医案》，报惠民地区卫生局，获得"医籍一部"和奖金。赵心仿性慷爽言成理，平易近人，医德高尚，诊治细心，治必有验，求诊必应，贫富无异，从不受酬。1972年春，利城西街村崔某的母亲患腹胀、嗝气、不思饮食诸症。崔某与赵景增之孙赵牛相熟，闲话时说了母亲的病症，并说医院也没查出什么病。赵牛即与其祖父说了这个情况。时赵景增年届九旬，起居不便，早已不再坐堂，但思路仍很清晰。听崔某讲述了母亲的症状后，口述了由四味中药组成的方剂，让崔某记下，说先服这一剂，视情况再调方。崔某母亲服下第一剂，便觉轻松许多，待服下调方后的第二剂，困扰了数月的病症消除。两剂药共花了一元一角钱，此后数年没再犯。

赵景增的盛名遍及鲁北一带，是20世纪50、60年代利津县四大名中医之一。90岁高龄仍坚持为人诊治，每日求诊者不断，每逢利城大集，云集候诊甚众。1975年病逝，终年92岁。

郭景林

郭景林（1895—1978），利津县明集乡北张村人。革命战争年代，她被称为"革命妈妈"。新中国成立后，曾先后担任明集乡妇联主任、社委委员、乡委委员、县一至八届人民代表大会代表，曾两次出席过山东省妇女代表大会。她17岁嫁给了屠户张村的崔同元并育有二男一女。大儿名光东，二儿名光亭，女儿取名胜男。家中无地，夫妻二人常年给地主家扛活，三个孩子出去讨饭。一家五口，吃尽了扛活的苦楚。有一年，乡间霍乱病流行，因无钱求医买药，郭

郭景林

景林的母亲、哥嫂等八位亲人相继去世，婆母和丈夫也死于霍乱病。二十几岁的郭景林痛不欲生。但为了三个年幼的孩子，她咬紧牙关，一个人挑起了抚养孩子的重担。她继续给地主家干活，领着三个孩子讨饭，一直到孩子渐渐长大成人。

献身革命

抗日战争时期，清河区革命根据地不断发展壮大，明集一带已有我党的地下

活动。

1941年秋季的一天，郭景林的大儿子崔光东突然背回家二斗高粱。在兵荒马乱的年月，善良的郭景林对儿子不放心，当即严厉地质问光东："儿啊，咱人穷志不短，可不能做见不得人的事！"光东说："娘，吃吧！这不是不义之粮，是共产党八路军救济咱的。"郭景林听了以后知道儿子光东同八路军有了联系，非常欢喜。

1942年，崔光东加入了中国共产党，参加了抗日工作，走上了革命道路。从此，郭景林接触了革命，受到党的教育，很自然地把自己的命运和党的命运联系在一起，积极支持儿子的革命工作，自己也处处为革命使劲。1943年，她经"利西"区委书记崔辉武和张林同志介绍，加入了中国共产党，成为我党我军的地下交通员。她经常冒着危险往返于马镇广、望参门、郑家等村的地下组织之间。她的家成了"利西"区委和"沾利滨"工委崔辉武、崔韵琴、王墨林、李杰等同志的联络点。在艰苦的抗日战争年代，她冒着生命危险掩护过许多革命同志和部队干部家属。1943年和1944年，张林同志担任"利西"区妇救会主任。郭景林为了掩护她，就说她是惠民县人，是自己在外县要饭时认的"干女儿"，并让张林化妆为农村姑娘，到各村去开展抗日工作。她还掩护过"利西"区委书记崔辉武和垦利县独立营营长张伯令的母亲等多人，使她们免遭日寇汉奸的毒手。

抢救伤员

1943年11月18日至12月8日，日寇纠集26000多名日伪军，由华北日本派遣军司令冈村宁次亲自指挥，动用汽车千余辆，飞机12架，采取铁壁合围的梳篦战术，扫荡我清河垦区。这就是残酷的"二十一天"大扫荡。12月6日，垦区军分区独立团二营六连与日军骑兵部队在北张村西发生恶战，因敌众我寡，英雄的六连战士大部分壮烈殉国。激战后的战场，腥风血雨，血泊中不时传出未牺牲伤员的呻吟声。北张村的老百姓，大部分都躲避日本鬼子离乡走了，剩下的老弱病残也惊恐地躲了起来。这时，正在村中的郭景林听到村西边枪炮声渐渐没了动静，知道战斗结束了，首先想到的是抢救伤员。她在横七竖八的尸体中搜寻着还没有牺牲的战士。先后发现了七名生命垂危的伤员。她开始一个一个地把他们从死人堆里背出来，又在村里找到一位老人帮她把其他五位伤员一个个抬到自己家里。她把两个重伤员藏在儿媳妇屋里，其他伤员放在自己炕上。她把自己的被单撕成布条当绷带，给伤员包扎伤口，把棉花烧成灰为伤员止血。并把女儿准备出嫁的被褥也拿出来给伤员盖上。当天晚上，她在人几乎跑光了的村里好不容易找来了点白面做了饭，一口一口地喂给伤员吃。有的重伤员不能饮食，她就把稀饭用芦苇管嘴对嘴地喂给伤员吃。为了安全，她把外门锁上，再用豆秸挡起门窗。她为大小便不能自理的伤员端屎端尿，像对待自己的儿女一样无微不至地关心他们，感动得伤员们热泪盈眶。

几天后，"沾利滨"工委书记王墨林带领民伕用她家的门板接走了伤员。王墨林代表组织给郭景林大娘290元报酬，大娘当即拒绝，说："烈士为革命都献出了命，我这么做是应该的，快把钱用到伤员身上吧！"她分文没要。郭景林抢救伤员的事迹传遍了整个"沾利滨"地区。解放区都知道利西区有位深明大义无私无畏的"革命的妈妈"。

1944年，利津县解放了，解放区组织发动妇女积极参加拥军优属、参军支前、反奸诉苦、"双减增资"活动。这时，她一度脱产到店子、十里堡等村做妇救会工作，发动广大妇女做军鞋军袜，送郎参军参战，为支援前线做了大量的工作。解放区的农民开展冬学，妇女开展识字班的文化学习活动，郭景林深感没文化的苦处，积极支持儿媳妇学文化，她是全村出名的好婆母。

1947年，郭景林的两个儿子先后为革命壮烈牺牲。大儿子崔光东是在无棣县任区委书记时，在土改工作中被反革命分子杀害的。当烈士的遗体运回北张村时，郭景林忍着极度的悲痛，控制住自己的感情，强忍泪水，对大家说："光东为革命牺牲，死得光荣。"表现了一个共产党员，革命妈妈的高尚品质和崇高情操。

保持晚节

1949年10月1日，中华人民共和国成立。郭景林为之奋斗的理想实现了。年过半百的郭景林，心里有说不出的高兴，身上有用不完的劲。虽然她失去了双子，两个儿媳改嫁，身边只有年幼的孙子和孙女，但她斗志十分旺盛，不以功臣自居，仍在家乡为党忘我地工作。

在合作化运动中，她积极响应党的号召，带头入组入社。当时不少农民守着刚分到的土地，不愿意入组入社。她就耐心说服教育人们，宣传总路线，宣传走社会主义道路的道理。在统购统销运动中，她积极带头拥护党的政策。有的群众不解地问她："崔大娘，你为什么样样工作走在前头呢？"郭景林说："这些事都是党的号召。党是带路人，党总是为大伙着想的，只要跟党走就不会有错。"在她的说服带动下，北张村的各项工作都走在前头。

三年困难时期，郭景林相信，困难是暂时的，党一定会千方百计帮人们解决的。她没有自恃有功向党伸手，而是严格要求自己，为党着想，为群众着想。村干部多给她点钱粮，她总是婉言谢绝。群众说："你对革命有功劳，上级照顾是应该的，不要白不要。"她总是开导群众说："为革命作贡献是应该的。我是党员，应该为党多做工作，一事当先，不能只为个人着想。东西有限，我多享受，别人不就更少了吗？"她严以律己，不搞特殊，处处表现出一个共产党员的高尚品质和风格，深受广大群众的尊敬和爱戴。

新中国成立30年来，郭景林保持了革命的晚节。多年来，她忘我工作，曾先后担任明集乡妇联主任、社委委员、乡委委员、县一至八届人民代表大会代表，曾两次出席过山东省妇女代表大会。利津县历届县委书记和县长，都曾带着全县人民的深情厚谊多次去看望这位革命的老妈妈。

郭景林（中）出席中共利津县第二次党代表大会的合影

1978年12月28日晚7点，郭景林同志因病医治无效，在利津人民医院逝世，终年83岁。县、乡两级党委和政府的主要领导人，曾在利津工作过的部分老同志，明集乡各级干部和群众1000多人参加了追悼会。当年受郭景林保护的老同志，也从远方发来了唁电，沉痛悼念这位革命的妈妈、中国共产党的优秀党员。1986年5月，从南京赶来利津参加党史审稿会的老干部刘竹溪、张林（女）同志，在革命老

1965年，张林、刘竹溪夫妇把郭景林（前排中）老人接到南京。此为郭景林与张林一家合影

妈妈郭景林（崔大娘）的遗像和骨灰前，敬献上一盆常青松柏树，含着热泪向革命妈妈深深地鞠躬，寄托了他（她）们深沉的哀思。他们赋诗歌颂了这位革命的老妈妈。

抗战时期清河军区"沾利滨"大队大队长兼政委、后任南京军区炮兵副军长的刘竹溪题诗：

> 壮哉崔大娘，抗战为人民。
> 救护众伤员，劳瘁慈母心。
> 勉儿灭日寇，二子皆献身。
> 我党好儿女，英名扬鲁津。

当年"沾利滨"区妇救会主任张林同志题诗：

> 早年孤霜异乡飘，凌辱受尽志增高。
> 坚随革命献双子，终生卫党上九霄。

他（她）们的诗句，概括了这位革命妈妈苦难的人生经历和高尚的革命情操。

远在福州军区，郭景林的老乡，曾经和她一道并肩战斗的王兰斋闻听郭景林去世的消息后，满怀悲痛地在日记中写道：

革命奋斗几十年，功高誉美全县传。

抗日护党何惧险，减租反霸不畏难。

救死扶伤勇士胆，拥军爱干慈母颜。

吾人当记巾帼志，忠党爱国代代贤。

这无疑是对郭景林一生的最佳诠释。

黄顺青

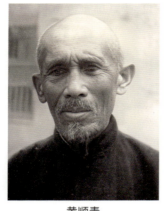

黄顺青

黄顺青（1895—1983），原名黄廷选，字舜卿，利津县盐窝镇左家庄人，1959年加入中国共产党，县知名教育家。他9岁开始上学，小学毕业后因为家境贫困辍学，后经亲友资助，1917年考入官费学校——山东省立青州师范就读。修业两年后毕业，几经周折，在本县书院小学当了一名教员。在以后的人生中，他将自己的全部心血投入教育事业，被誉为"教坛黄牛"。曾为利津县第一至第六届、第八届全县人民代表大会代表，第九届特邀代表。

改名言志

1937年七七事变后，日军侵占利津县。黄顺青深感亡国之痛。为了抵制日伪当局向学生进行奴化教育，他组织学生学习古文。1942年，日寇进行残酷的大扫荡，在左家庄烧杀抢掠。在这次大扫荡中，黄顺青的叔父惨遭杀害，父亲吓病身亡。长子被打伤，儿媳惊悸成病，这一系列的惨祸，使他蒙受沉重打击，以致精神失常。他一病就是好几年，在病中若稍渐清醒，就躲在屋里苦练书法，有时忘了吃饭，有时端起墨水当汤喝。街坊邻居都叹息说："好好的一个读书人，竟疯成这个样子！"1944年8月，八路军渤海军区部队解放了利津县，胜利的喜悦让多年的"疯"病竟一下子痊愈了。

新中国成立后，党和政府对这位具有强烈爱国热忱的知识分子十分关怀，聘请他到城关完全小学担任校长，这时，他已是年过半百。为了纪念自己在政治上的翻身和表达对党和人民政府的拥护和爱戴，他将原名"舜卿"改为"顺青"，意思是顺从青年之意，人老心红，要像青年人那样，意气风发，为人民教育事业多做贡献。黄顺青在工作中实践了自己的诺言。他配合不同时期的社会宣传工作，发挥了自己的书法专长。每逢重大节日，他总是把书写标语的工作当作一项政治任务全部包下来。有一次，他刷写壁字不小心从凳子上摔下来，弄得满身是墨，腿也磕破了。他强忍疼痛，坚持把壁字写完。黄顺青的书法，笔画苍劲，字体独具一格，他不仅能双手提笔，还能用口衔笔挥毫。求他写字的人很多，他是有求必应，从不嫌麻烦。除此之外，他还经常用求写者的名字编成对联，给人以教诲和勉励。

带头办学

利津县城解放以后，黄顺青与共产党同心同德，以武训精神办学，白手起家，开办了利津第一所人民的完全小学。解放初期，学校教学设备极不完善。这所完小安设在西街旧官宦赵长龄的宅院，原有房子40多间，但在日伪统治期间，大部分被鬼子、汉奸糟蹋得破烂不堪，就是能用的5间教室，也是少门无窗。至于桌凳教具，更是一无所有。在这种困难条件下，他以身作则，带领全校师生，扒岗楼、填土坑、和泥脱坯、搬砖运料，经过一番修补，教室大有改观，学生终于能正常上课了。为了弥补学校经费的不足，他想方设法增加收入。他自费购置了掏粪工具，每天早起掏粪便、晒粪干。日复一日，年复一年，前后共晒粪干10万余斤，收入近万元，全部用于学校开支，并购买图书为学校建起了借阅室。此外，他还把家中的床板、钟表搬到学校使用。

1951年夏季的一个深夜，天气突变，一阵狂风吹过，紧接着雷声大作，大

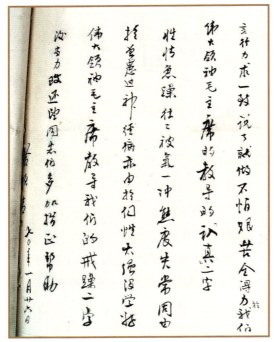

黄顺青手迹

雨就要来临。黄顺青从梦中惊醒，立即想起了集上刚买的两头猪仔，怕猪仔跑到下圈被淹死，就一骨碌爬起来，急急忙忙向学校跑去。可是，学校大门紧闭，他又不肯叫醒看门的校工，唯恐惊醒熟睡的人们，影响大家的休息。此时，雨已经哗哗地下起来了，他这时一下想起从校内向外出粪的墙洞来，立即转到南院墙下，也顾不得脏臭，从墙洞钻进去，把猪仔抱进了自己的办公室。校工住在南院，在睡梦中听到雨声，还杂有其他响声，以为有小偷行窃，赶紧起来一看，原来是黄校长。黄校长乐滋滋地说："这下可好了，猪仔淹不着了，一点损失都没有。"校工指了指他湿透的衣服，黄校长一见连说："不要紧！晾晾一会就干了！"这天晚上，他与校工凑合了一夜。

由于治校有方，办学成绩显著，10月，他出席了惠民专署召开的教育工作代表会议。从利津县城到惠民城相距75公里，50多岁的黄顺青徒步往返，把节省下的路费全部交了公。

1952年秋，县里抽调黄顺青筹建利津师范，几十万的经费由他一人管理。他虽不熟悉会计业务，但凭着自己一颗赤诚的心，最后结算，分文不差。在两个多月的筹建过程中，他吃不好，睡不好，操劳过度，几次累得吐血，但他从不声言。

宽厚德昭

黄顺青对工作严格要求，对同志体贴入微，是宽厚德昭的师长。他与副校长赵守仁同居一室。有一次，赵守仁夜间得了急病，他就在夜里为他求医问药。青年教师梁汉臣犯了胃病，饮食难进，他就把家中的老母鸡杀掉炖好给梁老师吃。

外乡教师田友和由于携带不便，被褥很少，到了冬季天气寒冷，黄校长就从家中拿来被褥给他御寒。有的新教师工资不高，假期回家探亲，路费困难，他就不声不响地为他们买好车票。而他自己却是粗茶淡饭。他不吸烟、不喝酒，不讲究穿戴，从20世纪50年代到80年代，始终穿着家制的粗布衣服和鞋袜。他参加惠民专署召开的教育工作代表会议时，门岗看他的穿戴不像是参加会议的人员，就把他拒之门外，后来弄明情况才让他进入会场，这件事多年来被当成笑谈。他常说："穿着是小事，影响是大事，生活尚简朴，美德育后人。"他还写了一首诗来激励自己，诗文是："年过六十，志尚未老，烟酒不吃，衣食节约，经常劳动，增产建校，实心服务，名利忘掉，建设祖国，共享美好。"

　　黄顺青作为一校之长，从不摆架子，总是深入教学一线，什么课老师紧张，他就教什么课，写字、珠算是他经常任教的课程。他始终贯彻诲人不倦的教学精神，在教写字课时，首先抓住了基本功的训练，把执笔要领和写字姿势总结成四个词，即"头正、肩平、腕悬、管直"，让学生熟记运用。经过他耐心教学，他的学生大都能写一手好看的毛笔字。他的学生侯鸿昌还成为中国书法家协会会员。

　　当时，学生们都感到珠算难学，他就自编了教材，并总结了珠算的规律，激发了学生学习的兴趣。很多学生毕业后参加县里财税部门的工作，成为业务骨干。

　　黄顺青关心学生就像关心自己的子女一样，并要求全校教师一定要爱护学生，热心教学，培养他们健康成长。他还自己书写了一张条幅作为自己的座右铭："我的一生快乐，

利城镇中心小学全体教师合影。（注：此照拍摄于1959年7月10日，沾化县、利津县合并时期）

从事教育工作。热爱少年儿童，喜他天真活泼。虽是有时顽皮，可是思想纯洁，又能学习好问，足见求知心切。我们好好培养，还得以身作则，继承祖国大业，全靠这些花朵。"黄顺青从事教育工作40多年，他培养的学生，遍布祖国各地，桃李满天下。

捐献文物

黄顺青校长十分喜爱文物，多年来收藏了不少的名人字画和古玩。1960年，他把珍藏的利津清代名宦赵长龄的奏折手稿奉献给国家，中央文物管理机关来函向他致谢，并表示给予奖励和报酬。他当即复信说："我既不要名誉奖励，也不要物质奖励，这是我应尽的义务……"之后，他又捐献了清代名士李佐贤的《书画鉴影》《古泉汇》的部分手稿。他去世后，他的后人还捐献了著名书法家何绍基的手笔条幅和赵孟頫书写的《利津县新修庙学记》原碑拓片。黄顺青在世时，对利津县文物收集和鉴定工作，也给予很大的支持，经他鉴定的字画30余幅，字帖30余件，端砚15块，瓷器200余件。在1956年和1964年，黄顺青曾两次帮助山东省文物总店收集文物上百件，受到文物专家刘春普老先生的赞扬。

黄顺青在政治上积极要求进步。在党组织的关怀下，1959年9月加入中国共产党，这年他已经65岁。他在"六一"儿童节献给少先队员的诗中写道："喜是新党员，又是老教师……为党为人民，辛苦万不辞……革命要彻底，共产是主义。"

崔大田

崔大田（1921—2012），山东省博兴县兴福镇兴许村人。幼读私塾，聪明好学。1938年参加革命并加入中国共产党。自村青救会长干起，1940年4月任博兴县青年救国会副会长、会长。其间，参加中共益（都）寿（光）临（淄）广（饶）四边工委举办的青干班，并担任党支部委员、副大队长。1942年9月，

崔大田

中共蒲（台）利（津）滨（县）三边工作委员会建立（对外称武装工作队），崔大田被清河区党委任命为工委副书记（对外称工作队副队长）；1943年12月，任工委代理书记。1944年5月，任中共蒲台县委委员、"蒲利"区委书记兼区中队政治指导员，并兼管滨县二区和蒲台县三区（河套）一带党的工作。

1942年初冬，他与工委书记阎川带领由10名班以上干部组成的武装工作队，阎川任队长，崔大田任副队长，深入蒲（台）、利（津）、滨（县）三边敌后地区发动群众抗粮、抗捐、抗役，建立两面政权，惩治汉奸，瓦解日伪军。同时，崔大田化名王学文，以山东渤海军区司令员杨国夫秘书名义，进入在利津西部与滨县东部地区有较大影响的封建迷信组织——单家村"铁板会"，通过艰苦细致的思想启发工作，将其改造为抗日武装团体，同时建立党的基层组织，为利津解放作出重要的贡献。

"铁板会"是由利津一区单家村宋锡斋为大师兄，以本村青壮年为骨干，联合附近贾家、吴家、鉴马庄、翟家等十几个村庄1000余名会众，组成的一个封建迷信团体。它以"除恶魔，救黎民"为口号，设坛场、收徒弟，聚集会众，求神拜佛。整日手持大刀或红缨枪操练，宣称凡信教者"佛法护身，刀枪不入"。在整个蒲利滨三边地区颇有声势。

加入"铁板会"的会众大多是贫苦农民，他们常遭日伪的敲诈勒索，对日伪的暴行非常仇恨，参加"铁板会"是为了护村保家，抵抗日伪的侵扰。大师兄宋锡斋本人也是贫苦农民出身，为人豪爽仗义，具有绿林好汉的性格。1940年秋季的一天，宋锡斋去青州贩卖香烟，返回的路上遭到汉奸抢劫，恰巧被八路军区中队遇上。区中队将宋锡斋从汉奸手中解救出来，归还香烟，并派人护送他安全回家。从此他对八路军有了好感，经常对同会的好友单国栋、单国胜兄弟说八路军如何讲义气，如何将他解救。但同时他对八路军也存有戒心，怕八路军将他的"铁板会"吃掉。

崔大田家就在三边地区稍南的兴福区许村，对这一带地形、风土人情比较熟悉。他在分析了宋锡斋"铁板会"的情况后，决定只身前往"铁板会"常驻的利津单家村游说宋锡斋。

崔大田见到宋锡斋后，不亢不卑，握掌抱拳，自我介绍道："我叫王学文（化名），是八路军清河军区司令杨国夫的私人秘书。杨司令早闻宋大师兄仗义疏财，深明大义，且武艺超群，是个英雄，故特派敝人造访，想和您交个朋友，不知意下如何？"宋锡斋听说是杨司令派来的人，当即满脸堆笑："哪里，哪里，杨司令见多识广，大智大勇，才是真正的英雄，本人一介草民愚夫，承蒙杨司令看重，快请屋里坐。"说着崔大田与宋锡斋手拉手进了正房。落座以后，互相寒暄几句，崔大田向宋介绍了国际反法西斯战争和国内抗战形势，阐明了我党抗日主张及清河区抗日根据地的情况，并晓之以理，动之以情，指出了"铁板会"只有同八路军共产党合作才是唯一的出路。宋锡斋第一次从一个年轻人嘴里听到这些大道理，胸襟豁然开朗。他说："共产党八路军里边有人才，你们的主张好，本人愿意和共产党八路军合作，参加抗日救国斗争。"

在以后的几天里，宋锡斋领着崔大田走了许多村庄，介绍给其他"铁板会"兄弟。崔大田由此掌握了许多基本情况，也取得了宋锡斋的信任。在与其他铁板会会员接触中，崔大田发现单家村的单国栋、单国胜兄弟，鉴马庄小师兄鉴子明等人家道贫寒为人正派，在会中有威望。便利用较多的时间与他们交往、谈心。通过细致的思想教育工作，提高了他们的政治觉悟，他们纷纷表示坚决拥护共产党的政策，积极参加抗日斗争。这时，对"铁板会"的统战工作取得了实质性的进展。

正当崔大田深入"铁板会"工作之机，敌人似乎也闻出了异样的味道。便经常组织日特清水队到"铁板会"活动，企图拉拢"铁板会"下水。由于崔大田的工作，我党的抗日主张早已深入人心，"铁板会"不为所动。于是，日伪又想把"铁板会"吃掉。

1942年12月底，日伪在小马庄安设了据点，企图寻找机会向"铁板会"开刀。大师兄宋锡斋心中既气愤又不安，便找崔大田商量如何将日伪赶走。崔大田说："应该赶走敌人，但不能硬拼，得想个办法。"但宋锡斋迷信"佛法"，傲气上来，说："我有上千名'铁板会'兄弟，还怕几个小鬼子不成。"于是，他不顾崔大田的再三劝阻，率领'铁板会'会员手持大刀、长矛冲向日伪军在小马庄设的据点。但大刀哪有子弹快，还没有冲到小马庄据点前，就死伤数人，大败而归。死难会员的老婆孩子哭哭啼啼来找宋锡斋要人，宋锡斋急得团团转，无计可施。崔大田与武工队长阎川想方设法筹粮筹款，赶来抚慰死难者家属，并向他们讲明死者是为抗日而死，人民永远不会忘记这些抗日英雄。家属们听了这些道理，纷纷表示愿意听共产党、八路军的话，支持亲人参加抗战。这使宋锡斋、单国栋等深受感动。

小马庄战斗后，伪县政府很快贴出取缔"铁板会"的布告。日寇特务清水队还化装成"铁板会"会员到各村为非作歹，破坏"铁板会"名声。由于日伪的破坏，不少人开始退出"铁板会"。宋锡斋面对严峻的形势，一筹莫展。在此情况下，崔大田请示区党委同意，陪同"铁板会"宋锡斋、单国栋、鉴子明等到达清河区党委驻地——垦区八大组，面见了杨国夫司令员和景晓村政委。杨司令、景政委热情地接待了他们。景政委语重心长地说："你们的抗日爱国行动是值得肯定的，搞武装斗争也是必须的，但搞封建迷信却是害人害己。只有在中国共产党的正确领导下，我们才能战胜一切敌人，夺取抗日战争的全面胜利，只有参加八路军，才是'铁板会'唯一出路。"杨司令赞扬了宋锡斋等人的爱国行为，强调指出了斗争中应注意的政策、策略、战术。临行还把自己的精制手枪送给了宋锡斋，并派直属团一个班护送他们回家。

景政委、杨司令的真诚相待，肝胆相照的胸怀，深深地感动了宋锡斋等人。在我党政策的感召下，宋锡斋等人摒弃了封建迷信思想，主动解散了"铁板会"原来的组织。单国栋、鉴子明由崔大田介绍加入了中国共产党。1943年4月经清河区党委批准，宋锡斋带"铁板会"原骨干百余人编入"蒲利滨"武工队三中队，踏上了新的征程。

1944年8月，利津县全境解放。同年9月上旬，中共利津县委在利津三区西坡村建立，崔大田被中共渤海区四地委任命为县委委员、宣传部第一任部长。其间，他兼任县减租减息工作队队长，组织培训"双减"积极分子，开展"双减"和反霸斗争，并领导掀起大参军运动，把全县部分青壮年输送到人民军队，同时在斗争中培养发展党员、建立基层党组织工作。1946年8月，他深入左王区组织群众挖沟排水，防治涝灾和虫灾，开展副业生产，增加农民收入，成效显著。同时，他还带领民工500余人支援前线，为解放战争胜利作出了贡献。

1947年1月，崔大田调任中共渤海区四地委调研组长。1949年初，担任华东南下干部纵队渤海三支队第四大队秘书处处长，跟随人民解放军转战进入四川省。1956年，任中共四川省涪陵地委副书记、书记处（农业）书记、代理书记。1961年，任中共四川省江津地委第二书记兼省委工作团团长。1966年后，任中共成都市委副书记、书记。1985年，以正厅级（行政11级）待遇离职休养。

离休后，崔大田关心、支持山东老解放区的建设与发展，为东营地区特别是利津县地方党史、史志工作的开展，回忆并提供许多有价值的资料。

2012年10月16日，崔大田在成都病逝。

扈晋升

扈晋生

扈晋升（1894—1979），字乐平，祖籍利津县利津街道扈家滩村，出身于书香门第和中医世家，少年时目睹人生患病之苦和贫家延医购药之难，立志学医济世。他学博识邃，医术精湛，临床经验丰富。1962年，在全县中医座谈会上介绍了《我对针灸的体会》《痘疹辨症概论》两篇著述，深得同行赞誉。为新中国成立初期利津县四大名医之一。

扈晋升的父亲扈壬溪初为塾师，后从师綦家夹河其舅父綦汝浚学医，深得乃祖綦沣（1760—1840）医学真传，尤以医治痘疹而名播乡里。扈晋升幼读私塾，后因家计艰难，年十五而辍学务农。其时正值清末民初，农村穷苦，卫生条件极差，痘疹等病疫流行，患者求医急如星火，扈壬溪一夜往往行程达几十里，辗转数村，救治不迭。扈晋升见此情景，深悟治病救人积德累仁之大义，遂立继承父业以济患者之危的志向。昼间劳动之余，读医书以代休息；夜间灯下攻读常过夜半。其后伴随父亲行医，边实践边读书，研求医理，十数年后尽得其父医道。

扈晋升治学严谨，勤于思考，学问颇广，对内经、伤寒、金匮、瘟病学，钻研尤深。但有闲暇，仍手不释卷，孜孜吟读。有时将几种书籍反复对照，以研求病理之源。每有所悟，即结合实践对其子弟阐讲，喜悦之情溢于言表。对于多种医书的融会贯通，加深了他对传统医学的认识和理解。诊断秉承辨证施治；治疗主张辨证处方，不拘成方。对于整个施治过程，重视"顾护脾胃，勿伤生化之源"的主张。

几十年来，扈晋升治疗过许多疑难病症。不为病者表象所惑，不为书本成方所限，往往有独到之处，药至见效。民国年间，某村一小儿患痘，由于过度用苦寒解毒之药，导致气血两亏，不能托毒外出，病情反而加重。后请扈晋升诊视，诊后处一补气行血扶正之方。病家见方大疑，未敢服用，仍服前医之药。次日复诊，见病无起色，反较昨日尤重。问之，病家以实相告。扈晋升乃正色喻之以病理，令速服新药。后痘毒得以外出，再调而痊。

1937年初，年方20余岁的王庄村刘占魁患病在床，连请多位医生诊治，皆断为痨症。屡服补药，愈服愈重。其后延请扈晋升会诊，扈晋升诊断为内热滞结，阴液亏耗，是为内热阴虚之症，随之处一增液承气汤加减之方。其他医生皆曰不可。病家无所适从，无奈之下，试服半剂，病者神情好转。再服一剂，病去大半。又改方连服两剂，遂愈。

扈晋升对于外科病的治疗，也颇有造诣。新中国成立前，城内刘家枣行（属西街村，北沧湾南侧，1964年淹没）孙云生之次子媳，腿患恶疽。疽乃阴疮，见刃必死。那时患此疮者，十之八九丧生。扈晋升以阳和解凝汤加减之方，将其治愈；韩大庄牛向之，患腰椎结核，不能动转。在济南某医院治疗数月无效。病人自觉无望，于1956年出院回家。后试请扈晋升诊视，诊后语之，并非不治之症。乃用艾灸为主，辅以内服之药，治疗半年痊愈；1972年春，城内大北街高文光之母，年六旬余，突患中风，半身瘫痪，不能动转，生活处处需人照顾。其他医生诊治后无疗效，后请扈晋升之子秉庚诊治，秉庚诊后甚感棘手。遂把病情转告父亲扈晋升并求指点。扈晋升开了一个透表散风活血祛瘀的药方，仅一剂即见疗效，身体稍能动弹，连服十剂后，生活就能自理了。在其后六年中曾复发二次，均在扈晋升指导下治愈。

扈晋升82岁时，在前张小学（次子媳盖秀文任教村）住了一个时期。其间，前张村村民刘之文前来拜访，说他的女儿（年27岁）因汗后受风，右臂不能举，肩膀肌肉板而痛，如今贴着膏药，亦未见效。扈晋升仔细了解了病情说，这个病现在治疗正值其时，若再迟不治，则会成疮。于是开方服药两剂，右臂如常，梳理头发自如；杨柳村刘某之妻，浑身长疮，流脓滴水，各方求诊，医治无效。后听说扈晋升在前张村，即前来求医。扈晋升诊后开方服药两剂，见其疮皆已结痂，又改方连服三剂而愈。

晚年的扈晋升倾心于急性肝炎的诊治，他认为急性肝炎贵在早治，如病程加长，即转慢性肝炎或肝硬化，严重时转化成癌，造成患者痛苦。扈晋升辨证施治，勤求古训，博采众方，经多次临床实践，自拟乌核汤用于治疗急性肝炎取得显著效果，轻者四剂，重者十剂，即可痊愈。后来他的儿子秉庚沿用此方，屡治屡效。

扈晋升一生悉心为病者解除痛苦，从不计较酬资，以施医舍药视为乐事，行医足迹遍全县，且远涉沾化、滨县、蒲台、惠民、济南等地。所到之处，概不动用烟酒，深受病家称赞。

1929年2月，黄河在扈家滩决口，周围数村尽为泽国，数千灾民拥挤在坝上，搭盖简易窝棚栖身。不久，十之二三灾民因饥寒潮湿而致病，呻吟哭号之声不绝于耳。扈晋升虽胸怀行医济世治病救人之理念，只因药材奇缺，无法施为。目睹当时缺医无药之状，乃深思离药而治之良策。适闻济南广裕堂针灸治疗所招收研习生，乃筹资赴济学习针灸。结业归来，即以针法、艾条灸法为人治病，颇具疗效。20世纪30年代初，霍乱病流行，扈晋升大显身手，以针灸之术加以处方，活人无算。周围九村之民众集资，在扈晋升祖茔地之南端靠道处，立一石碑，上书"妙手回春"，以志其德。扈晋升广恩普惠，治病救人之义行，一时名播四方。

1937年，利津城内"万育堂"药店因亏损倒闭而欲出售。有些人劝扈晋升买下。扈晋升没有答应，他说，以行医兼卖药，为之不当。众人则以益于乡里，方便民众相劝，并应允出钱资助。扈晋升感谢众人之诚和对自己的信任，又想到经营药店也可使年轻人便于识药学医，于是答应了下来。是年秋，以众人之资助与己之所有，接过药店。因"万育"二字含义好仍沿用原名，但在"万育堂"三字之后加了"德记"二字，即为"万育堂德记"，以别前之"万育堂"。此后，令正在学医的子侄辈掌戳包药。所进生药材，均按药典精心炮制，严格把关。他对他的孩子们说：有钱的吃药，无钱的也得治病，绝不可因药资不足而延误治病。城乡群众，受惠良多。此店经营近20年，施药舍物，概予不计，扈晋升名声，得到广泛赞誉。

新中国成立后，扈晋升曾任城关联合诊疗所主任。后到城关公社医院工作，皆以诊病为主，从无间歇。经治疾病愈者数在万千。全县之人，无分职位高低，男女老幼皆称扈晋升为"扈老先生"。

在旧社会，扈晋升历尽了人间坎坷，目睹了人间贫富之悬殊，官府之贪暴，深切同情穷人之疾苦。在旧中国，虽施医舍药，亦不能救民众于水火，空怀悲天悯人之志。至解放前夕，传闻来了共产党，领导人民打鬼子，处处为人民谋利益。其后在北乡、河东诸地行医过程中，所见共产党的工作人员平易近人和蔼可亲，深受百姓拥戴。看到有共产党活动的村庄，实行减租减息，锄奸反霸，人民情绪振奋高涨。与国民党、日本鬼子占领区相比，俨然两重天下，于是遂生拥护共产党之意念。

1944年春，扈晋升经常早出晚归或晚出早回，与平时不太一样。家人问道，他只说看病，别的什么也不说。以后家人才知道，当时战事迭起，局面混乱，为了安全起见，不得不采取这种避开匪特耳目的办法，以便给八路军战士、首长看病。时任中共利津县委宣传部长的崔大田即那时看病者之一。

是年夏，忽有一人头戴破苇笠，匆匆跑进扈晋升家中，说被一伪军追捕，请求躲避。此时扈晋升知其为共产党的人，遂将其蔽于内室。伪军追至，问扈晋升有一个戴破苇笠的人跑到这里吗？扈晋升镇静地一边看医书，一边漫不经心地说："没有。"伪军见状，遂又去问同院住户，一直问到后院。借住于后院的日军翻译官认为这名伪军是为发财而生事，训斥了伪军一顿。伪军自认倒霉，只好灰溜溜地到别处寻找。躲避在内室的侦察员得以脱险。

新中国成立后，扈晋升被选为利津县第二、三届各界人民代表大会特邀代表。1951年为利津县第五届各界人民代表大会特邀代表。1954年，扈晋升响应党的号召，积极与李协三、张济吾等医药家联系，组织起城关联合诊疗所。扈晋升被推选为该所主任。

扈晋升行医60余载，十分重视培育医疗人才，诲人不倦，艺无保留，常教诲我辈："治病救人，事涉万家，一人之力，微乎其微，需众多良医、方能施为"。"医学者，天下之医学，非一人糊口之术。取之于天下，传之于天下，救治万民，是为医之圣也"。

扈晋升一生带徒10余人，有扈秉衡、扈荣彩、扈俊杰、李维坪、扈秉庚、陈之美、扈超俊等。1965年，上级还给扈晋升配一高才生李永灿（邹平人，中专生）为徒，让其学习扈晋升的临床经验。扈晋升对学徒均耳提面命，以身示范，结合实践，讲解医理，一生心得尽传与徒。他的学生，大多散居各地从事医疗工作，成绩均称显著。

扈秉庚 ❯❯

扈秉庚

扈秉庚（1930—2022），祖籍利津县利津街道扈家滩村，后迁居利津城。出身中医世家，其祖父扈壬溪为清代名医綦沣之后綦汝俊之弟子，颇得綦氏真传；其父扈晋升（乐平）为利津四大名医之一。扈秉庚自幼受家庭熏陶，熟读医学经典，遍览名家医案，且躬身实践，勇于创新，数十年坚守中医"辨证施治"之精要，以"立身先立德，行医先修身"为座右铭，内外兼修，行为世范，其人品、医术称誉乡里。

民国十八年（1929）春，扈秉庚两岁时，扈家滩黄河大堤决口，淹没利津、沾化60余村。扈家滩首当其冲，受害最为严重，房屋倒塌，庄稼淹没，人们背井离乡，流亡他乡。扈家迁至利津城，落户大北街，以行医为生。后其父扈晋升接手一家中药铺，一家人的生活也得到安定。扈秉庚自幼体弱多疾，父亲怜悯，嘱咐他不要学医，怕他承受不了行医之苦，心理负担之重，说"庸医害人，能医累己"，人命关天。因为作为医生开出的每一味药都关乎人的生命和健康，容不得半点马虎，医学宝典不是每个人都能读得下，弄得通的。让他好好读书，耕读传家就知足了。

但耳濡目染的家庭氛围还是让他爱上了行医这一行当。自幼聪颖，好学不倦的他打下了深厚的古文功底，不仅通晓四书五经，捧读医书竟然也达到了废寝忘食的境界。随着后来的行医实践，《黄帝内经》《伤寒论》了然于心，用之自如；

内外妇科都很精通，灵方妙药信手拈来，疑难杂症一方即解。曾有书法家为之撰联"深读医著通病理，妙方精药破顽疾"，可谓再妥帖不过。

在数十年的行医生涯中，扈秉庚秉承家传，慈心仁术，注重医德，不为世俗所惑为利益所诱。他以让患者"吃得起药、看得好病"为目标，时常教育子女要开良心药，不赚昧心钱。家庭贫困者，他就免费诊治。曾用三服中药将一名甲肝病人治愈而在坊间传为佳话。1998年4月17日，《东营日报》曾在报眼位置刊登《肝炎克星——扈秉庚》人物通讯，详述扈氏"三服中药治甲肝"事迹而引起轰动。

扈氏家传针治痘诊、癫痫、肝炎被坊间称为一绝，每验必灵。痘诊一途来自綦沣后世传授，深得綦氏医道之精髓，已于20世纪50年代被疫苗攻克；肝炎、癫痫诊治为扈氏三代长期临床实践而得，并得到提升传承。癫痫病，扈氏多依病状自制"桂枝汤""龙虎丹""紫雪散"治疗。有一年，县机关干部杨某的儿子刚出生两天出现癫痫，每日昏厥三四次，四处求医不得治。三月后到济南检查，诊断为颅骨骨折引发外伤性癫痫，是接生时被手术钳碰伤而致。其子生时体重八斤半，此时仅四斤余，皮包骨，瘦如柴。扈秉庚先生用药三服即治愈。

吴之甫，新中国成立初期利津名士，任教于县中学，传授美术音乐，尤以画梅见长。这年，他的妻子得一怪病，晕眩头疼，卧床不起，遍求名医也没有给出好的治疗办法。闻扈家大名，遂登门求救。扈秉庚把其脉，观其色，问其症，开药少许让其煎服，当日吴妻便能下地做饭。吴老师惊奇之余大为佩服，再次登门求医，说妻仍有肩疼、心热的症状。扈秉庚取出附子、黄连两味药，嘱咐他回家捣碎，用热水冲服。不几日，果然病症见消。学识渊博的吴老师询问秉庚先生是用何妙方，扈秉庚说，药方在《伤寒论》中。于是直接吟诵出某卷某节的原文。吴老师查之，竟然与原文一字不差，对扈秉庚先生更加敬佩。他连夜画了一幅六尺虬枝梅花精心装裱后赠予扈秉庚，表达历经风霜、逢春再生之意和对秉庚先生的敬佩感激之情。

"施治易，辨症难。关乎人的生命，万不可粗心大意。"这句话扈秉庚常挂在嘴边，教育后学，警示自己。他还说，医者无贵贱之分，贫穷乡邻更应体恤。多年来他免除了患者多少医药费谁也算不清楚。到扈家询诊，他总是依病施治，兼用土方验方，尽量给患者减轻经济负担，不让患者花冤枉钱。

扈秉庚天资聪颖，好学不倦，古文功底深厚，加之身处中医世家，耳濡目染，对《黄帝内经》《伤寒论》等经典了然于心，用之自如。晚年仍坚持用放大镜研读古代医学文献。曾有书法家为之撰联："深读医著通病理，妙方精药破顽疾"

探讨病理，切磋医术，是扈秉庚父子的必修课

对于疑难杂症，扈秉庚先生没有绕着走，而是以他数十年的临床经验和渊博的医学知识，进行辨症施治。利津城西有一姓王的男子，得了一种不知名的病症，不能喝水吃饭，吃了就吐，病人非常痛苦，四处求医，积蓄用尽。求亲告友借钱到省城大医院，被断为疑难杂症，医生称已病入膏肓，并告诉家属，病人故后遗体可解剖，弄清病因。无奈之下回到老家，抱着试一试的态度来找扈秉庚先生。"病怕无名，疮怕有名"，这是行医者最怕遇到的难题。凭着对古代医典的熟悉，扈秉庚初步诊断为"风痹"，这是一种极为少见的病症。他与其子新学联手施治，扈秉庚负责开方煎药，儿子新学负责针灸。不几天工夫，病人渐渐能咽东西，不再呕吐，并能喝水吃饭。10多天后，进行灌肠，排除宿便，人有了生气和力气；20天后，病人能自动排便而痊愈了。病人一家对扈秉庚父子的再生之德，一再要求重谢，均遭婉拒。扈秉庚说："你家四处求医问药，日子拮据。我就算帮帮你，千万不要挂在心上。"医药费也全免了，可病人家属坚决不肯，无奈，象征性地收下40元钱。从此王家与扈家成了至交。

有一年，郑家村有一周岁多的小儿，上吐下泻至不省人事。扈秉庚先生到时天已渐黑，摸童子已无脉象，手足冰凉，沉沉似睡。中医素有"少阴病，无脉者死；手足温者生，冷者死"之说，看小儿症状病情十分危急。秉庚先生立即开方抓药，亲自煎制喂服小儿。一个时辰后，小儿手脚渐热，扈秉庚这才放下心来，对其家人说，孩子已无大碍。至下半夜，孩子开口叫娘要奶吃。扈先生"疑难杂症一方即解"的名声由此传开。

对购进的中草药进行分拣、晾晒、去除杂质，图为扈秉庚先生老伴在拣除药中杂质

病有"六绝症"，向来被行医者视为禁区，遇到绝症患者大多绕着走。可扈秉庚却勇于正视，不仅关爱病人，体恤家属，而且进行心理抚慰，尽量使绝症患者减少苦痛，安然度过人生的最后阶段，他认为这种"抚慰医疗"，也是"医者仁心"的一种表达。正如扈秉庚平时接诊，望、闻、问、切，一丝不苟，而且注重在"问"的过程中与患者交流，让患者在诊病的同时，了解到一些医学知识，精神上得到宽慰。

扈秉庚一生坚守中医传统，一丝不苟，事必躬亲。对所进药材，必亲自遴选，杜绝假冒霉变掺杂；代煎中药，仍是柴炉砂锅，文火熬煎，滤渣去杂，汤似琼浆。

扈秉庚性情温和，不事张扬。在他年过八旬时，仍精神矍铄，思维清晰，记忆超群。每日吟诵经典，开方问诊乐此不疲。探究其长寿的秘诀，不外乎待人以宽，不事争讼，不为利惑，安守恬静，心存感恩，知足常乐。每当亲友来访，他都嘱其如何调理阴阳，护理首足，不使寒气上侵等养生之道。

扈秉庚先生生活俭朴，不求奢华。在土坯老房里度过一生。虽身处陋巷，地在偏僻，但是扈家门前却整日车水马龙，求医者不断，人们奔的就是扈氏高尚的医德和高超的医术。扈秉庚行医60余载，德高望重，名冠乡里，"德被梓里""华佗再世""妙手回春"的牌匾不胜枚举，但是扈老先生总是悄悄收起，他说："人心是杆秤，患者能够痊愈，人人能够健康是我追求的最大目标，人们称我是一名有良心的医生我就满足了，过誉之词实在不敢当啊。"

2022年9月19日，扈秉庚去世，终年92岁。

扈荣山

扈荣山

扈荣山（1923—1991），曾用名扈梅坡，利津县利津街道小李村人，山东省劳动模范。他自幼胆量过人，12岁随父下海捕鱼，20多岁组织起10余条小木船，成立全县第一个渔业互助组，继而又转为新华渔业社。不久，他担任船长、渔业社社长。扈荣山带头出海，打头船，创高产，很快把新华渔业社办成名扬渤海湾的先进渔业社。1960年，加入中国共产党。

扈荣山富有开拓精神。在渔业生产中，他不满足近海捕捞，驾驶小机帆船带领大家冒风险，战恶浪，闯远海舟山，获得渔业特大丰收，为全社闯出了一条渔业高产的路子。1954年至1970年，捕捞量逐年有大幅度增加。该社被评为省、地、县先进单位，扈荣山也多次出席山东省和惠民地区渔业生产积极分子代表大会。1971年，他离开新华渔业社时，该社固定资产由原来的6000元增加到100万元，另外还有30多万元现金。随着渔业生产的发展，办船厂势在必行。为此，刁口公社党委征求扈荣山的意见，他果断地回答说："我去办！"

1971年冬，扈荣山带领13名渔民，靠着6间小土屋，一盘红炉，办起了船厂。他身先士卒，带头苦干，既是厂长，又当技术员、采购员、泥瓦工、装卸工，克服种种困难，三个月后造出第一艘船。随后，经过几年的努力，共造出68艘新船，最大的180马力。扈荣山带领大家白手起家，用十几年的时间，逐步发展到拥有60多万元固定资产、25万元流动资金的综合型制造加工企业。

1985年春，中共东营市委决定开发滩涂，发展对虾养殖，并将试验区定在利津。利津县委经过研究，决定将这个任务交给扈荣山。他虽已年逾花甲，决心挑起这副重担，大干一场，搞好滩涂养虾，不辜负市、县两级党组织的重托。当年，扈荣山带领大家在一千亩滩涂试验区内，养虾成功，年纯收入10万元，为全市的滩涂开发事业铺就了一条成功之路。

1986年发展到3000亩，1987年发展到5000亩，占全县虾池的一半，并且连年丰收。时任东营市委书记的李晔称赞他"为全市的滩涂开发立了头功"。扈荣山创办的造船厂，也被县委、县政府改为利津县第二水产开发养殖公司，任命扈荣山为该公司经理兼党支部书记。扈荣山连续6年被评为东营市优秀共产党员，并当选为市人大代表。1982年和1986年，两次被山东省人民政府命名为劳动模范。

1991年12月27日，扈荣山患胃癌病逝于利津县人民医院，终年68岁。

彭子东

彭子东（1906—1999），原名彭震英，利津县凤凰城街道彭家村人。山东教育界知名人士。

1926年，彭子东毕业于山东省立惠民第四中学，后加入中国国民党，其间与同乡、同在惠民第四中学读书的中共地下党员李竹如交好。1928年春，北伐军进入山东，共产党人李竹如联合彭子东以及国民党进步人士冯纪龙、赵旭之一起回利津开展工作，彭子东受委派，作为李竹如的交通员先期回家乡利津进行准备。李竹如组织成立了国民党利津县临时党部，旋改为利津党务指导委员会，彭子东任组织

彭子东

委员，还兼任县立第一高级小学政治工作。不久，李竹如的中共党员身份暴露，被迫离去。

期间，济南发生震惊中外的"五三惨案"，彭子东组织县立第一高小学校师生示威游行，查禁日货，巡回讲演，揭露日本帝国主义的侵略罪行，激发民众爱国热情。1929年，他被任命为利津县立小学校长。1930年，考入北平中国大学哲学教育系。毕业后，先后在莱阳乡师和济阳乡师任教。1937年，卢沟桥事变后，学校解散，他回到利津，不久县城沦陷。

1938年初，华北第一路游击司令刘景良攻占利津，建立国民党县政府，彭子东被任命为利津县立中学校长，在校期间，组织带领全校师生在县境城乡开展

了声势浩大的抗日救国宣传活动。后奉国民党山东省党部之命，恢复利津县国民党县党部活动，建立"利津县党务指导办事处"，彭子东被任命为书记长，与组训干事薄逸民共同主持该处党务工作。1939年1月，日军第二次侵占利津城，学校停办，他回到乡下。不久，伪县政府决定恢复县立中学，拟聘请彭子东出任校长，他坚辞不应，激怒了伪县长徐炳谦，扬言要逮捕他，彭子东被迫于1940年迁往济南。后经济南教育界著名爱国人士、利津县綦家夹河人綦际霖介绍，到济南师范任教务主任。后又相继任职益都中学、德州中学、省立济南五临中的训育主任。后济南五临中并入济南三中，彭子东继续任教。1949年起，彭子东先后在济南三中、五中任教，多次被评为先进工作者。他知识渊博，诲人不倦，深受学生爱戴。数十年从事教学工作，桃李芬芳。

1948年9月济南解放，彭子东主动找到军管会要求复教工作。接着参加了中共地方组织举办的"教育研究会"，学习革命理论。不久，他加入中国民主同盟。1950年抗美援朝运动中，他支持唯一的儿子彭幼东参军，获得"模范军属"锦旗。

彭子东于1983年离休，享受县处级待遇。离休后发挥余热，继续担任校外辅导员，关心培养下一代，并为《利津县志》提供了大量史料。

1999年1月29日病逝于济南，终年93岁。

董志远

董志远

董志远（1914—1980），字道卿，利津县北宋镇董家村人，中共党员，中医名家。董志远少年时接受私塾教育，青年时期在济南济世堂大药房学习中医，拜著名中医崔伍为师。20世纪50年代初在山东中医药学校进修，毕业后在利津店子区五庄公社卫生所工作，后任灯塔公社卫生所（驻地后崔村）所长，继任南宋公社卫生院院长、店子区卫生院副院长、利津县医院中医科医师、理疗科主任。多次被评为惠民地区卫生系统先进工作者、利津县劳模。

连续两届被选为县人大代表，并当选为人民审判监督员。

修医德，行仁术

董志远是从基层干起，晚年成为县医院中医科的骨干医师。他把学习、实践、传承中华医学视为一生使命。他广学博采，刻苦研究《伤寒论》《金匮要略》《中医古典药学》等古典名著，集各家学说，采众医之长，勤于实践，继承创新。

在长期的农村行医中，董志远把学到的理论知识紧密联系实际，对当时农村中经常出现的水肿、疟疾、伤寒、霍乱、麻疹及肠道病疾病都做了深入细致的研究，针对妇科顽症，他也有独到的见解。其间，他写出了多篇调查报告和临床验方，攻克了许多困惑多年的疑难杂症。1964年，山东省卫生厅在惠民行署（今滨州市）主办的北三区（惠民、德州、聊城）农村疾病防疫调查研讨会上，董志远作为农村基层卫生机构代表，在会上做了典型发言。他的发言受到了上级重视，经推荐在《山东农村卫生》杂志第二期刊登。他撰写的《论中医对流行病的防治》在1965年《山东卫生》杂志刊登，并作为经验向全省推广交流。

董志远在实践中每有所得，都做了认真细致的记录。董志远边工作边探索，积累了上千例病人临床用药医案，前后写下30余万字的临床验方、医嘱、医案笔记，以便融会贯通，用于临床。在吸取传统中医理论基础上，他针对当时发病率较高的一些顽固性常见疾病，摸索出了多项临床医案，如治疗慢性胃病的"小柴胡汤""黄连温胆汤"，治疗流感处方二剂，护肝解毒"五味子汤"等均有奇效。

20世纪60年代初，疟疾等传染病流行。为解决农村缺医少药，看病难等问题，亟待有一批经过医务专业学习，又不脱产的农村医生充实到基层农村医疗保健事业中来。因此，村保健员（赤脚医生前身）培训成为当务之急。其间，董志远担任五庄、灯塔、大王三个公社的保健培训班负责人并兼任教师。培训内容有初级中西医基础知识、农村流行病预防、内外科、针灸推拿、常见急症和传染性疾病的诊断、寄生虫病防治、常见妇科儿科病、外伤包扎及应急处理等。他深刻认识到培训任务的重要性，全身心地投入教学工作中去。认真备课，仔细讲解，深入浅出地进行图解演示并以身示范。他把自己的实践经验和临床技术毫不保留向学员传授，对待学员提出的疑问不厌其烦，耐心施教。保健员学习班办了三期，受训120多人，学员成绩在全县名列前茅。这些"庄户医生"活跃在各个村中，一般常见疾病都能有效处理，极大改善了农村缺医少药看病难的状况。

董志远把"修医德，行仁术"作为座右铭，尽心竭力为群众解除病痛，深受当地群众爱戴。他秉承"防病重于治病"这一理念，时常背着药箱，提着暖瓶深入田间地头、民工工地，宣传防治措施，及时送医送药；他医治病人不分昼夜，随叫随到。一根银针，几副草药救治了无数患者。

奔波于乡间，扎根于基层

20世纪60年代，正值人民生活困难时期，为让群众少花钱或不花钱，他骑着自行车，带上药箱，靠一把中草药、一盒小银针（灸疗），用土单验方，治愈了很多当时的常见病。如慢性咽炎、腮腺炎、淋巴结炎、腹泻、麻疹、水痘、哮喘和呼吸道疾病。他在公社医院工作30年，不论是白天还是夜间，病人随叫随到。有一年冬天，大雪漫飘，寒风凛冽，董志远出诊刚进家门，就听到"咚咚咚"的敲门声。后崔村一位病人家属提着马灯前来请他出诊。他二话没说穿上棉衣，推上自行车随病人家属去了后崔村。当时病人犯肺心病引起哮喘，已处于昏迷状态，董医生当即进行人工抢救，推药注射后，又下针灸治疗，接着开出药方。等到病人家属取回药，他看着病人服后有所缓解时才推起自行车，冒着风雪回到家中。像这样的深夜出急诊的事情，对他来说都习以为常了。

爱心、热心和耐心，这是每一位患者对董志远医生共同的赞誉。他常说，当医生就要处处为病人着想，千方百计让病人少花钱，治好病。你只要接手一位病人，就要对他负责到底。在利津城南一带，凡他看过的病人住址都了然于胸，几十个村庄都留下他的足迹。当他进村时街坊们像迎接亲人一样，热情打招呼。董志远不沾烟酒，就连茶水都很少喝群众一碗，无论病人怎样表示谢意，他从不收取病人家属财物。

董志远调到县医院坐诊中医门诊时，往往早上6点多病人就已排起了长队，为了方便病人，他总是提前上班，他的诊室里也总是挤满病人，询诊、望诊、写医案、开处方、医嘱等细心认真地对待每一位病人。看到最后一位病人时，早已

1963年5月，五庄公社保健员训练班师生合影。第二排右七为董志远

超过下班时间，耽误了吃饭，食堂不得不专门为他再热饭菜。后来司务长专门为他安排了"迟到小灶"。

坚持辨证施治，勤于学习探索

董志远从医50多年，在治疗一些常见的顽固性痼疾疾病方面有着显著成效。四图村村民赵树效，时年40岁，患胃病多年，先后到省立医院、惠民地区医院多方就诊，短期有效，不久复发。董志远接诊时，见赵姓病人面黄体虚，精神萎靡，有贫血状。自述上腹经常隐痛、有饱胀感、饭后烧心并有恶心呕吐感，进食量少。诊脉发现脉象沉紧，时而虚缓，初步诊断为靡烂性胃炎。他先予温胃止痛，维护胃气，以祛脾胃虚寒，驱胃脘痞满。开方服药十天后，病人自觉好转。遂根据症状调整药方，再附以中成药附子理中丸调理。两周后改加木香、神曲两味再服十天。前后用中药及中成药治疗不到六个星期，病人元气渐生，面部红润，大部分症状已消失，半年后病人康复。冯家村王某之妻，时近中年，患腹水经治无效，日趋加重，四肢无力，腹胀尿少，大便勤而难解，寝食俱废已三日，察脉沉细而微，关尺尤甚，其致病因，脾虚气弱，三焦不利。先予健脾益气，护肝扶正，化瘀消水；遂以处方，服三剂后再调方，又服三剂。复诊时，肿胀渐消，二便较利，继服两剂，再诊肿胀消失，眠食俱安。董志远医生的精湛医术，时时被人们传诵。

水利工地上，他是白求恩式的好医生

20世纪60年代，是水利工程最为艰巨、频繁的年代，有26000多民工参与的潮河工程是其中之一。为确保民工身体健康，加强防疫，团部及营部都要配备医疗人员。时任店子区卫生院副院长的董志远主动报名，他说，我有多年的医疗临床积累和防疫工作经验，一定能胜任这项工作。几天后，他随利津团部奔赴工地，被分配在店子区营部工地段，在潮河工地上搭建起了"战地诊所"。

当时的土方挖掘，民工劳动强度很大，董志远为了方便民工，背上药箱，提着暖瓶，在长达3公里的工程段中巡诊。当时民工的生活以红高粱面为主食，便秘、腹泻及感冒发烧是最常见的病症。他针对这一现状，晚上配制好药品包成小包，白天巡诊时送到患者手中。针对民工中突发的急性病症，他在"诊所"旁又搭建了两间窝棚，专门抢救和治疗急症病人。有一天晚上，一位患癫痫病已处于休克状态的民工被抬过来。董志远立即口对口做人工呼吸和人工复苏，继而施之针灸和点穴。须臾病人渐渐醒来，一阵挛动抽搐后，董志远立即给他服用准备好的药品。直到深夜，病人才完全恢复正常离去。

在潮河工地三个多月时间，董志远与民工同吃同住，哪里有病人，他就出现在哪里，深受民工爱戴，也多次受到工地指挥部通报表扬。当时的《潮河工地战报》通版刊登了题为"白求恩式的好医生"的长篇通讯，对他的动人事迹进行了宣传。

董志远常说："有医术更要有医德，一个医生心里应时时想着病人，一心一意为他们解除痛苦，就是当医生的最大心愿。"在他眼中，看到最多的是患者痛苦，在他心中，思虑最多的是如何解决患者病痛。1980年7月，董志远因积劳成疾患脑溢血去世，终年66岁。

魏青山

魏青山（1910—1999），原名魏树云，利津县利津街道北关村人。曾任山东省监狱副监狱长。魏青山幼年读小学4年。1930年去沾化县下洼镇当学徒，学习修理钟表和刻字手艺。出徒后，自营修表刻字铺，先在沾化县城，后迁至义和庄。抗日战争爆发后，沾化北部义和庄一带兵连祸结，日伪顽反复为患，店铺生意经营十分艰难。其间结识了我党地下组织人员，对共产党的主张及有关政策方针有了初步认识，并协助地下工作人员做了些工作。

魏青山

1941年10月，八路军山东纵队三旅解放了沾化北部义和庄一带村庄。在祝捷大会上，杨国夫司令员表扬了义和庄一带的地下党组织，肯定提供的情报准确，在顽军兵力薄弱处放烟火送消息，使我们调整了部署，一举攻下义和庄。大会后，魏青山受到杨国夫的接见。

1942年，清河军区成立了"滨（县）利（津）沾（化）垦（区）抗敌同志协会办事处"，魏青山任秘书，与抗协办事处的杨少心（1950年任利津县县长）、张洪勋等人，为争取民众团体和地方武装加入共产党领导的抗日民族统一战线做了大量工作。9月24日，沾化县在义和庄召开了第一次参议会，他以共产党员的身份被选为副参议长。

1943年，魏青山受党组织派遣，以修表和刻字职业为掩护，潜入利津县城，搜集日伪的军事部署和活动情报。他的修表铺，就在利城三眼井街西侧路北，文庙以东的一条胡同入口处。这个位置对驻扎在文庙内的日伪军调防进出一目了然，又是在集市的热闹之处，非常便于开展侦察活动。况且老魏又是城里北关人，人熟地熟，又有手艺作掩护，自然不会引起敌人的注意。

魏青山在利城做地下工作时有两个名字，在出东门的良民证上写的是魏青山，在出北门的良民证上写的是魏树云。魏青山的上级是渤海军区特务营敌工股长刘玉劳，为魏青山提供情报的人是经常给日伪军送水的一个姓付的。魏青山与刘股长的接头地点是在北关魏国祥的家里。

我方部队打开成家寨后，顽军成建基部退守利津城。该部的兵力部署及动向，魏青山先后两次向刘股长传递了情报。解放利津城前夕，将伪二十七团的兵力、驻扎方位画出草图交给了刘股长。这些情报，为解放利津县城发挥了重要作用。

1944年8月利津县城解放后，魏青山回到沾化县义和庄，携带自营的石印机加入渤海军区第四军分区生产股，建立北海银行印钞厂修械部，对外称利津县建华铁工厂，任副厂长。后建华铁工厂移交渤海行署实业处。随着解放战争的胜利发展，建华铁工厂迁往德州市，后来发展成为山东省重点机械工业企业德州机床厂，魏青山改任营业部主任。

1954年，魏青山被调入德州劳改队生建机械厂任副厂长。其间，该厂生产了大量的农用解放式水车、双轮双铧犁等农业机具，为新中国成立初期发展地方工农业作出了很大贡献。

1961年，魏青山被调往山东省劳改局直属的济南生建钢铁厂任副厂长。1962年调入山东省监狱任副监狱长，主管生产和技术工作。

1980年离休，1999年4月病逝于济南，终年89岁。

酆云鹤

酆云鹤

酆云鹤（1899—1988），女，利津县城区庄科村人。1931年在美国俄亥俄州大学获得化工博士学位。是我国第一位获得化学博士学位的女性，全国著名苎麻纤维化学专家，中国民主建国会创始人之一，第一至三届全国人大代表，第五届、六届全国政协常务委员，中共党员。她曾担任纺织工业部和上海纺织工业局顾问、中国科学院广州化学研究所名誉所长。半个多世纪的岁月中，她攻克了苎麻纤维化学变性科研中的一道难题，为祖国纺织工业的发展作出了卓越贡献。

从小女佣到大学生

1899年1月27日，酆云鹤出身在利津县庄科村一户贫寒人家，她的父亲酆江聪明能干，还会一套木工手艺。酆云鹤6岁那年，一场洪水灾害，迫使全家从利津县漂泊到泰安，后来酆江凭着自己的手艺，在济南开了个小木匠铺。由于家境窘迫，8岁的酆云鹤就给一家有钱人当小佣人，她不但要扫地、做饭、擦桌子，还要伺候比她大好几岁的东家小姐。

几年以后，孙中山先生领导的资产阶级民主革命取得了胜利，办新学、学科学的社会风气日益兴盛，酆云鹤这时产生了强烈的读书学文化的愿望，于是她便请求东家小姐每天教自己认一个字，然而，她的请求遭到了小姐的斥责和嘲笑，她一气之下跑回家，扑在母亲的怀里要上学读书，但对这个饭都吃不上的家，她的愿望是无法实现的。酆云鹤为此大病一场。

酆云鹤上小学的时候，已经15岁了，她学习用功，每次考试都是第一名，凭着惊人的毅力，她用三年的时间学完六年的功课。小学毕业后，她以优异的成绩考上了济南女子初级师范学校，毕业后她又以山东省第一名的成绩，考入北京女子高等师范学院。经过四年的艰苦学习，酆云鹤以优异的学习成绩结束了大学生活。

"我是中国人"

为了学科学，办工业，实现拯救祖国的愿望，1927年，酆云鹤考取官费留学，到美国俄亥俄州大学学习化学工程。按照惯例，开学之前学校要组织新生到工厂、研究单位学习参观一个月，每天十几个小时的活动，一个月的时间酆云鹤跑了四个州，她的腿脚红肿得难以穿进鞋袜，但她从来没耽误过一天，在外国人眼中这是一个了不起的中国姑娘。

祖国的贫穷落后和人民的深重灾难，像一条无形的鞭子策励着酆云鹤，她废寝忘食地学习、钻研，别人一个学期至多选两门实验课，她却选了化工、有机定性分析和定量分析这三门很重的实验课。1929年的一个闷热的夏季，学校研究

1931年，酆云鹤获得美国俄亥俄州大学博士学位

院长来到实验室，看到一个瘦小的中国姑娘还在做实验，浑身上下都湿透了，简直无视自己的健康，院长命令她停止试验，酆云鹤急切地说："先生，我吃得消，我不怕吃苦，我的祖国需要科学。"院长被这个倔强的中国姑娘感动了。

1928年，酆云鹤获得硕士学位，1931年获得博士学位，成为美国俄亥俄州大学第一个得到化学博士的女性。那时中国的国际地位低下，中国人往往遭到别人的白眼，所以，常有人恭维酆云鹤："酆小姐，你是日本人吧？"她总是毫不含糊地更正："不，我是中国人。"

结束了在大学的研究之后，许多外国公司和学校都愿意出重金聘请她，她的许多朋友也都劝她留在美国，酆云鹤这样回答他们："我很喜欢听你们唱你们的民歌《甜蜜的家》，因为我也有一个甜蜜的家，那就是我的祖国。"她毅然启程回国。

回国后，酆云鹤来到燕京大学教书，这里的条件虽然相对优越，但面对日本帝国主义的侵略，酆云鹤坐卧不安，东北沦陷、张家口失守，祖国的命运危如累卵，她决心到德国学习爆炸学，用祖国大江南北遍地皆是的草类纤维制造廉价的炸药，打击侵略者。

1933年，酆云鹤来到德国，她随身带了几个装满稻草、高粱秆、蔗渣和麻纤维的大草包，但到柏林以后，她才发现她要找的犹太教授已经逃到国外去了，她学习爆炸学的计划落空了，不得不利用随身携带的稻草等原料转向人造丝的研究。于是，她利用柏林人造丝机械试验工厂的设备，苦心研究，用了两年的时间，成功地从草类纤维的浆泊中抽出了质地优良的人造丝。成为世界上第一个用草纤维制造丝的发明人。消息一传开，德国莱比锡大学立即提出，他们愿意授予酆云鹤博士学位来换取她的学术论文。日本资本家也用高薪聘请她当总工程师，以换取她的专利。酆云鹤面对诱惑一概拒绝，她斩钉截铁地说："不，我要留给我的祖国！"酆云鹤的爱国行为，使柏林试验工厂的经理柯亨感动地流下了眼泪，他感慨地说：“中国人这样爱国，中国是大有希望的国家。”

她被“麻”缠上了

1939年，酆云鹤在重庆创建了西南化学工业制造厂，她运用在德国发明的化学脱胶工艺，经过一千多个日日夜夜的苦心研究和反复试验，终于找到了适用于大工业生产的化学脱胶法。酆云鹤在设备简陋的西南化工厂里，用她发明的"先酸后碱、二煮一漂或二漂"的苎麻化学脱胶新工艺，纺出了比棉花纤维还洁白美丽的麻纤维。她给它起了个颇有深意的美名——"云丝"。

"云丝"问世后，引起很大的震动，当时曾得到国民党政府经济部批准专利5年，抗日战争时期，产棉地区大部分被日军占领，西南化工厂生产的"云丝"为解决人民穿衣问题作出了很大的贡献。1942年初，在四川各厂家共同举办的展览会上，云丝及产品备受赞赏，黄炎培先生在题词中赞颂"云丝之美，既润且美，寒者遇之，雪里回春"。邓颖超、董必武、冯玉祥、李德全、于右任、林森等许多名人都前往参观，对云丝产品称赞备至。

云丝产品，一时间传播中外，《纽约时报》等记者也闻风而至，美国的资本家想得到这个专利，都被酆云鹤断然拒绝。

在重庆期间，酆云鹤不顾国民党特务的盯梢，常常冒着生命危险，到八路军办事处听周恩来副主席的时事报告，并成为周恩来、叶剑英、董必武等中共领导人家里的座上客。在党的教育和领导下，酆云鹤和一些爱国的企业家共同发起成立了"民主建国会"，积极参加反蒋抗日活动，为党的统一战线做了大量工作，与此同时，她还多次为八路军捐献医药、募集物资。她常常对人说："共产党是真正抗日救国的，要是由他们来领导，祖国就有希望。"

1949年，祖国解放了，她响应共产党的召唤，毅然放弃丈夫已经为她办好的去美国的护照和船票，到北京参加了第一届全国人民政治协商会议和开国大典。她将会前赶写的《发展我国麻类生产的建议》连同各色麻类纤维样品，献给大会主席团、献给毛主席。会议期间，邓颖超同志还亲自带着礼品去看望她，并对她说："开全国妇女代表大会没有找到你，给你留了一包会议文件。"邓颖超还送给她一件珍贵的礼物——列宁的半身铜像。酆云鹤双手捧着邓颖超同志

1949年10月1日，酆云鹤出席中华人民共和国成立大典。图（左一）为酆云鹤在天安门观礼台上

送来的文件和列宁铜像心潮翻滚，思绪万千，她立志要把自己的一切奉献给自己的祖国和人民。

新中国成立以后，她全力以赴，深入基层，从点做起，酆云鹤选择上海国棉九厂为第一个开发苎麻新法脱胶、纯纺、混纺合织的试点，使用自己先进的苎麻化学脱胶新工艺，指导该厂的生产。同时在广州、株洲筹建和指导建立绢麻、苎麻纺织厂，1958年，酆云鹤担任中南应用化学研究所副所长兼总工程师之后，就经常往来于重庆麻纺织厂、上海国棉九厂、广州绢纺织厂和株洲苎麻纺织厂之间，促进了我国麻纺工业的发展。

为了能得到纺织高档产品理想的苎麻纤维，从1952年酆云鹤带领一批年轻的科学工作者，开始了苎麻纤维的化学变性研究，经过几年的苦心研究和反复试验，苎麻纤维的化学变性获得成功，有史以来，苎麻纺织品第一次迈进了高级衣料的行列，引起了国内外重视，人民热情地称誉它是"纺织园里的一朵新花"。当这种物美价廉、柔软挺括的产品在上海试销时，争购的人们竟然把柜台挤倒了。

春蚕到死丝方尽

在"文华大革命"中，67岁的酆云鹤受到了所谓的"群众专政。"她的实验室被封闭、资料被毁掉，每天的任务除了挨斗就是扫地、扫厕所。每当夜深人静的时候，她常常反躬自问：走南闯北、劳碌一生为了什么？她曾想起丈夫的多次恳求："什么时候你把麻丢开，我们就有了家。"她没有理会，一如既往地把全部精力和感情交给了麻。丈夫终于在1961年离开她到国外去了。潜心研究几十年，几次获得发明专利权，放着百万富翁不当，却要和祖国人民同甘共苦，如今反倒被诬为"吸血鬼""洋奴才"。她含着热泪几次打算跳楼自杀，但是一看到娇柔雪白的"云丝"，一想到还没有实现让祖国人民穿得更舒适、更美观的夙愿，她又坚强地活下来。她相信党和人民需要科学，社会主义祖国需要科学。

1975年，已经重病在身的周总理，还一再叮嘱到医院探望他的广东省领导同志："你们省有个同志叫酆云鹤，她年纪很大了，事业心强，要关心她的工作。"周总理的亲切关怀，让酆云鹤铭感肺腑。1977年7月1日，酆云鹤受到了叶剑英副主席和邓小平副主席的接见，他们认真听取了她的汇报。这一年，酆云鹤出席了全国科学大会，遵照李先念同志的批示，为促进苎麻纺织工业的发展，酆云鹤由广州调回上海。担任上海纺织工业局顾问，同时兼任广州化学研究所名誉所长。1979年8月15日，已经80岁高龄的酆云鹤实现了多年的愿望，光荣地加入了中国共产党。

党的温暖，人民的信任，使酆云鹤焕发了革命的青春，为了进一步完善苎麻纤维化学变性的生产和开发我国的苎麻资源，她不辞劳苦，一直奔波于广州、长沙、武汉、株洲、重庆、南宁、兰州等地，每到一处，她都深入车间亲自动手，工人师傅都亲切地称她为"咱们的酆博士"。1978年至1979年，酆云鹤解决了我国草席黄麻经线的制造技术。1979年她在上海试制较大批量磺化变性苎麻产品，生产出了毛型麻涤花呢、绢麻织物和棉麻产品30多个品种、60多个花色。酆云鹤研制成功的苎麻纤维磺化变性新工艺，1981年经国家科委鉴定，荣获发明奖。1982年8、9月间，酆云鹤亲临兰州，组织甘肃轻工研究所、甘肃纺织研究所、兰州第一毛纺厂、兰州棉织厂等有关科研单位和工厂成立试验小组，利用当地设备，根据她的大麻脱胶新技术，组织攻关，只用了半个月的时间，就解决了难度很大的大麻脱胶问题，从而为大麻纺织开辟了广阔的前景。1984年，她先后四次应邀去湖北、山东指导和开发苎麻产品，并被湖北省省长黄知真聘为湖北省纺织技术顾问。1985—1988年，已是耄耋之年的酆云鹤，为了开发我国的大麻、胡麻和罗布麻生产，发展我国的苎麻纺织工业，曾三下湖北，两进江西，远走新疆和广西南宁，多次进出北京、广东、湖南、江苏、山东、安徽等省市。

多年来，酆云鹤没有离开药，也没有离开过工作，医生不得不多次对她发出"警告"，酆云鹤总是向医生恳求说："时间太宝贵了，我要在自己的有生之年多做些工作，为祖国的建设多贡献一份力量，一个科学工作者离开了科研工作，她的生命就算结束了，多活几年又有什么用？"

1988年12月7日，已经是89岁高龄的酆云鹤博士由上海到广州参加广州化学研究30周年学术活动，12月14日由于心脏病突发，猝然去世。化学专家酆云鹤，把毕生的精力和心血，把她丰硕的科研成果，无私地献给了祖国和人民！